ÉTUDES ÉCONOMIQUES ET SOCIALES
PUBLIÉES AVEC LE CONCOURS DU COLLÈGE LIBRE DES SCIENCES SOCIALES

XIV

L'ORGANISATION DES FORCES OUVRIÈRES

PAR

G. OLPHE-GALLIARD
Docteur en Droit
Ancien Inspecteur du Travail

AVEC UNE PRÉFACE DE PAUL DE ROUSIERS

PARIS (Ve)
V. GIARD & E. BRIÈRE
LIBRAIRES-ÉDITEURS
16, rue Soufflot et rue Toullier, 12

1911

L'ORGANISATION

DES

FORCES OUVRIÈRES

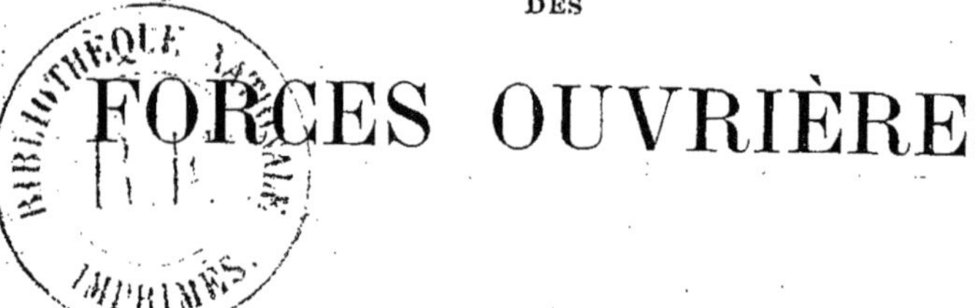

OUVRAGE DU MÊME AUTEUR

PRÉCÉDEMMENT PARU

Le Problème des retraites ouvrières. Un volume in-16 de 353 pages (Bloud et Cie, éditeurs).

ÉTUDES ÉCONOMIQUES ET SOCIALES
PUBLIÉES AVEC LE CONCOURS DU COLLÈGE LIBRE DES SCIENCES SOCIALES

XIV

L'ORGANISATION DES FORCES OUVRIÈRES

PAR

G. OLPHE-GALLIARD
Docteur en Droit
Ancien Inspecteur du Travail

AVEC UNE PRÉFACE DE PAUL DE ROUSIERS

PARIS (Ve)
M. GIARD & E. BRIÈRE
LIBRAIRES - ÉDITEURS
16, rue Soufflot et rue Toullier, 12

1911

PRÉFACE

Le livre que publie M. G. Olphe-Galliard sur l'*Organisation des Forces ouvrières*, pose avec beaucoup de clarté et de précision scientifique un problème auquel personne ne peut rester indifférent. Il s'agit de savoir dans quelles conditions nouvelles se crée aujourd'hui le lien qui unit les uns et les autres, les patrons et les ouvriers, les employeurs et les employés. Partout où il y a contrat de travail, c'est-à-dire, dans tous les cas où une personne travaille au compte d'une autre, lui loue ses services, le problème étudié par M. Olphe-Galliard doit être résolu. Il l'est, d'ailleurs, dans les conditions les plus diverses : avec une harmonie réelle, ou bien avec une arrière-pensée de la part des parties contractantes ; pour une période durable, ou bien d'une façon tout à fait éphémère ; à la suite de négociations pacifiques ou pour mettre un terme à une lutte prolongée. Toujours est-il que du moment qu'un travail s'exécute moyennant le paiement d'un salaire, un contrat formel ou tacite est nécessairement intervenu pour en régler les conditions.

Dans nos sociétés modernes, cette situation est beaucoup plus fréquente qu'elle ne l'était avant l'application de la vapeur à l'industrie et les transformations profondes qui en ont résulté. Dans toutes les formes d'activité matérielle, la concentration s'affirme de plus en plus et le travail isolé de l'artisan, du patron-ouvrier, disparaît au fur et à mesure que les conditions de la production exigent plus impérieusement la division du travail, la production par grandes masses et l'usine puissante à nombreux personnel.

D'autre part, ce même phénomène de concentration industrielle met un patron en face d'une grande quantité d'ouvriers, plusieurs centaines, souvent plusieurs milliers. Il ne peut être question, ni pour lui ni pour eux, de discuter individuellement, isolément, chacun des contrats qui lient ce patron à un de ses ouvriers. Des conditions sensiblement uniformes s'établissent dans chaque atelier. Elles trouvent généralement leur expression dans le règlement d'atelier que le patron se voit conduit à élaborer. Et les ouvriers élèvent la prétention de discuter ce règlement d'atelier, sinon dans ses clauses de pure discipline intérieure, du moins dans toutes celles qui affectent directement leur engagement individuel. Ainsi naît, par la nature même des choses, l'idée de la discussion collective des conditions uniformes des engagements individuels, c'est le *collective bargaining* des Anglais, et ce que nous avons appelé moins heureusement le contrat collectif de travail. En réalité, c'est plutôt un marché collectif, quelque chose comme l'établissement d'un « cahier des charges » réglant les conditions générales d'emploi. Aussi longtemps qu'il ne s'applique qu'à un même atelier, le marché collectif aboutit simplement à un règlement d'atelier accepté après discussion entre le patron et les représentants des ouvriers. C'est une charte sur laquelle on s'est entendu de part et d'autre au lieu d'une charte octroyée par le patron.

Mais la constitution du grand atelier qui produit ce résultat n'est pas un phénomène isolé. Elle en suppose d'autres préexistants ; elle en provoque d'autres aussi. Elle ne peut se comprendre, par exemple, que là où les transports sont très développés et elle leur fournit de nouvelles occasions de développement. On ne pourrait pas créer un grand établissement métallurgique ou une grande fabrique textile, loin de tout moyen de distribution ; et leur création donne naissance à de nouveaux éléments de trafic pour les voies ferrées, fluviales et maritimes qui les desservent. Aussi l'essor des forces productives d'une contrée et celui de ses organes de transport vont-ils généralement de pair. Par suite, la concurrence tend à devenir de plus en plus vive entre les diverses usines et même entre les diverses contrées rapprochées par la rapidité et le bon marché des transports. Et, sous l'action croissante de cette concurrence, les conditions de production relatives à la main-d'œuvre tendent à s'uniformiser comme les autres. Le patron d'une usine, même d'une très grande usine, ne peut plus traiter avec ses ouvriers sans tenir compte du taux des salaires, du temps de travail pratiqués dans les autres usines de la même industrie. Le rendement de sa main-d'œuvre, comme celui de son outillage, comme le prix de ses matières premières, etc., sont des éléments de concurrence qu'il ne lui est pas permis de négliger. Dans ces conditions, le marché de travail par atelier tend vers un marché de travail par profession. Il s'élargit sous l'influence de faits économiques indépendants des volontés individuelles.

Ces circonstances nouvelles sont fort bien décrites par M. Olphe-Galliard, dès le début de son ouvrage.

Leur connaissance permet de préciser comment se présente le problème. Elle ne suffit pas à en découvrir les solutions. Cependant elle nous met sur la voie de ces solutions en mettant en relief la nécessité d'un groupement ouvrier, d'une représentation ouvrière, et aussi la nécessité d'un groupement patronal correspondant.

Si, en effet, les ouvriers d'un même grand atelier ne peuvent pas discuter autrement que collectivement les conditions de leur contrat individuel de travail, les voilà obligés de constituer des mandataires, des représentants, auxquels sera confiée la défense de leurs intérêts, et toute la question de l'organisation ouvrière syndicale se pose. Mais si le marché collectif déborde les limites de l'atelier, s'il s'étend à une région ou à une profession, c'est le tour du patron de se trouver isolé et impuissant en fasse d'une masse ouvrière dont ses employés ne forment plus qu'une fraction. Et pour arriver à un équilibre normal entre les deux parties en présence, il faut une organisation syndicale patronale, comme il faut une organisation syndicale ouvrière.

Tout cela se déduit très logiquement. Mais il ne suffit pas qu'un organisme social devienne nécessaire pour qu'il se crée de suite et fonctionne à la satisfaction des intéressés. Rien ne dispense ceux-ci de la capacité, de l'aptitude à constituer ces organismes. Si elle leur fait défaut, des moyens de fortune pourront être improvisés ; des groupements éphémères naîtront et disparaîtront, empruntant les formes extérieures et les dénominations des groupements solides requis par les circonstances ; mais ils ne rendront pas les mêmes services.

La science sociale n'a pas le pouvoir de donner à qui

que ce soit les aptitudes qui lui manquent. Mais elle peut indiquer à quelles sources ceux qui ont les aptitudes voulues vont les puiser, dans quelles conditions ils les exercent. Elle possède donc une vertu éclairante qu'il dépend de chacun de mettre à profit. M. Olphe-Galliard a eu recours à cette vertu éclairante et il a dégagé par l'observation des groupements efficaces les principaux éléments de leur succès.

Il y en a de matériels. Les syndicats ouvriers ou patronaux sérieux perçoivent régulièrement les cotisations de leurs adhérents, groupent une partie importante des membres de la profession. On les distingue, à première vue, de ces organisations de fantaisie dont un socialiste étranger disait naguère qu'il suffisait, pour les créer, d'acheter un timbre en caoutchouc de 1 fr. 75.

Mais ce ne sont là que des signes extérieurs, les manifestations matérielles de conditions complexes et immatérielles. Pour que des ouvriers paient d'une façon régulière leurs cotisations à un syndicat, il faut d'abord que le taux de ces cotisations ait été établi avec une connaissance parfaite de leurs ressources et des sacrifices que comporte la faiblesse de ces ressources. Si on exige d'eux plus qu'ils ne peuvent raisonnablement donner, ou même plus que leurs habitudes antérieures ne les préparent à donner, l'échec est certain. Il faudra donc aux dirigeants du syndicat beaucoup de tact dans la fixation du taux des cotisations. Et voilà déjà qu'une qualité rare, un véritable art de gouverner vont se trouver exigés d'eux pour cette partie initiale mais essentielle de leur tâche. La cotisation une fois établie, il s'agit pour eux d'en justifier le taux par les avantages que procurera le syndicat. C'est une deuxième difficulté et très redoutable. Car si les avantages acquis ne sont pas faciles à saisir, s'ils ne se présentent pas sous une forme matérielle, tangible pour chaque membre pris isolément, beaucoup des adhérents ne les apercevront pas ou bien y demeureront indifférents. Il faut, en effet, une éducation syndicale assez poussée pour attacher du prix à un avantage collectif impossible à évaluer d'une façon précise. Il ne suffira donc pas aux dirigeants d'être actifs, zélés, habiles dans leurs négociations, tenaces dans leurs revendications, il faudra encore qu'ils obtiennent des résultats susceptibles de retenir leurs adhérents, de les attacher au syndicat. Et pour bien défendre les intérêts généraux dont ils ont la charge, ils sont tenus de ne pas perdre de vue l'intérêt individuel et immédiat sous peine de voir se briser entre leurs mains l'instrument qu'ils ont forgé.

Cependant, à donner ainsi satisfaction aux visées étroites de ses commettants, on court de grands dangers. Le premier est de s'user rapidement. Quelle que soit, en effet, la puissance d'une association, elle ne peut jamais obtenir des avantages supérieurs à ceux que permettent les conditions économiques de la profession. Il y a donc une limite au delà de laquelle ce genre de succès devient momentanément impossible. Le second danger est plus grave encore; il menace la base même, la raison d'être du syndicat. Ce sont les intérêts généraux de la profession qu'il a pour mission de sauvegarder; s'il s'absorbe dans la poursuite d'intérêts particuliers, il est condamné. Or, pour éviter cet écueil, l'habileté ne suffit plus, même cette habileté supérieure qui fait partie de l'art de gouverner les hommes, mais qui n'est pas tout l'art du gouvernement. Il faut chez les chefs une hauteur de vues suffisante pour se placer au-dessus des revendications qu'on leur soumet, pour discerner le but éloigné vers lequel on doit tendre, pour ne pas le sacrifier à des satisfactions plus proches et plus appréciées. Mais on ne saurait poursuivre à soi seul, même quand on détient en fait le pouvoir dirigeant, une politique aussi élevée si on est seul à la comprendre. A côté de l'élite qui mène le mouvement, il faut des aides prêts à la seconder et des troupes lui faisant confiance. En d'autres termes, il faut dans la masse syndicale un certain sentiment de dévouement au bien général, une certaine générosité tout au moins, un certain esprit de corps, lui faisant considérer comme son bien propre le bien général de la profession.

Nous voilà très loin des conditions purement matérielles du succès. Et pourtant, c'est la réalisalion de ces conditions matérielles qui exige les qualités que nous venons de dire, soit de l'élite dirigeante, soit de la masse des syndiqués. Il n'y a là, d'ailleurs, rien qui puisse surprendre les adeptes de la science sociale. Chaque fois qu'on observe méthodiquement un groupement humain quelconque, même un groupement passager, le lien qui unit les faits sociaux d'ordre matériel et ceux d'un autre ordre apparaît de suite. Ce n'est pas une nouveauté que les moyens matériels d'existence d'une famille se trouvent compromis par l'ivrognerie, la débauche, la paresse, la sottise de ses membres ; ni que son élévation purement matérielle dépende en très grande partie de l'éducation de ses rejetons, laquelle dépend étroitement des traditions auxquelles elle obéit, de la règle morale qu'elle reconnaît et met en pratique, du bon sens et de la clairvoyance de ceux qui la dirigent. Considérez, si vous le voulez, un groupement tout accidentel et éphémère, celui que des touristes constituent pour une excursion, une ascension en montagne. De deux de ces groupements supposés par hypothèse égaux au point de vue matériel, aussi bien pourvus, composés de membres aussi vigoureux, celui qui atteindra le mieux son but est celui dans lequel régnera la plus complète harmonie. Si vous en doutez, entreprenez une partie de ce genre avec des personnes de fâcheuse humeur, habituées à grogner sur le gîte, à discuter sur la composition des repas, à maudire la pluie, la neige, le vent, le soleil et, d'une façon générale tous les agents atmosphériques et leurs diverses manifestations, vous verrez comment le plaisir que vous vous promettiez se changera en une véritable épreuve et, si vous en trouvez le moyen, vous abandonnerez à la première étape vos malencontreux compagnons. Ainsi votre excursion sera manquée uniquement pour des raisons dans lesquelles les faits matériels ne joueront aucun rôle. Ce ne sont là que des exemples; l'expérience de la vie suffit à en fournir une infinité d'autres où des groupements quelconques échouent pour des causes non matérielles, inaptitude ou insuffisance des hommes, défaut d'entente entre personnes ayant une valeur individuelle, indifférence générale des intéressés, etc. Il n'est pas surprenant que les syndicats professionnels requièrent eux aussi, les éléments, sans lesquels aucun groupement humain n'atteint son but. Là, comme partout ailleurs, rien ne dispense les hommes ni de la nécessité de l'effort ni des conditions d'exercice de l'effort.

Mais là, plus qu'ailleurs, le but à atteindre exige cette qualité rare qu'est le désintéressement, j'entends cette sorte de désintéressement qui permet de sacrifier à l'intérêt général, même éloigné, un intérêt personnel et immédiat. En effet, le but est essentiellement d'intérêt général et il arrive que les intérêts étroitement personnels soient en désaccord avec lui. Un patron a pris l'engagement vis-à-vis de ses ouvriers de ne pas embaucher au-dessous d'un certain taux de salaires et, vis-à-vis de ses collègues patrons, il a pris aussi l'engagement de ne pas embaucher au-dessus de ce taux. Cependant une commande inattendue et très avantageuse se présente à lui. Pour l'exécuter, il lui faut un personnel plus nombreux et il a de la peine à se procurer de nouveaux ouvriers. Il en trouverait aisément en leur promettant un salaire supérieur, en les enlevant à ses concurrents. Que va-t-il faire? Son intérêt étroit et immédiat le pousse à se retirer du syndicat patronal, à reprendre sa liberté, à engager des ouvriers au-dessus du taux normal et à accepter la commande qui lui assurera un large profit. L'intérêt général est, au contraire, qu'il obéisse à la discipline reconnue utile par lui et qu'il demeure au syndicat. Des problèmes de ce genre se posent souvent devant les ouvriers comme devant les patrons syndiqués. Ils sont résolus dans un sens ou dans l'autre, suivant le degré de clairvoyance et de valeur morale de chacun d'eux.

Voilà pourquoi certains milieux d'un niveau moral plus élevé que la moyenne ont fourni au problème de l'organisation ouvrière une solution vainement tentée dans d'autres. L'étude du trade-unionisme anglais est pleine d'enseignements à cet égard. Ce n'est pas par hasard que les grands leaders des unions minières se sont recrutés parmi les *local preachers* du Durham, du Northumberland ou des Middlands. Sans doute, leur générosité de sentiments n'était qu'un des éléments requis et l'aptitude à la direction. la fermeté, le calme, l'intelligence des situations, l'esprit politique et positif ont eu leur grande part dans les résultats acquis ; mais la qualité désintéressée de leurs mobiles était d'une essence plus rare. On le voit bien, au surplus, par la comparaison des unions fondées par eux avec d'autres groupements du même genre. Dans la plupart de ceux qui méritent d'être étudiés, on rencontre des chefs intelligents, actifs, habiles ; on a plus de peine à trouver des hommes s'imposant au respect de tous par la haute dignité de leur vie et l'élévation de leur caractère.

Si, au lieu de porter son attention sur les chefs, on observe les simples membres des syndicats professionnels, la nécessité d'un certain degré de dévouement au bien général apparaît encore. Le fait de prélever chaque quinzaine ou chaque mois une cotisation, même faible, sur la paie qu'il reçoit, constitue de la part de l'ouvrier un sacrifice véritable. Dans les groupements patronaux, la cotisation, forcément plus élevée, est, elle aussi, un sacrifice du même ordre. Et, pour la consentir, il faut souvent plus qu'une disposition naturelle à la générosité. Une éducation syndicale y est nécessaire.

M. Olphe-Galliard ne s'est pas contenté de dégager avec beaucoup de sagacité les éléments essentiels de succès que met en relief l'étude de l'organisation ouvrière. Il a montré aussi la vanité des procédés divers imaginés pour y suppléer : conciliation, arbitrage, interventions de l'autorité publique, solutions paternalistes, solutions révolutionnaires. Toutes celles de ces solutions qui méconnaissent les conditions du problème, qui tentent de le faire résoudre en dehors du concours des intéressés sont franchement à rejeter. Toutes celles qui supposent ce concours valent précisément ce que vaut ce concours. Elles peuvent être efficaces, quand il est lui-même efficace. Elles restent sans valeur dans le cas contraire. La constitution moderne de l'atelier de travail requiert une représentation des forces ouvrières et patronales de la même manière que la constitution des États modernes requiert une représentation des intérêts généraux de chacun d'eux. Ceux qui ne parviennent pas à organiser normalement cette représentation y suppléent par des coups d'État ou des révolutions, c'est-à-dire par des artifices dangereux et oppressifs ; mais personne ne songe à voir dans ces procédés autre chose que des pis-aller.

Paul DE ROUSIERS

L'Organisation des Forces Ouvrières

INTRODUCTION

Parmi les nombreux problèmes que comprend la question ouvrière des temps modernes, il en est peu qui aient pu réaliser l'accord des esprits, ou tout au moins éviter les scissions profondes qui divisent les penseurs et les classes sociales d'un même pays en camps opposés et souvent hostiles. Celui que soulèvent les conflits du travail peut être classé parmi ces derniers : c'est l'un de ceux dont la solution excite le moins de divergences. Sans doute, nous le verrons, l'accord des esprits est loin d'être unanime, tant au sujet de la nature de ces conflits qu'à celui de leurs remèdes. Néanmoins, l'opposition entre les systèmes est moins sérieuse, sous plus d'un rapport, qu'elle ne l'a été jadis, et qu'elle ne l'est encore à l'égard de plusieurs autres problèmes du même ordre : personne ne songe plus aujourd'hui à considérer les grèves comme des rébellions contre l'ordre social appelant la répression des pouvoirs publics ; elles n'en sont pas moins, en général, considérées comme un mal certain qui doit être évité le plus possible; quant à la solution destinée à les empêcher, elle n'est pas moins généralement envisagée, plus ou moins confusément, dans le contrat collectif. Les théories divergentes, sur ces différents points, apparaissent le plus généralement comme des anomalies dont une société bien constituée a peu de compte à tenir.

L'accord relatif des esprits, que nous constatons ici par comparaison avec la plupart des autres questions du même ordre, s'explique peut-être par l'avance que la solution du problème a prise dans le domaine de la réalisation pratique. Vers le début du XIXe siècle, les conflits entre employeurs et travailleurs se manifestaient avec acuité, et l'on trouve, dès cette période, des essais de solutions, au moins partiels, par le contrat collectif; avant la fin du même siècle, l'emploi de ce procédé s'était généralisé dans certains milieux industriels importants. On est donc à même, depuis de longues années, d'en apprécier les résultats et de constater son heureuse influence sur l'apaisement des conflits. Il en est autrement de la plupart des autres questions, qui ont attiré moins vivement l'attention, jusqu'à une période relativement récente, peut-être parce qu'elles paraissaient moins menaçantes pour l'ordre public, et dont la solution est moins facile à discerner, et en tout cas moins près de sa réalisation.

L'accord dont nous parlons est tout relatif d'ailleurs. Il laisse toujours place à de vives discussions, non seulement sur des points accessoires du problème, mais même sur des questions vitales et essentielles à sa bonne solution. Les principes généraux que nous avons définis tout à l'heure sont eux-mêmes fortement contestés par nombre de penseurs dont l'opinion, pour ne pas s'imposer par la logique de leur méthode, retient cependant l'attention en raison du titre de dirigeants de la classe ouvrière que s'arrogent ses représentants.

En laissant de côté les causes individuelles de ces controverses, tenant à des circonstances de fait, pour ne s'en tenir qu'aux causes intellectuelles et du domaine de la pure spéculation, l'explication de cette diversité d'opinions se trouve très nettement accusée dans les théories abstraites apportées par chacun dans l'étude du problème. Suivant la formation propre à chaque esprit et les tendances morales ou sociales qui lui servent de guide dans l'appréciation des faits sociaux, les déductions auxquelles aboutit l'observation de ces derniers peuvent être très divergentes et même opposées. La solution des conflits du travail qui apparaîtra évidente à l'économiste imbu de la nécessité de laisser un libre cours au jeu de la loi de l'offre et de la demande sera totalement différente de celle que préconisera l'adepte du socialisme, convaincu de la souveraine efficacité de la loi dans l'organisation sociale. Or ces diverses conceptions ne sont pas le fruit de l'analyse des faits qui composent les termes du problème envisagé : elles sont des données *a priori*, des postulats imposés d'avance à sa solution, et qui tendent à faire plier l'observation des faits dans un sens déterminé. Prenons, entre mille, quelques exemples de cette disposition d'esprit relativement à un seul point, la légitimité des coalitions [1].

La source de ce droit, suivant les théories très désintéressées de l'école des démocrates chrétiens, se trouverait dans une disposition inhérente à la nature humaine, qui s'appelle le droit naturel, en vertu duquel tout homme, par le fait même de son existence, et indépendamment des circonstances particulières dans lesquelles il vit, peut en réclamer le bénéfice. Le droit naturel primordial et le plus incontestable est celui qui consiste pour tout homme à vivre et à entretenir convenablement sa famille. Or des conditions de travail qui restreindraient, de quelque manière que ce soit, l'exercice de ce droit, seraient une violation de la justice immanente dans cet ordre naturel : nul doute par conséquent que l'ouvrier, qui n'a accepté ces conditions que sous la

1. Nous en rencontrerons d'autres, non moins caractéristiques, notamment au sujet des actes licites ou non qui accompagnent les grèves, tels que la mise en interdit, la pression exercée sur les travailleurs pour en assurer l'efficacité, l'exclusion de certaines catégories d'ouvriers, etc.

pression de la nécessité, ne puisse s'insurger contre elles. Et comme l'association est un autre de ces droits naturels à l'homme, c'est par ce moyen qu'il arrivera à ce but. Il y a toutefois une assez grande différence entre ce genre d'association et le syndicat que nous connaissons aujourd'hui : la première a pour objectif essentiel de rétablir l'harmonie entre les deux parties en présence et de faire régner la justice sociale ; elle s'inspirera donc principalement des idées chrétiennes et adoptera toutes les formes de groupement qui rapprochent patrons et ouvriers. De là, nous le verrons plus loin, la faveur avec laquelle sont vues, dans cette doctrine, les corporations du moyen âge, que l'on se représente comme réalisant cet idéal de concorde et de paix[1].

Un tel système repose essentiellement sur la doctrine philosophique de la justice sociale, qui impose à chacun l'accomplissement de ses devoirs respectifs. Il s'ensuit que les esprits qui n'accèdent pas à cette doctrine aboutissent à des conclusions tout opposées : « L'obéissance, la résignation, la légalité, écrivait le comité de la grève générale, ont produit dans les rangs ouvriers de trop funestes effets pour que nous nous attardions à de semblables moyens en vue d'améliorer notre existence... Jamais les gros sous des travailleurs n'auront raison des millions des affameurs. Aux menaces des capitalistes, il faut pouvoir répondre par des menaces d'intimidation, qui, mises en pratique, terrorise-

1. Léon XIII, *Encycl. sur la condition des ouvriers*. — Cf. Martin Saint-Léon, *Histoire des corporations*, p. 626. — L. Grégoire, *Le Pape, les cathol. et la quest. soc.*, 1893, 2e partie. — Partant de l'observation des faits, de l'analyse des conditions de prospérité des sociétés, Le Play était arrivé à des conclusions semblables, plaçant la paix sociale dans le rapprochement des patrons et des ouvriers (*La Réforme sociale en France*, 1864, t. II, p. 26-27). Le seul tort de Le Play et de son école a été de considérer cette conclusion comme une solution du problème, alors qu'elle suppose en réalité le problème résolu par les vertus individuelles de tous les intéressés.

raient et feraient bien vite capituler les exploiteurs [1]. » La lutte de classes est en effet la situation normale et nécessaire dans une société où nul n'est lié vis-à-vis de son semblable par l'obligation du devoir moral [2]. Les théoriciens du syndicalisme anarchiste n'ont, du reste, aucune prétention au caractère scientifique ; ils avouent s'abstraire systématiquement de la réalité concrète, et ce n'est pas sans raison qu'on les a appelés les métaphysiciens du socialisme. S'ils n'attendent leur salut que de la révolution violente et intégrale, c'est que celle-ci constitue pour eux une sorte de religion, et que, de même que le christianisme a conquis le monde grâce à l'intransigeance de ses docteurs, la société future n'appartiendra qu'à ceux qui refuseront toute compromission avec leurs oppresseurs [3].

1. Cit. L. de Seillac, *Les Syndicats*, p. 326 et suiv.

2. Est-ce pour ce motif que certains, parmi ceux que l'on s'attendrait à rencontrer ailleurs, s'accommodent aussi facilement de telles doctrines ? (Cf. P. Bourget, dans *la Revue hebd.*, 5 mars 1910, p. 18, 29.)

3. G. Sorel, *Mouvement socialiste*, 1905, t. II, p. 299. — « C'est revenir à l'ancienne utopie que vouloir traiter comme des faits historiques des hypothèses relatives aux luttes de l'avenir et aux moyens de supprimer le capitalisme. Il n'y a aucun procédé pour pouvoir prévoir l'avenir d'une manière scientifique, ou même pour discuter sur la supériorité que peuvent avoir certaines hypothèses sur d'autres... Cependant l'homme ne cesse de raisonner, comme s'il était vraiment en état de sortir du présent, et l'expérience montre que ses constructions peuvent avoir une grande efficacité, d'immenses avantages et fort peu d'inconvénients ; cela se produit quand on les regarde comme des mythes, c'est-à-dire comme des compositions faites avec art, en vue de donner un aspect de réalité à des espoirs sur lesquels s'appuie la conduite présente. » Et il cite l'exemple du christianisme, celui de la Réforme et celui de la Révolution. « Il importe donc fort peu de savoir ce que les mythes renferment de détails destinés à apparaître réellement sur le plan de l'histoire future ; ce ne sont pas des almanachs astrologiques ; il peut même arriver que rien de ce qu'ils renferment ne se produise (comme ce fut le cas pour la catastrophe attendue par les premiers chrétiens). Il faut juger les mythes comme des moyens d'agir sur le présent et toute discussion sur la manière de les appliquer matériellement sur le cours de l'histoire est dépourvue de sens... Pour apprécier la portée de l'idée de grève générale, il faut donc abandonner tous les procédés de discussion qui ont cours entre politiciens, sociologues ou gens ayant des prétentions à la

Tandis que les anarchistes syndicalistes ne comptent que sur l'action directe pour arriver au redressement de la société, les socialistes parlementaires placent le salut dans l'action du législateur : « La législation sur la propriété, qui seule rend possible cette exploitation..., étant d'origine, d'essence gouvernementale, le gouvernement a un devoir de redressement, de réparation à remplir vis-à-vis des exploités — exploités par sa faute [1]. »

A l'opposé, les économistes attendent la solution du simple jeu des forces économiques et de la liberté des contrats. C'est au nom de cette liberté que les chefs d'industrie anglais prétendaient s'opposer, aux XVIIIe et XIXe siècles, aux coalitions de leurs ouvriers et maintenir le contrat individuel avec chacun de ceux-ci [2]. C'est également la raison pour laquelle les pouvoirs publics, en France, à la fin du XVIIIe siècle, interdisaient les coalitions. Une proclamation du maire de Paris, Bailly, du 29 avril 1791, qualifiait la coalition des charpentiers et imprimeurs « une violation de la loi, l'anéantissement de l'ordre public, une atteinte portée à l'intérêt général ». L'exposé des motifs du projet de loi tendant à la suppression des associations affirmait le même principe. Ces idées n'ont rien perdu de leur crédit auprès de certains esprits. Récemment la Chambre de commerce de

science pratique ; on peut concéder aux adversaires tout ce qu'ils s'efforcent de démontrer, sans réduire, en aucune façon, la valeur de la thèse qu'ils croient pouvoir réfuter ; il importe peu que la grève générale soit une réalité partielle, ou seulement un produit de l'imagination populaire. Toute la question est de savoir si la grève générale contient bien tout ce qu'attend la doctrine socialiste du prolétariat révolutionnaire. » (*Ibid.*, 1906, t. I, p. 263 et suiv.) On voit par les citations qui précèdent que l'auteur a mauvaise grâce à se défendre d'esprit religieux, probablement par crainte du caractère « ecclésiastique » que toute religion semble contenir (*Ibid.*, t. II, p. 282). De telles conceptions constituent bien réellement une religion, par opposition avec toute notion objective des réalités matérielles.

1. J. Guesde, *La République et les grèves*, 1878.

2. Webb, *Histoire du trade-unionisme*, 1897, p. 316 et suiv.

Lille, donnant son appréciation au sujet du projet de loi sur la conciliation et l'arbitrage, s'exprimait ainsi : « La liberté du travail est une liberté sacrée comme toutes les autres, et on ne peut admettre que parce que la moitié plus un des ouvriers refusera de travailler, la moitié moins un sera forcément condamnée au chômage et à la misère[1]. »

Chose curieuse, c'est en s'appuyant sur le même principe que les travailleurs anglais arrivaient à une conclusion diamétralement opposée à celle de leurs employeurs en matière de droit de coalition. Pour garantir la liberté incontestable, pour les intéressés, de conclure des conventions individuelles, les chefs d'industrie réclamaient la répression de toute coalition tendant à régler d'une façon collective et uniforme les conditions du marché de travail : en sorte qu'on arrivait à cette situation, parfaitement illogique, que parmi les conventions relatives aux conditions du travail, la seule illicite eût été précisément celle qui permettait aux travailleurs de se libérer de l'inégalité de leur situation résultant de leur isolement, et qui devrait être au moins aussi favorablement accueillie que le contrat individuel[2]. Ainsi, en partant du principe de la liberté individuelle, on en arrive à supprimer celle du plus grand nombre et de ceux dont la situation est le plus digne d'intérêt : cette contradiction s'explique, du reste, si l'on songe que le libéralisme, comme tous les principes abstraits, heurte les nécessités de la vie sociale lorsqu'on veut le pousser à ses conséquences extrêmes. Telle était bien en effet la conclusion à laquelle arrivaient les autorités publiques lorsqu'elles proscrivaient les coalitions au nom de la liberté. Lorsqu'il niait l'existence de situations intermédiaires entre l'intérêt individuel et l'intérêt général de la société tout entière, le rapporteur de la Constituante ajoutait que les besoins qui réclament

1. *Ann. du Musée social*, 1902, p. 11.
2. Webb, *loc. cit.*

une aide extérieure à l'individu, ne doivent chercher celle-ci que dans l'État seul : « C'est à la nation, c'est aux officiers publics, en son nom, à fournir des travaux à ceux qui en ont besoin pour leur existence et des secours aux infirmes. » Un partisan du collectivisme ne parlerait pas autrement ; si le point de départ est différent, la conclusion est identique.

D'un autre côté, le principe de la liberté ne saurait davantage servir de base à la reconnaissance du droit de coalition. Quand les travailleurs affirment qu'en employant eux-mêmes le contrat collectif ils ne dénient point aux autres le droit de conclure des contrats individuels, les faits ne tardent pas à leur donner des démentis : c'est en vertu d'une nécessité impérieuse, inhérente à la coalition et à ses résultats, que ceux qui en usent visent à en étendre l'application à tous les autres ; le succès de leur tactique dépend du nombre de ceux qui s'y soumettent et de l'absence de dissidents. De là la tendance constante de tous les groupements ouvriers puissants, d'englober tous les représentants de la corporation et de réserver à leurs adhérents le monopole du travail : nous la retrouverons plus loin et nous en verrons l'explication [1].

Quoi qu'il en soit, le libéralisme est aussi impuissant à condamner le droit de coalition, que le droit naturel l'est à le fonder objectivement : les déductions qu'on en tire sont contradictoires parce que les principes ne tiennent pas compte des éléments réels du problème.

Il en est de même du droit naturel. Il est assurément permis de supposer que le régime qu'on en déduit, s'il par-

1. A en croire l'auteur précité, cette inconséquence dans l'attitude des trade-unions serait un exemple « du danger qui menace un parti formé sans une conception claire de l'état social vers lequel il tend ». (Webb, *op, cit.*, p. 320.) On peut y voir à plus juste titre l'action de la nécessité sociale sur ceux qui se plient à ses enseignements au lieu de poursuivre l'idéal chimérique d'une conception purement abstraite. C'est dans un juste équilibre entre le libéralisme et l'interventionnisme que la société trouve la satisfaction aux aspirations contradictoires qui l'animent.

venait à être généralisé, constituerait un état idéal de la société dont tout conflit serait banni et toute discorde aplanie grâce à la sagesse et au désintéressement des individus ; c'est un fait d'expérience que, partout où il est employé, il remédie puisamment aux causes de désorganisation sociale, et le contraire serait plutôt de nature à surprendre. Mais ce système suppose, chez les intéressés, l'exercice de qualités intellectuelles et morales tellement développées, qu'il constitue un idéal dont la réalisation peut être considérée à bon droit comme chimérique. Que la société se compose de saints — et c'est bien ce qu'impliquent les rapports décrits ci-dessus — tous les défauts des institutions tenant à l'égoïsme ou aux mauvais sentiments des individus disparaîtront comme par enchantement : on pourrait même aller plus loin et considérer que, dans une telle société, le collectivisme serait l'organisation la plus parfaite, comme offrant les conditions les plus favorables au développement des facultés morales de l'humanité. Il n'y a là malheureusement qu'un rêve : la réalité est l'antagonisme profond entre les intérêts divergents, et la lutte pour leur satisfaction au détriment de la partie adverse. Il est sans doute contraire aux données de l'expérience de prétendre que toute l'organisation sociale actuelle ne repose que sur la violence : mais il est aussi peu conforme aux résultats de l'observation des faits de soutenir qu'on doit rejeter tous les moyens tendant à procurer et maintenir la paix sociale autrement que par la pratique de la confiance mutuelle, de la bienveillance chez les patrons, du respect et du dévouement chez les travailleurs.

Le droit de coalition du travailleur ne se justifie pas en soi : celui que lui confère la nature, comme un attribut essentiel de la condition de l'homme qui vit de son travail, n'est nécessairement ni un facteur bienfaisant ni un élément perturbateur du bon ordre social. Il y a des conditions sociales dans lesquelles il constitue une nécessité, et où son absence est une cause de souffrances et de désordres : il y en a d'autres où son exercice serait préjudiciable à la prospérité générale ; alors que nous concevons difficilement, dans nos sociétés occidentales du xxe siècle, la classe ouvrière privée de la faculté de se servir de la coalition, il est non moins certain que son usage peut constituer un crime de lèse-société dans une organisation, comme celle des anciennes corporations, où les besoins de la classe ouvrière trouvaient leur satisfaction par d'autres procédés prévus et mis en œuvre par les institutions existantes. La nécessité de l'action collective, dans les circonstances concrètes observées, est donc le seul fondement satisfaisant du droit de coalition. L'efficacité de cette action, ses résultats au point de vue de la suppression des conflits et de l'affermissement de la paix sociale, sont la seule justification de ce droit.

Il résulte de ces observations que tout système *a priori* est nécessairement infécond dans une semblable étude, en raison de son impuissance à nous apporter une solution adéquate à la réalité objective et acceptable pour tous les esprits impartiaux. Il faut donc abandonner cette méthode, pour celle de l'analyse préalable et désintéressée des faits eux-mêmes. C'est aux fruits seuls que nous jugerons l'arbre, et nous devons, pour faire œuvre scientifique, rechercher dans l'étude des faits les conditions dans lesquelles se présentent les besoins dont les grèves sont les manifestations, celles qui président au fonctionnement normal des solutions pratiquées pour y remédier, et celles qui permettent ou qui s'opposent aux autres solutions proposées en vue de compléter l'action des premières.

C'est par l'emploi de cette méthode objective que l'étude qui va suivre se différenciera des nombreux travaux qui ont déjà été faits sur la matière. Elle n'a point la prétention d'apporter aucun fait nouveau. Notre seul objet est de dégager des faits connus de tous et facilement contrôlables les éléments qui permettront d'en saisir l'enchaînement les uns par rapport aux autres et d'en formuler les lois, grâce auxquelles la conclusion apparaîtra d'elle-même.

L'ordre naturel de ce travail, imposé par la méthode qui nous sert de guide, consistera à rechercher tout d'abord quelles sont les circonstances d'ordre économique et social qui ont fait naître la question, quels sont les termes du problème à résoudre. Nous examinerons ensuite comment ce problème a été résolu dans la pratique par ceux qui sont arrivés à lui trouver une solution à la fois efficace et ne nécessitantaucune aide extérieure ; cette étude comportera en premier lieu celle de l'organisation qui a permis à cette catégorie d'intéressés d'arriver à cette solution, puis l'examen de celle-ci en elle-même, qui nous conduira à dégager les conditions qui en permettent le succès. L'exposé des cas d'insuccès de cette solution, et des causes qui l'ont amené, nous servira de contre-épreuve pour apprécier la justesse des conclusions déjà posées. Nous terminerons par la recherche des moyens appropriés à la situation des groupements dans lesquels les conditions dont nous venons de parler font défaut et ne permettent pas l'application de la précédente solution, et nous verrons s'il en existe, parmi eux, qui répondent à ces conditions différentes du problème.

PREMIÈRE PARTIE

LA SOLUTION NATURELLE DU PROBLÈME

CHAPITRE PREMIER

L'OUVRIER ISOLÉ DANS L'INDUSTRIE MODERNE

I. — LES CONDITIONS DU TRAVAIL SOUS L'ANCIEN RÉGIME ÉCONOMIQUE

Il est indispensable, pour bien se rendre compte de la genèse du mouvement de concentration des forces ouvrières et des conditions industrielles qui ont donné lieu à ce groupement, de comparer ces conditions avec celles du régime qui les avait précédées : on comprendra ainsi comment une forme d'organisation, qui n'était pas nécessaire à une certaine époque, a pu le devenir dans la suite sous la pression de nécessités nouvelles.

L'un des principaux caractères de l'industrie, jusque vers la fin du XVIIIe siècle, consiste en ce qu'elle était exercée sous la forme du petit atelier familial, dont le personnel se composait du patron, travaillant de ses mains, seul ou aidé d'un petit nombre d'ouvriers. Ce personnel était donc restreint, et la classe ouvrière était dispersée entre un grand nombre d'établissements différents. Le compagnon, connaissant parfois son maître depuis l'époque de son apprentissage, vivant au foyer de celui-ci et ayant, par suite de son isolement, plus de contact avec lui qu'avec les autres salariés, devait forcément être considéré comme un hôte et un camarade, quand il n'était pas un parent, plutôt que comme appartenant à une autre classe sociale. La distance qui le séparait de son maître était encore amoindrie par le fait que ce dernier travaillait comme lui, qu'il se livrait aux mêmes occupations et vivait du même genre de vie. Ce rapprochement matériel et social engendrait nécessairement un rapprochement moral : quand on doit vivre ensemble, à la même table et dans le même atelier, on a intérêt à rester d'accord et à éviter les discordes qui rendraient l'existence commune intolérable. Les compagnons vivaient donc habituellement en bonne intelligence avec les maîtres, et ne pouvaient avoir des griefs bien sérieux de nature à les pousser à une organisation dirigée contre eux [1].

Une autre circonstance devait contribuer avec force à l'union entre les deux classes. La distinction qui les séparait était une situation de fait, transitoire et de nature à cesser normalement pour la plupart des individus : l'outillage, dans les métiers manuels, est relativement restreint et peu coûteux ; les capacités commerciales et intellectuelles requises d'un chef de petit atelier pour réussir sont à la portée d'une bonne moyenne des travailleurs ; les connaissances les plus importantes qu'il doit posséder sont incontestablement celles qui se rapportent à la pratique du métier, et que possède tout ouvrier. Ce dernier pouvait donc légitimement espérer arriver lui aussi au patronat : l'activité, une intelligence ordinaire, une conduite rangée, suffisaient à lui en ouvrir les portes. S'il n'épousait pas la fille du patron, dénouement qu'amenait aisément le séjour dans sa famille, quelques épargnes et un peu de chance lui permettaient de s'établir

1. Cf. Martin Saint-Léon, *Le Compagnonnage*, 1901, p. 29-30.

à son compte au bout de quelques années de pratique du métier. Cette éventualité se réalisait si fréquemment qu'on cite des professions dont le personnel ouvrier ne se composait guère que de jeunes gens, tous les autres étant rapidement établis [1]. Nous trouvons une autre preuve de ce fait dans l'importance donnée alors au contrat d'apprentissage [2]. On se trompe lorsqu'on envisage les conditions étroites qui présidaient à ce contrat, en particulier celles qui sont relatives à sa durée, comme une conséquence du caractère manuel du travail et de la difficulté d'acquérir l'habileté voulue pour l'exécuter convenablement : si l'on met à part les industries d'art dont on peut dire que l'apprentissage se poursuit pendant toute la vie de l'artiste, il n'y a aucune proportion entre la durée prévue au contrat et le temps nécessaire pour apprendre le métier. Dans la plupart des industries manuelles, où l'apprentissage dure officiellement encore aujourd'hui trois et quatre années, et autrefois beaucoup plus longtemps [3], un an suffit à un jeune homme normalement intelligent pour pouvoir remplacer un ouvrier, et au bout de six mois il fait un travail rémunérateur [4].

1. Webb, *op. cit.*, p. 5 et suiv.

2. Il était passé par un acte solennel, signé par le père du jeune homme et par le maître, en présence de l'autorité municipale. Des droits élevés étaient payés par le maître à la corporation dont il faisait partie. Pendant toute la durée prévue, l'apprenti était lié envers son maître à qui le contrat déléguait en quelque sorte l'autorité paternelle. L'apprenti était logé et entretenu par celui-ci, devait s'occuper des menues besognes de la maison en dehors des heures de travail ; en cas de départ anticipé, il était ramené de force chez le maître (Louis Morin, *Étude sur les contr. d'apprent. à Troyes*, dans le *Bull. de la Soc. de protect. des apprentis*, 1894, p. 443 et suiv. ; 1895, p. 94 et suiv).

3. Il était de six ans au minimum chez les veloutiers ou chez les chandeliers, de douze ans chez les tréfiliers d'archal et les patenôtriers de corail, etc. La durée la plus habituelle était de six années (E. Boileau, *Le Livre des métiers*, éd. de Lespinasse, Introd., p. 102). Elle variait du reste considérablement dans la même profession (Cf. G. de Bonne, *Une Étude sur l'apprentissage*, 1909, p. 19 et suiv.).

4. V. notre étude sur *la Crise de l'apprentissage et la condition des jeunes ouvriers*, dans *la Science sociale*, septembre 1902, p. 183-185.

La meilleure preuve de cette disproportion réside dans la possibilité de réduire la durée suivant l'importance de l'indemnité payée par l'apprenti [1] ; jadis, les fils de maîtres étaient totalement dispensés de l'apprentissage dans certaines professions [2]. Le véritable objet de ces dispositions était, nous le verrons, comme celui de tous les autres articles des règlements corporatifs, de restreindre la production, et par suite la concurrence, afin de conserver intact le monopole des maîtres [3]. Elles prouvent du moins la stabilité des relations entre les deux classes : si le compagnon n'était pas déjà un concurrent possible par les facilités qu'il a pour s'établir à son compte, on n'aurait pas intérêt à mettre des barrières à son admission ; on se bornerait à restreindre leur nombre dans chaque atelier, ce qui avait lieu d'ailleurs [4].

1. Chez les tisserands, il existait une échelle d'équivalence entre la durée de l'apprentissage et l'indemnité : celle-ci était de 4 livres pour une durée de quatre ans, 60 sous pour cinq ans, de 20 sous pour six ans ; l'apprenti ne devait rien à partir de sept années (Martin Saint-Léon, *Histoire des corporations de métiers,* 1897, p. 76.— Cf. J. de Bonne, *op. cit.*, p. 25 et suiv.).

2. A. du Bourg, *Tabl. de l'ancienne organis. du travail dans le Midi de la France,* p. 62. — Martin Saint-Léon, *op. cit.*, p. 67.

3. M. Martin Saint-Léon, dans son *Histoire des corporations,* cherche à justifier ces mesures par l'intérêt des apprentis (p. 73 et suiv.). Son argumentation, visiblement inspirée par une sympathie pour l'institution qu'il décrit, n'est point convaincante : indépendamment de multiples raisons en sens contraire, les nombreuses dispositions qui visaient le cas de fuite de l'apprenti, qu'il cite lui-même (*ibid.,* p. 80), prouvent bien que l'apprenti ne s'estimait pas si heureux de son sort. Les statuts sont généralement beaucoup plus explicites à l'égard des obligations de l'apprenti que de celles du maître : peu de dispositions lui procurent des garanties contre l'avarice et la brutalité de ce dernier. Le maître pouvait vendre l'apprenti à un autre patron, et le commerce s'en était institué dans certaines localités (Levasseur, *Histoire des classes ouvrières en France,* 1859, t. I, p. 232-233).

4. Suivant M. Martin Saint-Léon (p. 87), cette limitation n'existait généralement pas. Cependant, chez les batteurs d'or, elle devait exister au moins dans certains cas, puisque les statuts autorisent, dans d'autres circonstances, l'emploi sans restriction. Cette limitation était, du reste,

Cet état de choses se reflète exactement dans l'organisation du travail. La corporation groupait à la fois les maîtres, les compagnons et les apprentis. Ses règlements fixaient avec une minutieuse précision les conditions du travail, l'interdiction du travail de nuit, le nombre d'heures permises pendant le jour, les multiples fêtes, chômées ou non, pendant lesquelles il devait cesser, les conditions d'embauchage, le nombre d'ouvriers et d'apprentis admis dans chaque atelier, jusqu'aux procédés de fabrication et à la qualité des matières premières. Les compagnons bénéficiaient sans doute de ces dispositions, en ce sens qu'ils échappaient aux conséquences de la concurrence des travailleurs du dehors et en outre à celles de la surproduction et des crises industrielles qu'elle provoque [1]. Si les mêmes règlements s'inquiètent peu des conditions relatives aux salaires et aux autres modes de rémunération de l'ouvrier [2], le fait que ce dernier partageait en somme la même existence que le patron et considérait sa situation comme transitoire, devait l'empêcher de trop souffrir de cette lacune [3]. Du reste, pendant longtemps, la population ouvrière étant nombreuse, la concurrence exercée par les travailleurs les uns vis-à-vis des autres ne pouvait guère se faire sentir. Enfin la classe patronale voyait son intérêt, moins dans la multiplication de la main-d'œuvre que dans sa restriction : la part du

assurée par le fait même que le recrutement de cette catégorie se trouvait puissamment endigué par les règles relatives à l'apprentissage, ainsi que par les droits d'entrée et cotisations que le compagnon devait verser à la caisse corporative et par l'obligation du chef-d'œuvre à laquelle il était astreint ; en outre, à partir de la fin du XVIe siècle, un stage est imposé au compagnon, son apprentissage terminé, avant de pouvoir être reçu comme maître (*Ibid.*, p. 75).

1. *Ibid.*, p. 116 et suiv.

2. D'après les statuts des enlumineurs de Toulouse, quand un compagnon arrive dans la ville, les artistes jurés doivent le présenter aux maîtres, successivement, et lui procurer un salaire juste et raisonnable proportionné à son habileté (Du Bourg, *op. cit.*, p. 56).

3. Cf. Martin Saint-Léon, *op. cit.*, p. 154 et suiv.

travail salarié était trop minime dans la production pour qu'on eût sérieusement à s'inquiéter d'en réduire le coût. Au contraire, l'objectif de l'organisation corporative étant de restreindre la production, la limitation du nombre des travailleurs en était l'une des premières conséquences.

Il importe en effet d'observer que l'institution avait pour but unique de maintenir une situation industrielle fondée sur un monopole,et nullement l'intérêt de la classe ouvrière. Toutes les dispositions des règlements corporatifs convergent vers ce but : c'est pourquoi elles exigent que les artisans résident dans la localité depuis une certaine durée avant de pouvoir s'établir ; elles les obligent à acheter leurs matières premières à des conditions identiques, afin d'éviter qu'aucun puisse produire à un prix de revient inférieur ; elles imposent la qualité de la matière première employée et le modèle que doit observer l'objet fabriqué ; elles interdisent d'entretenir plus d'un atelier et d'occuper dans celui-ci un nombre d'ouvriers supérieur à celui qui est imposé à tous[1] ; elles prohibent toute manœuvre ayant pour but d'attirer la clientèle d'un collègue ; elles empêchent l'introduction d'objets fabriqués au dehors ou incomplètement ouvrés,qui aurait permis une production plus économique par le procédé de la division du travail, etc. On voit que toutes ces mesures tendent directement vers la protection de la situation des maîtres déjà établis, et que les associations fondées sur de telles bases n'étaient autre chose que des syndicats de producteurs groupés en vue de la défense de leurs intérêts commerciaux[2].

1. Chez les tisserands, le maître n'avait le droit d'embaucher un apprenti qu'après une enquête des jurés qui devaient constater « si le mestre est suffisant d'avoir et de sens pour apprentiz prendre » (Martin Saint-Léon, *Hist. des corp.*, p. 71).

2. Cf. Levasseur, *op. cit.*, t. I, p. 198-199, 227-229. — Fagniez, *Étude sur l'ind. au* XIIIe *siècle*, 1877. — Si, comme le soutient M. Martin Saint-Léon, la réglementation du travail a pour objet le bien-être de

Cette organisation contribuait à maintenir le régime du petit atelier domestique, et donnait satisfaction, dans cette limite, aux besoins de la classe ouvrière. Ce dernier objet n'était cependant qu'accessoire dans l'ensemble de l'institution. Si les compagnons et les apprentis font partie obligatoirement de la corporation, c'est principalement parce que les maîtres trouvent ainsi un moyen pratique d'assurer l'efficacité des réglementations tendant à la limitation de la production : c'est pourquoi la plupart des statuts imposent à tout apprenti, au commencement de son apprentissage, et à tout ouvrier, au moment de son engagement, le serment de la fidélité aux statuts et celui de révéler aux maîtres les contraventions aux règlements dont ils auraient connaissance [1]. Cette mesure était aussi indispensable pour enrayer l'accroissement de la main-d'œuvre qui, nous l'avons vu, aurait constitué une menace pour le monopole des maîtres. Enfin elle permettait à ceux-ci de se garantir contre toute velléité d'indépendance ou d'hostilité de leurs ouvriers.

Aussi toute tentative d'organisation propre de la part de ces derniers est-elle énergiquement réprimée : là où ces groupements se produisent, ils ne tardent pas à être supprimés ou englobés dans la corporation. C'est ce qui se produit par exemple, en 1509, pour les tailleurs de Toulouse : « Pour éviter ces débats, noises et inconvénients, tous, maîtres, compagnons et serviteurs, unanimes dans leur bon vouloir, ont décidé de réunir ensemble les deux corps, pour améliorer le service divin, mettre le bon ordre dans l'office, et

l'ouvrier et non uniquement la limitation de la production, il devient inexplicable que les statuts, si minutieux dans cette matière, au sujet de laquelle ils instituent un contrôle rigoureux (*Hist. des corp.*, p. 122. — Levasseur, *op. cit.*, p. 246 et suiv.), se désintéressent de la rémunération des travailleurs.

1. E. Boileau, *op. cit.*, p. 111, 123. — Martin Saint-Léon, *op. cit.*, p. 86. — J. de Bonne, *op. cit.*, p. 8.

afin que les habitants de la présente ville soient mieux servis par les maîtres [1]. » On peut croire que ces divers motifs eussent été de peu de poids pour déterminer le bon vouloir des compagnons à renoncer à leur entreprise, en l'absence d'une contrainte absolue. Pour mieux assurer cette union, on prohibait jusqu'aux réclamations devant les tribunaux : tout compagnon qui se permettait une telle liberté était mis à l'index, et interdiction était faite aux autres maîtres de lui donner du travail sous peine d'amende [2]. Il ne faut pas oublier d'ailleurs que les compagnons n'avaient nulle part à la direction de la société; celle-ci n'était pas faite dans leur intérêt : ils n'avaient donc pas voix au chapitre et étaient simplement assujettis à ses règlements [3].

On voit par ce qui précède tout ce qu'un tel régime contient d'artificiel : si certaines conditions naturelles et économiques, que nous avons notées plus haut, le justifient en partie et lui permettent de fonctionner sans trop de heurts, sa principale raison d'être est la défense d'une situation acquise par une classe de la société. C'est le sentiment, inné chez l'homme, tendant à se constituer un monopole et à le conserver contre toute atteinte extérieure, qui a été le facteur essentiel de la corporation ancienne. A l'époque où la puissance féodale, fondée sur la propriété rurale et son exploitation, disparaissait de plus en plus, la prépondé-

1. Du Bourg, *op. cit.*, p. 116. — Dès le XIVe siècle, les sociétés de compagnons commençaient à se multiplier; dans certaines professions, les ouvriers avaient même obtenu des chartes de corporations. Ces associations furent toujours mal vues par les autorités (Martin Saint-Léon, *op. cit.*, p. 215-216).

2. Du Bourg, *op. cit.*, p. 58, 62.

3. Dans certaines professions, les ouvriers élisaient les jurés et étaient éligibles à ces fonctions ; chez les foulons, deux jurés sur quatre sont pris parmi eux. Toutefois cette faveur ne paraît pas générale et, le plus souvent, les jurés sont des patrons nommés par leurs confrères ou par les délégués du prévôt (Levasseur, *op. cit.*, t. I, p. 212. — Martin Saint-Léon, *op. cit.*, p. 89, 103).

rance sociale se concentrait dans les villes où la richesse et le bien-être se développaient. Les artisans, qui étaient les auteurs de cette richesse, représentaient donc dans la société l'élément prédominant ; à eux, par suite, appartenaient la considération et les situations administratives. Pour échapper à la tentation de faire servir leur autorité à leur intérêt privé, il leur aurait fallu un désintéressement supérieur dont l'histoire des sociétés humaines montre peu d'exemples. Quoi qu'il en soit, ce fut précisément sous la forme d'une réglementation municipale que se présente, au début, l'institution corporative, et si plus tard la corporation constitue une personne morale ayant sa vie propre et son autonomie, elle conserve toujours son caractère d'institution publique, et elle le reprit entièrement lorsque la force des choses eut activé sa décadence.

Ce caractère explique l'appui prêté par les pouvoirs publics aux règlements corporatifs et la prohibition dont ils frappaient les essais de groupement des ouvriers. Ces associations en effet, en tant qu'elles étaient dirigées contre les employeurs, étaient, par le fait même, des atteintes à l'ordre public : les conditions du travail étant sanctionnées par les autorités municipales, c'est à ces dernières que remontait toute tentative faite pour s'y soustraire [1]. Il en était de même du reste des coalitions des artisans eux-mêmes, avant que le développement de leur situation sociale ne leur eût permis d'obtenir la légalisation de leur monopole : jusqu'au

1. « Au moyen âge, toutes les conditions du travail industriel avaient été de bonne heure réglementées par les autorités locales, qui fixaient entre autres choses la durée de la journée... Les travailleurs étaient obligés de se rendre à la besogne à l'heure fixée par les règlements municipaux et indiquée par une cloche désignée le plus souvent, dans les anciens textes français, sous le nom de *cloche des ouvriers ;* elle donnait le signal du commencement de la journée, de la cessation et de la reprise du travail à midi et de la sortie de l'atelier à la nuit tombante. » (Flammermont, *Mémoire sur les grèves et les coalitions à la fin de l'ancien régime*, 1895).

xive siècle, les associations de secours mutuels ou commerciales sont proscrites par les pouvoirs civils et religieux, et considérées comme un danger pour l'organisation sociale qu'elles ont pour objet de modifier[1]. Une ordonnance de 1358 constate que les groupements de métiers « en grégnieur partie sont faits plus en faveur et prouffit des personnes de chascun mestier que pour le bien commun », et plusieurs ordonnances de Philippe le Bel et de Philippe VI, en 1305 et 1330, tendent à restreindre ce monopole[2]. Néanmoins les artisans furent les plus forts, et arrivèrent à rendre obligatoires les règlements qui les protégeaient.

Puisque les associations qu'ils formaient avaient pour objet leur intérêt exclusif, il était naturel qu'ils ne voulussent pas faire profiter leurs ouvriers de la même faveur. Les sociétés de compagnons restèrent prohibées, comme l'étaient auparavant toutes les associations, et cette interdiction fut au contraire renforcée par celle que contenaient les règlements corporatifs, ainsi qu'on l'a vu plus haut. Les

1. Indépendamment des capitulaires qui, en 779, 817, 884, interdisent les ghildes ou associations ayant pour objet le secours mutuel contre l'incendie, le naufrage, les voleurs ou la résistance des serfs contre les seigneurs et qui dérivaient d'une autre cause sociale (*Capitula Caroli Magni*, t. V, p. 647. — Baluze, *Capit. Ludov. Pii*, t. I, col. 775; *Capit. Carl. reg.*, t. II, col. 290), la proscription dont nous parlons devient la règle à partir du xiie siècle. Le synode de Rouen de 1189, interdit sous peine d'excommunication les associations formées « pour se secourir mutuellement dans toute espèce d'affaires, et spécialement dans leur négoce ». (Chéruel, *Dictionn. histor. des instit., mœurs et coutumes de la France*, 1re partie, p. 226). Des condamnations analogues se retrouvent dans les conciles de Montpellier en 1215, Toulouse en 1219, Bordeaux en 1255, Avignon en 1282 (Martin Saint-Léon, *Le Compagnonnage*, p. 14). Plusieurs coutumes proscrivaient les corporations. Les jurisconsultes fondaient cette interdiction sur l'intérêt public, qui serait lésé par la hausse des prix provoquée par des coalitions de producteurs. (Beaumanoir, *Coutume de Beauvaisis*, ch. XXX, § 62. — Jean Bouteiller, *Somme rurale*, I, tit. 28, v° *Monopole*).

2. Depping, *Introd. aux Règlements sur les arts et métiers de Paris*, 1837, p. LXXIX et suiv. — Isambert, *Rec. des Ordonn.*, II, p. 830; IV, p. 383.

conditions qui permettaient à ceux-ci de s'appliquer à la situation des salariés sans trop de heurts et de difficultés, et que nous avons déjà notées, furent bientôt insuffisantes pour empêcher les compagnons de souffrir de leur situation et de chercher dans l'association le moyen d'y apporter une amélioration. Ces tentatives de groupement étaient dirigées contre les corporations de maîtres, et se constituaient en dehors d'elles ; elles ne comprenaient que les compagnons. Comme c'est dans les métiers du bâtiment que la distance entre l'employeur et le salarié était la plus considérable, et que ce dernier avait le moins de chance de la franchir, c'est aussi là que l'on retrouve les associations les plus anciennes et les plus durables [1]. Néanmoins il s'en forma dans la plupart des autres professions, surtout à partir du XVe siècle, où l'on voit la corporation se transformer de plus en plus en caste fermée, l'accès en devenir de plus en plus difficile, et les rapports entre maîtres et ouvriers être plus tendus [2]. Les grèves qui se produisent, dès le XIIIe siècle, sont considérées comme des rébellions contre l'autorité publique et l'ordre social, et traitées comme telles : celle des tisserands de Douai, qui demandaient le retrait d'une taxe sur les draps, en 1279, au cours de laquelle onze échevins et plusieurs riches bourgeois furent massacrés, celle des ouvriers d'Ypres qui demandaient l'abrogation de nouveaux règlements de fabrication, en 1280, et celle des ouvriers drapiers de Provins, la même année, qui mirent à mort le maire en protestation contre une ordonnance municipale qui allongeait d'une heure la journée de travail, furent violemment réprimées [3]. A la fin du XIVe siècle, une ordonnance des échevins

1. Fagniez, *Etudes sur l'ind. et la classe ind. à Paris*, 1877, p. 203. — Martin Saint-Léon, *le Compagnonnage*, p. 24.
2. *Ibid.*, p. 31.
3. Flammermont, *op. cit.*

d'Amiens interdit aux compagnons de s'assembler au nombre de plus de quatre, et d'avoir une caisse commune. Une autre interdit aux ouvriers tanneurs de conspirer en vue d'imposer une hausse des salaires [1]. En 1406, les maîtres tailleurs se plaignaient de l'indiscipline de leurs ouvriers et des querelles qu'ils leur suscitaient. Pour combattre les sociétés de compagnons, les artisans n'avaient qu'à se prévaloir des ordonnances royales qui maintenaient les proscriptions antérieures contre toutes les associations de métiers et qui ne s'appliquaient plus désormais qu'à celles-ci : telles étaient les ordonnances de 1401, 1466, 1539. Cette dernière avait été rendue à la suite de grèves qui s'étaient produites dans les imprimeries à Paris et à Lyon, et qui avaient pour objet d'obtenir une augmentation de salaires et une nourriture plus abondante, et de protester contre l'emploi croissant des apprentis ; des actes de violence furent même commis contre les patrons. L'édit de 1541 confirma cette ordonnance en interdisant aux ouvriers « de se coaliser, de s'élire des chefs et de s'assembler hors les maisons de leurs maîtres en plus grand nombre que de cinq, sans congé et autorité de justice...,de porter des armes ou bâtons invisibles dans les maisons de leurs maîtres ou dans la ville de Lyon et de faire des séditions ;... de faire bourse commune pour les banquets, des confréries ou des conspirations ». Il leur enjoignait de continuer tout travail commencé, et « si par leur faute ils faisaient perdre formes ou journées aux maîtres, ils devaient les satisfaire par rétention de leurs gages et autres voies que de raison ». Ces prescriptions étaient sanctionnées par des peines d'emprisonnement, de bannissement et d'amendes arbitraires.Cette ordonnance autorisait en outre les maîtres à employer des apprentis à la place d'ouvriers en aussi grand nombre qu'il leur convenait. Les ouvriers ayant fait appel de cette

1. Levasseur, *op. cit.*, t. I, p. 497.

décision, de nouvelles ordonnances furent rendues en 1544 et en 1571 contre les ouvriers imprimeurs, qui n'observèrent pas plus les unes que les autres [1]. Les ordonnances de 1560, 1566, 1579, qui interdisaient les confréries, s'étendaient aussi aux sociétés de compagnons, et les tribunaux ne se faisaient pas faute de les appliquer [2].

Ces prohibitions qui, en fait, ne visaient que ces dernières, puisque les corporations étaient reconnues depuis longtemps, prétendaient arrêter un courant naturel et dérivant de la force des choses. Elles ne faisaient qu'exaspérer ce mouvement en montrant mieux sa nécessité aux yeux des ouvriers. Aussi la répression se fait-elle, de son côté, de plus en plus rigoureuse : à partir de la fin du XVIe siècle, les dispositions de l'autorité visent plus directement les sociétés de compagnons ; des sentences du Parlement, de 1601 et 1631, interdisent aux ouvriers cordonniers et charpentiers de s'accoster en sortant des ateliers pour conférer ensemble, de se servir mutuellement de parrains pour se procurer des

1. Levasseur, *op. cit.*, t. II, p. 90-91. — L'édit de 1541 constate que les ouvriers tiennent « les maîtres imprimeurs en plus grande sujétion, captivité et crainte qu'auparavant, les injuriant et menaçant tant en public que en privé, troublant leurs maisons et familles et faisant discontinuer le train de l'imprimerie ». (Hauser, *Une Grève d'imprimeurs parisiens*, dans la *Rev. internat. de sociol.*, 1895, p. 597 et suiv.). L'édit de 1571 porte dans son préambule : « Par le moyen des monopoles et complots que les compagnons font ensemble, il est impossible aux marchands qui voudraient entreprendre, conduire et mettre à fin quelque bon et laborieux ouvrage d'imprimerie, de s'assurer que ce qui aurait été commencé par tels imprimeurs mal obéissants aux édits et ordonnances, soit parachevé, et les œuvres demeurant imparfaites, les frais qu'ils auroient avancés seroient perdus » (Fontanon, *Edits et ordonnances*, t. IV, p. 473).

2. Une sentence du Châtelet, du 10 mars 1506, portait ce qui suit : « Avons fait et faisons défenses aux eux disans roy et compagnons du mestier de couturier prétendans avoir aucun pouvoir, puissance, ne prééminence plus que les autres varlets et apprentiz de iceluy mestier de faire aucunes assemblées, compaignies, conventicules, confrarie, disnez, souppers, ne banquetz pour traiter de leurs affaires, sur peine de prison » (Martin Saint-Léon, *op. cit.*, p. 33-34).

emplois, de s'assembler au nombre de plus de trois, de se réunir dans les cabarets [1].

La conséquence de ce régime fut le caractère de sociétés secrètes que prirent les associations compagnonniques. Une sentence de la Sorbonne, en 1655, condamnant l'impiété de ces rites, constatait que les compagnons « font jurer sur les évangiles à ceux qu'ils reçoivent de ne révéler ni à père, ni à mère, femme ni enfants, ni confesseur, ce qu'ils feront ou verront faire » [2]. S'entourer de rites bizarres et de nature à frapper l'imagination populaire, devenait pour elles une nécessité vitale, et qui leur permettait de se développer dans l'ombre, à l'abri des coups des autorités. Ce caractère, qui par lui-même ne serait ni un élément ni un signe de prospérité, permit tout au moins aux associations ouvrières de traverser les proscriptions des pouvoirs publics et les persécutions des employeurs. En outre, et en dépit de bien des déviations fâcheuses du sentiment de la vie sociale qu'il suscita, il contribua dans une certaine mesure à l'éducation corporative de la classe ouvrière, dont la notion du danger commun développait la solidarité. Ces résultats se maintiennent jusque dans le cours du XIXe siècle, et nous en trouvons une constatation dans le rapport du chef de la police, le comte Réal, en 1813, qui avoue l'impuissance de son enquête au sujet du compagnonnage. « En voici la raison : les informations auxquelles on s'était livré à Bordeaux avaient donné l'éveil à Angers et dans d'autres villes : les associés avaient fait diparaître jusqu'aux moindres traces de leur organisation. On avait arrêté un assez grand nombre d'ouvriers ; il fallut les relâcher. Tout échoua contre l'habitude, le secret et la fidélité que maintenaient entre elles ces coteries [3]. »

1. Martin Saint-Léon, *op. cit.*, p. 39.
2. *Ibid.*, p. 40 et suiv.
3. Martin Saint-Léon, *op. cit.*, p. 87.

Il est très remarquable, en effet, que dans cette lutte dont nous avons vu l'origine, qui se poursuivait entre les associations ouvrières d'une part, les employeurs et les pouvoirs publics de l'autre, lutte en apparence bien inégale, ce furent les premières qui remportèrent le triomphe final. Elles ne le doivent pas à ce caractère occulte dont nous venons de parler : les sociétés de compagnons ont disparu, et les groupements ouvriers, nous le verrons, sont d'autant plus puissants qu'ils agissent plus à découvert. Si l'organisation sociale tout entière, liguée contre elles, n'a pu venir à bout de les anéantir, c'est parce que ce mouvement de concentration était une nécessité sociale, une de ces forces de la vie aussi inéluctables que celles de la nature, et qu'on n'enraie pas plus qu'on n'empêche les fleuves d'aller à la mer. Bien loin de là, ces proscriptions ne servirent qu'à exaspérer les travailleurs et à rendre les conflits plus aigus.

De plus en plus fréquentes, les plaintes des patrons constatent que les ouvriers, grâce à leur organisation et aux grèves qu'ils suscitent, les contraignent à n'employer que des associés et à élever les salaires. Ce sont les fabricants de draps en 1688 et en 1697, les chapeliers en 1699. Ces derniers relatent dans la plainte qu'ils adressent aux pouvoirs publics les faits suivants : « Si un maître refuse de recevoir tels compagnons qu'il leur plaise, quoique sans expérience, les compagnons obligent ceux qui travaillent de sortir, les menaçant de mauvais traitements s'ils restent... Ils s'obligent par semaine à mettre chacun certaine portion dans une boeste. Ils se servent de ce fonds pour quand ils veulent rendre tous les ouvrouers vuides et faire sortir tous les compagnons qui sont de leurs caballes, de telle manière que quand il leur plaist, tous les maîtres demeurent dans l'impossibilité de pouvoir faire les ouvrages qu'ils ont entrepris faute de compagnons [1]. » Il faut citer encore les

1. L. Smith, *les Coalitions et les grèves*, 1886, p. 108-109.

plaintes des fabricants de bas de laine, à Paris, en 1724[1], de ceux de papier du Dauphiné[2]. Les coalitions des ouvriers en soie de Lyon, en 1744, pour obtenir une augmentation de salaires, avec le concours des ouvriers des autres professions, obligèrent les consuls à rapporter les règlements obtenus par les commerçants et qui lésaient les ouvriers. En 1745, le Conseil du roi cassa ces ordonnances. Le gouverneur de Lyon, vicomte de Lautrec, procéda à l'arrestation des ouvriers, en fit exécuter plusieurs, et condamner d'autres aux galères. Il est juste d'ajouter qu'une amnistie fut rendue quelques jours après. Des faits analogues se reproduisirent en 1786, date à laquelle un arrêt du roi reconnut l'impossibilité de taxer les salaires à l'avance et en laissa la détermination aux conventions passées entre maîtres et ouvriers, tout en interdisant sous peine d'emprisonnement, « et de plus grande peine s'il y échet », toute coalition entre ces derniers[3].

L'arrêt du Parlement du 13 juillet 1748 constatait l'impuissance des mesures de répression : « Lorsqu'il arrive qu'un maître blesse quelqu'un de leurs prétendus privilèges ou refuse de leur avancer autant d'argent qu'ils en demandent, ils obligent leurs camarades à sortir de chez ledit maître et se refusent de lui en placer d'autres. » Une

1. Cit. Malapert, *Journal des Économistes*, juin 1872, p. 350.

2. L. Smith, *op. cit.*, p. 112-113. — Un auteur de l'époque dit qu'on voit « des sept à huit cents ouvriers d'une seule manufacture s'absenter tout à coup et en un moment, en quittant les ouvrages imparfaits, parce qu'on voulait diminuer d'un sou leur journée, le prix de leurs ouvrages étant baissé quatre fois davantage ; les plus mutins usant de violence envers ceux qui auraient pu être raisonnables... Il y a même des statuts parmi eux dont quelques-uns sont par écrit, par lesquels il est porté que si l'un d'eux entreprend de diminuer le prix ordinaire, il se voit aussitôt interdit de faire le métier ; et outre la voie de fait dont ils usent en ces occasions, le maître même s'en ressent par une défense générale à tous les ouvriers de travailler jamais chez lui » (Boisguillebert, *Traité des gains*, chap. X).

3. L. Smith, *op. cit.*, p. 114 et suiv.

autre sentence de 1764 nous apprend que ces coalitions avaient pour résultat la hausse des salaires[1].

Les patrons, de leur côté, étaient aussi impuissants à lutter contre ce mouvement. En 1753, un maître vitrier de Tours, mis à l'index par ses ouvriers, tenta d'en faire venir d'autres d'Orléans : les compagnons de Tours écrivirent aussitôt à ces derniers pour les informer de la situation et leur demander de ne pas faire le jeu du patron, dont « la boutique est défendue » ; celui-ci, n'ayant pu recruter d'ouvriers indépendants, dut capituler[2]. L'année suivante, les maîtres serruriers de Bordeaux, de Nantes, de Saumur, d'Angers se coalisèrent en vue de supprimer l'association des compagnons, et s'engagèrent par-devant notaire à ne s'adresser, pour le recrutement de leur personnel, qu'au bureau de la corporation : toutefois ce projet n'eut pas de suites[3]. En 1776, les relieurs parisiens, grâce à leur caisse de secours, purent soutenir les grévistes, et donner des indemnités aux apprentis venus de province pour les remplacer, afin de les déterminer à s'en retourner. La même année, l'association des ouvriers des manufactures de papier mit une usine à l'index et frappa d'une amende de 300 livres ceux qui continuaient d'y travailler, les menaçant de les dénoncer aux ouvriers de toutes les autres manufactnres du royaume[4]. Le rapport de police de 1813, que nous avons déjà cité, ne faisait donc que constater les faits lorsqu'il disait du compagnonnage : « Né de l'intérêt et du sentiment de la faiblesse de chaque individu, il a pour but principal de faire la loi pour le prix des journées de travail[5]. »

La suppression des corporations, qui avaient perdu leur

1. Martin Saint-Léon, *le Compagnonnage*, p. 44 et suiv.
2. *Ibid.*, p. 66.
3. *Ibid.*, p. 46-47 et 56.
4. Flammermont, *op. cit.*
5. Martin Saint-Léon, *op. cit.*, p. 87.

raison d'être et tombaient de vétusté depuis longtemps[1], entraîna pour les sociétés compagnonniques une recrudescence de rigueur de la part du législateur. La doctrine libérale, qui inspire visiblement Turgot dans l'édit de 1776, le conduisait à refuser, tant aux patrons qu'aux ouvriers, la faculté de s'associer librement : non seulement les corporations obligatoires et fermées n'existent plus, mais il est interdit à tous maîtres, compagnons, ouvriers et apprentis de former aucune association ni de s'assembler entre eux sous aucun prétexte ; les marchands et artisans seront tenus de faire une déclaration et de s'inscrire sur les registres de la police ; quant aux ouvriers, leurs employeurs devront représenter, à toute réquisition du lieutenant général de police, un état contenant les noms, domicile, profession de chacun d'eux ; cet officier de police formait la juridiction compétente, en matière de contestations sur l'exécution des contrats passés entre les maîtres et leurs ouvriers ou apprentis[2]. On voit la place qu'occupait l'autorité publique dans l'esprit des hommes d'État les plus libéraux, en matière des conditions du travail. Ce qui n'empêchait pas la mesure d'être trouvée encore trop libérale, et l'avocat du roi, Séguier, répondait à l'argumentation de Turgot par le tableau pessimiste des maux et des désordres qu'entraînerait pour l'ordre social l'excès de liberté et d'indépendance

1. Leur caractère arbitraire apparaît dans toute la série des ordonnances, rendues pendant les XVIe, XVIIe et XVIIIe siècles, qui, tout en renforçant leur organisation et en obligeant tous les artisans à en faire partie, élargissent leurs cadres et les contraignent d'accepter sans chefs-d'œuvre et sans droits d'entrée les nombreux ouvriers travaillant à leur compte, comme maîtres, à domicile ou dans des localités ne possédant pas de jurandes (voyez notamment les ordonnances de 1581, 1597, 1673, 1691, 1745 et 1767). Le préambule de l'édit de 1776, portant suppression des corporations, constitue un éloquent réquisitoire contre ces institutions, qu'il accuse d'être dirigées en vue d'un monopole en faveur de quelques-uns, nuisibles au grand nombre.

2. Mazaroz, *Histoire des corporations françaises*, 1878, p. 297 et suiv.

où serait tenue la classe ouvrière [1]. C'est bien aussi d'ailleurs à l'interdiction de tous groupements ouvriers qu'aboutissait le règlement du 20 décembre 1782 rendu en exécution de l'édit du mois d'août 1776 qui rapportait celui de Turgot, et rétablissait les corporations [2] : qu'ils fussent on non favorables à celles-ci, les partisans de l'autorité, comme les libéraux, s'accordaient tous sur la négation du droit d'association et de coalition.

On voit par ce qui précède que le législateur de 1791 n'innovait pas lorsqu'il proscrivait les associations ouvrières, et son rapporteur, Chapelier, était dans les traditions en invoquant contre elles le respect de l'ordre public [3] : « Plusieurs personnes, était-il dit dans l'exposé des motifs, ont

1. « Chaque fabricant, chaque artiste, chaque ouvrier se regardera comme un être isolé, dépendant de lui seul, et libre de donner dans tous les écarts d'une imagination souvent déréglée ; toute subordination sera détruite ; il n'y aura plus ni poids ni mesure ; la soif du gain animera tous les ateliers... Le nombre immense de journaliers et d'artisans que les grandes villes et que la capitale surtout renfermera dans son sein, doit faire craindre pour la tranquillité publique. Dès que l'esprit de subordination sera perdu, l'amour de l'indépendance va germer dans tous les cœurs ;... le défaut d'ouvriers, et la disette qui en sera la suite, ameutera cette foule de compagnons échappés des ateliers où ils trouvaient leur subsistance ; et la multitude, que rien ne pourra contenir, causera les plus grands désordres. » (*Ibid.*)

2 Ce règlement porte défense aux ouvriers et apprentis de quitter leur maître avant le temps convenu sans un congé par écrit délivré par celui-ci ou, en cas de plainte fondée, par le juge de police ; les maîtres ne peuvent employer un ouvrier ou apprenti non muni du congé constatant qu'il a acquitté ses obligations envers ses précédents patrons. Toute association ouvrière, sous prétexte de placement ou de tout autre objet est interdite (*Ibid*, p. 383-384).

3. C'est donc bien à tort qu'on reproche à la Constituante d'avoir créé l'individualisme en rompant les liens qui unissaient le travailleur aux groupements dérivant d'une communauté d'intérêts. En supprimant les corporations et en proclamant la liberté de l'industrie, la loi des 2-17 mars 1791 ne faisait que constater un état de choses qui existait depuis longtemps, et ouvrir la voie libre au progrès. Quant à la loi des 14-17 juin de la même année, qui interdisait les associations, elle était conforme à toute la législation de l'Ancien Régime.

cherché à recréer les corporations anéanties, en formant des assemblées d'arts et métiers, dans lesquelles il a été nommé des présidents, des secrétaires, des syndics et autres officiers. Le but de ces assemblées, qui se propagent dans le royaume, et qui ont déjà établi entre elles des correspondances — cette correspondance est prouvée par une lettre reçue par la municipalité d'Orléans et dont cette municipalité a renvoyé une copie certifiée véritable — le but de ces assemblées, dis-je, est de forcer les entrepreneurs de travaux, les ci-devant maîtres, à augmenter le prix de la journée de travail, d'empêcher les ouvriers et les particuliers qui les occupent dans leurs ateliers de faire entre eux des conventions à l'amiable, de leur faire signer sur des registres l'obligation de se soumettre au taux de la journée de travail fixé par ces assemblées et autres règlements qu'elles se permettent de faire. On emploie même la violence pour faire exécuter ces règlements, on force les ouvriers de quitter leurs boutiques, lors même qu'ils sont contents du salaire qu'ils reçoivent. On veut dépeupler les ateliers; et déjà plusieurs se sont soulevés et différents désordres ont été commis. Les premiers ouvriers qui se sont assemblés en ont obtenu la permission de la municipalité de Paris. A cet égard, la municipalité paraît avoir commis une faute.

« Il doit sans doute être permis à tous les citoyens de s'assembler; mais il ne doit pas être permis aux citoyens de certaines professions de s'assembler pour leurs prétendus intérêts communs. Il n'y a plus de corporations dans l'État; il n'y a plus que l'intérêt particulier de chaque individu et l'intérêt général. Il n'est permis à personne d'inspirer un intérêt intermédiaire, de les séparer de la chose publique par un esprit de corporation. »

L'objet de secours mutuels que se proposaient ces associations ne trouve même pas grâce devant le rapporteur, car « elles tendent au moins à faire renaître les corporations » et fomentent indirectement les coalitions.

La principale raison de cet ostracisme était la crainte de voir l'ordre public compromis. On estimait qu'il serait imprudent d'ajourner le projet, « car la fermentation est grande tant dans les villes de province qu'à Paris ». L'inquiétude que suscitait dans les esprits la crise industrielle trouvait un écho à la tribune de l'Assemblée constituante : le 3 août, Malouet représentait « la diminution du travail et de l'industrie dans les classes productrices faisant des progrès effrayants, plusieurs manufactures et un grand nombre de métiers abandonnés dans plusieurs provinces, des millions d'ouvriers sans emploi, la mendicité sensiblement accrue dans les villes et les campagnes »[1]. On conçoit que cette inquiétude fût accrue par le mouvement ouvrier, se signalant trop souvent par des désordres matériels, coïncidant avec les premiers symptômes d'une révolution industrielle, avec une évolution dans les esprits et dans les organismes politiques, et enfin avec des circonstances économiques malheureuses, et il ne faut pas trop en vouloir aux gouvernants d'alors de s'être trompés en croyant, par de telles mesures, sauvegarder la paix sociale : l'erreur était excusable chez des hommes qui, par situation, étaient plus rapprochés de la classe patronale que de la classe ouvrière, et naturellement plus portés à comprendre les intérêts de la première.

Il faut reconnaître, du reste, que la conception que se faisaient les travailleurs au sujet de leur situation par rapport à l'État et à l'ensemble de la société, ne différait guère de celle des dirigeants d'alors. Dans toutes les grèves qui se produisent à cette époque, ils montrent une tendance très marquée à s'adresser aux autorités ; lorsqu'ils n'emploient pas ce procédé, leur arme ordinaire est la violence. La notion d'une action pacifique s'imposant aux employeurs par la seule force de la collectivité ne paraît pas encore être com-

1. Levasseur, *Hist. des classes ouvr. depuis 1789*, p. 6-8.

prise par eux d'une façon générale. C'est aux pouvoirs publics que s'adressent les tisseurs lyonnais [1] et les garçons tailleurs de Paris, en 1789, pour obtenir une modification de leurs tarifs de fabrication ou de leurs salaires, de même que les garçons coiffeurs qui réclamaient la suppression des bureaux de placement. En 1791, ce sont les ouvriers charpentiers qui, à la suite de la pétition des maîtres tendant à la suppression de leur société, demandent à leur tour à la municipalité une augmentation de leurs salaires [2].

Sans doute on ne contestait pas, et Chapelier reconnaissait à la tribune de l'Assemblée que la situation de la classe ouvrière méritait des améliorations. Mais on n'admettait pas qu'elle pût employer, dans ce but, l'arme de la coalition : les conditions du travail sont essentiellement du ressort des contrats individuels, et l'État seul peut être appelé à les réformer ou à en assurer l'exécution [3]. Il ne faut donc pas s'étonner de voir tous les gouvernements, quels qu'ils soient, continuer à proscrire les associations et les coalitions. La loi des 14-17 juin 1791, votée sur le rapport Chapelier, portait dans son article premier : « L'anéantissement de toutes espèces de corporations de citoyens de même état et profession étant l'une des bases fondamentales de la Constitution française, il est défendu de les rétablir de fait, sous quelque prétexte et sous quelque forme que ce soit. » — Art. 2 : « Les citoyens du même état ou profession, entrepreneurs, ceux qui ont boutique ouverte, les ouvriers et compagnons d'un art quelconque ne pourront, lorsqu'ils se trouveront ensemble, se nommer de président ni de secrétaire syndic, tenir des registres, prendre des

1. V. sur ce point Office du Travail, *les Associations professionnelles*, t. II, p. 242-243.

2. Martin Saint-Léon, *le Compagnonnage*, p. 73 et suiv. — Waterlot, *op. cit.*, p. 266 et suiv. — Malapert, *loc. cit.*, p. 351.

3. Le maire de Paris déclarait, dans l'arrêté qui interdisait aux ouvriers charpentiers de former des coalitions, que « le prix du travail doit être fixé de gré à gré, entre eux et ceux qui les emploient ».

arrêts ou délibérations, former des règlements sur leurs prétendus intérêts communs. » Les articles suivants prévoyaient des pénalités contre les contrevenants. Les ouvriers papetiers, ayant voulu profiter de l'activité des fabriques pour réclamer de plus forts salaires, et mettant en interdit les ateliers où ils leur étaient refusés, l'Assemblée lança contre eux le décret du 26 juillet 1791, qui leur imposait un délai de six mois, avec congé en présence de deux témoins, lorsqu'ils voudraient quitter l'atelier où ils travaillaient, sous peine d'une amende de 100 livres contre les délinquants, et de 300 livres contre les patrons qui embaucheraient des ouvriers non munis d'un congé écrit. Les ouvriers ne tenant pas compte de cette mesure, le Directoire rendit un arrêté, le 26 fructidor an IV (12 septembre 1796), aux termes duquel « chaque ouvrier pourra individuellement dresser des plaintes et former ses demandes ; mais il ne pourra, en aucun cas, cesser le travail, sinon pour cause de maladie ou infirmités dûment constatées [1]. »

Toute la législation de cette époque et des régimes subséquents tend vers l'interdiction des coalitions ouvrières. Celles des ouvriers agricoles furent atteintes par la loi du 6 octobre 1791. L'ordonnance du 23 ventôse an XI rétablit l'obligation, pour les garçons boulangers, d'être munis du livret contenant l'indication de leur entrée ; ce livret restait déposé au commissariat de police ; un délai-congé de cinq jours leur était imposé, à peine de 20 francs d'amende. Des ordonnances semblables furent rendues, le 25 brumaire an XII, à l'égard des garçons bouchers, le 12 germinal et le 7 floréal de la même année concernant les garçons perruquiers et les garçons de marchands de vin. La loi du 22 germinal an XI avait d'ailleurs généralisé l'obligation du livret, faisant de l'ouvrier un suspect tenu sous la sur-

1. Office du Travail, *op. cit.*, t. I, p. 15-16.

veillance permanente de la police[1]. Les articles 6 à 8 de cette même loi interdisaient les coalitions, soit de patrons, soit d'ouvriers, sous peine d'amende à l'égard des premiers, et d'emprisonnement à l'égard des seconds. Les articles 414 à 416 du Code pénal reproduisirent ces dispositions en les aggravant contre ceux qui chercheraient à fomenter des coalitions. Ce dernier article punissait, en outre, la mise à l'index d'un atelier par les ouvriers, créant sur ce point une inégalité choquante entre ces derniers et les patrons. Ces mesures furent renforcées par les articles 291 à 294 du Code pénal qui interdisaient les associations de plus de vingt personnes, complétés par la loi du 10 avril 1834.

Une telle tendance dans la législation devait naturellement encourager les patrons à formuler des plaintes et des

1. Cette institution date de 1781. Jusqu'à cette époque, le congé donné par le maître à l'ouvrier qui le quittait était constaté par écrit, sans forme particulière; les lettres patentes du 12 septembre 1781 régularisèrent cette coutume : « Voulons que les ouvriers aient un livret ou cahier sur lequel seront portés successivement les différents certificats qui leur seront délivrés par les maîtres chez lesquels ils auront travaillé, ou par le juge de police. » Lorsque les livrets eurent disparu, pendant la Révolution, les maîtres se plaignirent de n'avoir aucun moyen de contraindre leurs ouvriers à remplir leurs engagements et de les empêcher de vagabonder de ville en ville (Pic, *Traité de législ. industr.*, p. 845). La loi de l'an XI et l'arrêté du 9 frimaire de l'an XII qui a pour objet son exécution, sont donc bien nettement des mesures de police en vue de maintenir l'ordre public. Le droit, pour les employeurs, de retenir le livret jusqu'à complète exécution des engagements des ouvriers, a été supprimé par les lois des 14 mai 1851 et 22 juin 1854. L'obligation du livret lui-même a été supprimée par la loi du 2 juillet 1890. Grâce à la législation de l'an XI, le patron avait, en fait, la faculté de retenir l'ouvrier perpétuellement sous sa domination, rappelant le droit du créancier, dans la Rome primitive, de maintenir son débiteur emprisonné chez lui jusqu'à complet paiement. En 1845, le comte Beugnot disait à la tribune : « La Chambre comprendra l'étendue du mal, quand elle saura que dans plusieurs villes manufacturières les avances montent à la somme de 300.000 et de 400.000 francs par an. Il en est une où le ouvrières en dentelles gagnent 0 fr. 40 par jour et reçoivent des avances de 300 francs ; que d'années ne leur faudra-t-il pas pour reconquérir leur liberté ! »

réclamations contre les sociétés de compagnons qui continuaient à subsister : le gouvernement était disposé à les accueillir. En 1821, 60 ouvriers tourneurs sur bois, à Paris, furent condamnés à un mois de prison à la suite d'une grève pour obtenir une augmentation de salaires ; les meneurs furent gratifiés de deux ans d'emprisonnement. En 1825, une grève de fileurs de coton éclata au Houlme, dans la Seine-Inférieure ; une collision se produisit entre les grévistes et la police, dans laquelle un gendarme fut tué : le tribunal condamna à mort un ouvrier, et trois autres aux travaux forcés pour une durée de huit à douze ans. La même année, le parquet n'exerça pas moins de 92 poursuites pour faits de coalition. De 1825 à 1847, il y eut 1.251 poursuites et 7.148 inculpés : sur ce nombre, on compte 1.987 acquittements, 701 condamnations à l'amende, 4.397 à l'emprisonnement pour une durée inférieure à une année, et 63 pour un an et plus [1]. Si les associations furent tolérées depuis les dernières années de l'Empire, ce ne fut qu'à la condition de ne fomenter aucune coalition en vue d'une hausse des salaires ou contre les patrons [2]. Le 13 juin 1842, sept manœuvres occupés dans un chantier de constructions ayant demandé une augmentation de salaires et se disposant à partir, l'entrepreneur fit fermer la porte et fit arrêter les réclamants ; ceux-ci, après avoir subi la prison préventive jusqu'au 2 juillet, date du jugement, furent encore condamnés à plusieurs jours d'emprisonnement [3]. En 1842 et 1843, on refusa à l'entrepreneur de peinture Leclaire, l'autorisation de réunir ses ouvriers pour leur exposer un projet de participation aux bénéfices ; le rapport de police disait : « C'est là une question de règlement de salaire d'ouvriers qui ne nous paraît pas devoir être encouragé et qui est même défendu par les lois ; l'ouvrier doit rester entièrement libre

1. Office du Travail, *op. cit.*, p. 25-27.
2. Martin Saint-Léon, *Le Compagnonnage*, p. 88.
3. *Gazette des Trib.*, 3 juillet 1842.

de fixer et régler son salaire et il ne doit pas participer avec le maître. » En 1843, les ouvriers et patrons typographes parisiens ayant projeté de fêter, par un banquet annuel, l'établissement d'un tarif établi de concert, on n'autorisa ces réunions qu'à la condition d'omettre, dans les discours, toute allusion à cette organisation du travail; le mot même de tarif ne devait pas être prononcé[1].

Ce régime soulevait des protestations. Lors de la discussion de la question du droit de coalition, en 1849, Bastiat faisait entendre ces observations pleines de justesse : « On nous a dit que le chômage est nuisible au patron, que cela nuit à sa prospérité, de manière que l'ouvrier porte atteinte à la liberté du patron : c'est là un renversement d'idées. Quoi ! je suis en face d'un patron; nous débattons le prix; celui qu'il m'offre ne me convient pas, je me retire, et vous dites que c'est moi qui porte atteinte à la liberté du patron parce que je nuis à son industrie ! Faites attention que ce que vous proclamez n'est pas autre chose que l'esclavage. Vous voulez que la loi intervienne, parce que c'est moi qui viole la propriété du patron; ne voyez-vous pas, au contraire, que c'est le patron qui viole la mienne? S'il fait intervenir la loi pour que sa volonté me soit imposée, où est la liberté, où est l'égalité[2] ? »

Personne n'oserait, de nos jours, élever la moindre critique contre de telles considérations. Il ne faut pas oublier cependant que ce n'est point par amour de la tyrannie que les gouvernements qui se sont succédé jusqu'alors proscrivaient les coalitions ouvrières. Celles-ci apparaissaient à leurs yeux comme des fauteurs de désordre intolérables, et ils ne voyaient dans le mouvement d'émancipation des travailleurs qu'une menace contre l'ordre social tout entier : il était dans leur rôle et dans la logique de leur conception

1. Office du Travail, *op. cit.*, p. 28-29.
2. Cit. L. de Seilhac, *les Grèves*, 1903, p. 43.

de défendre ce dernier en proscrivant les coalitions. S'ils se sont trompés, et si le courant a emporté toutes ces proscriptions en arrachant peu à peu au législateur toutes les libertés que personne ne songerait plus aujourd'hui à dénier aux travailleurs, que ceux qui n'ont jamais erré dans l'appréciation des phénomènes sociaux leur jettent la première pierre ! A défaut de toutes les citations que nous avons déjà faites plus haut, nous trouverions un exemple bien frappant de cette nécessité d'ordre moral qui conduisait les pouvoirs publics à agir de la sorte : en 1830, discutant à la tribune l'article 291 du Code pénal, Guizot prononçait les paroles suivantes : « Je me hâte de le dire, cet article est mauvais. Les citoyens ont le droit de se réunir pour causer entre eux des affaires publiques. Il est bon qu'ils le fassent, jamais je ne contesterai ce droit... » Quatre ans après ce serment, le ministère dont le même Guizot faisait partie proposait le projet qui est devenu la loi du 10 avril 1834 [1] : le sociologue désintéressé avait fait place à l'homme d'État responsable du bon ordre et de la paix publique. Cela est si vrai que le législateur, sous la deuxième République, ne crut pas devoir supprimer l'interdiction : s'il admit la liberté d'association par les décrets des 25 février et 2 août 1848, la loi du 27 novembre 1849 maintint la défense des coalitions, tout en rétablissant une égalité complète sur ce point entre patrons et ouvriers. Le gouvernement se borna à ne pas poursuivre les grévistes et à intervenir, comme conciliateur, dans de nombreux conflits. Jusqu'en 1864 toute entente collective, en vue de modifier les conditions du travail, était réprimée, quels que fussent les motifs de cette action, et par le fait seul de son caractère collectif : « Il y a contrainte ou pression sur les patrons, dit un arrêt de la Cour de cassation du 24 février 1859, toutes les fois que les ouvriers d'une ou plusieurs fabriques, agissant par

1. Martin Saint-Léon, *op. cit.*, p. 113-114.

suite d'un concert, quittent à la fois les ateliers, même après avoir donné les avertissements prévus par les règlements, en réclamant des modifications aux conditions actuelles de leur travail[1]. » De 1848 à 1864, il y eut 1.144 poursuites pour coalitions ; sur les 6.812 prévenus compris dans ces poursuites, 1.034 furent acquittés, 933 condamnés à l'amende, 4.765 à moins d'un an d'emprisonnement, et 80 à un an et plus.

Nous exposerons, dans le chapitre suivant, le développement du mouvement qui, poussant les classes ouvrières vers l'association, a emporté irrésistiblement, au fur et à mesure qu'il s'imposait, tout cet échafaudage législatif, construisant à la place un édifice social nouveau ; l'histoire du mouvement syndical nous montrera qu'il a constitué un produit nécessaire des conditions industrielles modernes et que son triomphe était assuré, tôt ou tard. Ce qu'il importe d'indiquer, pour le moment, ce sont les conditions nouvelles de l'industrie qui postulaient cette forme de l'action ouvrière, et les raisons pour lesquelles l'organisation qui avait donné satisfaction, pendant des siècles, aux besoins des travailleurs, cessait de leur être adéquate. Il ne suffit pas en effet de savoir que la corporation était un régime artificiel, contraire au progrès et à l'intérêt général : s'il mettait par ailleurs l'harmonie dans les rapports entre patrons et ouvriers, il serait permis de regretter ce régime, et de chercher dans son rétablissement ou dans une institution analogue le remède à la crise du contrat de travail. Il faut donc aller plus loin, et rechercher quelles sont les conditions naturelles dans lesquelles l'ouvrier se trouve à l'égard de son patron, dans l'industrie moderne, et quelle est la forme que doivent prendre ces rapports entre les deux parties en présence pour n'être pas troublés par des conflits

1. Office du Travail, *op. cit.*, p. 30-31, 39 et suiv.

incessants ou pour n'en pas souffrir lorsqu'ils viennent à surgir.

II. — Les conditions du travail dans l'industrie moderne

Nous avons vu que ce qui a permis à la corporation, à une certaine époque, de régler d'une façon satisfaisante la situation de l'ouvrier, c'est la similitude de celle-ci par rapport à celle de son patron; la différence qui les séparait, peu saillante en fait, disparaissait même facilement : l'ouvrier supportait légèrement sa condition parce que celle de son patron lui était sensiblement égale, et qu'il avait un espoir légitime de passer un jour de l'une à l'autre. C'est aussi la disparition de cette circonstance qui a fait éclater toute l'insuffisance de la corporation en cette matière, et qui a donné lieu aux associations purement ouvrières. Au XIIIe siècle, cette égalité dont nous venons de parler existe : quiconque a fait son apprentissage, dans beaucoup de métiers, peut s'établir à son compte. Au XIVe siècle, la situation est déjà changée, non que les qualités requises pour s'établir artisan ou entrepreneur soient devenues plus éminentes et plus rares : le travail s'accomplit toujours de la même façon. Mais les maîtres, sentant leur échapper le monopole qu'ils ont acquis de la manière qu'on a vue plus haut, accumulent tous les obstacles pour entraver cette fuite et conserver le privilège de leur situation antérieure : un stage de deux, trois et quatre ans est imposé aux compagnons, après la fin de leur apprentissage, pour pouvoir obtenir la maîtrise; une épreuve difficile et coûteuse doit être subie préalablement, et le jury chargé de l'examiner, composé de ceux qui sont intéressés eux-mêmes à laisser la porte fermée, se montre souvent d'une sévérité et d'une injustice révoltantes ; s'il la subit avec succès, il doit encore attendre que son tour soit venu d'obtenir son brevet, certaines corporations supprimant les admissions pendant des périodes de dix et vingt ans; enfin les droits d'entrée s'élèvent de plus en plus, atteignant 1.800 livres chez les charpentiers, 1.700 chez les maçons, 1.500 chez les bouchers, les charrons, les selliers. De la sorte, l'entrée à la maîtrise devient de plus en plus inaccessible à l'ouvrier qui n'a d'autre pécule que les économies faites sur son salaire antérieur et qui a besoin de gagner sa vie sans pouvoir attendre; elle tend à devenir l'apanage des fils de maîtres, dispensés de ces épreuves, ou des jeunes gens de familles aisées qui achetaient la réduction du temps d'apprentissage et souvent la complicité du jury chargé de les recevoir [1]. Dès lors le fossé est creusé entre ceux qui resteront salariés toute leur vie et ceux qui sont employeurs en quelque sorte par droit de naissance : les premiers, ne trouvant plus dans la corporation qu'un asservissement sans compensation, cherchent à s'y soustraire en formant des associations, des confréries spéciales, autorisées ou secrètes, dont les maîtres sont exclus, dans lesquelles ils célèbrent leurs fêtes à part, puisqu'ils n'appartiennent plus au même monde que leurs patrons, et où ils discutent entre eux les conditions de leur travail.

On voit que la nécessité de l'entente entre les travailleurs et de l'action collective ne date pas du régime moderne de la grande industrie ; elle est contemporaine des nombreuses tentatives, auxquelles nous avons assisté, faites par les ouvriers pour lutter à armes égales contre les maîtres, et qui remontent au moins à la deuxième moitié du XIIIe siècle. C'est en effet dans l'industrie du bâtiment qu'on rencontre les associations les plus anciennes et les plus durables [2] : on peut même dire que c'est elle qui a produit

1. Levasseur, *Hist. des classes ouvr. en France*, t. I, p. 496 et suiv. — Martin Saint-Léon, *le Compagnonnage*, p. 64 et suiv.

2. *Ibid.*, p. 24. — Fagniez, *Études sur l'industrie et la classe ind. à Paris*, 1877, p. 203.

le type classique du compagnonnage. Or c'est aussi dans ces professions que l'ouvrier avait le moins de facilité de s'élever à la situation d'employeur en raison du mode d'organisation du travail [1].

La forme sous laquelle jusqu'alors s'était produite l'organisation ouvrière s'appelait le compagnonnage. Elle correspondait aux nécessités de la petite industrie manuelle, dont la première, requise au moins autant, nous l'avons vu, par les mesures restrictives des règlements que par la difficulté d'acquisition de l'habileté professionnelle, était l'apprentissage. Les dispositions tendant à faciliter ce dernier occupaient donc une place particulièrement importante dans l'organisation de ces sociétés : comme c'était par le « tour de France » que l'apprenti perfectionnait ses connaissances techniques, elles subvenaient à ces dépenses de leurs adhérents à l'aide d'une bourse commune, alimentée par les cotisations et les amendes, qui payait les frais de bienvenue, de conduite, les indemnités accordées à l'adhérent lorsqu'on ne pouvait lui procurer du travail dans la ville où il arrivait ; on lui cherchait un emploi et au besoin la société se portait garante, jusqu'à un chiffre déterminé, du crédit qui lui était ouvert ; le tour de France était obligatoire et, au moins au siècle dernier, les célibataires susceptibles d'y prendre part étaient seuls membres actifs de la société : les membres mariés ou définitivement fixés dans une localité prenaient le titre de « remerciés » ou « anciens » et participaient seulement, à titre de membres honoraires, aux fêtes annuelles.

D'autre part, sous le régime du petit atelier, où les procédés sont traditionnels et où l'habileté manuelle, personnelle au travailleur, crée une situation acquise que l'on cherche à

1. C'est aussi ce caractère qui explique la facilité avec laquelle le personnel de ces professions, bien que peu atteintes par le machinisme et par le régime de la grande entreprise jusque dans la seconde moitié du XIXe siècle, ne s'est pas trouvé trop dépaysé sur le terrain syndical et compte parmi les premiers adeptes de cette nouvelle forme de groupement, dès le début de ce même siècle.

conserver à l'encontre des nouveaux arrivants dans la profession, il y a une tendance naturelle au monopole et à l'exclusivisme : de là le nombre des diverses sociétés entre lesquelles se partageaient les ouvriers de la même profession, en rivalité les unes avec les autres et dont les dissentions se traduisaient par des rixes sanglantes [1] ; cet exclusivisme apparaît encore dans le droit que s'arrogeaient les sociétés existantes d'accorder ou de refuser aux autres professions la faculté de créer un compagnonnage, dans l'institution du chef-d'œuvre pour les apprentis, dans l'exploitation de ces derniers et les mauvais traitements qui leur sont infligés [2], dans le refus d'admettre les nouveaux procédés de travail et les ouvriers n'ayant pas fait d'apprentissage ou spécialisés par la division du travail [3]. Cet exclusivisme et ce défaut d'entente entre les travailleurs correspondaient à leur situation de fait, dans le régime dont nous parlons, puisqu'ils étaient divisés entre de nombreux ateliers et que leur petit nombre, dans chacun d'eux, leur rendait moins redoutable la lutte pour l'amélioration des conditions du travail : aussi ont-ils pu remporter de nombreux et incessants succès, jusqu'à la fin du XVIIIe siècle, malgré une organisation très rudimentaire et l'hostilité déclarée des pouvoirs publics. Mais la nouvelle situation qui était la conséquence de l'évolution industrielle réclamait une organisa-

1. Martin Saint-Léon, *le Compagnonnage*, p. 50 et suiv., 82 et suiv., 102 et suiv. — Office du Travail, *les Associations professionnelles*, t. I, p. 132 et suiv.— En 1839, dans son *Livre du Compagnonnage*, Agricol Perdiguier conseilla l'entente commune et la fusion : mais il eut peu de succès, et on l'avertit même que sa vie était en danger (*Ibid.*, p. 167-168). Plusieurs tentatives eurent lieu, notamment en 1849, 1879, 1889, toujours sans succès, et ces associations disparaissent peu à peu plutôt que de se tendre la main.

2. En 1811, des aspirants cordonniers secouèrent le joug, et fondèrent une société de secours mutuels ; des scissions, provenant de la même cause, se produisent successivement dans toutes les professions (*Ibid.*, chap. II).

3. Cette exclusion se manifesta encore au Congrès de Nantes en 1894 (*Ibid.*, p. 175 et suiv.).

tion bien différente, et le compagnonnage, qui n'y correspondait pas, était condamné à disparaître[1].

Il semble que la situation du travailleur dans l'industrie moderne soit dominée par deux faits prépondérants : le groupement en grand atelier et la concurrence qu'exercent sur lui d'autres travailleurs, très nombreux, et dont l'influence tend à déprimer cette situation. On sait à quelles causes sont dues ces circonstances. Les procédés mécaniques, reposant sur un matériel coûteux et exigeant une direction douée d'une profonde compétence commerciale et technique, impliquent nécessairement la grande entreprise, qui met en jeu des capitaux considérables, développe la production dans une proportion inouïe et rassemble dans un même atelier un grand nombre de travailleurs. Ces inventions, appliquées aux transports, transforment les méthodes commer-

1. Parmi les divers objets que se proposaient les sociétés de compagnons, celui dont nous venons de parler, à savoir l'amélioration des conditions du travail, passe presque inaperçu à partir du XIXe siècle, et le compagnonnage paraît, à cette époque, n'avoir plus pour raison d'être que de faciliter l'apprentissage (Martin Saint-Léon, *op. cit.*, p. 224). Cet objet n'en était pas moins de beaucoup le plus important puisque, ainsi qu'on l'a vu, c'est la division survenue entre la classe patronale et la classe ouvrière qui a donné naissance aux sociétés de compagnons ; si ces dernières se sont occupées activement de l'apprentissage, ce n'est point par un souci désintéressé d'amour-propre professionnel, mais uniquement parce que l'apprentissage était, et a été encore pendant une bonne partie du XIXe siècle, une condition indispensable de l'emploi avantageux de tout travailleur. Ce n'est donc pas la disparition de l'apprentissage qui a « condamné à mort une institution dont elle supprimait la raison d'être » (*Ibid.*, p. 140) : cette disparition n'est elle-même qu'une conséquence de l'évolution industrielle, et on peut parfaitement concevoir le maintien de cette condition sous une autre forme que celle du tour de France. Est-il besoin de faire observer qu'une autre cause de cette décadence, à laquelle l'auteur précité paraît attribuer une grande importance (*op. cit.*, p. 148 et suiv.), le développement des chemins de fer, nous paraît encore moins responsable de ce fait : les facilités nouvelles que cette cause apportait aux déplacements ne pouvait qu'encourager ceux-ci, et multiplier les succursales des sociétés, les rendant d'autant plus utiles et plus efficaces qu'on voyage plus souvent et plus rapidement.

ciales, créent de nouveaux débouchés pour cette production ainsi accrue, suppriment la clientèle locale et mettent en concurrence les uns avec les autres les producteurs de tous les pays : ces phénomènes, qui se font sentir sur les industries manuelles comme les industries mécaniques, obligent les premières à adopter les méthodes de production des secondes ; la conséquence en est la création de grandes entreprises procédant, non plus par la machine, mais par la division du travail, qui spécialise le travailleur dans une partie restreinte de la tâche, toujours la même, en lui enlevant par contre la spécialisation professionnelle qui dérivait de l'apprentissage. Dès lors, ce dernier devient inutile : qu'il s'agisse de conduire une machine ou de faire avec un outil à main un mouvement simple, toujours le même, il n'est point nécessaire d'une habileté acquise au prix d'une longue habitude ; le premier venu, après quelques jours et au plus quelques semaines d'initiation, est apte à remplir ce rôle.

Les conséquences de cette nouvelle situation sont particulièrement graves pour le travailleur. En premier lieu, la possibilité qu'il avait autrefois de devenir patron à son tour s'éloigne presque à l'infini ; pour quelques anciens ouvriers devenus patrons, et même « rois » des principales industries, la grande masse est condamnée à rester toute sa vie dans le salariat : le petit nombre des patrons par rapport à celui des travailleurs, les capacités de plus en plus éminentes qu'exigent les fonctions de direction à mesure que l'importance et les difficultés de l'entreprise augmentent, défendent ces fonctions par une barrière bien autrement infranchissable que les mesures méticuleuses et artificielles des corporations. L'ouvrier n'ayant plus, normalement, l'espoir de changer sa situation se voit donc poussé avec d'autant plus d'ardeur à rendre celle-ci supportable et à prendre sa part de l'augmentation générale du bien-être sans attendre le moment chimérique où il passerait à son tour dans la classe des patrons.

Mais, à mesure que cet objet devient pour lui une nécessité plus impérieuse, les moyens d'y parvenir semblent lui échapper. Lorsque le personnel de l'atelier se compose d'un ou deux ouvriers et que le nombre des travailleurs de la profession est encore diminué par les restrictions imposées à la production, il lui est facile d'exercer une pression sur le patron pour en obtenir des conditions de travail plus avantageuses, et nous avons vu que les compagnons y sont arrivés en somme assez aisément, sous l'ancien régime, malgré des circonstances défavorables. Il en est autrement sous celui du grand atelier : quand plusieurs centaines de travailleurs sont groupées sous des conditions de travail identiques, le désir ou l'ambition d'un seul ou d'un petit nombre d'entre eux ont bien peu de chances d'en obtenir une modification ; il n'y a qu'un seul moyen pour eux d'y parvenir, c'est d'agir collectivement et de reconstituer l'unité dans le personnel, que le nombre croissant des individus a rompue. « Vue de la position désintéressée que nous occupons, lisons-nous dans un rapport de la Société des ingénieurs civils, de 1872, il nous paraît évident que pour les ouvriers de la grande industrie, la *collectivité seule* garantit la vraie liberté du travail basée sur la liberté de la discussion du prix. Le patron de mille ouvriers possède, par rapport à chacun d'eux pris isolément, une force, une autorité qui est dans le rapport de mille à un. Il n'y a pas équilibre ; il peut y avoir oppression. Si, au contraire, les mille ouvriers peuvent discuter collectivement, l'équilibre est rétabli. Au lieu de conditions et de prix imposés, il y a conventions librement acceptées ; au lieu d'antagonisme, il y a harmonie, et la vraie condition naturelle du concours mutuel du capital et du travail se trouve réalisée au mieux des intérêts réciproques[1]. »

1. Cit. Office du Travail, *de la Concil. et de l'arbitrage dans les conflits collectifs*, 1893, p. 500.

Une autre difficulté qui se dresse devant l'ouvrier qui a une réclamation à formuler, dans la grande industrie, est la disproportion de ses forces par rapport à celles de son adversaire. Dans le petit atelier, où le patron n'est lui-même qu'un ouvrier et dont le profit ne dépasse pas très sensiblement son salaire, l'arrêt dans la production serait l'absence de moyens d'existence pour lui et les siens, la perte de sa clientèle, la ruine; comme l'ouvrier, il vit au jour le jour, et ses disponibilités sont restreintes. Cependant Adam Smith notait déjà l'inégalité dans la lutte que créait au profit du plus riche cette différence de situation : « Il n'est pas difficile de prévoir lequel des deux partis, dans toutes les circonstances ordinaires de la vie doit avoir l'avantage dans le débat et impose forcément à l'autre toutes ses conditions... Dans toutes les luttes, les maîtres sont en état de tenir ferme plus longtemps. Un propriétaire, un fermier, un maître fabricant ou marchand pourrait, en général, sans occuper un seul ouvrier, vivre un an ou deux sur les fonds qu'il a amassés. Beaucoup d'ouvriers ne pourraient subsister sans travailler une semaine, très peu un mois, et à peine un seul, une année entière. A la longue, il se peut que le maître ait autant besoin de l'ouvrier que celui-ci du maître, mais le besoin du premier n'est pas si pressant[1]. » Combien ces observations ne sont-elles pas encore plus vraies de la situation de l'ouvrier par rapport au chef d'entreprise moderne, qui a derrière lui des capitaux parfois énormes ! Sous un tel régime, c'est au capital que doit rester le dernier mot, s'il trouve son avantage à ne pas céder ; et le patron capitaliste moderne, s'il en a la volonté, peut toujours réduire l'ouvrier isolé à ses conditions[2]. D'autre

1. A. Smith, *Recherches sur la nature et la cause de la richesse des nations*, éd. 1843, t. I, p. 86.

2. On objecte il est vrai, non sans raison, que l'élévation des capitaux à rémunérer, appartenant à des actionnaires ou à des créanciers qui entendent toucher l'intérêt de leur argent, celle des dépenses d'instal-

part, le grand nombre des travailleurs est par lui-même une cause d'infériorité dans la lutte : le fait que le chef d'entreprise est seul en face de cent ou de mille salariés oblige ces derniers à se concerter chaque fois que des conditions nouvelles sont proposées, alors qu'il n'est soumis à aucune volonté étrangère à la sienne, et prend lui-même ses décisions en toute liberté. Il est vrai que lorsqu'on envisage non plus un atelier pris isolément, mais l'ensemble d'une industrie, cette situation est retournée, et nous verrons combien l'entente entre employeurs est malaisée à obtenir ; mais, pour arriver à la nécessité de cette entente entre producteurs, il a fallu commencer par réaliser l'unité dans chaque atelier, et l'extension du groupement ne diminue point cette difficulté initiale.

Cette cause d'infériorité est elle-même légère en comparaison de celle qui résulte de la différence de l'habileté des deux parties et de leur connaissance des conditions du marché : « L'art de conclure un marché, a-t-on dit, consiste souvent pour l'acheteur à deviner le prix le plus bas auquel le vendeur veut lui céder l'objet, sans laisser voir le prix le

lation et de matériel dont l'amortissement ne comporte point de retard, les nécessités techniques d'un fonctionnement ininterrompu dans certaines industries comme les hauts-fourneaux et certaines mines, les exigences d'une clientèle lointaine que la moindre négligence peut aliéner, sont autant de conditions qui rendent les grèves de plus en plus difficiles à supporter pour l'industrie moderne, à la différence des petits métiers urbains où l'absence de ces conditions évite de pareils désastres (P. Leroy-Beaulieu, *la Question ouvrière au* XIXe *siècle*, 1882, p. 57). Cette difficulté s'oppose, à la vérité, à ce que la grande industrie puisse s'accommoder, comme la petite industrie manuelle, d'un régime de petites grèves incessantes qui désorganiseraient la marche de l'usine. Mais elle n'empêche nullement un arrêt prolongé et portant sur tout l'ensemble du personnel : les exemples n'en sont pas rares de nos jours, et les Etats-Unis nous en fournissent de particulièrement probants, tels que celui de la grève de Homestead, en 1892. Ces exemples montrent, au contraire, qu'en pareil cas la supériorité du capital est souveraine, et qu'une puissante compagnie financière doit inévitablement triompher de l'organisation ouvrière même la plus prospère.

plus haut qu'il veut en donner... Le pouvoir de lire la pensée d'autrui est de la plus haute importance en affaires [1]. » La situation de l'ouvrier isolé est aussi connue de son patron que celle de ce dernier lui est inconnue ; son ignorance de l'état du marché dans sa profession et du mouvement général du travail industriel est généralement complète. L'action du travailleur, dans ces conditions, sera donc livrée au pur hasard et sa situation restera à la merci de son employeur. Enfin, la discussion elle-même est pour le premier une opération à laquelle il est inhabile, et où il doit être forcément inférieur à un homme d'affaires dont l'occupation principale consiste précisément à conclure des marchés.

Voulût-il même concéder à l'ouvrier ses exigences, le chef d'entreprise le pourrait difficilement. Il n'est pas plus isolé sur le marché de la production que le travailleur dans l'atelier. Ce ne sont plus des règlements corporatifs qui lui interdisent de vendre au-dessous d'un certain prix : c'est la concurrence qui l'empêche de vendre plus cher que le cours ordinaire, et par suite de dépasser la proportion de frais généraux qui élèverait son prix de revient au-dessus de ce cours. Pour que les réclamations des travailleurs puissent se faire entendre avec succès, il faut donc que l'état du marché le permette, ou qu'elles se produisent avec unanimité, non seulement dans un même atelier, mais dans l'ensemble des industries de la même région. On le voit, l'association que suppose une pareille nécessité est bien différente de celle qui permettait aux compagnons de triompher dans leurs revendications.

Les résultats du système du contrat individuel sur les conditions du travail ont été finement analysés par M. Paul Bureau [2], qui a relevé dans l'une des régions les plus

1. W. S. Jevons, *Theory of Political Economy*, 1888, p. 124.
2. P. Bureau, *le Contrat de travail, le rôle des synd. profess.*, 1902, chap. III.

industrielles de la France les méfaits de ce régime. Les clauses du contrat, restant vagues et imprécises, permettent au patron d'empirer la situation de l'ouvrier chaque fois qu'un perfectionnement dans les méthodes de travail ou un changement dans les débouchés apportent un élément nouveau dans la production. De son côté, l'ouvrier est enclin à ne donner de son travail que pour l'argent qu'il reçoit : de là des malfaçons, des pertes de temps, contre lesquelles le patron est impuissant. Ce défaut d'adaptation réciproque aux besoins des deux parties amène des conflits nombreux et d'autant plus graves que leur solution est plus difficile. L'ouvrier résiste aux procédés nouveaux, qu'il sent lui être contraires, comme le patron résiste de son côté à toutes les modifications dans l'organisation du travail qui amélioreraient la situation du premier, ou tout au moins qui établiraient une juste proportion dans les différents traitements auxquels il est soumis. Un tel régime ne peut amener que la haine et la guerre, à moins que les différends qui le caractérisent n'aient été aplanis d'un commun accord.

L'opposition, qui existe entre la situation des travailleurs organisés et de ceux dont les groupements sont restés embryonnaires, se manifestera dans tout le cours de cette étude. Il suffit pour l'instant de montrer quelle a été en fait la situation de la classe ouvrière sous le régime de l'industrie moderne, avant qu'elle n'ait su se servir de l'arme de l'action collective. L'industrie textile en Angleterre, à la fin du XVIIIe siècle, nous en fournit un exemple bien frappant. L'emploi des métiers mécaniques développa la main-d'œuvre à bon marché, et surtout la main-d'œuvre infantile. La concurrence exercée entre les diverses catégories de travailleurs amena bientôt une situation épouvantable, pour les uns comme pour les autres. Les antiques règlements qui, en restreignant le nombre des apprentis, empêchaient cette exploitation, étaient ici sans objet, puisque l'apprentissage n'existait pas, et disparaissaient d'ailleurs dans tous les métiers [1]. Les patrons signaient des conventions avec les parents pauvres, qui leur donnaient le droit de faire travailler sans limites les enfants, à charge de les entretenir; or la durée du travail qu'ils exigèrent de ceux-ci s'éleva bientôt à quatorze et seize heures, le dimanche comme les autres jours. « J'ai vu, dit un témoin, des enfants travailler trois semaines de suite de cinq heures du matin à neuf ou dix heures du soir, à l'exception d'une heure pour les repas. J'ai fréquemment trouvé des enfants endormis sur le plancher de la filature. » L'évêque de Chester disait à la Chambre des Lords : « Mon devoir d'ecclésiastique et de prélat était de visiter moi-même les nombreuses manufactures de mon diocèse, où tant d'êtres faibles, suivant les uns, ne souffraient rien, mais, suivant d'autres, souffraient beaucoup dans leur santé, dans leur moral, par l'effet d'un travail qui, prolongé sans mesure, les abrutit et les accable. J'ai rempli ce devoir, j'ai vu partout de mes yeux. Je déclare que l'excès du labeur est tel qu'il ne compromet pas seulement les forces et les facultés des jeunes créatures épuisées ainsi, mais leur vie même. » Charles Dupin, qui citait ces paroles, ajoutait dans son rapport sur le projet de 1847 : « On a vu, nous ne disons pas en France, des cités entières, des cités immenses, Manchester, par exemple, frappées dans la santé, dans la longévité de leur population, enchaînée par les machines à la durée toujours croissante du travail. » L'épuisement de la race était tel, qu'en 1839, sur 22.094 ouvriers de filatures, il n'y en avait pas plus de 143 ayant atteint leur quarante-cinquième année [2].

1. En 1753, ces restrictions disparurent dans la bonneterie, et l'emploi des enfants dans les manufactures réduisit bientôt les ouvriers travaillant à domicile à la plus extrême misère. Le même fait se produisit dans la coutellerie (Webb, *Hist. du trade-union.*, p. 37).

2. Bureau, *op cit.*, p. 151 et suiv.

Et la situation des adultes était aussi lamentable. Les tisseurs à bras, réduits à la misère par cette concurrence terrible, arrivaient avec peine à gagner 10 shillings (12 fr. 50) par semaine, à la condition de pouvoir travailler tous les jours. Malheureusement le travail était des plus irréguliers, et le tisserand qui n'avait pas la ressource de la culture de son champ avait de longs moments difficiles à supporter. Son sort était toutefois relativement heureux en comparaison de celui de l'ouvrier de fabriques, dont la situation était aussi misérable au point de vue matériel qu'au point de vue moral. « Les souffrances, disait un témoin, des ouvriers employés dans les manufactures de coton dépassaient ce qu'on peut croire : ils étaient enrôlés dans les coalitions, trahis, poursuivis, accusés, condamnés, et des peines monstrueusement sévères leur étaient infligées ; ils étaient rejetés et maintenus dans l'existence la plus malheureuse. » En 1816, les salaires étaient tellement infimes que les autorités locales décidèrent de les compléter en utilisant le bénéfice de la loi des pauvres. Ce système ne fit qu'accentuer la baisse, et les contribuables de Sheffield, en 1820, demandèrent aux patrons de revenir aux salaires de 1810 [1]. Ces derniers eux-mêmes se plaignaient de cette concurrence acharnée qui les conduisait à réduire de plus en plus le coût de la main-d'œuvre : en 1819, quatorze manufacturiers du Lancashire publièrent une déclaration protestant contre toute nouvelle réduction, comme contraire à l'intérêt de l'industrie elle-même ; une association de patrons se fonda dans ce but à Coventry. Toutes ces tentatives restèrent vaines, et les souffrances des ouvriers donnèrent lieu à plusieurs émeutes qui furent sévèrement réprimées grâce

1. C'est surtout entre 1775 et 1825 que les salaires ont été bas, tandis que le prix des denrées augmentait. En 1764, et étaient à peine supérieurs à ceux de l'agriculture, et étaient compris entre 5 shill. 9 deniers et 13 shill. (Thorold Rogers, *Histoire du travail et des salaires en Angleterre*, 1897, p. 359, 378.)

à la législation inquisitoriale et draconienne alors en vigueur [1].

C'est l'avènement de la grande industrie, sous la forme du grand atelier, qui a rendu possible la concurrence entre les travailleurs et a augmenté l'intensité de celle entre les producteurs, dont l'effet s'ajoute encore à celui de la première pour accentuer l'avilissement des salaires ; c'est lui qui a enlevé aussi aux salariés l'espoir de devenir patrons à leur tour et leur a donné un nouveau motif de lutter pour l'amélioration de leur condition [2]. Mais à côté du mal, il a, sinon créé, du moins montré le remède : autant le régime du petit atelier s'oppose à l'entente entre les travailleurs, surtout lorsque ces derniers sont eux-mêmes les maîtres de leur atelier de travail comme dans le travail à domicile, autant leur groupement en grand nombre dans de vastes entreprises où leur situation à tous est également inférieure, favorise

1. Webb, *op. cit.*, p. 89, 95 et suiv.

2. Cette considération explique en partie la faible organisation des ouvrières, en Angleterre et aux États-Unis tout au moins : ne cherchant pour la plupart dans le travail industriel qu'une occupation transitoire en attendant le mariage, elles se soucient assez peu d'un effort de longue haleine en vue d'en améliorer les conditions ; ce sont précisément les éléments les plus jeunes et les plus capables qui font défaut à ces groupements. Elle explique aussi le retard qu'ont mis les ouvriers américains à se grouper en unions : c'est que les chances de sortir du salariat et de s'élever se sont maintenues aux États-Unis beaucoup plus longtemps que dans les autres pays, et c'étaient les travailleurs les plus énergiques et les plus intelligents qui quittaient le métier (Pigou, *Principles and Methods of Industrial peace*, 1905, p. 7). C'est encore pour ce motif que l'on rencontre, dans les filatures de coton anglaises, à côté des fileurs bien payés et solidement organisés, des auxiliaires ou « piéceurs » embauchés et payés par les premiers à des conditions très inférieures et dépourvus de toute organisation : c'est que ceux-ci ont l'espoir de passer tôt ou tard de leur catégorie dans celles des fileurs (Webb, *Hist. du trade-union.*, p. 5 et suiv.). De même, si les ouvriers, dans la boulangerie, ont enduré, jusqu'à ces dernières années, des conditions de travail extrêmement dures, c'est parce que les patrons se recrutaient dans leurs rangs : leurs exigences se sont élevées du jour où la concentration de l'industrie a rendu leur accession au patronat presque impossible (A. Feyeux, *la Science sociale*, t. IV, p. 333 et suiv.).

l'union contre des forces déprimantes qui se symbolisent dans une direction lointaine et omnipotente ; la concentration matérielle est déjà un lien moral qui fait mieux sentir la solidarité des intérêts. Ce n'est pas que le grand atelier suffise à lui seul pour produire cette union : encore de nos jours, la situation des femmes et des enfants employés dans les filatures du sud des États-Unis est des plus dignes de pitié[1], et nous verrons que le développement syndical a suivi de bien loin celui de la grande industrie. Toutefois le nouveau régime économique a apporté à l'entente et à l'action collective des travailleurs une circonstance particulièrement favorable, l'uniformité des conditions du travail dans un rayon de plus en plus étendu.

Cette uniformité est un résultat direct de l'élargissement du marché du travail. Dans une entreprise comprenant un grand nombre d'ouvriers, il est clair qu'un régime individuel, prévoyant des conditions spéciales pour chaque travailleur, est radicalement impossible: ce n'est pas seulement la jalousie entre les intéressés qui s'y oppose, c'est l'extrême difficulté qu'éprouverait le chef d'atelier à diriger un travail dont les conditions ne seraient pas les mêmes pour tous. Cela devient une impossibilité absolue lorsque les outils sont mus par une force mécanique : alors en effet c'est la machine qui règle la production, et la situation de tous ceux qui sont assujettis à son fonctionnement devient identique. Aussi cette uniformité, dans toutes les grandes entreprises, s'est-elle produite spontanément et, en l'absence du contrat collectif, a donné lieu au règlement d'atelier, qui n'est pas autre chose que l'expression des conditions générales du travail, émanée de la volonté unilatérale du patron[2].

Ce n'est pas seulement dans l'atelier que le phénomène dont nous parlons se produit. Lorsque l'industrie n'alimente

1. Mmes J. et M. Van Vorst, *l'Ouvrière aux États-Unis*, p. 286 et suiv.
2. R. Jay, *Revue d'Écon. polit.*, 1907, p. 574.

qu'une consommation locale, on comprend que les conditions de la production, et par suite celles de la main-d'œuvre, puissent varier d'une localité à une autre. Mais le développement intense des facilités de communication et des moyens de transport, qui s'est produit depuis cent ans, a fait déborder la concurrence entre les producteurs bien au delà des limites de la localité et même de la région. Tous les industriels dont les produits se trouvent placés dans des conditions identiques au point de vue de leur transport dans un pays déterminé sont désormais les uns pour les autres des concurrents, quelle que soit leur situation individuelle : d'où la nécessité pour chacun d'eux de maintenir son coût de production au même niveau que celui de ses rivaux, sous peine d'être évincé dans la lutte. Il s'ensuit que plus cette concurrence est intense et étendue, plus aussi l'établissement de conditions uniformes de la main-d'œuvre est assuré sur une large échelle. C'est ainsi qu'en Angleterre les travailleurs du bâtiment sont restés relativement en retard en matière de contrat collectif, en ce sens qu'ils sont encore sous le régime de conventions locales, parce que la concurrence se fait peu sentir d'une localité à une autre, et que chaque chef d'entreprise travaille principalement pour la ville où il est établi. Dans l'industrie textile au contraire, les conditions de la production varient peu d'un pays à un autre : la matière première, comme les produits manufacturés, peuvent être transportés avec la plus grande facilité dans le monde entier. Aussi les conditions du travail cessent de pouvoir être fixées pour un district ou pour une région déterminée ; ce sont de vastes et puissantes associations, comprenant la presque totalité des intéressés, l'*Amalgamated Association of Operative Cotton-spinners* d'une part, et la *Masters Cotton-spinners' Association* de l'autre, qui déterminent ensemble, après de longues délibérations et pour de longues périodes, les tarifs qui seront appliqués dans le pays tout entier, sans que l'on ait à prendre en considération les exigences particulières à une localité déterminée, ni même les variations purement temporaires et accidentelles qui peuvent se faire sentir sur le marché [1].

Il importe par conséquent d'observer que cette uniformité, résultant de circonstances économiques, se produit spontanément partout où ces dernières se manifestent. Elle n'est le fruit ni du groupement syndical ni de la convention collective elle-même ; elle se produit en l'absence de tout syndicat ; lorsqu'un contrat la constate expressément, sa conclusion n'est pas toujours l'œuvre des ouvriers syndiqués. On rencontre bien des cas, par exemple dans l'histoire de l'industrie du bâtiment à Londres et des mécaniciens à Newcastle, où les conflits du travail ont été dirigés et terminés par des comités temporaires élus par la masse des ouvriers du métier et dans lesquels les unionistes ne comptaient que pour une insignifiante minorité [2]. Nous verrons plus loin, il est vrai, que cette situation, qui se rencontre fréquemment dans notre pays, est loin d'être favorable au succès du contrat collectif ; c'est le syndicat normalement constitué qui donne à cette

1. Webb, *Industrial Democracy*, 1897, p. 176-177. — Il est bon de noter que l'absence d'uniformité dans les conditions du travail, sous l'influence d'une concurrence excessive entre les producteurs et entre les travailleurs se fait sentir durement sur les premiers aussi bien que sur les seconds, et les pousse parfois à chercher d'eux-mêmes le remède dans le contrat collectif. En 1890, la Chambre syndicale des tullistes de Calais prit cette initiative, en proposant aux ouvriers l'adoption d'un tarif uniforme : « Pour faciliter l'adoption de ce tarif en fabrique, était-il dit dans l'avant-propos, il serait à désirer que les ouvriers prissent l'engagement de ne travailler jamais à des prix inférieurs à ceux indiqués. Il en résulterait cet avantage : c'est que tous les patrons se trouveraient amenés ainsi à accepter ce tarif, s'ils ne voulaient pas s'exposer à manquer d'ouvriers. » Après plusieurs conflits, un comité des 70 principaux fabricants conclut une convention avec les syndicats ouvriers, adoptant un tarif pour la durée d'une année (Office du Travail, *les Associations professionnelles* t. II, p. 422 et suiv.). En 1892, un syndicat ouvrier ayant proposé l'élaboration d'un nouveau tarif, les patrons répondirent que si le tarif de 1890 n'avait pas été observé, c'était par suite de la concurrence faite à l'industrie calaisienne par Caudry, localité voisine (*Ibid.*, p. 434-435).

2. Webb, *op. cit.*, p. 178.

institution son fonctionnement satisfaisant et son heureuse influence. Ce que nous voulons seulement constater ici, c'est que le groupement des travailleurs en associations puissantes et la conclusion par ces dernières de conventions collectives, s'ils facilitent l'application des règles communes et sont même indispensables — ce sera l'une des principales conclusions de cette étude — à l'amélioration de la situation des travailleurs, ne créent pas l'uniformité des conditions du travail ; cette uniformité existait déjà antérieurement. Seulement elle était oppressive pour la classe ouvrière, tandis que, par ce qu'on est convenu d'appeler le contrat collectif par opposition au contrat dit individuel[1], celle-ci reprend la discussion de ces conditions et peut ainsi se les rendre favorables.

Cette observation est importante, parce qu'elle nous permet d'apprécier la véritable portée économique de l'organisation ouvrière et du contrat collectif. Cet accord réalisé de la sorte n'est quelque chose de nouveau que dans la forme où il se manifeste lorsque les travailleurs cherchent à obtenir des conditions plus avantageuses ; en fait, il existait déjà indépendamment de toute action de leur part. Il en résulte que toute opposition à l'emploi de cette méthode irait directement à l'encontre de la nature des choses. Ce ne sont pas eux qui ont créé cette situation ; elle s'est imposée à eux, et pour les amateurs de théories et de principes, on peut dire qu'ils n'ont fait qu'user d'un droit qui leur était spontanément offert par le régime économique moderne.

1. Il semble, lorsqu'on parle de la sorte, qu'en l'absence d'un contrat collectif formel, les conditions du travail varieraient suivant les besoins ou les mérites propres à chaque individu (Webb, *op. cit.*, p. 177). Cette façon de parler ne serait vraie que si l'on se reportait au régime du petit atelier d'autrefois à concurrence restreinte : elle ne l'est plus sous le régime actuel. Ce que l'on rencontre, à défaut de stipulations expresses, ce n'est point le contrat individuel, c'est l'absence de tout contrat, ou pour mieux dire, des conditions générales tacitement acceptées et s'imposant d'elles-mêmes aux intéressés.

Cette considération suffirait amplement, s'il en était encore besoin au xxe siècle, à justifier le droit de coalition. Nous croyons à la fois plus conforme à la méthode scientifique et plus fécond de ne pas nous en tenir à un tel jugement de principe, et de rechercher dans la pratique quels ont été les fruits de ce mode d'action, et à quelles conditions on peut en espérer d'autres dans l'avenir.

Parmi ces fruits, il en est sur lesquels nous aurons à nous arrêter plus longtemps dans la suite, et que nous ne ferons que mentionner pour l'instant. C'est, d'une part, l'amélioration de la situation morale des travailleurs pris dans l'ensemble : les économistes reconnaissent que la grève « a certainement contribué à faire respecter davantage les ouvriers par les patrons, à prévenir beaucoup d'abus de détail, toutes sortes de modes d'exploitation ou de dégradation. Les industriels et leurs agents ont dû apporter plus de ménagements, plus d'égards, plus de justice dans leurs rapports avec les travailleurs manuels. Il y a certes une grande différence entre le traitement que les manufacturiers de nos jours font aux ouvriers et celui qui était habituel il y a trente, quarante ou cinquante années. Chaque industriel sent qu'il n'a pas affaire à un homme isolé, à quelques centaines d'hommes incapables de s'entendre, mais bien à des hommes que le moindre abus amènerait à se concerter entre eux et à refuser simultanément leur travail. Prétendre que les grèves n'aient jamais été utiles à l'ouvrier pour la sauvegarde de ses droits ou de sa dignité, pour le préserver des petites tyrannies, des avanies quotidiennes, c'est ignorer l'histoire de l'industrie »[1].

Par contre, un autre résultat sur lequel nous aurons aussi, malheureusement, à nous étendre longtemps, est l'influence antisociale que les grèves exercent trop souvent parmi la classe ouvrière. « Cent mille ouvriers qui chôment, écrit un

1. P. Leroy-Beaulieu, *Essai sur la répartition des richesses*, 1883, p. 397-398.

journal socialiste, c'est cent mille cerveaux qui travaillent : pendant que les bras se reposent, l'esprit vagabonde, la pensée voltige d'idées en idées et pénètre dans la tête avec plus d'abondance et de force les réflexions que suggèrent les détails caractéristiques de l'organisation sociale capitaliste et de ses conséquences. Les grévistes occupent leurs loisirs à lire des brochures, les journaux ne leur suffisant plus, à suivre les meetings et à échanger ensuite leurs idées et leurs conclusions. » Un religieux belge, le P. Rutten, écrit de son côté : « Il y a longtemps que nos livres saints ont écrit que l'oisiveté et la paresse avaient appris beaucoup de mal aux hommes. Le fait se constate fort facilement en temps de grève. L'ouvrier consacre une bonne partie du temps que lui laisse son inaction forcée à lire les journaux, les pamphlets et les brochures socialistes. Nous avons parcouru de nombreux spécimens de cette littérature révolutionnaire : tout y converge adroitement vers un but unique : attiser dans le cœur de l'ouvrier, par des généralisations et des exagérations parfois stupéfiantes, la haine des classes supérieures [1]. » Nous verrons en traitant ce sujet que ces sentiments ne restent pas dans le domaine de la théorie pure, et se traduisent souvent par des actes. Mais nous verrons aussi que si la coalition n'est, pour un trop grand nombre d'ouvriers, qu'un épisode de la lutte des classes et un ferment de haine, ce caractère est bien loin de lui être essentiel, et qu'elle est au contraire le plus sûr facteur de la paix sociale.

A côté du résultat moral, heureux ou malheureux, il y a le résultat matériel. Au point de vue de l'ouvrier, si l'on fait le compte de l'argent dépensé dans les grèves soit pour indemnité de chômage, soit comme salaires perdus, soit indirectement par les ruines d'industries, on est effrayé des totaux auxquels on arrive, et l'on se demande si la perte

1. Cit. Varlez, *Musée social*, 1902, p. 92.

est compensée par un gain réel. Lors de la grève de Calais de 1901, qui se termina par un échec, l'Union ouvrière a dépensé les 160.000 francs qu'elle avait en caisse, plus une somme de 109.250 francs provenant de souscriptions; les grévistes n'ont reçu que des indemnités de 3 à 15 francs par semaine au lieu des 30 à 80 francs de salaires habituels. La grève des mécaniciens anglais de 1897 a coûté à l'Union ouvrière sept millions de francs; la contribution de 5 fr. 60 par semaine que s'imposaient les non-grévistes au profit des chômeurs n'empêcha pas l'échec[1]. La grève supportée en 1853 par les ouvriers fileurs de Preston leur coûta 9 millions de francs[2]. De la statistique des grèves aux États-Unis de 1881 à 1886, il résulte que ces chômages ont causé aux patrons une perte de 34 millions de dollars, celle des ouvriers s'élevant à 60 millions; il faut en moyenne à ces derniers 99 jours de travail pour regagner le déficit occasionné par l'interruption du travail. Après la grève, le personnel est réduit de 3 0/0, et les anciens ouvriers sont remplacés par de nouveaux dans la proportion de 6 0/0[3]. En France de 1897 à 1907, le nombre moyen de jours chômés annuellement a été de 1.128.977, occasionnant une perte de salaires de 5.119.277 francs, soit 61 fr. 54 par gréviste; le nombre de jours nécessaires pour regagner cette perte a été de 265 et l'élévation moyenne du salaire après la grève de 0 fr. 28[4].

Il faut ajouter que les augmentations de salaires, imposées par la force, ne sont pas toujours définitives, et que les avantages ainsi concédés par les patrons sont repris par eux aussitôt que les circonstances le leur permettent. Parfois elles sont une cause de ruine et de désagrégation pour les groupements ouvriers eux-mêmes. La période 1878-1879 fut

1. L. de Seilhac, *les Grèves*, 1903, p. 26 et suiv.
2. P. Leroy-Beaulieu, *Traité d'Écon. polit.*, t. II, p. 438-439.
3. Levasseur, *l'Ouvrier américain*, t. I, p. 503.
4. *Off. du Trav. Statistique des grèves.*

désastreuse sous ce rapport pour les trade-unions anglaises, dont la plupart disparurent sans qu'aucune d'entre elles pût parvenir à enrayer la baisse des salaires. Un grand nombre de syndicats, en France, ont dû leur disparition à la même cause. Enfin, les conflits ouvriers sont une cause indirecte de souffrances pour leurs auteurs par les progrès de l'outillage mécanique qu'ils suscitent ; le plus sûr moyen pour les employeurs de triompher des revendications de leurs ouvriers est, en effet, d'adopter des procédés qui leur permettent d'obtenir la même production avec un plus petit nombre de bras, et de choisir leurs travailleurs parmi les manœuvres non qualifiés [1]. Ce sont les grèves réitérées des fileurs de coton, en Angleterre, en 1829 et 1836, qui ont poussé à l'adoption et au perfectionnement des métiers mécaniques. Le développement du machinisme, dans les industries de l'acier, a eu la même cause [2]. La confection mécanique a été introduite à Paris à la suite des coalitions des ouvriers tailleurs, vers 1830 [3].

Ces objections ne sont pas sans réponse. Le calcul de la perte et du gain moyens des grévistes d'après l'ensemble des résultats annuels est peu rationnel ; les coalitions fomentées à contre-temps et mal dirigées, vouées à un échec assuré, ne prouveront jamais rien contre une action collective intelligente, tenant compte des circonstances plus ou moins favorables du moment, et basées sur un groupement puissant des forces ouvrières [4]. Il n'y a pas lieu pour le moment de nous

1. P. Leroy-Beaulieu, *op. cit.*, p. 439 et suiv.
2. Webb. *Industrial Democracy*, t. II, p. 725.
3. P. Leroy-Beaulieu, *la Quest. ouvr.*, p. 27.
4. Le bilan du mouvement trade-unioniste de 1896, aux États-Unis, s'établit comme il suit. Les mécaniciens, gagnant quinze grèves et en perdant deux, ont amélioré la situation de 2.450 d'entre eux et empiré celle de 450 ; ils ont obtenu une hausse des salaires dans huit sections et empêché la baisse dans quinze, produisant un bénéfice net de plus d'un million de dollars. Les mineurs ont acquis une augmentation de 10 0/0 sur leurs salaires et l'essai de la journée de huit heures. Les charpen-

arrêter davantage sur ce point ; les faits nous montreront que le gain est incontestable et n'est pas dû à d'autre cause que l'entente entre les ouvriers. Nous verrons seulement que, pour arriver à un résultat définitif, une grève ne saurait être déclarée pendant une période de dépression industrielle, ni avoir pour objet des revendications dont l'état actuel de l'industrie ne comporte pas l'admission. L'arrêt du travail pendant la durée des grèves est souvent compensé par une recrudescence d'activité pour reconstituer les stocks et répondre aux commandes accumulées, en sorte qu' « il y a une part de travail plutôt déplacée dans le temps que complètement supprimée »[1]. Enfin le développement du machinisme, s'il est presque toujours accompagné d'une crise douloureuse pour le personnel des ateliers où il se produit, est, en définitive, un élément de progrès pour la classe ouvrière comme pour l'industrie[2], et les travailleurs du coton, que nous citions tout à l'heure, comptent, nous le verrons, parmi les mieux organisés des ouvriers anglais et ceux dont la situation paraît là mieux assurée.

Cependant ces arguments, sur lesquels nous reviendrons

tiers ont gagné 97 grèves, perdu 7 et transigé dans 11 ; ils ont obtenu la journée de huit heures dans 24 localités, celle de neuf heures dans 13 ; un dixième d'entre eux ont subi une perte de 15 à 20 o/o sur leurs salaires. Les dockers ont triomphé dans 12 grèves et transigé dans 2, et augmenté leurs salaires de 20 o/o. Les marins ont augmenté les leurs de 50 o/o. Les cigariers ont gagné 30 grèves ou lock-outs, perdu 6 et obtenu 15 succès partiels. Les tailleurs en confection ont perdu une grève, n'ont pu maintenir à Philadelphie une réduction de trois heures sur la journée de travail; mais 13 unions ont obligé les fabricants à signer des contrats collectifs. Les typographes ont triomphé 45 fois, ont été vaincus 18 fois et signé 7 compromis; 844 d'entre eux ont vu leur situation améliorée, 225 l'ont empirée. Les ouvriers métallurgistes ont obtenu une augmentation de salaire de 12,5 o/o et enrayé la tendance à la baisse (Vigouroux, *la Concent. des forces ouvr. dans l'Amér. du Nord*, 1899, p. 166 et suiv.).

1. P. Leroy-Beaulieu, *Traité*, p. 439.

2. V. notre étude sur *le Machinisme et le chômage*, dans *la Revue d'Écon. polit.*, 1910, p. 138 et suiv., 199 et suiv.

plus loin, tout en étant décisifs, n'empêchent pas de regretter les maux causés par la grève et de considérer celle-ci comme un fléau ; et l'on conçoit que certains esprits, plus frappés par cet aspect de la question, la condamnent comme un élément de régression et non de progrès pour la société. « Si quelqu'un voulait prendre le temps, disait le secrétaire de l'Union des mineurs, à propos des grèves de Pensylvanie, en 1884, de recueillir les chiffres et montrer les millions sacrifiés par le capital pour subjuguer le travail et les pertes fabuleuses supportées par le travail pour lutter contre le capital, sans parler des innocents qui ont par là souffert de la faim et du froid, on serait surpris, ne serait-ce que pour ce district. Et alors, qu'a-t-on obtenu ? Aucun principe ne s'est établi dont bénéficierait l'individu ou l'humanité ; la justice du résultat acquis par une grève est toujours discutable parce que c'est la force seule qui décide, les conditions d'équité n'étant soumises à aucune discussion [1]. »

On ne saurait nier la vérité profonde et la haute moralité qui se dégagent de ces observations. Il est incontestable que, dans une société dont tous les membres accompliraient avec une conscience scrupuleuse tous leurs devoirs sociaux, le refus par certains d'entre eux d'accomplir le leur serait une faute sans excuse et sans compensation. Mais il faut bien reconnaître que l'humanité n'en est pas encore arrivée à ce degré de perfection, et qu'en attendant ce terme, les travailleurs n'ont pas d'autre moyen d'améliorer leur position. Leurs tentatives pour y arriver peuvent être plus ou moins heureuses, plus ou moins morales. Mais ce n'est que par ces nombreux essais, souvent discutables en eux-mêmes, que l'humanité trouve la solution des problèmes qui se posent sur sa route, et la voie vers le progrès. Pour apprécier sainement la grève, non dans un idéal abstrait, mais dans l'humanité qui vit sous nos yeux, il faut nous demander

1. *Off. du Trav., Concil. et arb.*, p. 237.

où en serait la classe ouvrière si elle n'avait recouru à ce procédé ni cherché d'en faire une institution normale. La réponse à cette question, nous l'avons déjà donnée par avance lorsque nous avons vu ce qu'avait fait des salariés le régime de l'industrie moderne avant qu'ils n'aient réussi à se grouper et à agir collectivement, et lorsque nous avons comparé la situation de ceux qui y sont parvenus à celle des ouvriers inorganisés. C'est l'écart entre le niveau le plus bas auquel se seraient abaissées les conditions du travail si leur dépression ne s'était pas arrêtée, et les résultats actuels, qui donne le gain véritable de l'action collective : quand on ne prend pour base du calcul que la situation avant et après la grève, on en néglige une partie essentielle. La question consiste donc seulement à décider si les travailleurs ont le droit d'exiger leur part du progrès moral et matériel qui pousse en avant les sociétés modernes, ou s'ils se contenteront d'une existence vide d'ambition et de ses conséquences fâcheuses, mais aussi s'abaissant de plus en plus vers la vie végétative des créatures inférieures. Dans le premier cas, il faut accepter le moyen d'atteindre ce but avec toutes les conséquences, bonnes ou mauvaises, dont les actes des hommes ne sauraient jamais être exempts.

Ces dernières n'atteignent pas seulement les ouvriers : les grèves sont pour les patrons la cause de pertes considérables. Et les établissements directement intéressés dans le conflit ne sont pas les seuls atteints : lors de la grève des docks de Londres en 1889, « nombre de patrons qui n'avaient aucun dissentiment avec leurs ouvriers, ou qui avaient consenti à toutes leurs demandes, furent aussi sévèrement punis que ceux qui avaient résisté... La position du simple commerçant devint aussi difficile que celle du fabricant qui emploie directement les ouvriers : il ne pouvait pas remplir ses engagements, attendu qu'il ne pouvait pas faire venir de marchandises, ni des docks et entrepôts, ni des navires. Les ordres furent retirés, les commandes portées ailleurs, et les vaisseaux se dirigèrent vers d'autres ports, d'aucuns même vers d'autres pays. La paralysie du commerce général fut portée à un point qu'à peine aurait-elle pu être plus grande si une flotte ennemie avait pris possession de l'embouchure de la Tamise[1] ». C'est surtout dans les mines de charbon, dont tant d'industries sont tributaires, que le contre-coup des grèves s'étend au loin : on prétend que la grève houillère des États-Unis, en 1902, qui fit perdre aux compagnies 100 millions de francs et aux ouvriers 150 millions, occasionna aux compagnies de chemins de fer une perte de plus de 60 millions de francs, et au commerce de la région en général 125 millions[2].

Le sort des malheureux patrons et actionnaires sur lequel la presse libérale s'efforce d'apitoyer l'opinion, sans s'inquiéter d'ailleurs de celui des ouvriers, et qui paraît d'un intérêt majeur à première vue, perd beaucoup de son importance quand on examine les faits et qu'on recherche les responsabilités. Quand nous aurons vu, dans la suite de ce travail, comment trop souvent l'attitude des employeurs dans les conflits qui s'élèvent, semble faite pour aggraver la situation et rendre la grève inévitable, nous serons plus portés à excuser les ressentiments des travailleurs qui n'ont pas le frein que leurs patrons devraient trouver dans la culture intellectuelle et morale qu'ils ont reçue. Du reste, la perte subie par l'industrie nationale, du fait des grèves, est plus apparente que réelle : si celles-ci attirent les produits des pays étrangers, ces derniers à leur tour subissent la même concurrence lorsque ce sont eux qui en sont le théâtre. Le mouvement syndical devient de plus en plus international, et aucun des principaux pays iudustriels n'en est à l'abri. Nous verrons même que ceux d'entre eux qui l'emportent sur les autres dans la lutte économique sont précisément

1. Rapport du président de la Chambre de commerce, cit. *Off. du Trav., Concil. et arb.*, p. 104-105.
2. L. de Seilhac, *op. cit.*

ceux où ce mouvement est le plus intense et où les chefs d'industrie ont le plus à compter avec lui : citons pour le moment l'exemple bien typique de l'industrie du tulle, établie à Calais dans la pensée de créer une concurrence aux manufactures de Nottingham, où l'action syndicale avait élevé les salaires bien au-dessus du niveau où ils se trouvaient en France ; or non seulement les industriels anglais n'ont subi aucun ralentissement dans leur prospérité, mais ils sont peu à peu suivis par les seconds dans la même voie [1]. Ce fait, paradoxal en apparence, s'explique aisément lorsqu'on songe que l'élévation des salaires, à laquelle tend le mouvement ouvrier, relève le niveau moral et la productivité du personnel employé [2].

Ce ne sont point d'ailleurs en général les patrons qui supportent les frais de la guerre, pas plus d'ailleurs que les consommateurs. Bien qu'on ait vu, en Angleterre, dans les filatures de coton et dans les mines, des grèves qui paraissent avoir été concertées entre employeurs et ouvriers dans le but d'écouler les stocks et de relever les cours [3], le consommateur ne souffre guère en réalité de la hausse des salaires, car celle-ci est amplement compensée par la diminution de tous les autres éléments du prix de revient. On oublie trop facilement l'énorme baisse qui s'est produite, par suite des nouveaux procédés industriels, dans les prix de tous les objets manufacturés : ces nouveaux procédés ont amené un essor inouï de la diffusion des richesses et de leur accessibilité ; on se demande pourquoi les capitalistes qui ont pu, grâce à eux, profiter de cet accroissement de la production, seraient les seuls à en bénéficier. On conçoit sans doute que le mouvement des salaires ne puisse pas suivre exactement celui de la production, lorsque ce dernier provient de

1. P. Bureau, *op. cit.*, p. 262.
2. *Ibid.*, p. 263 et suiv.
3. P. Leroy-Beaulieu, *op. cit.*, p. 472. — Mantoux et Alfassa, *la Crise du trade-union.*, 1903, p. 50.

l'adoption des procédés mécaniques : mais entre cette limite et la fixité complète, il y a une marge étendue que la simple diminution du pouvoir de l'argent interdirait à elle seule de maintenir intangible.

Nous devons donc en revenir à cette conclusion, que l'action collective des travailleurs, manifestée sous la forme du contrat ou sous celle de la grève — car nous verrons que ces deux manifestations sont inséparables l'une de l'autre — est une nécessité sociale, créée par les nouvelles conditions économiques de l'industrie moderne, et qu'en dépit de ses inconvénients et de ses abus, on est forcé de l'admettre sous peine de compromettre le progrès d'une partie importante de la société et de causer des maux encore plus graves que ceux que l'on veut éviter. La tâche que notre sujet nous impose consiste donc à déterminer les conditions que doit présenter cette action pour fonctionner normalement et pour réduire à leur plus petite expression les inconvénients dont nous avons constaté l'existence. Nous rechercherons donc les cas où ce fonctionnement paraît s'exercer de la façon la plus satisfaisante; nous déduirons de cette analyse les conditions qui doivent y présider, et nous nous demanderons si leur oubli, dans les autres cas, n'est pas la cause des conséquences fâcheuses qui s'y manifestent.

CHAPITRE II

Vers l'Organisation des Forces ouvrières

L'action collective des travailleurs en vue de la conclusion du contrat de travail, qui dérive comme une nécessité des nouvelles conditions de l'industrie moderne, ainsi que nous venons de le voir, se manifeste par le groupement des intéressés. Ce groupement peut être plus ou moins stable et permanent : dans son état de développement le plus avancé, il constitue l'association professionnelle, syndicat ou union de métier. L'un des moyens dont les travailleurs, ainsi groupés, ont le plus fréquemment usé, en fait, en vue de la réalisation de leur objectif, est la cessation simultanée du travail, la grève. Étudiant dans le chapitre précédent les premières manifestations de cette vie collective de la classe ouvrière, nous avons été amené par la force des choses à noter ces diverses manifestations telles qu'elles se présentaient et sans faire la distinction traditionnelle, plus conforme à la logique pure qu'aux faits, entre l'association, la coalition et la grève, qui diffèrent entre elles dans la même mesure que la préparation d'un acte diffère de l'acte lui-même arrivé à un degré plus ou moins avancé d'exécution.

Toutefois, comme les résultats de cette action varient considérablement suivant qu'elle a été sérieusement préparée et dirigée par un solide groupement préétabli, ou que ces conditions ont fait défaut, l'analyse progressive qui sert d'instrument à nos recherches nous oblige à étudier avant tout quelles sont les lois de ces groupements, comment ils se constituent et comment ils fonctionnent. Pour procéder avec méthode, nous devons commencer cette analyse par ceux de ces groupements qui présentent le degré de développement le plus avancé, afin de dégager plus sûrement les caractères qui sont essentiels à l'objet observé de ceux qui lui sont étrangers. Comme c'est en Angleterre que l'on rencontre les associations ouvrières les plus puissantes et les mieux constituées, nous commencerons donc par une rapide étude des unions des travailleurs de ce pays.

I. — Les trade-unions en Angleterre

L'histoire du mouvement de concentration des forces ouvrières en Angleterre présente les mêmes phases et les mêmes caractères que ceux que nous avons déjà observés en France. De très bonne heure, on retrouve des tentatives de la part des ouvriers pour constituer des associations indépendantes des corporations, ayant pour objet de faire monter leurs salaires : en 1387, les ouvriers cordonniers de Londres fondent une association de ce genre ; neuf ans plus tard, les selliers affirmaient l'existence de leur fraternité ; en 1417, des mesures de police tendent à empêcher les tailleurs de se réunir entre eux, etc. [1]. Toutefois, jusqu'à la naissance de la grande industrie, ces groupements sont restés isolés et temporaires. Les plus puissants étaient formés parmi les travailleurs auxquels les conditions de leur profession interdisaient l'espoir de devenir patrons à leur tour. Tel était le cas pour les ouvriers couseurs, condamnés à rester ouvriers toute leur existence, le recrutement des maîtres tailleurs s'opérant exclusivement parmi les coupeurs, en raison de la capacité particulière exigée pour ce

1. Webb, *Histoire du trade-unionisme*, p. 2 et 3.

genre de travail : en 1720, les maîtres adressaient une plainte au Parlement, motivée par la récente union de leurs ouvriers, au nombre de plus de 7.000, en vue d'obtenir une augmentation de salaires et une diminution des heures de travail ; ils avaient à cet effet des lieux de réunion et des registres, et amassaient des fonds de défense pour le cas de poursuites. Cette association était prospère, puisqu'elle put résister aux mesures rendues contre elle cette même année, et subsistait encore en 1767 [1].

C'est l'avènement de la grande industrie qui a généralisé l'essor des unions ouvrières. Dès le début du XVIIIe siècle, la division du travail, dans les fabriques de l'ouest, pour les diverses opérations du cardage, du tressage du fil, du tissage, du foulage et de l'habillage, bien que ces diverses opérations fussent exécutées à domicile, à la main ou avec des métiers à bras, supposait chez le fabricant des capitaux et des capacités supérieures à celles que pouvait présenter un ouvrier ordinaire. Aussi, dès 1717, existait-il parmi ces travailleurs une association qui survécut, durant le XVIIIe siècle tout entier, aux persécutions dont elle fut l'objet. Dans le Yorkshire au contraire, où cette industrie se maintenait sous le régime du petit atelier, on ne rencontre parmi les ouvriers aucune association jusqu'à la fin du XVIIIe siècle. A ce moment apparaissent les filatures de coton et les manufactures de drap dans lesquelles les travailleurs, groupés en grand nombre et soumis à des conditions d'existence misérables, sans aucun espoir d'en sortir, ne virent leur salut que dans l'union. C'est aussi à partir de ce moment que les associations ouvrières se développent et qu'on entend le plus de plaintes contre elles dans la bouche des patrons.

Comme en France, en effet, les maîtres cherchent à maintenir leur situation contre tout empiétement, et s'adressent dans ce but aux pouvoirs publics. Depuis 1545, les corpora-

1. Webb, *op. cit.*, p. 29 et suiv.

tions avaient été remplacées par la réglementation royale, et c'est à l'État que les individus recouraient lorsqu'ils voyaient leurs intérêts menacés [1]. Il est intéressant d'observer que les associations ouvrières, en Angleterre comme en France, ont été poursuivies principalement en raison de leurs empiétements sur le domaine de la loi et de leur caractère dangereux à l'égard de l'ordre public [2].

Toutefois le régime de la réglementation était trop inconciliable avec les nécessités nouvelles de l'industrie pour pouvoir être maintenu au delà du XVIIIe siècle. A partir de 1756, le règlement établi avait été fort discuté par les deux parties intéressées : le Parlement décida alors de s'abstenir, sous l'influence des chefs d'industrie. Les ouvriers réclamaient au contraire le maintien des règles concernant l'apprentissage et contraires à l'emploi des nouvelles machines. La Chambre des communes nomma une commission d'enquête : mais les patrons n'eurent aucune peine à démontrer devant elle que le nouvel outillage était indispensable aux progrès de l'industrie et du commerce et que, l'apprentissage se trouvant par là réduit à un temps très limité, les anciens règlements n'avaient plus aucune raison d'être. Le Parlement dut s'incliner devant ce résultat, et laissa désormais les ouvriers se tirer d'affaire par leurs propres moyens : le principe de la liberté du travail ne fut admis par la Chambre qu'en 1810. Deux années plus tard, les ouvriers de Glasgow obtenaient bien des juges la fixation d'une liste de prix : mais ce tarif, qui coûta 3.000 livres sterling aux ouvriers, se heurta au refus des patrons de l'appliquer. Après une grève de trois semaines à laquelle prirent part 40.000 ouvriers, le comité de grève fut poursuivi

1. Depuis 1349, à la suite de coalitions fomentées par les ouvriers agricoles, diverses ordonnances royales établirent les tarifs de la main-d'œuvre et interdirent les coalitions (Thorold Rogers, *Hist. du trav. et des sal. en Angl.*, 1897, p. 222, 342 et suiv.)

2. Webb, *op. cit.*, p. 66.

pour délit de coalition et ses membres condamnés. L'association ouvrière fut brisée et le mouvement de lutte arrêté. En 1814 disparurent les derniers statuts corporatifs relatifs à l'apprentissage [1].

En adoptant la doctrine libérale, le législateur anglais, pas plus que celui de la France, n'admit la liberté d'association et de coalition; leur prohibition, qui dérivait du caractère d'ordre public des réglementations du travail, se maintint après la disparition de celles-ci. Elle fut même renforcée grâce à l'influence exercée par les patrons sur leurs amis qui siégeaient au Parlement. Le nombre des coalitions qui se formaient à partir du moment où les ouvriers comprirent qu'ils n'avaient plus à compter que sur eux-mêmes, fit sentir aux patrons la nécessité d'être protégés contre ce mouvement : pendant tout le XVIIIe siècle, le Parlement fut continuellement occupé à promulguer des ordonnances interdisant les coalitions dans chaque métier, en 1720 contre les ouvriers tailleurs, en 1717 et 1725 contre les ouvriers du coton, etc. Ce mouvement aboutit à la loi de 1799, votée sans débats, qui réprimait sévèrement toute coalition, et punissait d'un emprisonnement d'au moins trois mois tout acte tendant à une modification des conditions du travail par le moyen d'une entente. Un *act* de 1800 définit la coalition prohibée en exigeant qu'elle fût le résultat de manœuvres frauduleuses; il ajouta quelques dispositions concernant l'arbitrage. En 1817, fut interdite toute réunion de plus de 50 personnes [2].

Il faut reconnaître que les dispositions de la classe bourgeoise à se protéger contre les coalitions ouvrières trouvaient un motif sérieux dans les désordres et les violences qui accompagnaient les premières explosions de l'action collective. Nous avons vu combien était inférieur le niveau

1. Webb, *op. cit.*, p. 52 et suiv.

2. Waterlot, *la Concil. et l'arbitrage*, 1896, p. 10-11. — Webb, *op. cit.*, p. 69 et suiv.

des classes ouvrières dans les premières manufactures durant le XVIIIe siècle[1], et l'on comprend que leur conduite fut plus brutale et violente que raisonnée et réfléchie : « Leurs coalitions éphémères, leurs grèves fréquentes n'étaient, en règle générale, que des combats furieux pour défendre le salaire strictement nécessaire à la vie. Au lieu de la résistance organique et constante opposée aux usurpations par les artisans, nous voyons, dans les industries à machines, l'éclat brusque des bris de machines et des attaques alternant avec la soumission la plus humble et la concurrence sans merci, pour obtenir du travail[2]. » Les chefs qui dirigeaient ces coalitions étaient aveuglément obéis au moment des conflits; mais les défaites répétées éloignaient d'eux la confiance des masses et empêchaient les organisations de se maintenir d'une façon permanente. En 1790, les désordres atteignirent un tel degré que l'un des champions de la démocratie, Burke, abandonna ses opinions et devint un adversaire acharné de la Révolution fran-

1. *Supra*, p. 51 et suiv.

2. Webb, *op. cit.*, p. 89 et suiv. — En 1776, Adam Smith écrivait à ce sujet : « Que leurs ligues soient offensives ou défensives, elles sont toujours accompagnées d'une grande rumeur. Dans le dessein d'amener l'affaire à une prompte décision, ils ont toujours recours aux clameurs les plus emportées, et quelquefois, ils se portent à la violence et aux derniers excès. Ils sont désespérés, et ils agissent avec l'extravagance et la fureur de gens au désespoir, réduits à l'alternative de mourir de faim ou d'arracher à leurs maîtres, par la terreur, la plus prompte condescendance à leurs demandes. Dans ces occasions, les maîtres ne crient pas moins haut de leur côté ; ils ne cessent de réclamer de toutes leurs forces l'autorité des magistrats civils et l'exécution la plus rigoureuse de ces lois si sévères portées contre les ligues des ouvriers, domestiques et journaliers. En conséquence, il est rare que les ouvriers tirent aucun fruit de ces tentatives violentes et tumultueuses qui, tant par l'intervention du magistrat civil que par la constance mieux soutenue des maîtres et la nécessité où sont la plupart des ouvriers de céder pour avoir leur subsistance du moment, n'aboutissent, en général, à rien autre chose qu'au châtiment ou à la ruine des chefs de l'émeute. » (A. Smith, *Recherches sur la nature et les causes de la richesse des nations*, éd. 1843, t. I, p. 86.)

çaise[1]. Le législateur espéra, grâce à l'*act* de 1799, enrayer ce mouvement révolutionnaire. De 1800 à 1820, les troubles se multiplièrent : attentats contre les patrons, incendies d'usines, destructions de machines, tel fut le bilan de cette période. En 1819 notamment, des émeutes furent violemment réprimées à Manchester, 400 ouvriers furent tués par la police. A la suite de ce fait, les ouvriers ayant adressé au Parlement une pétition demandant la mise en accusation des ministres, les députés répondirent en accordant au ministère les pouvoirs les plus étendus pour rechercher et punir les coupables, en suspendant les garanties de la liberté individuelle. Néanmoins une enquête parlementaire fut constituée, et aboutit à la loi de 1824, qui autorisa les coalitions pacifiques.

Le législateur semblait reconnaître par là que ce n'est pas par la répression légale qu'on enraie un mouvement aussi naturel et nécessaire que celui de la concentration des forces ouvrières. Les persécutions contre les associations avaient pour résultat principal de transformer celles-ci en groupements secrets, d'autant plus dangereux que ce caractère tend à les faire dévier de leur but, en raison des précautions dont elles doivent s'entourer et des dangers qui les menacent, ou en sociétés amicales de secours. Sous cette dernière forme, un grand nombre d'associations étaient de véritables *trade-unions* ou unions professionnelles ; en 1815, celle des tailleurs comprenait 360 membres, celle des chaudronniers 661, celle des maçons 693, celle des fabricants de ciseaux 550, etc. ; en 1819, quinze fileurs de coton furent poursuivis, bien que l'objet de leur réunion fût seulement de recueillir des secours en vue des funérailles, parce qu'ils constituaient en réalité une société de défense. On affirma dans le procès que « toutes les sociétés d'assis-

1. Malapert, *Journ. des Écon.*, t. XXVI, p. 353.

tance ou autres n'étaient que des couvertures sous lesquelles le peuple d'Angleterre conspirait[1] ».

Au reste, il importe d'observer que, à cette époque, les unions professionnelles qui prospéraient sous cette forme de sociétés amicales ayant des ramifications dans tout le pays sous forme de loges locales, appartenaient aux métiers qualifiés, encore protégés contre la concurrence de la main-d'œuvre et la dépression des salaires par la nécessité de l'apprentissage. La composition et le niveau du personnel de ces métiers étaient, par suite, bien plus élevés que dans les industries qui se ressentaient du nouveau régime économique, comme les mines ou les fabriques du nord : « L'ouvrier et le mineur étaient alors plus éloignés de l'artisan que le docker ou l'ouvrier des champs ne le sont aujourd'hui du fileur de coton du Lancashire ou du hâveur du Northumberland. Les artisans qualifiés formaient, du moins à Londres, une classe intermédiaire entre le boutiquier et la grande masse des travailleurs et des ouvriers non organisés des nouvelles industries à machine[2]. » Aussi leurs associations présentent-elles un caractère bien différent : ici, point de serment, de rites secrets séditieux ; leurs statuts admettent la soumission complète aux lois et aux actes du gouvernement ; l'attitude de leurs membres vis-à-vis des pouvoirs publics est respectueuse et déférente. Il ne faut pas s'étonner que les travailleurs appartenant à cette catégorie pussent maintenir le taux de leurs salaires et même leur monopole, que les conditions du travail dans leurs professions ne menaçaient pas encore, tandis que les manœuvres des métiers soumis aux nouvelles conditions n'arrivaient qu'à des ébauches informes de coalitions impuissantes à empêcher la décadence de leur situation.

L'abrogation, en 1824, des lois contre les coalitions, ne

1. Webb, *op. cit.*, p. 82 et 83.
2. *Ibidem.*, p. 85 et suiv.

suffit pas, à elle seule, à donner aux associations d'ouvriers de fabriques le développement normal qu'elles n'avaient pas encore acquis antérieurement. Ces catégories de travailleurs profitèrent de la liberté qui leur était octroyée ainsi que de la coïncidence d'une période de prospérité industrielle, pour susciter des grèves de tous côtés. Pendant les six mois qui suivirent, les journaux furent remplis de nouvelles des coalitions ouvrières: c'étaient les troubles commis à Glasgow par les ouvriers cotonniers et le lock-out dont ils furent l'objet; c'était la grève des marins de la Tyne et de Wear, paralysant l'industrie maritime sur toute la côte du nord-est. Dans toutes les industries, des associations se créaient en vue de faire monter les salaires : les tisseurs de coton du Lancashire parvenaient à établir une organisation permanente pour prévenir les réductions de salaire. D'un bout à l'autre du pays, les patrons, soulevés, réclamaient une loi pour interdire les associations. L'agitation politique entretenue par les leaders des sociétés ouvrières les plus prospères obtint que la loi, votée en 1825, admît les associations et les coalitions ayant pour objet de discuter les salaires et la durée du travail.

Cette tolérance du législateur ne fut cependant guère mise à profit par les travailleurs. Les années qui suivirent furent marquées par une crise commerciale profonde, qui réduisit un grand nombre d'ouvriers au chômage et fit diminuer les salaires ; les grèves ne servirent qu'à sanctionner cette dépression et à anéantir les unions. Tel fut le cas de la grève générale organisée en 1839 sous l'influence d'associations politiques : les ouvriers s'étaient engagés à cesser le travail pendant un mois et retirèrent, dans ce but, toutes leurs épargnes. Le résultat fut une succession d'émeutes dans les villes pendant six mois : les chefs du mouvement furent condamnés à mort et beaucoup d'adhérents déportés[1]. Ce fut, dès lors, parmi les travailleurs, une désillu-

1. A. Métin, *le Socialisme en Angleterre*, 1897, p. 62.

sion au sujet de l'efficacité du mouvement syndical, qui les détourna de l'action corporative pour les pousser à l'union de classe, au groupement des ouvriers appartenant à tous les métiers. Les fileurs de coton du Lancashire et du Yorkshire furent parmi les principaux adeptes de ce mouvement. Dès 1830, ils avaient fondé une Association nationale pour la protection des travailleurs, qui comprit jusqu'à 150 unions appartenant aux professions se rattachant à l'industrie textile, et des unions appartenant à des professions différentes. Dès 1831, des défections se produisirent, par suite du refus de ces dernières de soutenir la grève des fileurs de Nottingham. A partir de 1832, on n'entend plus parler de cette association, qui avait compté jusqu'à 100.000 membres, mais dont l'absence de ressources empêcha toute action effective. En 1833, eut lieu une tentative dans le même sens et aussi infructueuse des ouvriers du bâtiment, qui cherchèrent à grouper dans une même union sept professions se rattachant à cette branche : elle ne résista pas au premier conflit. En 1834, fut fondée la « Grande Union nationale consolidée des métiers », qui groupait les unions de tous les métiers en vue de constituer une caisse de résistance unique. En quelques semaines, grâce à une propagande active et à l'absence de cotisations, elle prit un grand développement et atteignit l'effectif de 500.000 membres. Dès la fin de l'année, elle avait disparu dans les grèves partielles où les patrons triomphaient facilement dans chaque industrie, malgré ses efforts pour empêcher les grèves inutiles et qui ruinaient son prestige. L'appréciation de cette tentative par les contemporains est intéressante à connaître : « C'était l'opinion de beaucoup à cette époque que cette Union ne servirait pas à grand'chose, car ses procédés manifestaient, non pas une recherche calme et sans passion des causes des maux existants, mais une surexcitation des esprits qui s'évaporait rapidement et les laissait dans la même situation qu'avant. Les résultats prouvèrent que cette opinion n'était pas sans fondement. Une taupinière empêchait leur marche en avant ; et au lieu de faire disparaître un obstacle aussi dérisoire, ils aimèrent mieux battre en retraite, chacun reprenant sa propre voie sans se soucier des intérêts ni de la sûreté de son voisin [1]. »

Le procédé était décidément mauvais, et les ouvriers revinrent à celui de l'union professionnelle, laissant de côté l'agitation bruyante pour l'action plus lente, mais plus sûre, de l'accumulation des fonds et de l'entente amiable avec les patrons. La période suivante se signale surtout par le développement des unions professionnelles : celles des potiers et des fileurs de coton se reconstituent en 1843 ; celles des typographes et des verriers en 1844 ; cette même année, les mineurs syndiqués sont au nombre de 100.000 ; en 1845, ce sont les ouvriers corroyeurs, les tailleurs, les cordonniers qui s'associent, etc.

Le résultat de ce nouveau mouvement fut bien différent de celui qui l'avait précédé. La présentation du « document », ou engagement par écrit de l'ouvrier à ne s'affilier à aucune union sous peine de renvoi, et que les patrons avaient employée auparavant avec succès, ne parvint à entamer ni l'Union des mécaniciens en 1852, ni celle du bâtiment en 1859 : les patrons durent y renoncer. Vers 1860, ils recoururent eux aussi à l'association pour pouvoir résister à cette force nouvelle qui s'imposait à eux : de puissantes unions firent régner le lock-out dans l'industrie entière ; les propriétaires de mines du Yorkshire en usèrent fréquemment. Les unions sortirent triomphantes de ces assauts.

Les chefs d'industrie, obligés d'abandonner une arme qui nuisait autant au public et à eux-mêmes qu'aux ouvriers, se retournèrent du côté de la répression judiciaire. En dépit de la loi de 1825, les mineurs du Lancashire furent condamnés en 1832 pour avoir menacé de se mettre en grève. Des potiers

1. *Trades Journal*, 1er mars 1841.

de Wolverhampton furent emprisonnés, en 1835, sur la simple déclaration des patrons qu'ils avaient élevé les salaires à la suite de la visite des délégués ouvriers, etc. La jurisprudence était des plus élastiques : on considérait souvent comme un acte d'intimidation tombant sous le coup de la loi, non seulement le picketing pacifique, mais des actes tels que l'adhésion à une grève, la notification de celle-ci, l'affichage de placards l'annonçant, etc. [1]. En 1867, la Cour du Banc de la Reine jugeait encore que les associations ouvrières, pour n'être plus criminelles depuis la loi de 1825, n'en étaient pas moins illégales en raison de la gêne qu'elles apportaient à l'industrie. D'autre part, une loi draconienne exposait à des poursuites criminelles et à la peine de l'emprisonnement prononcée discrétionnairement par le juge, tout ouvrier qui rompait son contrat de travail. Un mouvement parlementaire, entretenu par un comité des principaux leaders unionistes de Londres, aboutit en 1867 à la modification de cette législation, et en 1871 à la loi qui accorde la personnalité aux unions professionnelles : en vertu de cette dernière loi, complétée par celle du 30 juin 1876, toute union enregistrée a le droit de posséder un capital mobilier et d'ester en justice. En 1875, l'intervention des unionistes qui faisaient partie du Parlement aboutit à la loi qui mit sur un pied d'égalité complète au point de vue de la situation des parties contractantes le maître et l'ouvrier, et fit rentrer dans le droit commun tout fait de grève punissable.

En même temps, les unionistes s'attachaient à démontrer, notamment devant la Commission parlementaire de 1867, l'opposition qui existait entre les grandes unions dont le principal souci était d'empêcher les grèves, de garantir leurs adhérents contre les risques de leur existence et de défendre leur situation morale et matérielle par des procédés paci-

1. Voy. dans Webb, *op. cit.*, p. 188-189, les paroles de l'avocat Roberts qui signale en 1851 la partialité des juges et les préjugés de la bourgeoisie à l'encontre des trade-unions.

fiques, et les petits clubs dont l'arme ordinaire était la violence, et qui seuls étaient responsables des attentats qui venaient de se commettre à Sheffield. L'un de ces leaders, G. Newton, disait en 1866 : « Une grande partie des grèves, et peut-être des lock-outs aussi vient du refus obstiné des deux parties de considérer la question en face, honnêtement et avec équité... Examinons-nous nous-mêmes et voyons s'il y a en nous quelque mauvaise tendance qui contribue à ce fâcheux état de choses, et si nous découvrons que nous ne sommes pas à l'abri du blâme, alors nous devrons, avant tout, mettre notre maison en ordre... Alors examinons les adversaires, voyons leur position, et si nous trouvons qu'ils n'ont pas fait tout ce qu'ils auraient dû pour empêcher ces maux, indiquons-leur sans déguisement et dans un langage simple où nous considérons qu'ils se sont trompés, et en excitant l'opinion publique d'une manière saine contre la tyrannie — certains l'appellent ainsi, mais peut-être un mot plus doux vaudrait-il mieux — contre la politique imprudente en usage, cela fera beaucoup pour la réprimer à l'avenir [1]. »

A cette époque, le développement des trade-unions se manifestait avec intensité. Les fonctionnaires syndicaux des plus florissantes d'entre elles étaient élus à la Chambre des communes, aux comités scolaires ou appelés à faire partie des commissions royales. Le Congrès des trade-unions de 1872 représentait 375.000 unionistes ; celui de 1874, 1.191.922. C'est aussi vers ce moment que se manifeste l'abandon, par un grand nombre de patrons, de leur hostilité à l'égard des associations ouvrières, et leur propension à admettre l'intervention des comités mixtes dans la réglementation de l'industrie.

Cette période de développement du trade-unionisme correspondait à une situation prospère de l'industrie et du

1. Webb, *op. cit.*, p. 273-274.

commerce. Celle qui la suivit, en 1878-1879, et durant laquelle une crise profonde s'abattit sur toute l'industrie, marqua aussi une décadence rapide pour un grand nombre d'unions, et opéra une sélection entre elles suivant leur degré de vitalité; plusieurs centaines, notamment celles de journaliers agricoles « qui s'étaient développées avec la rapidité de champignons »[1], s'évanouirent de même. L'unionisme disparut complètement dans le pays de Galles-Sud. Les unions des ouvriers cotonniers et celles des mineurs du Northumberland et du Durham perdirent un grand nombre d'adhérents. Les plus fortes sociétés, comme celles des mécaniciens ou des ouvriers du bâtiment, épuisèrent leurs ressources, mais conservèrent leurs effectifs. En somme, la crise fut traversée par toutes les associations qui avaient pris pour principes de leur constitution et de leur politique ceux qui conviennent normalement à ces groupements, et qui ont déjà été mis en lumière dans le cours de cet exposé.

C'est ainsi notamment que le caractère professionnel de ces sociétés ne fit que s'accentuer. Des tentatives d'organisation générale de la classe ouvrière, en 1874, 1879, 1882, n'eurent aucun écho; l'Association internationale avait déjà émigré en Amérique dès 1872 et cessa désormais d'exister en Angleterre. Ce caractère se manifeste d'une façon frappante lorsqu'on observe individuellement certaines grandes industries, comme celle du coton. Dans cette industrie, qui comprend plus de six catégories de travailleurs présentant entre elles des différences considérables, la formation d'une union amalgamée était impossible : les tapissiers, très spécialisés et difficiles à remplacer, n'ont guère de difficultés avec leurs patrons et n'ont pas les mêmes besoins que les fileurs; ces derniers, jouissant de forts salaires, ne peuvent se résoudre à payer des cotisations dont bénéficieraient les

1. Webb, *op. cit.*, p. 375 et suiv.

cardeurs et les tisseurs, etc. ; par contre, les fileurs ne sont que 19.000 et ne peuvent songer à faire la loi aux 22.000 cardeurs et aux 85.000 tisseurs. Ces divergences impliquent la même diversité dans le mode de groupement de ces diverses classes. Il en est de même dans l'industrie de la mécanique, où la division du travail entre les diverses opérations des mouleurs, chaudronniers, fondeurs, forgerons, finisseurs, tourneurs, constructeurs, etc., se subdivisant encore suivant le métal employé et suivant les applications nouvelles de la mécanique à de nouveaux produits, suscite des divergences considérables au point de vue du salaire, du mode de travail, de la concurrence. Des essais d'amalgamation entre elles ont échoué en 1840 et 1850: les unions de chaque profession distincte se séparaient, les unes après les autres, lorsqu'elles voyaient leurs intérêts spéciaux négligés ou compromis ; les chaudronniers ont toujours refusé de s'y associer [1]. On conçoit que la difficulté soit encore bien plus sensible lorsqu'il s'agit de grouper des travailleurs appartenant, non plus à des branches diverses d'une même industrie, mais à des professions totalement différentes.

Mais, d'autre part, ces diverses catégories, que nous venons de voir séparées par leurs intérêts divergents, ne sont point sans en avoir de communs. Dans les tissages, les règlements d'hygiène, la durée de la journée de travail, l'âge des enfants admis, souvent l'adoption des nouveaux procédés, etc. intéressent tous les travailleurs au même titre. Le trop grand nombre d'unions différentes, dans un même établissement, constitue un obstacle au contrat collectif [2]. Les rivalités qui, nous le verrons, se produisent parfois dans l'industrie mécanique, appellent avec urgence un lien entre ces divers groupements. De là la fédération qui, tout

1. Webb, *Industrial Democracy*, t. I, p. 261 et suiv., 106 et suiv.

2. L'association des constructeurs de la côte nord-est se plaignait de ce fait en 1890.

en respectant l'autonomie et le fonctionnement spécial de chaque union, établit un groupement superposé dans un but spécialement déterminé. L'*United Textile Factory Workers Association* qui réunit les cinq trade-unions des fileurs, des tisseurs, des cardeurs, des rattacheurs et des contremaîtres n'a pour objet ni le contrat collectif ni l'assurance, dont elle laisse la réalisation à chaque union de métier, mais « la suppression des abus pour laquelle l'intervention parlementaire ou gouvernementale est requise ». Cette association se compose d'une assemblée représentative des délégués des diverses branches locales, et d'un comité exécutif composé des fonctionnaires salariés des diverses unions, se réunissant périodiquement ; c'est ce dernier qui dirige la politique de l'association. Il se fait assister d'un homme de loi qui examine les projets à l'avance, de telle sorte qu'une campagne parlementaire n'est entreprise que sur un projet ayant toutes les chances de réussite. L'opinion est sollicitée à l'aide de meetings et des journaux, et la lutte se poursuit à la Chambre des communes, qui compte le secrétaire général des fileurs dans les rangs du parti conservateur, alors que celui des tisseurs appartient au parti libéral [1].

Si nous envisageons maintenant les travailleurs appartenant à des professions différentes, nous observerons aisément qu'à côté des intérêts spéciaux à chacune d'elles, qui trouvent leur réalisation dans l'action collective limitée à l'intérieur de chaque métier, il en existe d'autres qui sont communs à l'ensemble de la classe ouvrière. Ces intérêts sont ceux qui réclament l'intervention du législateur, et c'est dans le but de promouvoir et de diriger l'action de ce dernier que se constitue le groupement qui réunit tout l'ensemble du monde unioniste. C'est faute d'avoir clairement envisagé et délimité cet objet que les tentatives qui ont eu

1. Webb, *op. cit.*, p. 123 et suiv., 129 et suiv.

lieu sur ce point ont vu se restreindre leur efficacité : les questions politiques, telles que la suppression de la Chambre des lords, la sécularisation de l'éducation, la réhabilitation de l'argent, la nationalisation des moyens de production, etc., ne rentraient pas plus dans leurs fonctions normales que l'assurance ouvrière ou la conclusion du contrat collectif. La protection des travailleurs, la réglementation de la durée et des conditions du travail, tels sont les objets sur lesquels doit s'exercer l'action de ce groupement pour être féconde [1]. Néanmoins cette distinction a été négligée par les organisations basées sur ce principe, qui se sont constituées à partir de 1860, sous le nom de *trade-councils*, et qui ont dévié vers l'agitation politique et la discussion de vœux stériles [2]. Le congrès des délégués des trade-unions, qui se réunit chaque année depuis 1868, constitue plutôt une manifestation des aspirations sociales et politiques de la classe ouvrière, un moyen d'action sur l'opinion générale, qu'un parlement du travail : les questions y sont insuffisamment étudiées et votées à la hâte [3]. L'*Independent Labour Party*, formé dans le but que nous venons d'indiquer, n'a pas non plus entièrement réussi à remplir son objet : bien que ses membres ne soient pas astreints à un *credo* socialiste [4], et que le congrès des adhérents en ait même expressément repoussé la formule en 1907 et en 1909, son existence paraît quelque peu compromise aujourd'hui par les divergences d'opinions qui se manifestent dans son sein [5]. Ce mouvement a néanmoins abouti à des résultats appréciables : grâce à lui, la loi de huit heures dans

1. Webb, *op. cit.*, t. II, p. 838 et suiv.

2. P. de Rousiers, *le Trade-unionisme en Angleterre*, 1904, p. 343 et suiv. — Webb. *Hist. du trade-union.*, p. 529-530.

3. *Ibid.*, p. 390 et suiv., 531 et suiv.

4. Alfassa, *Musée social*, 1903, p. 57 et suiv. — J.-R. Mac Donald, *Revue socialiste*, 1907, t. II, p. 427.

5. *Journal des Débats*, 23 juin 1908, 31 janvier 1909. — Jacques Bardoux, *l'Ouvrier anglais*, dans le *Musée social*, 1908, p. 216 et suiv.

les mines a été votée en 1908 à une forte majorité ; ils ont en outre obtenu la revision de la loi de 1875 sur les coalitions, par le vote de la loi de 1906 qui légitime toute coalition en ne maintenant que la répression des délits de droit commun [1].

L'immixtion dans les domaines étrangers au travail, tels que ceux de la politique et de la religion, qui a été l'écueil auquel se sont heurtées les organisations dont nous venons de parler, est généralement évitée par les trade-unions les plus prospères. Ce n'est pas que les travailleurs se croient obligés de renoncer à leurs convictions personnelles sur ces sujets lorsqu'ils se groupent pour améliorer leur situation matérielle. Au point de vue religieux, les *leaders* les plus connus ont généralement des convictions très profondes ; mais celles-ci ne se manifestent que dans la mesure où la pratique de la morale est une des conditions du développement et de l'ascension de la classe ouvrière [2]. En matière politique, bien que la liberté des opinions règne de la façon la plus complète, les milieux trade-unionistes se signalent plutôt par la modération de leurs tendances : c'est au nom du libéralisme, qui était leur principe directeur, que leurs leaders ont obtenu leurs premiers succès, et jusqu'aux environs de 1885, le trade-unionisme anglais pouvait être considéré comme « une barrière impénétrable aux projets socialistes » [3]. Depuis cette époque, les mani-

1. Alfassa, *loc. cit.* — *Bull. Off. Trav.*, 1907, p. 52. — Mantoux et Alfassa, *la Crise du trade-unionisme*, 1903, p. 240 et suiv. — Suivant M. J. Bourdeau (*Journal des Débats*, 6 avr. 1902), cette tactique ne serait suivie que par les unions les plus jeunes et les moins riches. Elle est du reste entravée par la jurisprudence. Un arrêt de la Cour d'appel de Londres, du 28 novembre 1908, a jugé, sur la demande du secrétaire d'une des branches locales de l'Union des employés de chemins de fer, que les trade-unions n'ont pas le droit de recueillir des fonds en vue de payer les frais électoraux et d'entretien de membres du Parlement.

2. De Rousiers, *op. cit.*, p. 32 et suiv.

3. Webb, *Hist. du trade-union.*, p. 408.

festations de ces tendances sont assez contradictoires : le congrès de Dundee, en 1889, repousse un vœu en faveur de la journée de huit heures ; celui de Liverpool en 1890 l'adopte ; en 1893, à Belfast, on n'admet comme canditats que les partisans du collectivisme ; en 1895, à Cardiff, on écarte les délégués socialistes des trade-councils ; en 1894, à Norwich, le principe de la nationalisation des moyens de production est voté par 219 voix contre 61 ; à Swansea, en 1901, ce principe est repoussé formellement par 685.000 voix contre 264.000. L'explication de cette apparente incohérence dans les idées se trouve dans le détachement des ouvriers anglais à l'égard des théories spéculatives ; plus portés vers les réalités concrètes, ils font bon marché des principes socialistes chaque fois qu'ils s'opposent à un résultat immédiat. Les leaders socialistes eux-mêmes, tels que John Burns, Tom Mann, etc., dans leurs discours et leurs écrits, négligent volontiers les appels déclamatoires ou les considérations sentimentales, et préfèrent les études économiques documentées. La *Fabian Society*, l'un des principaux groupements du socialisme anglais, agit dans le même sens [1].

Ces tendances sont en harmonie avec le caractère des leaders des trade-unions. Ces chefs du mouvement ouvrier, qui ont exercé une action profonde sur l'orientation du syndicalisme anglais, n'étaient plus des intellectuels apparte-

1. Webb, *op. cit.*, p. 451 et suiv. — Cette tendance est mise en lumière par le rapprochement des délégués ouvriers anglais de ceux des autres pays, dans les divers congrès internationaux des mineurs ; au congrès de Paris, en 1891, l'un d'entre eux disait au sujet de la grève générale en vue d'obtenir la journée de huit heures : « Ce qu'on gagne par la force, on le perd par la force. Il faut que la question soit mûre ; alors la journée de huit heures s'imposera par la force des choses et passera dans les lois comme dans les mœurs. » Dans les congrès suivants, alors que les délégués français, belges, allemands défendent la législation des huit heures et l'établissement légal d'un salaire minimum, ceux des ouvriers anglais soutiennent que l'on ne doit compter pour cela que sur les syndicats. (Off. du Trav., *les Assoc. profess.*, t. I, p. 421 et suiv.)

nant aux classes supérieures, comme dans la période des débuts où Place, Owen, et d'autres, présidaient à ces premiers essais : c'étaient des ouvriers vivant de leur travail manuel, et apportant seulement une intelligence et une valeur morale supérieures. Leurs adversaires reconnaissent en eux « une association d'élévation de caractère, de capacité administrative exceptionnelle et une grande part de ce décorum officiel qui fait tant d'effet sur la bourgeoisie anglaise [1]. ». Leur objectif était la constitution de ces sociétés puissantes par le nombre et par la discipline de leurs membres, par l'étendue de leurs institutions mutuellistes, par la richesse financière, telles que les unions du bâtiment, des industries mécaniques ou textiles, qui ont permis aux ouvriers anglais d'obtenir des conditions du travail bien préférables à celles des ouvriers du continent. C'était une entreprise de longue haleine, qui impliquait une patience, une modération dans les désirs, un esprit de prévoyance d'autant plus remarquables qu'ils s'exposaient ainsi au reproche d'apathie et de stérilité de la part des individus moins bien doués, pour lesquels l'action syndicale consistait dans une succession ininterrompue de grèves ; des qualités aussi éminentes ne se rencontrent pas couramment dans les classes ouvrières, et il n'y a pas lieu de s'étonner que le mouvement que nous venons de décrire soit plutôt celui d'une élite que celui de la grande masse des travailleurs [2].

1. Webb, *op, cit.*, p. 252-253.

2. La proportion des ouvriers syndiqués par rapport à la population ouvrière mâle et adulte est d'environ 20 o/o.

Ce caractère exceptionnel et en quelque sorte aristocratique du recrutement des trade-unions, encore accentué par l'exclusivisme professionnel qui leur fait ignorer et négliger les intérêts des ouvriers non qualifiés, explique les critiques adressées à cette organisation par M. John Burns, ancien secrétaire de la Société amalgamée des mécaniciens, qui devint, en 1886, un leader des sans-travail de Londres : « Dans sa constitution actuelle, l'unionisme porte en lui-même les germes de sa propre

La justification de cette tactique réside dans ses résultats : les seuls satisfaisants, dans les rapports entre la main-d'œuvre et les patrons, ont été obtenus par ces unions riches, modérées et disciplinées ; l'influence de celles qui ont suivi une tactique différente a été, au contraire, une cause d'aggravation des malaises sociaux provoqués par la tension de ces rapports. Qu'il nous suffise, pour le moment, de noter que ces dernières ne résistent pas aux crises économiques : pendant celle de 1878-1879, toutes les sociétés qui ne reposaient pas sur le fondement des secours mutuels furent balayées [1]. Celles qui se sont reconstituées depuis lors, suivant les mêmes principes, perdent de jour en jour du terrain: de 1900 à 1904, la *Gaz Workers and General Labourers union* tombe de 48.000 membres à 29.361 et de 600.000 francs de recettes annuelles à 443.125 ; celle des terrassiers et des manœuvres descend de 3.525 membres à 1.988 et aujourd'hui n'en compte plus que quelques centaines ; ses revenus passent de 56.525 à 27.450 francs ; la *General Labourers Amalgamated Union* passe de 7.244 membres à 3.550 et de 114.750 francs de recettes à 74.450. La diminution du nombre total des unionistes, qui passe de 1.928.894 membres en 1900 à 1.866.755 en 1904, est due aux nouvelles unions, alors que toutes celles qui offrent à leurs adhérents les avantages de la mutualité, conservent leurs effectifs. Ces nouvelles unions, fondées dans un mou-

décadence... Le fait d'avoir poussé l'insouciance jusqu'à se charger des devoirs et des responsabilités qui incombent uniquement à l'Etat ou à la collectivité, relativement à l'assurance contre la vieillesse et la maladie, a épuisé les grandes unions, parce qu'elles ont dû imposer à leurs membres des cotisations excessives. Cela les paralyse tellement que la crainte d'être incapables de faire honneur aux engagements pris, les rend faibles contre les empiétements des patrons. Il en résulte que toutes ces unions mutuellistes ont cessé d'être des associations pour la sauvegarde des droits du travailleur et ont dégénéré en de simples institutions destinées à réduire les impôts des classes moyennes et riches. » (*La Justice*, 3 septembre 1887, *cit.*, Webb, *op. cit.*, p. 420.)

1. *Ibid.*, p. 421.

vement d'enthousiasme et rapidement accrues, sont tombées de même, et les avantages obtenus du premier coup dans des grèves violentes ont été perdus de nouveau[1].

Nous ne pouvons songer à donner ici une description du mécanisme de ces puissantes unions dont nous venons de parler, malgré l'intérêt qui s'attacherait à cette étude : le lecteur se reportera avec fruit, sur ce point, à l'ouvrage si méthodique de M. de Rousiers et de ses collaborateurs sur le Trade-unionisme en Angleterre[2]. Bornons-nous à indiquer les principaux caractères de celle de ces unions qui, par sa prospérité, par la fécondité de ses résultats, par les catégories d'ouvriers auxquels elle s'applique et qui appartiennent à la grande industrie mécanique déspécialisée, semble être le type des trade-unions de l'avenir, l'Union des fileurs de coton du Lancashire. Nous avons vu quel était le niveau moral et social des ouvriers des premières manufactures établies à la fin du XVIIIe siècle, et nous pourrons mesurer le chemin parcouru. On se rappelle le caractère tumultueux et violent des coalitions formées par ces ouvriers en vue d'améliorer leur condition, et amenant, par contrecoup, l'introduction, vers 1830, des métiers mécaniques qui réduisent la main-d'œuvre dans la proportion de 30 0/0. Ces tentatives d'organisation se heurtaient, en effet, à l'hostilité des patrons. En 1833, à l'approche de l'application de la loi qui limitait à huit heures la durée de travail permise pour les enfants âgés de moins de onze ans, les ouvriers réclamèrent l'adoption pour tous de la journée de huit heures, tout en maintenant les salaires en vigueur ; les manufacturiers formèrent entre eux une alliance dans laquelle ils s'engagaient, sous peine d'amende, à exclure tous les unionistes, et refusèrent même de recevoir les notes que les délégués leur adressaient. Ces derniers,

1. John Turner, dans *la Voix du Peuple*, 7 octobre 1906.
2. Biblioth. du Musée social, 2e éd. 1904.

n'étant pas préparés pour soutenir une grève, hésitaient à la déclarer, et néanmoins les ouvriers restaient fidèles à leurs unions : un lock-out, qui dura plusieurs mois, eut raison de leur obstination [1]. A ce défaut d'organisation correspondaient les tactiques dont nous avons déjà constaté la stérilité en matière de revendications ouvrières. Lors de la grève qui eut lieu en 1838, l'Union des fileurs était considérée comme faisant régner la terreur et employant la violence et le meurtre. Les comités établis dans le but de favoriser le mouvement qui aboutit à la loi de 1847 sur la réduction de la durée du travail, se désorganisèrent les années suivantes [2].

C'est en 1853 que fut fondée l'Union des ouvriers fileurs du Lancashire. Bien qu'exécuté entièrement à la machine et n'exigeant aucune capacité professionnelle [3], le travail n'en est pas moins exécuté aux pièces, en raison de la grande diversité des articles fabriqués ; de plus, le fileur est aidé par des enfants ou des jeunes gens qu'il embauche et paie lui-même [4]; le salaire à la tâche est une conséquence naturelle de cette organisation. Mais la production et la durée de la journée de travail étant réglées par la machine et ne dépendant pas de l'ouvrier, l'établissement du tarif de la main-d'œuvre présente pour ce dernier une importance considérable : tout changement dans l'outillage, dans la matière employée, dans l'objet à confectionner peut produire des différences de salaires sensibles. D'autre part, les éléments qui interviennent dans ce calcul sont tellement complexes que la possibilité de contrôler celui-ci exige la science d'un mathématicien, jointe à la connaissance approfondie de tous les détails techniques ; elle échappe à la capacité d'un ouvrier ordinaire, et souvent à celle d'un chef

1. Webb, *Hist. du Trade-union.*, p. 133, 155.
2. *Ibid.*, p. 175, 180, 331.
3. P. de Rousiers, *la Question ouvrière en Angleterre*, 1895, p. 448.
4. Id., *le Trade-union.*, p. 312.

d'entreprise. Les ouvriers, sentant l'importance énorme que présenterait pour eux l'assistance de calculateurs habiles, capables de dresser des listes de prix, se groupèrent à l'effet de choisir et de payer ces fonctionnaires ; un concours, dont les conditions devinrent de plus en plus sérieuses, forma une sélection parmi les secrétaires d'unions, et produisit des experts comptables et des experts juridiques exercés [1]. Telle fut l'origine de la fédération des unions locales et la cause de son développement ; elle était assise sur des bases économiques vraies, correspondant à un besoin réel. Aussi n'a-t-elle fait que prospérer depuis lors : dès 1872, elle groupait les 95 0/0 des ouvriers de la profession, soit 20.000.

Cet objet n'était pas le seul. Comme toutes les unions prospères, elle demanda à la mutualité l'attrait et le secours financier qui leur permettent de surmonter les périodes de crises et entretiennent l'ardeur des adhérents. Grâce à des cotisations élevées, qui atteignaient 1 fr. 50 par semaine, des caisses de maladie, de chômage, de retraites, d'émigration, etc. furent organisées[2]. En 1894, les recettes atteignaient le chiffre de 2.461.250 francs, et les dépenses 985.675 francs. Ces dernières se décomposaient de la façon suivante :

Secours de chômage	552.520
Grèves, lock-outs et subventions à d'autres syndicats	231.300
Indemnités d'accidents	33.425
Indemnités de vieillesse	5.180
Secours d'émigration	7.675
Indemnités en cas de décès	12.950
Frais d'administration	141.985

1. Webb, *loc. cit.*

2. Il n'est pas hors de propos de noter que c'est parmi ces unionistes que les sociétés de construction d'habitations ouvrières et les associations coopératives ont recruté leur meilleur élément (Cf. de Rousiers, *la Quest. ouvr. en Angl.*, p. 451 et suiv.).

L'excédent des recettes sur les dépenses, soit 1.475.575 fr., était porté au fonds de réserve.

La tactique des unions de fileurs est complètement étrangère aux procédés employés par d'autres trade-unions appartenant à des métiers où l'habileté professionnelle est battue en brèche par l'introduction progressive de l'outillage mécanique ; ces procédés, qui consistent dans la restriction du nombre des apprentis et le maintien de la durée de l'apprentissage, n'ont aucune raison d'être dans une profession où ce dernier n'existe pas. Loin de restreindre le nombre de leurs aides, les fileurs l'augmentent au delà des besoins du travail. La grève n'est pas pour eux un moyen de lutte contre l'organisation politique, ou contre les progrès techniques, mais une nécessité de leur situation présente ; lorsqu'ils y sont contraints, ils conservent, ainsi que nous le verrons plus loin, l'attitude calme et courtoise qui est l'indice de volontés libres et conscientes. Bien que les secrétaires généraux fassent partie du Parlement, et que ceux des unions locales soient fréquemment choisis comme magistrats locaux, ces fonctionnaires n'ambitionnent nullement la carrière de la politique, et continuent souvent leur travail d'atelier, consacrant leurs loisirs à leurs fonctions[1].

D'autre part, ces unions sont restées indemnes du préjugé libéral qui a empêché la plupart des trade-unions, durant la seconde moitié du XIXe siècle, de recourir à l'intervention du législateur[2]. Depuis 1867, elles réclamaient la journée de huit heures pour tous. Comprenant qu'une telle demande n'avait aucune chance de succès, et que, d'autre part, toute réduction du travail des femmes et des enfants leur serait applicable, en raison de l'uniformité de la durée du travail qui résulte de l'emploi de la machine, elles ont réduit en

1. *Le Trade-union. en Angl.*, p. 307 et suiv.

2. Par suite de cette attitude, les unions de fileurs sont restées à l'écart des congrès des trade-unions (Webb, *op. cit.*, p. 327, 404).

1872 à ces termes leurs prétentions, réclamant seulement la journée de neuf heures pour le personnel protégé ; cette mesure fut votée en 1874, malgré l'opposition des libéraux [1]. En 1889, ils ont obtenu une loi relative à l'hygiène des ateliers, à l'effet de supprimer l'humidité et la température élevée qui règnent d'habitude dans les filatures. En 1895, ils ont obtenu une revision de la loi des fabriques, accordant aux ouvriers un contrôle effectif des conditions de leur travail, tendant à empêcher les fraudes [2].

L'organisation qui a pour but de poursuivre cette action législative, c'est l'association unie des travailleurs de l'industrie textile, dont les attributions, nous l'avons vu, se réduisent à cet unique objet. La Fédération des fileurs, qui est l'une des cinq grandes fédérations comprises dans ce groupement, s'occupe également de l'action parlementaire; son secrétaire général préside l'Association unie du textile. La fonction principale de la Fédération est la confection des listes de prix et le contrat de travail ; c'est elle qui décide des grèves et de la solution des conflits. Toutefois, son pouvoir s'exerce sans excessive centralisation ; des unions importantes, comme celle de Oldham et Bolton, fixent elles-mêmes leurs tarifs. En ce qui concerne les grèves, les unions locales conservent le droit de les déclarer seules ; la sanction de l'autorité de la Fédération, sur ce point, consiste dans l'allocation ou le refus des indemnités de grèves. Les unions locales, en effet, tout en conservant leur autonomie financière et la gestion des caisses de secours, contribuent à l'alimentation d'un fonds fédéral de résistance, qui permet l'exercice d'une action commune dans la profession entière. Toutefois, la plus grande partie des cotisations reste entre les mains des unions locales, et la caisse fédérale n'en reçoit qu'un tiers environ [3].

1. Webb, *loc. cit.*
2. *Le Trade-union. en Angl.*, p. 326 et suiv.
3. *Ibid.*, p. 310 et suiv.

Tel est l'instrument qui a permis aux ouvriers de l'industrie textile, l'une des plus atteintes par les conditions nouvelles du travail, d'améliorer leur situation et d'établir dans leurs rapports avec les patrons un régime de paix et de stabilité. Nous n'avons pas à montrer ici ces résultats : ils feront l'objet du chapitre suivant. Ces quelques indications suffiront pour mettre en lumière les caractères de l'institution grâce à laquelle les travailleurs ont réussi à résoudre les conflits du travail, et les conditions qu'elle doit présenter pour fonctionner normalement.

II. — Le Trade-unionisme aux États-Unis

Les États-Unis sont, avec l'Angleterre, le pays où le contrat collectif du travail est réalisé avec le plus de fréquence et de succès ; c'est aussi l'un de ceux où les grèves se signalent par leur violence et les excès commis par les ouvriers. D'autre part, le trade-unionisme s'y présente sous un aspect quelque peu différent, en apparence du moins, de celui que nous venons de rencontrer. Pour toutes ces raisons, il est indispensable de rechercher quels sont les caractères propres de celui-ci, et par suite de quelles conditions ils se sont produits, afin de vérifier l'exactitude de nos précédentes observations.

Ce sont les immigrants anglo-saxons qui ont eu la plus grande part dans le mouvement trade-unioniste américain ; les unions, grâce à eux, ont été créées, autant que possible, sur le modèle de celles de l'Angleterre, et ont été, en général, orientées dans le même sens[1]. Il semble donc que, ces immigrants étant de beaucoup les plus nombreux au début du XIXe siècle, le mouvement unioniste aurait dû se

1. Levasseur, *l'Ouvrier américain*, 1898, t. I, p. 240. — Vigouroux, *la Concentration des forces ouvrières dans l'Amérique du Nord*, 1899, p. 330.

faire sentir avec intensité dès l'origine ; pourtant son développement est de date relativement récente. Cette anomalie apparente s'explique par la cause suivante, qui vient à l'appui des faits déjà observés : la possibilité d'arriver au patronat a subsisté dans ce pays bien plus longtemps qu'en Europe ; l'ouvrier anglais, à l'affût des occasions de s'élever, devait donc s'appliquer à sortir de sa situation plutôt qu'à l'améliorer; c'étaient ainsi les éléments les plus capables et les plus progressifs qui faisaient défaut au trade-unionisme. D'autre part, lorsque la concentration de la main-d'œuvre et des industries a rendu nécessaire un mouvement correspondant de groupement des forces ouvrières, l'élément étranger formait une proportion plus considérable parmi celles-ci : or on sait que, si les Irlandais et les Allemands, bien que plus portés vers l'action politique que vers l'action économique, arrivent néanmoins à acquérir la mentalité spéciale à l'ouvrier américain, il n'en est pas de même des immigrants italiens, slaves ou hongrois, qui restent à peu près indemnes de cette influence. C'est ainsi qu'en 1869, dans les mines d'anthracite, les ouvriers qui étaient surtout des immigrants anglais, avaient créé une union puissante, la *Working Men's Benevolent Association ;* à la suite de la grève de 1876, ces ouvriers ayant été remplacés par des étrangers, l'association disparut, et ne fut reconstituée qu'en 1900[1].

Aussi les premiers essais d'organisation ont été faibles et peu cohérents. Les groupements formés pendant les grèves leur survivaient rarement, et chaque crise industrielle les réduisait au néant ; il en fut ainsi pendant les crises de 1837, 1847, 1857, 1873-1876. Ces coalitions se signalaient souvent par leur violence, ainsi qu'il arriva durant la grève des charpentiers de Philadelphie, qui mirent le feu aux chan-

1. Pigou, *Principles and Methods of Industrial peace*, 1905, p. 7-8.

tiers [1]. Les unions les plus fortes aujourd'hui, comme celle des cigariers, ont lutté au début contre l'introduction des nouvelles machines, et les manufacturiers étaient obligés de recourir à la protection de la police pour pouvoir les installer ; en 1896 encore, ces unions usaient de leur forte cohésion pour en empêcher l'adoption dans les manufactures de Boston et de Saint-Louis, sinon par la force, du moins par la persuasion [2].

Cependant le développement intense du machinisme, plus rapide aux États-Unis que partout ailleurs, comme conséquence de la rareté relative de la main-d'œuvre et des revendications des travailleurs, a rendu d'autant plus impérieuse pour ces derniers la nécessité d'un groupement professionnel sérieux. Les unions de typographes, qui existaient à l'état d'isolement dans toutes les grandes villes depuis 1831, organisèrent en 1850 une conférence nationale où elles jetèrent les bases des conditions de leur travail : refus d'admettre dans les ateliers de nouveaux arrivants qui ne seraient pas en règle avec l'union de leur localité d'origine, échange des listes des ouvriers qui accepteraient de travailler à un tarif inférieur à celui fixé par l'union, ou qui prendraient la place des grévistes, établissement de secours de route, entente pour la réglementation et l'unification des salaires, limitation du nombre des apprentis, élévation à cinq ans de la durée de l'apprentissage, constitution d'un fonds de résistance. On voit que ces unions recouraient à cette époque aux procédés restrictifs et artificiels, en vue de de protéger leur situation. Celle-ci n'était cependant pas encore sérieusement menacée ; en 1887, les machines à composer commençaient seulement à se répandre et ne donnaient que des résultats peu satisfaisants ; les ouvriers s'en préoccupaient peu. Ce n'est qu'en 1893 qu'ils constatèrent

1. Levasseur, *op. cit.*, p. 237 et suiv., 498 et suiv.
2. Vigouroux, *op. cit.*, p. 76.

l'influence du machinisme sur la corporation et songèrent à y porter remède. Leur sens pratique leur montra qu'ils n'y arriveraient pas par une attitude hostile au progrès naturel des choses. Le président de l'Union internationale typographique disait au Congrès de 1894 : « Si on avait continué la politique sentimentale d'antan, l'Union aurait été désorganisée comme les unions sans consistance qui n'ont pas résisté à quatorze mois de crise industrielle ; 1.450 machines ont jeté sur le pavé 3.500 ouvriers syndiqués et ont placé les autres dans une situation désavatageuse vis-à-vis de leurs employeurs. Il a fallu accepter le fait accompli, au lieu de combattre l'introduction des machines ; les unions locales ont formulé des échelles de salaires et passé des contrats avec les employeurs. Vingt et un conseils de métiers alliés ont été formés, malgré l'opposition vigoureuse des imprimeurs [1] ».

Le grand danger, pour les travailleurs américains, est la présence des éléments inorganisés d'origine étrangère, souvent sans travail, et disposés à prendre la place des autres à des conditions inférieures. Leur principal souci est donc de les pousser à s'organiser et à s'unir à eux dans une action commune; jusqu'en 1888, ils rétribuaient un fonctionnaire spécialement chargé de faire la propagande et de constituer de nouvelles unions. Cette même nécessité les a conduits à s'allier avec les organisations des métiers similaires. La diversité des intérêts ne permettait pas de grouper, sous une même fédération d'unions, toutes ces corporations : les pressiers, qui faisaient d'abord partie de l'Union typographique, durent s'en séparer et former une Union internationale des pressiers; il en fut de même des relieurs. Mais ces trois Fédérations conclurent un pacte, en vue d'une action commune, en vertu duquel la participation à une grève est obligatoire pour les métiers alliés, lorsque leur conseil

1. Vigouroux, *op. cit.*, p. 39.

local en a ainsi décidé ; dans le cas contraire, ce sont les conseils exécutifs des trois Fédérations qui tranchent la question. En 1895, une grève commune a été dirigée par les trois internationales à Cambridge, près Boston, et a abouti, après vingt jours de chômage, à la reconnaissance des unions et à l'abolition du marchandage. En 1896, le président de l'Union typographique disait : « La Triple-alliance a été conclue à grand'peine, mais l'action commune a donné d'excellents résultats et prouvé que cette alliance reposait sur des bases pratiques. Il est permis d'espérer qu'on pourra opposer aux employeurs une solide phalange de tous les métiers alliés, aussi bien pour l'attaque que pour la défense. » Effectivement, cette Triple-alliance a conclu avec le syndicat des maîtres-imprimeurs un contrat réduisant la journée de travail de dix heures à neuf heures, en deux étapes successives, et égalisant les échelles de salaires dans certains districts.

L'action commune s'étend au delà des diverses branches de la même industrie. Dès 1864, l'Union typographique cherchait à réaliser cette unité de vue et d'action ; à plusieurs reprises, elle prit en mains la cause de travailleurs des autres métiers, notamment en 1869, à Washington, dans la grève des ouvriers des constructions navales. C'est elle qui prit l'initiative du Congrès de 1881, d'où sortit la Fédération Américaine du travail. En 1884, son président disait en parlant de cette tactique : « C'est un nouvel élément dans la lutte du travail organisé contre le capital. Cette arme nous a souvent permis pendant ces dernières années de réussir là où nous aurions échoué, si nous avions été réduits à nos propres ressources, sans l'appui des autres. Les Chevaliers du Travail, les fédérations de métiers locales et les associations ouvrières, en général, ont été à ce point de vue de précieux auxiliaires. C'est pourquoi nous devons coopérer avec les autres unions et conserver leurs bonnes grâces. » Sur une recette totale de 772 dollars, l'Union typographique contribuait pour 102 dollars à la Fédération des unions de métiers. C'est ce groupement qui lui a permis d'employer le *label*, ou marque de fabrique déposée, que doit revêtir tout produit fabriqué par des unionistes, et dont le stéréotype est fourni à l'imprimeur par le Conseil des métiers alliés. Les adhérents s'engageant à n'acheter que des produits marqués du label, on conçoit que cette action puisse être efficace à l'égard des employeurs. Grâce à cette unité d'action, la Fédération typographique a pu triompher de l'hostilité patronale: en 1887, elle a réussi à s'opposer à la prétention des imprimeurs de Chicago qui voulaient obliger leurs ouvriers à signer un engagement de renoncer à toute relation avec leur Union; en 1891, elle a boycotté avec succès tous les journaux qui employaient des ouvriers non affiliés; en 1896, elle a fait capituler de puissantes maisons d'édition populaire.

Au point de vue politique et législatif, les tendances de l'Union typographique sont aussi éloignées d'un libéralisme sentimental que du socialisme outrancier : c'est à son action que sont dues la création, en 1887, d'une Imprimerie nationale, et en 1889, l'élévation du salaire des ouvriers qui y étaient employés; en 1892, elle faisait une campagne en faveur de l'exploitation par l'État des télégraphes, qui aurait permis la création d'un plus grand nombre de journaux.

Il faut noter qu'au point de vue légal, la situation des associations ouvrières est d'autant plus précaire qu'aucune loi expresse ne prohibe les coalitions, et que leur reconnaissance dépend de l'état de l'opinion: la jurisprudence est très divisée sur ce point; beaucoup d'auteurs et de tribunaux admettent l'application du droit commun anglais qui réprime les coalitions formées dans le but de porter préjudice à autrui. Les trade-unions jouissent de la personnalité civile moyennant la formalité de l'enregistrement: un très petit nombre ont profité de cette faveur, considérée comme plus dangereuse qu'utile. Plusieurs législations reconnaissent formellement la légalité de la grève pacifique : d'autres punissent simplement les actes d'intimidation ou de violence, et même la publication des listes de renégats[1]. Cette incohérence législative favorisa l'arbitraire qui s'est maintes fois donné carrière, grâce à la procédure des injonctions. Cette procédure, consistant dans une défense émanée des tribunaux, a pour objet de maintenir le *statu quo* jusqu'à ce que le différend soit jugé : toute contravention à cette injonction autorise le juge à emprisonner le délinquant séance tenante et sans formalité. Ce pouvoir redoutable, qui permet de condamner sans aucune garantie de défense, sur simple fait de grève, a été notamment employé en 1890, dans plusieurs États, lors des grèves fomentées par la Fédération américaine en faveur de la journée de huit heures, et les années suivantes. On applique aussi, dans les grèves des chemins de fer, la loi fédérale de 1890 qui vise les ententes ayant pour résultat d'entraver le commerce et d'élever les prix des marchandises[2].

Créé par Uriah Stephens dans le but d'unir tous les travailleurs en une société fraternelle ayant pour objet la coopération de production et de consommation, l'Ordre des Chevaliers du travail dévia promptement vers la lutte pour le relèvement des salaires, sous la pression des crises industrielles, et notamment de celle de 1873. Les grèves qui éclatèrent à cette occasion et les premiers succès qu'il remporta lui valurent, au début, une rapide progression du chiffre de ses adhérents. Du reste, les procédés employés n'étaient pas de nature à effrayer les éléments les plus modérés de la société : ses statuts imposaient l'emploi des moyens pacifiques avant de déclarer la grève ; il refusa

1. Levasseur, *op. cit.*, p. 243, 548 et suiv. — Yves Guyot, *les Conflits du travail et leur solution*, 1903, p. 80. — Vigouroux, *op. cit.*, p. 299. — P. Pic, *Traité de législation industrielle*, 1903, p. 332 et suiv.

2. Vigouroux, *op. cit.*, p. 149 et suiv. ; 155 et suiv., 327 et suiv.

de favoriser plusieurs grèves et l'on faisait remarquer en 1886 que, du 1er janvier au 8 mars, il avait apaisé sans grève 350 différends ; les rapports officiels reconnaissaient ses efforts vers la conciliation et le cardinal Gibbons l'approuvait hautement[1].

Néanmoins, l'organisation des Chevaliers du Travail se rapprochait trop de celle dont nous avons vu l'insuccès en Angleterre : elle ne tenait pas compte de la diversité des intérêts dans les différentes professions ; loin de reposer sur l'organisation professionnelle, elle tendait à englober les trade-unions et à concentrer toute l'action ouvrière dans la lutte de classe. En 1881, cette opposition à la méthode d'organisation professionnelle aboutit à la fondation de la Fédération des unions de métiers, qui n'admettait que des unions professionnelles, et en 1886 à celle de la Fédération américaine du travail : celle-ci, à la différence des Chevaliers, n'admet les unions de travailleurs fédérés que dans les localités où le nombre des ouvriers d'une même profession est insuffisant pour leur permettre la création d'unions de métiers ; mais elle exige l'affiliation à ces dernières partout où la chose est possible ; son organisation est basée sur le respect de l'autonomie des trade-unions[2]. De là l'opposition entre les deux méthodes, celle des Chevaliers du Travail visant l'action politique, les mesures générales et utopiques du collectivisme[3], et celle de la Fédération poursuivant la

1. Waterlot, *op. cit.*, p. 113 et suiv.

2. En 1894, au Congrès organisé par les Chevaliers en vue de créer un comité de grèves et d'élections, les représentants de la Fédération firent voter, malgré l'opposition des premiers, une proposition affirmant l'autonomie des trade-unions et leur indépendance à l'égard des partis politiques. L'année suivante, le Congrès de la Fédération, approuvant cette décision, déclara se séparer de l'Ordre des Chevaliers tant qu'il ne reconnaîtrait pas l'autonomie des unions (Vigouroux, *op. cit.*, p. 214 et suiv.).

3. Le programme proposé en 1881 par les Chevaliers du travail visait notamment la substitution de la coopération au salariat,

patiente constitution d'unions prospères et l'amélioration progressive des conditions du travail.

Le fondement de la Fédération américaine étant l'autonomie des unions professionnelles, son action consiste, non à se substituer à celles-ci, mais à les aider dans leurs luttes, à établir entre les travailleurs des diverses professions le lien de solidarité correspondant à la nature des choses[1]. Mais l'organisation, pour être plus complète et plus avancée sous ce dernier rapport que celle que nous avons constatée en Angleterre, n'en diffère pas dans son principe : la grève est considérée de la même façon et l'attitude des combattants y est la même : « Autrefois, disait M. Mac Guire, secrétaire général de l'Union des Charpentiers, les associations ouvrières pratiquaient le système des *hourras !* Quand les affaires allaient bien et que les hommes sentaient que les patrons gagnaient trop d'argent, ils s'assemblaient dans quelque café. La motion de faire grève était bientôt présentée, appuyée et votée. Au bout d'une semaine, et quelquefois avant, on commençait à se regarder les uns les autres pour voir qui céderait le premier et l'on retournait bientôt au travail avec un peu moins d'argent. C'était le système des hourras, sans statistiques, sans fonds de réserve, sans responsabilités ; il consistait à frapper sur la tête du capitaliste toutes les fois qu'elle sortait. Maintenant, quand une union locale veut faire grève, il faut voter au scrutin secret et obtenir une majorité des deux tiers. Ensuite, il faut la permission du Conseil exécutif de l'Union nationale, et avant de

l'interdiction des concessions aux compagnies de chemins de fer, la création de bourses publiques pour supprimer les intermédiaires, etc. (Vigouroux, *op. cit.*, p. 119 ; cf. p. 135-136).

1. M. Gompers disait dans son rapport au Congrès de Cincinnati en 1896 : « Les industries sont liées si étroitement les unes aux autres, que l'arrêt d'une seule branche peut paralyser presque toutes les autres ; des sommes énormes ont été investies dans l'outillage et la machinerie ; ces considérations et beaucoup d'autres donnent aux grèves modernes plus de force qu'elles n'en ont jamais eu. » (Vigouroux, *op. cit.*, p. 264.)

l'obtenir, répondre au questionnaire suivant : « Combien avez-vous d'ouvriers syndiqués ? — Combien d'organisés ? — Les affaires sont-elles bonnes ? — Combien avez-vous d'argent en caisse ? — Combien de patrons sont disposés à vous donner satisfaction ? — Combien de patrons s'opposent à vos réclamations ? » On ne peut se figurer le nombre de grèves qui sont ainsi arrêtées. Par exemple, en 1890, pendant la campagne des huit heures, 309 unions locales avaient demandé la permission de partir en grève et 147 seulement y furent autorisées[1]. » Nous verrons comment cette tactique a abouti au contrat collectif, et nous verrons aussi que les grèves violentes et anarchiques qui se produisent encore aux États-Unis sont le fait, non des unions qui s'enrôlent sous la bannière de la Fédération américaine, mais de celles qui suivent les principes opposés, comme cette union des mineurs de l'ouest qui n'a quitté les Chevaliers du Travail que pour entrer dans des organisations à tendances encore plus avancées, telles que la Fédération des ouvriers industriels du Monde[2].

L'attitude empreinte de modération et d'opportunisme dans les revendications et dans les grèves s'allie à l'esprit de prévoyance qui fonde la puissance des associations sur la richesse des caisses de secours. Si les trade-unions sont restées longtemps étrangères aux institutions de mutualité, cela tient à la prospérité des sociétés amicales remplissant déjà un objet analogue et auxquelles la grande majorité des travailleurs étaient affiliés. En 1893, la plupart des unions de typographe n'avaient pas de caisse de secours mutuels : la *German American Typographia*, composée d'ouvriers d'origine allemande et incorporée à l'Union internationale, à cette époque, était l'une des rares qui donnaient des secours de funérailles et des indemnités de 200 dollars en cas de décès. En 1890, un nombre relativement important

1. Vigouroux, *op. cit.*, p. 260 et suiv.
2. *Revue socialiste*, 1905, t. II, p. 356-358.

d'affiliés, 1.700 sur 5.500, s'étaient prononcés contre l'adoption de ces institutions. L'ouvrier américain comprit cependant, comme l'ouvrier anglais, que la trade-union sans secours mutuels était un édifice bâti sur le sable. Lors de la crise de 1893, les vieilles unions qui avaient de fortes réserves financières furent les seules qui purent se maintenir ; les autres virent leurs effectifs considérablement diminués[1]. En 1896, l'Union typographique distribuait des secours de funérailles de 50 à 150 dollars ; elle dépensait 22.740 dollars annuellement pour l'entretien de l'asile de Childs-Drexel Home consacré à ses vieillards et à ses infirmes.

Les principes caractéristiques et les conditions de succès du trade-unionisme américain sont donc les mêmes au fond que ceux que nous avons déjà observés en Angleterre. La seule différence est que le mouvement de cohésion entre les travailleurs appartenant à divers métiers est moins avancé dans ce dernier pays qu'aux États-Unis. Mais la nature et le sens de son développement sont identiques ici et là : c'est toujours sur l'organisation professionnelle puissante, poursuivant un objectif économique et non politique, gardant son autonomie et accroissant ses ressources financières, qu'est basée cette communauté d'action. Si les ouvriers américains ont réussi à donner à ce groupement supérieur une forme plus achevée et plus parfaite, c'est que la nécessité s'en faisait sentir pour eux avec plus de force : aux États-Unis, plus que partout ailleurs, une association ouvrière éprouve de sérieuses difficultés à lutter contre la puissance du capital, contre les inventions mécaniques perfectionnées et contre la concurrence déprimante de la main-d'œuvre inférieure. L'organisation que nous enregistrons ici constitue un stade plus élevé dans le sentiment de solidarité et de fraternité humaines professé par la classe ouvrière :

1. Vigouroux, *op. cit.*, p. 153.

à l'exclusivisme et à l'égoïsme mis en pratique par les unionistes américains dans les débuts et souvent encore par ceux des autres pays, ceux dont nous parlons substituent l'action éducatrice qui vise à inculquer aux masses le sens de la connexité des intérêts de tous les éléments d'une même société, et la notion du véritable unionisme. [1]

III. — Les Syndicats professionnels en France

Nous avons vu, dans notre précédent chapitre, comment les conditions de l'industrie moderne ont donné le jour aux associations syndicales en France et ont substitué cette forme de groupement à celles qu'avait produites l'ancien régime économique : l'étude du trade-unionisme anglais nous a montré que ces conditions s'étaient fait sentir en Angleterre d'une façon analogue et que le mouvement syndical s'y était développé aussi spontanément et en dépit des mêmes obstacles législatifs et sociaux. Nous avons maintenant à rechercher de quelle façon ces associations se sont développées dans notre pays et si les caractères qu'elles y présentent confirment ou détruisent les conclusions que nous avons dégagées.

L'évolution qui marque le début du XIXe siècle, au point de vue des associations ouvrières, est la décadence du compagnonnage ou sa transformation en sociétés de secours mutuels. Ce ne sont pas les abus auxquels il avait donné lieu, les rites bizarres et surannés, l'esprit de corps exclusif, l'impuissance à résoudre les questions ouvrières, qui

1. C'est à ce sentiment qu'est dû le nombre relativement considérable des grèves de sympathie qui sont enregistrées aux États-Unis, et qu'on aurait tort de juger d'après celles que nous rencontrerons ailleurs. De 1887 à 1894, on en compte 3.620 sur un total de 48.863, soit une proportion de 7,73 o/o, alors que dans la Grande-Bretagne et l'Irlande, le nombre n'en a été que de 58 sur 4 526 (Vigouroux, *op. cit.*, p. 252).

ont été la cause principale de cette décadence, ainsi que le croyaient à l'époque les défenseurs du mouvement syndical[1] : ces abus n'étaient eux-mêmes, nous l'avons vu, qu'une conséquence du défaut d'adaptation de l'institution aux besoins en jeu[2], et leur existence dans certaines trade-unions anglaises, telles que celles qui se rattachent à l'industrie du bâtiment, ne les a pas empêchées de se développer en effaçant peu à peu ces caractères[3]. On voit, dans le cours du XIXe siècle, les sociétés de compagnons tendre peu à peu à une double transformation consistant, d'une part, dans l'admission des anciens comme membres actifs, et d'autre part dans le développement des caisses de mutualité[4].

Au reste, les propagateurs du compagnonnage ne s'illusionnaient pas sur la disparition progressive de ce dernier, et les paroles suivantes, prononcées au Congrès de la Fédération des sociétés de compagnons, en 1884, sont instructives tant par la constatation de ce fait que par les causes auxquelles on l'attribuait : « Nous nous sommes toujours fiés sur notre force, ce qui est une erreur. Et pendant ce temps-là, notre ennemi travaillait et il est arrivé à nous supplanter partout, principalement dans les grands centres. Cet ennemi, vous ne l'ignorez pas, c'est la *Société de l'Union*, qui est arrivée par sa persévérance et sa bonne gestion à se maintenir partout et à donner à tous ses membres des secours quand ils sont malades. Voilà des faits indiscutables ; aussi cette société est prospère et la nôtre va disparaissant. Et on se trouve surpris qu'il n'y ait plus d'aspirants comme autrefois ; or, plus d'aspirants, plus de compagnons !

» Ce n'est pas tout, nous avons encore un autre ennemi et

1. Moreau, *De la Réforme des abus du compagnonnage*, 1843.
2. *Supra*, p. 43-45.
3. De Rousiers, *le Trade-union. en Angl.*, p. 46 et suiv.
4. Off. du Trav., *les Assoc. profess.*, t. I, chap. II, p. 167 et suiv.

qui va devenir le plus puissant. Dans toutes les grandes villes existent des sociétés syndicales qui vont finir par prendre une extension tellement importante qu'il ne nous sera plus possible de combattre.

» Vous savez tous par expérience que le compagnonnage ne se recrute que par la province ; vous savez que, sur cent compagnons, il y en a peut-être un d'une grande ville. Tous les ouvriers des grands centres regardent le compagnonnage comme une chose usée et le tournent en dérision [1]. »

Ainsi, tandis que les sociétés de compagnons disparaissaient les unes après les autres, les sociétés de secours mutuels et les syndicats grandissaient ; et parmi les premières, celles qui réussissaient à se maintenir n'y arrivaient qu'en se transformant en mutualités pures. C'est aussi sous cette dernière forme que se présentaient les premières associations professionnelles ayant pour objet la défense des conditions du travail : traquées par les pouvoirs publics lorsqu'elles manifestaient ouvertement ce dernier objectif, elles n'arrivaient à subsister qu'en se dissimulant sous le couvert de la mutualité. Ce n'en était pas moins très souvent de véritables syndicats de défense professionnelle. Sur 14 sociétés dont l'existence était connue à Paris en 1800, 10 étaient professionnelles. En 1806, le préfet de police ayant exigé que les sociétés comprissent des membres appartenant à des professions différentes, le mouvement mutualiste s'arrêta. Il ne reprit, en 1808, que quand la surveillance de l'administration, moins sévère, se contenta de la présence, pour la forme, de quelques adhérents étrangers à la profession. En 1823, sur 160 sociétés existant à Paris, 132 étaient professionnelles. En 1852, on comptait encore 4 sociétés professionnelles contre trois qui ne l'étaient pas.

1. Off. du Trav., *op. cit.*, p. 174-175. — Le même rapport constate que partout les effectifs, depuis une vingtaine d'années, étaient réduits de plus de moitié.

C'est par le moyen de leur société mutuelle, *la Bourse commune*, que les chapeliers de Lyon soutinrent en 1817 une grève en vue de l'élévation du tarif de leur main-d'œuvre. La société *le Devoir mutuel*, fondée en 1828 par les tisseurs lyonnais, comptait parmi les articles de ses statuts les objets consistant : «... 2° à unir leurs efforts pour obtenir un salaire raisonnable de leur main-d'œuvre; 3° à détruire les abus qui existent en fabrique à leur préjudice, ainsi que ceux qui existent dans les ateliers; ... » les adhérents recevaient une indemnité de 2 francs par jour sur tous les métiers interdits par décision de la société. Celle-ci dirigea les grèves de 1831 et 1834 et compta jusqu'à 3.000 membres en 1833. Nous verrons plus loin quel fut le rôle de la Société des ouvriers typographes. On pourrait multiplier les exemples[1]. Ces sociétés de secours mutuels, étant des groupements professionnels et ayant pour objet la lutte pour les conditions du travail, étaient bien réellement des syndicats : sous cette forme, elles étaient répandues de tous côtés et tolérées par l'administration [2].

1. Off. du trav., *op. cit.*, p. 193 et suiv.

2. En 1882, le dépôt du projet de loi relatif aux syndicats professionnels décida la Société de secours mutuels des chapeliers de Paris à se mettre en règle avec la loi. L'exposé des motifs de sa décision contient ces révélations intéressantes : « La Société des ouvriers chapeliers de Paris avait compris, depuis de longues années, que le titre qu'elle possédait, Société de secours mutuels, n'était pas en rapport avec son mode d'organisation pour la défense de ses intérêts et le maintien de ses droits. En effet, avec notre façon de nous gérer comme administration de société, nous étions exposés à chaque instant à nous trouver en contradiction avec la loi. Le règlement que nous avions fait après la dissolution, par arrêté de M. le préfet de police, le 31 mai 1853, soumis et accepté après rectifications faites par les lois de l'Empire, paralysait complètement nos mouvements; nous étions gênés; nous ne pouvions pas afficher au grand jour notre mode d'organisation, sans tomber sous le coup des lois de 1850 et du décret de 1852, lesquels n'autorisaient aux sociétés ouvrières que d'accorder des secours contre la maladie et leur interdisaient la manipulation de leurs fonds de caisse, puisque la somme étant limitée, le supplément devait entrer dans la Caisse des

C'est donc par suite d'une véritable méprise qu'on a parfois prétendu que la concurrence des sociétés de secours mutuels avait nui au mouvement syndical[1]. Les mutualités non professionnelles ne remplacent pas les syndicats, et nous venons de constater leur déclin lorsqu'elles prétendaient néanmoins en remplir les fonctions. Si le développement des sociétés de défense professionnelle n'a pas été plus rapide dans la première moitié du XIXe siècle, cela tient en grande partie aux obstacles qu'il rencontrait du côté de la loi et des pouvoirs publics, et surtout, nous le verrons, à l'insuffisance de l'éducation politique des intéressés en cette matière. Partout où ceux-ci ont compris le besoin de se grouper pour faire aboutir leurs revendications, ils y ont réussi, et c'est précisément la forme de la mutualité qui le leur a permis. D'un autre côté, le groupement syndical, loin d'être hostile à la mutualité pure, en requiert essentiellement l'assistance: la constatation que nous en avons faite en Angleterre et aux États-Unis se vérifiera lorsque nous examinerons les caractères du syndicalisme en France.

Nous avons déjà vu sous l'inspiration de quels motifs les divers régimes politiques qui se sont succédé en France ont, jusqu'au second Empire, réprimé les coalitions[2] : la jurisprudence appliquait sévèrement les articles 414 à 416 du Code pénal qui les prohibaient[3] ; la loi du 27 novembre 1849, votée sur l'impression causée par les insurrections de juin, se borna à établir l'égalité de droit devant les péna-

Dépôts, et poursuivaient de toutes leurs rigueurs les associations ouvrières qui indemnisaient en cas de chômage.

» Pourtant, la Société des chapeliers de Paris a joui d'une grande tolérance de la part de la préfecture de police, quoiqu'elle n'ignorât pas notre manière de procéder. Cela tient aux grands sacrifices faits par chacun de ses membres pour apporter sa quote-part au maintien des secours accordés à nos vieux pensionnaires. »

1. Off. du Trav., *op. cit.*, p. 217. — De Seilhac, *les Syndicats ouvriers*, 1902, p. 30.

2. *Supra*, p. 31-33, 38-39.

3. Cf. *supra*, p. 37 et suiv., 40.

lités entre patrons et ouvriers. Cependant, le courant naturel des forces sociales qui créait les associations ouvrières l'emportait sur les restrictions arbitraires : celles-ci s'effacèrent peu à peu, comme à regret. L'avènement de la liberté se manifesta d'abord par le régime de la tolérance de fait. Un rapport du ministre de la Justice, de novembre 1863, constatait en ces termes cette situation : « Tantôt les industriels déclinaient l'appui de la loi et au lieu d'invoquer une répression prompte et énergique, s'en fiaient aux conseils que le temps seul pouvait donner aux ouvriers, et aux bons effets de la patience et de la conciliation. Tantôt les magistrats eux-mêmes, dans la crainte d'augmenter l'irritation et de rendre les rapprochements plus difficiles, retenaient dans leurs mains les armes que la loi leur avait données et s'abstenaient de toute intervention répressive. Puis, dans les cas rares où les tribunaux étaient saisis, on voyait maintes fois, après une longue procédure, après un grand appareil judiciaire, les magistrats prononcer de très légères condamnations qui semblaient presque protester contre l'existence du délit qu'elles avaient dû réprimer pour obéir à la loi. Et enfin, à peine ces condamnations étaient-elles prononcées que la clémence de l'empereur, d'accord avec la conscience publique, s'étendait aussitôt sur les condamnés [1]. »

En 1862, la délégation ouvrière envoyée à l'Exposition universelle de Londres avait adressé à l'empereur un rapport enthousiaste au sujet des trade-unions. En réponse à ce mémoire, le ministre de l'Intérieur écrivit un rapport dans lequel, rappelant le développement des chambres syndicales du commerce et de l'industrie et les services rendus par elles, il promettait, au nom de la justice et de l'égalité, un traitement aussi favorable aux associations ouvrières, à la condition qu'elles se conforment à la loi du 17 juin 1791

1. *Moniteur*, 1864, p. 375.

sur la liberté de l'industrie et ne constituent pas des sociétés politiques [1].

Le mouvement d'opinion en faveur de la liberté d'association qui se faisait jour à cette époque, trouva un écho auprès du gouvernement : il se traduisit par le vote de la loi du 25 mars 1864, qui transformait les articles 414 à 416 du Code pénal. Les nouveaux articles 414 et 415 punissaient les violences, voies de fait, menaces ou manœuvres frauduleuses pratiquées en vue d'une coalition, en considérant comme une circonstance aggravante le fait que ces actes sont eux-mêmes le fruit d'un plan concerté. Le législateur reconnaissait ainsi la coalition par le fait même qu'il ne l'interdisait plus : les actes délictueux pouvant l'accompagner étaient seuls réprimés [2].

Quant à l'article 416, dans l'esprit du législateur, il créait, à la place de l'ancien délit de coalition supprimé, un nouveau délit, « l'atteinte à la liberté du travail » [3]. « Dans notre loi, on se concerte, on se coalise, on quitte les ateliers ; le fait est innocent ; seulement, si le concert a lieu, non pour conquérir les conditions légitimes du travail, mais pour porter atteinte à la liberté d'autrui au moyen d'intimidations légères, telles qu'amendes, proscriptions, dans ce cas, on est coupable, de quel délit ? du délit de coalition ? Non, mais du délit d'atteinte à la liberté du travail [4]. »

1. Off. du Trav., *les Assoc. profess.*, t. I., p. 46.

2. Ce système est parfaitement logique et ne mérite nullement le reproche qui lui a été adressé de n'accorder une liberté que pour la retirer aussitôt, en considérant comme une cause d'aggravation un fait qui par lui-même n'est pas un délit (Jules Favre, cit. Barberet, *les Grèves et la loi sur les coal.*, p. 168 et suiv.). Le rapporteur, M. Émile Ollivier, répondait avec raison que, dans le cas de leur application, ce n'est pas le fait de la coalition qui est réprimé, ce sont des actes déjà délictueux par eux-mêmes qui ont un caractère de gravité encore plus accentué lorsqu'ils sont commis en réunion et après entente que lorsqu'ils le sont par un individu isolé (E. Ollivier, séance du 2 mai, *Moniteur* du 3, p. 608).

3. Séance du 17 mai, *Moniteur* du 18, p. 700.

4. Séance du 30 avril, *Moniteur* du 1er mai, p. 598.

Mais où commence, où finit la liberté du travail? Qui ne voit que c'est le droit de coalition tout entier qui rentre dans ce nouveau délit ? Qu'on en juge par les exemples suivants: l'article 416 ne punit pas seulement les mises à l'index de non-syndiqués, les amendes, interdictions ou proscriptions frappant les membres du syndicat et les renégats, mais aussi le fait, de la part des ouvriers, d'exiger collectivement le renvoi d'un camarade, sous la menace de grève, celui de la part d'une société, d'exiger de tout adhérent de n'accepter du travail qu'avec l'autorisation du conseil, et d'exclure ceux qui ne s'y conforment pas [1]; la menace d'exclusion des syndiqués qui ne se conforment pas aux injonctions de la société relativement aux grèves tombe sous le coup de la même disposition, lorsqu'elle leur ferait perdre le bénéfice des cotisations versées et qu'à raison de la forte organisation de la société elle équivaudrait pour eux à une interdiction de tout travail [2] : or, si l'on peut contester la légitimité de la mise à l'index des travailleurs qui n'appartiennent pas au syndicat — nous reviendrons plus loin sur ce point — enlever à un syndicat le droit de donner des injonctions à ses adhérents et de frapper d'amende ou d'exclusion ceux qui ne s'y soumettent pas, est le priver de sa seule sanction possible [3]. L'article 416 ne se justifie que sous un régime qui ne reconnaît pas le droit d'association : il frappe toute coalition permanente, et s'oppose à ce qu'elle soit organisée.

D'autre part, le droit d'association n'existant pas, non plus que celui de réunion, il était facile de poursuivre toute coalition organisée par une association ouvrière. C'est ainsi que les veloutiers de Saint-Étienne, qui s'étaient constitués en

1. Cass., 28 août 1873. — Trib. Marseille, 8 juillet 1864. — Cass., 5 avril 1867; 22 juin 1892. — Sénat, séance du 6 juillet 1893.

2. Cour de Paris, 17 mai 1882.

3. Discours de M. Waldeck-Rousseau, ministre de l'Intérieur, au Sénat, 29 janvier 1884.

sections comprenant chacune moins de vingt personnes, furent condamnés en 1865 : « Vainement on objecterait, disait le jugement, que l'association dont il s'agit n'est qu'une coalition licite n'ayant pas le caractère de permanence. La coalition suppose seulement une entente accidentelle, mais non point une organisation de la nature de celle qui est soumise au tribunal, organisation en quelque sorte permanente et d'une durée indéterminée[1]. » De 1864 à 1884, il y eut 1.027 poursuites de coalition ; sur 3.014 prévenus, il n'y eut que 313 acquittés[2]. Le législateur de 1864, en accordant le droit de coalition, mais en refusant celui d'association, suivait l'ordre naturel des faits : la grève soudaine et inorganisée précède celle qui est le résultat d'un plan mûrement étudié à l'avance. Il ne voyait pas que le premier type multiplie les occasions de ressentiments et de violences, et qu'au contraire l'organisation est un gage de paix d'autant plus assuré qu'elle-même est plus puissante[3]. Une telle lacune s'explique seulement par la crainte des troubles engendrés par des groupements mal dirigés[4] qui empêchait de se rendre un compte exact de ce que pouvaient

1. Trib. Saint-Étienne, 21 novembre 1865, sur appel Cour de Lyon, 22 décembre, pourvoi rejeté 22 février 1866, D. 66. 1. 89. — Cass., 7 février 1868. S. 69. 1. 42. — Cf. Cour de Lyon, 28 mai 1874. D. 75. 2. 65. Cet arrêt se basait sur les arrêts de la Cour de cassation des 22 juillet 1837 et 12 novembre 1838.

2. Off. du Trav., *op. cit.*, p. 49.

3. L'exposé des motifs du projet attribuait à la liberté d'association régnant en Angleterre les excès commis dans les grèves, et exprimait l'espoir que l'obligation de l'autorisation administrative préalable à l'organisation des réunions publiques et des associations constituerait une garantie suffisante pour empêcher les coalitions dangereuses.

4. En 1868, des poursuites furent intentées contre l'Association internationale des travailleurs. La loi du 14 mars 1872, qui la vise spécialement, proclame que toute association internationale « qui aura pour but de provoquer à la suspension du travail, à l'abolition du droit de propriété, de la famille, de la patrie, de la religion ou du libre exercice des cultes, constituera, par le seul fait de son existence... un attentat contre la paix publique ».

rendre des organisations normalement constituées. En 1867, un rapport des délégués ouvriers à l'Exposition universelle exprimait nettement la nécessité de la liberté de réunion : « Les ouvriers, disait-il, sont réduits à se concerter par délégués, et ils se donnent ainsi une organisation occulte et des chefs. Ne vaudrait-il pas mieux leur permettre de délibérer ensemble paisiblement? Il n'y a pas de résolution qui exige plus de réflexion et de maturité que la grève ; or, cette résolution est brusquée par la faute de la loi ; c'est la colère qui décide. » A la suite de ces observations, le gouvernement déposa un projet autorisant les réunions publiques, mais interdisant encore les organisations permanentes, et qui devint la loi du 10 juin 1868.

Il faut attendre jusqu'à la loi du 21 mars 1884 pour rencontrer la reconnaissance du droit d'association professionnelle et la suppression de l'article 416 du Code pénal[1]. Encore, celle-ci ne fut-elle pas admise sans difficulté. Le Sénat commença par la repousser en 1882, considérant l'article 416 comme indispensable à la défense de la liberté du travail, et ne la vota, en 1884, sur l'intervention de M. Waldeck-Rousseau, que par 151 voix contre 121.

L'évolution du mouvement syndical, depuis cette date, ne saurait être mieux mise en lumière que par l'observation d'un exemple concret, pris parmi les groupements ouvriers qui constituent les représentants les plus qualifiés du syndicalisme en France. L'industrie typographique est sans

1. L'Assemblée nationale était hostile aux syndicats ouvriers. La Commission chargée d'étudier la condition des ouvriers concluait dans son rapport du 2 août 1875 : les ouvriers syndiqués sont une infime minorité qui attente à la liberté individuelle ; l'organisation syndicale n'existe et n'est possible qu'à Paris ; la tendance des Chambres syndicales est le retour aux corporations, en supprimant toutefois les abus qui y existaient et en laissant la porte ouverte ; la partie la plus remuante est hostile aux machines (Off. du Trav., *les Assoc. profess.*, t. III, p. 266-267).

contredit l'une de celles où les ouvriers sont le mieux organisés [1]. Leurs sociétés de secours mutuels remontent à une date ancienne: en 1822, on en comptait 30 à Paris avec 2.617 adhérents, appartenant tous à la profession, sauf quelques imprimeurs, brocheurs et relieurs qu'on y admettait pour satisfaire aux exigences administratives. En 1833, une tentative en vue de constituer une association de défense et de discuter un projet de tarif avec les patrons eut pour résultat des poursuites engagées pour délit de coalition. Elles n'empêchèrent pas la fondation de cette société, en 1839, sous le nom de Société typographique, dont l'objet de défense resta dissimulé sous la forme d'une mutualité. La société, représentée par des délégués d'ateliers, contribua à l'élaboration, par un comité mixte, d'un tarif de main-d'œuvre, en 1843. Deux années plus tard, elle comptait 1.200 membres, c'est-à-dire la moitié de l'effectif de la profession, et 1.500 en 1848. Elle donnait à ses membres des secours de maladie : mais l'objet principal était le maintien des salaires et la défense des conditions du travail. C'était un véritable syndicat. Un projet de centralisation des caisses d'ateliers, qui assuraient indifféremment syndiqués et non-syndiqués, en une caisse unique, dont l'adhésion était obligatoire pour tous les adhérents, fut voté par la majorité en 1850. La minorité, refusant de s'y soumettre, créa une société indépendante, dont la rivalité eut pour résultat, pendant neuf ans, d'annihiler les succès déjà obtenus; les membres de chaque société cherchaient à éliminer leurs concurrents des ateliers où ils travaillaient. Cette dissidence néfaste fut heureusement dissipée en 1860, et les deux sociétés fusionnèrent en une seule caisse. En 1867, la société comptait 2.131 membres.

1. Les détails qui suivent sont empruntés à l'ouvrage précité de l'Office du Travail, t. I, p. 703 et suiv., 825 et suiv.— Cf. L. de Seilhac, *les Syndicats*, p. 181 et suiv.

Profitant de la tolérance du gouvernement, elle avait inscrit dans ses statuts le but de défense professionnelle.

En 1878, le tarif fut de nouveau revisé par la commission mixte, comme il l'avait déjà été à plusieurs reprises : l'accord se fit au sujet du travail à la tâche, mais les pourparlers ne purent aboutir relativement au travail en conscience. La grève éclata le 21 mars. Les patrons se solidarisèrent entre eux et reçurent l'appui des éditeurs. Vaincue par la nécessité, la Société typographique, ayant dépensé 244.169 fr. 60 en secours de grève, dut céder le 10 juin. Pour combler ses pertes, elle éleva les cotisations de 2 fr. 50 à 4 francs par mois ; ce chiffre fut ramené à 3 francs en 1879, jusqu'en 1881, date à laquelle tous les emprunts étaient remboursés. En outre, les employeurs cessèrent les rapports qu'ils avaient eus jusqu'alors avec la société, et cherchèrent à combattre son influence par la création, en 1880, d'une société de secours à laquelle leurs ouvriers devaient s'inscrire obligatoirement : en dépit de cette prescription, la caisse patronale eut peu de succès et devint bientôt facultative.

Cet échec fut, pour les typographes, une dure, mais salutaire leçon : elle leur montra la nécessité d'une cohésion encore plus forte et de cotisations plus élevées. En 1881, la Société typographique avait en caisse 98.626 fr. 04 ; elle avait payé dans l'année 9.283 fr. 35 de pensions, 42.012 fr. 25 de secours de maladie, et comptait 2.529 membres. Néanmoins, plusieurs imprimeurs ayant transporté leurs ateliers dans la banlieue ou à la campagne pendant la grève, les salaires ressentaient l'effet déprimant de cette émigration. C'est pour remédier à ce danger que fut créée la Fédération typographique française, groupant tous les ouvriers de la profession du livre et des industries similaires : le but de l'association était clairement défini dans les statuts, dont l'article 1er-3°, portait : « Établir un tarif aussi uniforme que possible par toute la France, afin d'éviter l'émigration du travail d'une ville à une autre, émigration produite par les énormes différences des tarifs existants. » Les indemnités de grève étaient à la charge de la Fédération, à raison de 21 francs par semaine pendant trois mois. Chaque section locale conserve son autonomie. En cas de conflit du travail, elle doit aviser le Comité central, qui décide de la grève, sauf le cas d'urgence, et informe toutes les sections de sa décision. La grève doit être obligatoirement précédée de tentatives de conciliation. La Fédération groupa 3.679 adhérents la première année et 5.946 la seconde.

Cependant le nouvel organe ne suffisait pas à lui seul pour entretenir la cohésion. Les dissidences que nous avons déjà vues se produire en 1850 se renouvelèrent, avec plus de gravité, en 1883 [1]. Un Cercle typographique d'études sociales s'étant constitué avec des tendances collectivistes révolutionnaires, un groupement rival fut fondé sous le nom d'Union typographique par des membres de la Société typographique. Ce fut dès lors une lutte entre les deux cercles, qui cherchaient l'un et l'autre à dominer le syndicat et à en chasser l'adversaire ; elle se poursuivait dans les ateliers, où les adhérents de chaque syndicat cherchaient à évincer leurs rivaux. Cette période vit aussi se produire de nombreuses grèves partielles, généralement suivies d'échecs, et aboutissant au remplacement des grévistes par les femmes ou les chômeurs. Cet état de choses dura jusqu'en 1893, où les deux syndicats fusionnèrent.

En dépit des tendances anarchistes qui se manifestaient dans les syndicats, l'organisation basée sur la mutualité continuait à se développer. En 1879, la Société typographique avait dû supprimer de ses statuts, sur la demande du gouvernement, les articles concernant la défense professionnelle : elle fit deux règlements, dont l'un était conforme au décret de 1852 sur les sociétés mutuelles, et l'autre con-

1. On trouvera un historique de ces luttes dans la circulaire n° 15, série B, du *Musée social*, 1897, p. 460 et suiv.

cernait le syndicat. L'adhésion aux deux organisations étant obligatoire pour tous les adhérents, elles n'en constituaient qu'une seule en réalité : la cotisation mensuelle de 3 francs s'appliquait à la mutualité pour 2 francs, le surplus étant consacré à la caisse de résistance. D'autre part, la Fédération mettait tous ses soins à empêcher les grèves inutiles ou condamnées à un échec certain, et à les prévenir par la conciliation. En 1883, son secrétaire permanent disait : « Dans le cours de notre mandat, plusieurs demandes de revisions de tarifs nous ont été faites par diverses sections. Le Comité a répondu à toutes des demandes en engageant nos confrères à présenter ces tarifs aux patrons, à leur demander les observations qu'ils avaient à y faire, à en tenir compte dans la limite de la justice, enfin, à épuiser tous les moyens de conciliation. Nous avons eu le bonheur d'obtenir de bons résultats dans diverses villes, à Clermont-Ferrand, à Laigle, à Charleville, à Cette, à Besançon, etc., et nous avons acquis la preuve que nous avions suivi la voie, peut-être la plus lente, mais la plus sûre. » Entre les deux tendances extrêmes et également utopiques des coopérateurs et des collectivistes, celle du syndicalisme réformiste, qui accepte le salariat comme un fait dont il faut tenir compte en cherchant à en améliorer les conditions, gagnait de jour en jour du terrain; cette méthode a été depuis lors soutenue avec persévérance par M. Keufer, élu secrétaire permanent en 1884, qui s'employait avec succès à intervenir dans les conflits locaux entre patrons et ouvriers. Il poussait les syndiqués, en 1889, à augmenter la puissance de leurs groupements avant de les lancer dans des réclamations hasardeuses telles que la limitation du nombre des apprentis. *La Typographie*, organe de la Fédération, publiait une protestation, à la date du 1er octobre 1890, contre « les grèves précipitées et irréfléchies qui compromettent non seulement les intérêts de ceux qui commettent ces infractions à la discipline, mais qui portent une grave atteinte à l'organisation fédérale ».

Cette tendance ne s'est pas démentie depuis lors. Le conflit qui surgit, en 1908, entre le Comité central et la section parisienne de la Fédération, à propos de l'adhésion donnée par celle-ci à la grève générale décrétée par la C. G. T., donna lieu à une consultation de toutes les sections. La conduite du Comité central fut approuvée par 6.413 voix contre 1.096.

Nous verrons dans le prochain chapitre quels résultats ont obtenu, grâce à cette organisation, les ouvriers typographes. Notons pour le moment que le nombre des syndiqués a toujours été en augmentant : en 1885, la Fédération comprenait 99 sections et 6.339 membres ; en 1895, ces chiffres s'élevaient à 133 sections et 7.053 membres ; en 1898, à 136 sections et 8.074 membres ; en 1908, à 170 sections et 11.037 membres cotisants.

Cette dualité de tendances contradictoires entre lesquelles sont ballottées les organisations de travailleurs se retrouve, à un degré encore plus intense dans l'histoire de tous les syndicats ouvriers en France, même de ceux, comme les grandes Fédérations des mécaniciens, des textiles ou des mineurs, qui composent aujourd'hui le noyau de la classe ouvrière organisée. On la retrouve à l'époque actuelle, dans la crise que subit la Confédération Générale du Travail, comme dans tout le cours de l'histoire syndicale. Passer en revue l'évolution des diverses organisations professionnelles constituerait donc une simple répétition des mêmes observations : l'exemple que nous venons de donner, d'autant plus typique qu'il se réfère à l'une des organisations les plus solides, suffira donc. Un coup d'œil rapide sur l'évolution d'ensemble du syndicalisme français offrira plus d'intérêt.

C'est à des préoccupations d'ordre politique ou abstrait, analogues à celles que nous venons de rencontrer, que sont dus les caractères divers de cette action des travailleurs. Le mouvement coopératif de 1848 qui, pendant quelques années, a fait dévier en pure perte l'évolution syndicale, dérivait de la méconnaissance des résultats qu'on pouvait attendre d'une action conforme aux circonstances économiques du moment, et du découragement causé par sa lenteur[1]. Dès les premiers congrès ouvriers qui eurent lieu, depuis celui de Paris en 1876, de Lyon en 1878, de Marseille en 1879, etc., la dualité de tendances éclata, certains délégués condamnant les institutions de mutualité parce qu'elles « ne donnent aucun moyen d'amener l'extinction du salariat », et prêchant l'antimilitarisme et la lutte des classes, tandis que les autres, estimant qu'on doit commencer par rendre le travail rémunérateur, afin de permettre à l'ouvrier de vivre de son salaire et de s'assurer contre les risques de sa profession, préconisaient la mutualité, la coopération, les comités d'arbitrage, et cherchaient à concilier le travail et le capital. Il importe de remarquer que ces dernières tendances étaient générales, à cette époque, parmi les associations professionnelles, et que les socialistes révolutionnaires ne cachaient pas leur aversion pour ce genre d'organisation et pour l'action syndicale : cette hostilité se manifesta particulièrement au Congrès de Lyon en 1878 où elle faillit provoquer l'abstention des partisans de l'action révolutionnaire ; le congrès repoussa avec ensemble les propositions collectivistes[2]. Néanmoins ces derniers réussirent, à Marseille, en 1879, à faire voter leur programme et à créer la Fédération du parti des travailleurs socialistes en France. Ce programme était nettement politique et religieux ; on n'y trouvait pas trace de l'action syndicale ; les questions d'ordre économique étaient reléguées au second plan, et n'étaient admises que « comme un moyen de propagande pour la diffusion des idées collectivistes et révolutionnaires, dont le but est de mettre les ins-

1. Cf. *infra* chap. VII, § 1.
2. F. Pelloutier, *Histoire des Bourses du Travail*, 1902, p. 45 et suiv.

truments du travail entre les mains des travailleurs »[1].

La scission entre les syndicats et le parti socialiste était inévitable, et ne tarda pas à se produire : elle éclata l'année suivante, où 29 chambres syndicales qui réprouvaient les théories collectivistes fondèrent l'Union des Chambres syndicales ouvrières. Ces dernières péchèrent, du reste, par un excès inverse de celui qu'elles réprouvaient : elles négligèrent l'action progressive d'amélioration de leur sort par le contrat de travail au profit trop exclusif des institutions mutuellistes, et notamment des coopérations de production. Une telle conception ne correspondait, pas plus que la précédente, aux besoins les plus urgents des travailleurs : son influence fut nulle, et l'Union ne tint que deux congrès sans importance. Le Congrès de Lyon, en 1886, vit se créer une nouvelle organisation, la Fédération nationale des syndicats ouvriers, où le parti ouvrier socialiste avait la prépondérance, et dont l'objet était la poursuite de la réglementation légale du travail, du repos hebdomadaire, l'application du décret de 1848 relatif à l'interdiction du marchandage, l'abolition des bureaux de placement, etc.[2]. Cette œuvre de direction de la classe ouvrière par le parti socialiste ne fut pas heureuse : il ne fut en réalité qu'une entreprise électorale des chefs du parti en vue de relever les forces déclinantes de ce mouvement politique. Son action ouvrière fut nulle : la commission de statistique n'a jamais fonctionné ; le bulletin n'a publié aucun document intéressant les besoins économiques ; aucune grève n'a été soutenue par la nouvelle organisation[3].

Le parti révolutionnaire profita des fautes des socialistes et de l'absence de fécondité de leur action, et les supplanta

1. F. Pelloutier, *op. cit.*, p. 50 et suiv.
2. *Ibid.*, p. 57-59. — Off. du Trav., *op. cit.*, t. I, p. 248 et suiv. — L. de Seilhac, *les Syndicats*, p. 255 et suiv.
3. Pelloutier, *op. cit.*, p. 60-61.

peu à peu. Au Congrès de Bordeaux en 1888, la grève générale fut votée comme le seul moyen d'émanciper les travailleurs et de les délivrer « des politiciens qui les trompent ». Nous retrouverons plus loin ce procédé et nous en verrons la signification révolutionnaire. La création de la Fédération des Bourses du travail, en 1892, en vue de réaliser l'union de la classe ouvrière que n'avait pu produire le Parti ouvrier, fut un triomphe des anarchistes collectivistes sur ce dernier qu'ils parvenaient à éliminer des congrès, en 1894, en remplaçant le Conseil national, organe de la Fédération des syndicats, par la Fédération des Bourses du travail, et l'année suivante par la Confédération Générale du Travail[1]. On avait beau voter à une grande majorité l'exclusion de toute idée politique, en fait il était évident, suivant le mot d'un délégué, « qu'après avoir mis la politique à la porte, le congrès la laissait rentrer par la fenêtre »[2]. L'action des Bourses du travail, éliminée du champ de la direction générale des forces ouvrières, fut du reste aussi inféconde sur le terrain des services de mutualité, de statistique et de placement[3]. En 1902, leur Fédération est rentrée dans le sein de la Confédération Générale du Travail[4], dont les tendances anarchistes sont bien connues : le syndicalisme n'était, pour ses dirigeants, qu'un « moyen pour aboutir à la délivrance des exploités et pour arriver à l'établissement du communisme anarchiste »[5].

1. Pelloutier, *op. cit.*, p. 64 et suiv.
2. Off. du Trav., *op. cit.*, p. 267.
3. Voy. les rapports du Congrès d'Amiens en 1906, dans *le Mouvement socialiste*, 1907, p. 380 et suiv., 442 et suiv.
4. Ch. Rist, dans *le Musée social*, 1903.
5. Voy. le journal *les Temps nouveaux*. — Cf. *le Matin*, 16 mai et 2 avril 1907. — Le discours prononcé au Congrès d'Amiens, en 1906, par le citoyen Grifuelhes, en réponse aux critiques de M. Keufer, est significatif : « De même qu'il faut repousser l'ordre du jour du Textile, de même il faut repousser celui du Livre qui voudrait limiter l'action au rayon purement corporatif et nous ramener au trade-unionisme anglais.

Cependant, en face de ces tendances, il importe de noter le mouvement grandissant de la tactique modérée et réformiste qui se manifeste depuis 1896, et aujourd'hui avec plus de force que jamais dans le sein même de la Confédération. Dans les premiers combats qui ont eu lieu aux Congrès d'Amiens en 1906 et de Marseille en 1908 entre les différents partis, le triomphe des révolutionnaires n'a été dû qu'au mode de représentation qui permet à une minorité de 45.000 syndiqués de l'emporter sur un total de 200.000 adhérents[1]. Successivement les grandes fédérations qui la composent manifestent leur aversion complète à l'égard des principes révolutionnaires. On connaissait déjà les tendances nettement réformistes de celles du Livre, des mécaniciens, des textiles et des chemins de fer dont les effectifs, au début de l'année 1908, se chiffraient respectivement par 12.000, 6.000, 33.000, 47.700 adhérents, etc., en face des fédérations révolutionnaires des ouvriers des ports, avec 12.000 membres, des métallurgistes avec 10.000 membres, des ardoisiers avec 6.000, des orfèvres, des allumettiers, des lithographes, du bâtiment, de l'alimentation, etc.[2]. Au mois de mai 1909, le Congrès de la Fédération des mineurs

Ce serait rétrécir le cadre de l'action syndicale et lui enlever toute affirmation de transformation sociale. Le Congrès ne voudra pas cela. Ce serait méconnaître le processus historique de notre mouvement. Ce serait une reculade et ce n'est pas au moment où il y a accentuation d'action qu'il pourrait y avoir reculade de principe. » (*Mouvement socialiste*, 1907, p. 42-45.)

1. Guérard, dans *l'Humanité*, 31 mai 1907. — Chaque syndicat ne possède qu'une voix, quel que soit le nombre de ses membres. C'est ce qui permit aux syndicats révolutionnaires d'avoir la majorité en 1904, la Fédération du Livre n'ayant qu'une voix par 80 adhérents, celle des chemins de fer une par 280, et si certaines fédérations collectivistes en avaient encore moins (Cf. Pouget, *ibid.*, 27 mai), elles reprenaient l'avantage dans l'ensemble. Au Congrès de Marseille en 1908, les chemins de fer n'avaient que 74 voix, les textiles 53, le papier 11, alors que le bâtiment en comptait 215, les métallurgistes 110, etc.

2. E. Buisson, *Cahiers de la Quinzaine*, 3 novembre 1907, p. 17-18.

de la Loire, qui comprend 30.000 cotisants réformistes contre 18.000 révolutionnaires, se prononçait en faveur des procédés réformistes[1]. Le Syndicat national des chemins de fer, aux mois de mai et de décembre 1909, s'est énergiquement refusé à accueillir les violentes attaques dirigées par les membres révolutionnaires contre les principes modérés de son secrétaire, M. Guérard, et a donné raison à ce dernier. En octobre 1910, la Fédération des mécaniciens se séparait ouvertement de la C. G. T.

Bien plus, l'évolution s'est manifestée dans le comité même de la Confédération Générale du Travail. A la suite des élections du mois de février 1909, qui portèrent au secrétariat général les représentants des réformistes, et de la prompte retraite de ces derniers, la question d'une scission des fédérations réformistes, favorable aux intérêts immédiats de celles-ci et en faveur de laquelle plusieurs d'entre elles se prononçaient nettement, fut sérieusement envisagée : néanmoins, on se contenta de constituer un comité d'union syndicaliste, comprenant les secrétaires des fédérations des chemins de fer, du livre, des travailleurs de l'État, des mineurs, de la lithographie, des employés, des musiciens, des mécaniciens, des textiles, ayant pour objet de « ramener le syndicalisme dans ses limites naturelles, économiques et professionnelles, afin de consolider l'indispensable unité des forces dans la C. G. T. » en améliorant sa constitution.

Tous ces faits montrent bien que le triomphe de la

1. Les dirigeants de la C. G. T., prenant prétexte de la présence, parmi les adhérents de celle-ci, du syndicat dissident du Pas-de-Calais de M. Broutchoux, se sont opposés à plusieurs reprises à l'admission de la Fédération nationale des mineurs. A la suite de l'acceptation de son adhésion, au mois d'août 1908, celle-ci a voté l'ordre du jour suivant : « Vu les articles de certains journaux tendant à laisser croire que la Fédération n'aurait été admise à la C. G. T. que dans des conditions humiliantes, les déclare faux, affirme que la Fédération est entrée à la C. G. T. sans abdication aucune de ses principes et de ses idées. »

tactique révolutionnaire est à son déclin[1]. Reléguée désormais au second plan dans le rôle de direction du mouvement d'organisation des travailleurs, nous ne la retrouverons que parmi les catégories ouvrières les moins avancées dans cette voie d'organisation. Aussi bien les résultats négatifs de son action apparaissent aujourd'hui d'une façon évidente : à côté des germes de haine et de luttes, souvent sanglantes, qu'elle a semés, il serait difficile de trouver quelle a pu être son influence sur la hausse des salaires et sur l'amélioration du sort des travailleurs. En 1901, les cotisations encaissées par la C. G. T. n'atteignaient que la somme ridicule de 1.478 francs, et de 4.219 francs en 1902 sur 17.680 francs de recettes, dont le surplus était le produit d'une loterie. Le journal *la Voix du Peuple* tirait à 4.500 exemplaires et n'avait que 1.000 abonnés[2]. Du 20 février 1907 au 30 juin 1908, les caisses de grève et d'agitation avaient dépensé 32.764 fr. 65 et l'encaisse s'élevait à 1.261 fr. 25 seulement[3]. Quant à l'action, qui aurait dû être l'objectif unique d'une organisation de ce genre, tendant à favoriser le vote d'une législation avantageuse pour la classe ouvrière, il est inutile d'en parler, puisque le fondement du syndicalisme anarchiste est l'éloignement de l'action parlementaire. Le résultat le plus net de son bilan, au point de vue syndical, est la désorganisation des forces ouvrières et l'obstacle à leur cohésion : « Dans la même profession et dans la même ville, disait-on au Congrès de Montpellier en 1902, les ouvriers sont groupés en syndicats

1. Sur cette évolution des classes ouvrières, on lira avec intérêt *la Crise socialiste*, par E. Fournière, 1908.

2. Ch. Rist, *Musée social*, 1903.

3. En regard de ces chiffres, rappelons qu'à l'occasion des grèves de 1906, les syndicats appartenant à la Fédération du Livre ont, dans l'espace de treize semaines, dépensé 318.378 francs, et ceux de la Fédération des mécaniciens 57.500 francs, tandis que ceux du bâtiment ne distribuèrent aucun secours (E. Buisson, *op. cit.*, p. 16).

hostiles ; les fédérations de métier et d'industrie se disputent les mêmes syndiqués, les unions locales font concurrence aux Bourses, et l'organisation syndicale est devenue si complexe que les « militants » eux-mêmes ont peine à s'y reconnaître[1]. » Cet état de choses, entretenu par les divisions de tendances et de conceptions politiques et sociales, est souverainement nuisible à un bon résultat de l'action collective des forces ouvrières : nous le constaterons plus loin et le fait se conçoit sans peine ; il en résulte que l'existence des organisations ouvrières est souvent plus nominale que réelle, et ne produit pas les résultats que les intéressés pourraient en attendre.

A qui incombe la responsabilité de cette situation ? A en croire M. Eugène Fournière, les opinions extrêmes qui caractérisent ces groupements seraient le produit de la faiblesse constitutionnelle de ceux-ci : « Il est certain qu'à se sentir en si petit nombre les individus finissent par acquérir des sentiments véritablement mystiques. Ils ne peuvent pas croire qu'une propagande patiente, qu'une organisation méthodique puisse un jour transformer cette minorité en majorité, ils préfèrent attendre l'adhésion des foules de je ne sais quel miracle, ou plutôt d'un mouvement révolutionnaire qui les soulèvera et les mettra en marche[2]. » Ce sont, en effet, ainsi que e constate l'auteur que nous citons et ainsi que nous le verrons dans la suite, les syndicats les plus forts et les plus prospères dont les tendances sont les plus modérées, alors que les opinions révolutionnaires et les actes de violence qui les traduisent sont le fait des travailleurs dont l'organisation est la plus défectueuse : l'influence qu'exerce sur l'esprit de l'individu le sentiment de son isolement et de son impuissance à se tirer d'affaire par ses propres moyens, est sans contredit

1. Ch. Rist, *op. cit.*
2. E. Fournière, *Revue socialiste*, 1905, t. II, p. 565.

un collaborateur important des théories collectivistes et anarchistes.

Néanmoins, il ne faut pas s'y tromper : cette influence n'est que l'un des côtés du cercle où se meuvent les actions et les réactions des phénomènes sociaux, qui peuvent tous être considérés comme causes aussi bien que comme effets. En réalité, c'est aux intéressés eux-mêmes qu'il faut demander les raisons du caractère de leur groupements. M. E. Roche affirmait en 1879, au Congrès de Marseille, que la cause de la faiblesse des syndicats « est l'indifférence du prolétaire, son insouciance impie pour ce qui l'intéresse le plus au monde. Puis c'est la femme qui dit en minaudant à son mari : que vas-tu faire à cette société ? Tu ferais bien mieux de rester avec moi. Et puis l'argent que tu vas donner, si peu que ce soit, fait faute à notre ménage. Dis-moi, en vérité, à quoi cela t'avance-t-il ? A rien du tout. Tu travailles, n'est-ce pas? Tu es dans un bon atelier; que ceux qui n'ont pas d'ouvrage fassent comme toi : au lieu de s'occuper de politique, qu'ils s'en procurent. Ah ! certes, quand tu manquais de travail, personne n'est venu voir si tu avais besoin d'argent; nous aurions bien pu mourir de faim, sans que nul s'en fût inquiété. Fais comme moi, crois-moi, ne nous occupons que de nos affaires ! — Les récriminations finies, l'ouvrier, plus faible qu'un enfant, répond : Ma foi, je crois que tu as raison. Qu'ils aillent se promener avec leurs chambres syndicales [1] ! » Ces paroles reflètent avec exactitude la mentalité d'un trop grand nombre d'ouvriers, et des meilleurs : satisfaits de leur sort, estimés de leurs patrons et voyant dans la régularité de leur conduite et de leur travail un moyen d'améliorer peu à peu leur bien-être, ils craignent de compromettre une situation acquise en se mêlant à des brouillons et à des paresseux qui attirent sur eux l'attention parce que ce sont eux qui crient le plus fort et qui inquiètent

1. Cit. de Seilhac, *les Syndicats*, p. 88-89.

le plus la paix publique. Il restent donc à l'écart des syndicats, et laissent le champ libre aux éléments les moins favorables à une saine direction de ces groupements. Cet état de choses ne peut changer qu'à la condition et dans la mesure où les meilleurs éléments sociaux, dans la classe ouvrière, prennent part au mouvement.

On voit par l'exposé qui précède que, quelque lointaine que soit la ressemblance entre les syndicats français et les trade-unions, le sens de l'évolution dans laquelle sont engagés les premiers est d'une façon incontestable et très sensible dirigé vers l'organisation que nous présentent les secondes. En même temps que les procédés et les tendances anarchiques perdent du terrain, les conceptions essentielles à un groupement normal progressent dans les masses. Les syndicats français ne font en cela que se conformer à l'évolution historique parcourue par les trade-unions : comme celles-ci, ils débutent par une phase d'action violente et non disciplinée, due au découragement et à l'insuffisance de l'esprit d'association; il est peu douteux qu'à l'exemple de celles-ci également, ils abandonneront cette voie pour celle de l'action réfléchie et consciente, s'appuyant sur la réalité tangible et non sur les utopies, et que les grandes associations qui se sont déjà dégagées du chaos des petits syndicats isolés et hostiles les uns aux autres, atteindront des résultats semblables à ceux que nous avons observés dans les deux autres pays.

Tel est l'instrument qui s'est spontanément développé sous la pression des circonstances économiques et de la volonté des travailleurs d'améliorer leur situation. Nous devons examiner maintenant quel en est le fonctionnement et quels en ont été les résultats par rapport au but poursuivi.

CHAPITRE III

LA PRATIQUE DU CONTRAT COLLECTIF

Il semble à première vue, étant admis que l'action collective est l'arme à l'aide de laquelle les travailleurs remédient à leur isolement et améliorent les conditions de leur travail, qu'il doive leur suffire de réaliser le groupement sous sa forme la plus perfectionnée qui est le syndicat, pour atteindre le succès cherché dans l'établissement de ces conditions, et que les conflits du travail, pour se résoudre au mieux des intérêts de la classe ouvrière, n'exigent rien de plus que la coalition organisée, c'est-à-dire appuyée sur des syndicats puissants et sainement dirigés. Une telle conception serait incomplète, car le régime qui résulterait de cette situation serait celui du hasard et de la loi du plus fort. Tout d'abord, les salaires seraient établis au petit bonheur, sans aucun principe rationnel. La seule règle présidant à un accord au sujet des conditions du travail serait la prépondérance momentanée et accidentelle de l'une ou l'autre des deux parties en présence. Le président de l'union des ouvriers du fer et de l'acier des États-Unis disait dans ce sens : « Le simple salaire établi au jour le jour, sans contrat relatif à sa durée, n'est juste ni pour l'employeur ni pour l'employé. Le premier pourra essayer de réduire les salaires à tout instant et refusera de les élever pendant les périodes prospères ; le second pourra demander une augmentation inopportune et il le fera souvent parce qu'il jugera plutôt d'après la prospérité passée que d'après les perspectives de l'industrie... Le principal avantage du système de l'échelle mobile est de mettre en contact les manufacturiers et leurs employés, et de leur faire discuter d'un commun accord les conditions du métier et les circonstances qui permettent d'établir un salaire convenable. On entend fréquemment parler de l'antagonisme du travail et du capital, mais pour se serrer la main il faut d'abord la tendre. » La contrainte par la coalition, même la plus savamment organisée, ne suffit pas pour assurer une situation stable et normale dans les rapports entre patrons et ouvriers. On peut bien imposer une concession par la force : mais ce qui est obtenu de cette manière se perd de même, et avec intérêts, lorsque les circonstances sont changées. D'autre part, comme l'établissement des conditions du travail doit viser l'ensemble des producteurs d'un pays, et non un seul établissement, il est impossible d'arriver à cet ensemble par la simple coalition. Ce à quoi tend nécessairement l'action collective des travailleurs, c'est à une entente entre les deux parties, dans laquelle leurs forces respectives joueront sans doute un rôle important, mais qui repose sur un acquiescement libre et volontaire, et non sur la contrainte : le contrat collectif est l'instrument indispensable de l'action syndicale. Après en avoir exposé les principaux exemples, nous aurons à en rechercher les conditions de fonctionnement.

I. — Le contrat collectif en Angleterre

De même que l'Angleterre est le pays classique du trade-unionisme, elle est celui du contrat collectif de travail. Le nombre de ceux qui existent aujourd'hui pourrait difficilement être évalué ; dans la seule industrie du bâtiment, il n'y a guère de ville où les conditions du travail ne soient réglées de cette manière, et l'on peut dire que ce genre de conventions est le régime normal de la grande industrie anglaise [1].

Les exemples, datant de la fin du XVIIIe siècle et du commencement du XIXe, et antérieurs au développement des trade-unions [2], donneraient à penser que celles-ci ne sont pas indispensables à l'établissement du contrat collectif. Actuellement encore, le champ d'action de ce dernier s'étend bien au delà des rangs des ouvriers organisés, et s'applique à tous les ouvriers de l'industrie en jeu, syndiqués ou non. Bien plus, il est arrivé que des contrats collectifs se sont imposés aux uns comme aux autres malgré l'opposition des trade-unions : c'est ce qui est arrivé en 1893, parmi les mineurs du Sud-Galles, dont un tiers à peine étaient syndiqués et dont les unions avaient refusé d'accepter l'échelle mobile ; à partir de cette date, les salaires des 120.000 ouvriers mineurs de la région n'en furent pas moins fixés automatiquement par cette convention, où n'avait été partie qu'une minorité des ouvriers [3]. Néanmoins, il ne faut pas perdre de vue que ces cas sont en quelque sorte anormaux et exceptionnels. Le groupement permanent qui constitue le syndicat est, nous le verrons plus loin, l'organisme le plus favorable à la conclusion du contrat collectif, tant par les sentiments de modération et de sagesse qu'il développe dans l'esprit des ouvriers, que par la cohésion matérielle et le perfectionnement des services techniques qu'il assure; il constitue, nous le verrons également, le seul gage pratique de l'observation de la convention. En fait, c'est à partir de la période 1850-1855, que le régime des ententes collectives a acquis tout son développement, comme une

1. Webb, *Industrial Democracy*, t. I, p. 175, note.
2. Id., *Hist. du Trade-union.*, p. 67, 77-78.
3. Id., *Industr. Democr.*, p. 209.

conséquence normale du mouvement trade-unioniste [1]. C'est donc seulement le type des contrats conclus depuis cette époque qui nous intéresse ici.

On pourrait multiplier les exemples caractéristiques de ces contrats [2]. Toutefois l'examen des différences qu'ils présentent entre eux et des conditions industrielles d'où elles proviennent, sans être dénué d'intérêt, nous entraînerait en dehors de l'objet de cette étude. Nous croyons préférable de nous borner à l'exemple le plus typique, celui des conventions conclues dans l'industrie textile, puisque les ouvriers de cette industrie réalisent aussi, nous l'avons vu, les conditions les plus parfaites d'organisation. De plus, le contrat de travail apparaît ici, non plus comme une conséquence importante sans doute, mais non nécessaire, de l'organisation professionnelle, mais comme l'objet principal et la raison d'être de celle-ci : c'est, en effet, la difficulté du calcul des tarifs de la main-d'œuvre aux pièces qui a déterminé le groupement des unions existantes en fédérations [3], et qui leur a donné un essor tel que ces unions peuvent être considérées comme le type de l'organisation ouvrière moderne.

Les filatures du Lancashire se trouvent placées depuis 1853 sous le régime du contrat collectif : l'association ouvrière, à cette époque, dressa une liste complète des divers travaux à exécuter, avec l'indication des tarifs correspondants, en vue d'établir une égalité aussi parfaite que possible entre la rémunération correspondant aux diverses tâches, à travail égal. C'est ainsi que les tarifs tiennent compte de la qualité du coton et de la fréquence des arrêts occasionnés par la rupture du fil, du nombre des broches conduites par chaque ouvrier, du régime de marche des machines et de leur degré

1. Webb., *Hist. du Trade-union.*, p. 237.

2. Nous en avons donné d'autres dans la *Revue socialiste* du mois de décembre 1909, p. 1081 et suiv.

3. *Supra*, p. 91-92.

de perfectionnement. Les patrons sont tenus de publier à l'avance tous les éléments servant de base au calcul des salaires, d'après les barêmes établis par le tarif : un fonctionnaire spécial nommé par le gouvernement, en vertu du *Factory Act* de 1891, est chargé de contrôler l'exactitude de ces publications. Les conventions contiennent, en outre, suppression des amendes pour ruptures de bobines et des retenues pour fournitures de gaz, de brosses, etc., qui équivalaient, en réalité, à des réductions de salaires [1].

Ce qu'il importe surtout de remarquer, c'est l'importance du travail que suppose l'établissement de telles conventions et le soin avec lequel il y est procédé. La confection des tables de tarifs imprimées, ou « Listes » constitue par elle-même une opération mathématique compliquée sur laquelle on ne peut revenir fréquemment, ni sans motifs sérieux [2]. Elle est donc confiée à des comités représentatifs des deux éléments de la production, employeurs et main-d'œuvre, dont les conférences, ne se produisant qu'à des époques de crises momentanées ou à l'occasion des changements subis par l'outillage, la matière première, les modèles d'objets fabriqués, sont entourés d'une certaine solennité, inhérente à la gravité des intérêts en jeu et au sentiment de la responsabilité de décisions qui peuvent engendrer la paix ou la guerre dans une industrie aussi considérable, tant par l'importance des capitaux engagés que par le nombre des travailleurs [3].

L'organisme chargé d'établir l'accord en cette matière est l'union professionnelle elle-même : sauf dans le cas où les variations de salaires n'intéressent qu'une localité déterminée et peuvent être réglées par le secrétaire de l'union locale et le représentant du patron, ce sont en principe les repré-

1. Webb, *Industr. Democr.*, t. I, p. 311 et suiv.
2. La Liste de la filature de Bolton occupe 85 pages entièrement couvertes de chiffres.
3. *Ibid.*, p. 194-195.

sentants élus des deux associations patronale et ouvrière qui ont la mission de s'entendre. Cet organe est, pour l'*Amalgamated Association of Operative Cotton-spinners*, le conseil exécutif composé des président, trésorier et secrétaire généraux, et de 13 autres membres élus par l'assemblée des représentants de tous les districts, dont 7 au moins doivent être des ouvriers de la profession, tandis que les 6 autres sont, en fait, les secrétaires des principales unions de districts [1].

Rien ne saurait mieux montrer le caractère de ces conférences que le simple récit de celle qui mit fin au conflit de 1893. En présence de la crise intense qui régnait à cette époque, les patrons proposèrent une réduction de salaires de 10 0/0 ; les ouvriers refusèrent la modification des salaires, demandant de remédier à la surproduction par une diminution de la durée du travail : on ne put s'entendre et une grève générale s'ensuivit durant trente semaines. Après de nombreuses négociations restées infructueuses, les stocks étant épuisés et la baisse des prix s'étant arrêtée, une conférence put se réunir avec chances de succès : les patrons ne réclamaient plus qu'une réduction de 5 0/0. Chaque délégué avait une feuille imprimée portant en regard les propositions des deux parties. Un premier débat s'ouvrit sur la question de savoir quel serait l'ordre de la discussion, et l'on s'accorda pour trancher d'abord la question de la réduction des salaires, la seule essentielle au conflit. La proposition des ouvriers portait sur une réduction de 2,50 0/0; les patrons n'en avaient formulé aucune. Ces derniers se retirèrent pour délibérer séparément, puis revinrent pour demander 3 0/0. Les ouvriers se retirèrent à leur tour et après une longue discussion, rapportèrent la formule de 7 pence au pound (2,916 0/0). La séance fut alors interrompue pour prendre le thé. A la reprise, une commission spéciale fut nommée pour

1. Webb, *op. cit.*, p. 38-39.

se prononcer sur le point en litige; on avait jugé en effet que cette procédure, qui permettait la suppression des discours, était plus féconde pour la discussion. Cette commission accepta la proposition des ouvriers. On aborda ensuite les autres clauses moins importantes, et après plusieurs séances interrompues par le temps des repas et des délassements, durant lesquels les relations les plus cordiales continuèrent entre les représentants des deux parties, la convention fut terminée [1].

Les ouvriers du coton ont établi une distinction très nette entre la conclusion du contrat, prévoyant les bases des conditions du travail et mettant en jeu l'élément représentatif, d'une part, et de l'autre son application, qui suppose des connaissances techniques particulières et qui est confiée à des fonctionnaires spéciaux nommés après un examen sérieux de leur capacité. Cette deuxième partie comprend d'abord l'application du tarif à chaque établissement en raison des conditions particulières d'outillage ou de qualité des matières premières qui s'y rencontrent : cette tâche est confiée aux secrétaires des unions de district. Elle comprend en outre le règlement des conflits individuels que peut soulever l'application du tarif : c'est au secrétaire de la loge dont il fait partie et non à son patron que l'ouvrier s'adresse pour obtenir justice. « Les rapports du secrétaire local et des patrons se trouvent devenir constants. L'influence de l'ouvrier croît en raison inverse de ses rapports personnels avec le patron. Il ne connaît que son travail, son usine. Son chef réel n'est pas le manufacturier mais le secrétaire du syndicat. Grâce à la puissance du trade-unionisme, les fraudes patronales deviennent rares : une fraude émeut l'opinion publique locale et donne aux ouvriers une force nouvelle. Les petites difficultés, les cas isolés tendent à disparaître, la besogne du secrétaire local se simplifie [2]. »

1. Webb, *op. cit.*, p. 195 et suiv.
2. De Rousiers, *op. cit.*, p. 322.

Dans les rapports entre patrons et ouvriers entendus de cette façon, ces difficultés d'application du contrat diminuent considérablement d'importance, devenant de simples questions d'interprétation, et s'effacent d'elles-mêmes, laissant la première place à la convention établie antérieurement aux conflits et en vue de les prévenir. La conclusion de celle-ci, étant confiée à deux organisations également puissantes et également compréhensives de tous les employeurs d'une part et de tous les travailleurs de l'autre, est bien un résultat de la libre discussion et de la volonté éclairée des parties, par opposition au régime dit du contrat individuel, où l'ouvrier isolé est obligé d'accepter sans les discuter les conditions générales admises dans l'industrie. D'autre part, l'existence d'organisations permanentes dirigées, ainsi que nous l'avons vu, par des techniciens éclairés et conscients de la responsabilité des intérêts de toute la profession qu'ils tiennent entre leurs mains, est une garantie contre la propension à abuser de sa force et des circonstances du moment pour imposer à la partie adverse des conditions tyranniques que celle-ci s'empressera de retirer avec usure dès que les circonstances auront changé. Sans doute, toute possibilité de conflit n'est pas écartée : nul homme, quel que soit son degré de culture morale et intellectuelle, n'est à l'abri de l'erreur et de la défaillance. Les représentants des deux associations ne parviennent pas toujours à se mettre d'accord; parfois même un conseil d'arbitrage composé des comités des fédérations intéressées n'arrive pas à trouver une solution satisfaisante et la grève, dernière ressource, éclate entre les parties. Mais ces cas sont d'autant plus rares qu'ils ne portent que sur des questions vitales de l'industrie, en laissant de côté tous les différends suscités par les relations individuelles et journalières entre employeurs et ouvriers; de plus, ces conflits, lorsqu'ils se produisent, ne ressemblent en rien aux nombreuses guerres industrielles dont la violence et la fréquence constituent l'une des plaies des sociétés modernes et dont le remède fait l'objet de nos présentes recherches.

Nous analyserons dans la suite avec plus de détails les objets, les conditions de fonctionnement et les résultats des conventions que nous venons d'observer. Nous pouvons dès maintenant dégager les traits principaux du système, qui sont les suivants : il doit reposer principalement sur des groupements ouvriers puissants, tels que nous les avons analysés dans le chapitre précédent, c'est-à-dire comprenant la grande majorité des ouvriers de la profession et les retenant, non par l'ardeur d'une propagande violente, mais par l'esprit de discipline et de prévoyance; il implique, soit de la part des ouvriers, soit de la part des patrons, une disposition préalable à l'entente et à la reconnaissance des droits de la partie adverse. Aussi les rapports entre les représentants des patrons et ceux des ouvriers sont-ils entièrement exempts, non seulement d'hostilité, mais même de la tension que pourrait expliquer la divergence des intérêts; ils se considèrent réciproquement comme des membres de la même société et savent se respecter et s'estimer [1]. Un inspecteur des fabriques disait, en 1891 : « Quand j'arrivai dans le Lancashire, la majorité des patrons ne voulaient rien avoir à faire avec les unions; ils ne voulaient pas recevoir leurs administrateurs et n'écoutaient d'autres observations que celles qui venaient directement de leurs ouvriers. Tout cela est maintenant changé. Dans la plupart des cas, quand un différend s'élève, le secrétaire des unions est aussitôt appelé par les patrons pour règler l'affaire, ce à quoi il réussit presque toujours sans difficulté [2]. »

1. De Rousiers, *op. cit.*, p. 331.
2. Off. du Trav., *Concil. et Arb.*, p. 85.

II. — Le contrat collectif aux États-Unis

Les mêmes difficultés qu'ont rencontrées au début de leur développement les trade-unions américaines, s'opposaient à une prompte diffusion parmi elles du contrat collectif. Que le personnel des ateliers soit animé du désir et de l'ambition de changer au plus tôt de situation pour s'élever, ou qu'il soit composé d'éléments turbulents et peu capables de comprendre les avantages d'une discussion loyale et raisonnée, dans un cas comme dans l'autre, il y a peu de chances qu'on puisse arriver à établir une convention durable. Aussi l'histoire du mouvement ouvrier débute-t-elle par une période de conflits, qui atteint son maximum, en 1886, au moment de la campagne générale menée par les trade-unions et la Fédération américaine en vue de la journée de huit heures [1]. Depuis cette époque, le nombre

1. Sur un total de 69.167 grèves que l'on compte, de 1881 à 1894, l'année 1886, à elle seule, en compte 10.053 (Vigouroux, *la Concentr. des forces ouvr.*, p. 252). « Les vingt dernières années ont vu les associations ouvrières recourir aux procédés les plus irrationnels, les plus arbitraires et les plus outrageants ; ces procédés ont soulevé l'indignation, non seulement des employeurs, qui en ont été les victimes, mais encore du public. Ils ont pratiqué le boycott, les menaces et les intimidations, les violences personnelles, les destructions de propriété. Mais si l'on prend en considération le pouvoir formidable que les travailleurs organisés ont eu, sans aucun contrôle, à leur disposition, on est étonné qu'ils n'aient pas causé plus de dommages et fait naître de plus grands dangers. » (Sayward, secrétaire de l'Association nationale des entrepreneurs du bâtiment, cit. *ibid.*, p. 296.) Vers le milieu du siècle, le bureau de statistique de l'État de Pensylvanie écrivait, au sujet de l'industrie minière de ce pays: « La grève est l'état normal du pays, et ce n'est encore que le moindre de ses maux, car il est désolé par une longue série de meurtres, d'attentats, de rixes terribles, de guet-apens, de vols, dont aucun n'est poursuivi, la classe ouvrière s'en rendant solidaire par le choix de ses représentants, enfin par une accumulation d'horreurs, telle qu'elle ne s'effacera pas du souvenir des contemporains et qu'on n'y songera jamais sans un frisson d'épouvante. »

des grèves et des lock-outs a été en diminuant régulièrement, jusqu'en 1899, à mesure que les unions ouvrières prenaient plus de force et que le régime du contrat collectif se généralisait [1].

L'histoire du contrat collectif dans l'industrie du fer et de l'acier est instructive à plus d'un point de vue [2]. La première grève, occasionnée par une réduction de salaires, remonte à 1850 : après 4 mois de chômage, les puddleurs durent reprendre leur travail sans avoir obtenu aucun avantage. Pendant une dizaine d'années, ce fut une lutte incessante relative aux salaires entre les ouvriers et les patrons. En 1858, fut fondée la société des Fils de Vulcain, qui resta secrète, pour éviter le renvoi de ses membres. En 1863, elle était devenue assez puissante pour représenter officiellement les ouvriers et se faire reconnaître par les patrons. Néanmoins, les salaires continuèrent à suivre les fluctuations du marché, les ouvriers exigeant des augmentations à chaque période d'activité, qui se traduisaient par des réductions aussi fortes pendant celles de dépression. Enfin, en 1865, au cours d'un lock-out prolongé, une conférence eut lieu, sur l'initiative des patrons, qui aboutit à la constitution d'un comité mixte et à l'établissement d'une échelle mobile fixant automatiquement les salaires, suivant les prix de vente, avec faculté réciproque de dénoncer le tarif quatre-vingt-dix jours d'avance.

Le procédé de discussion et de fixation de l'échelle mobile est décrit de la manière suivante par le président de la Société amalgamée des ouvriers du fer et de l'acier : « Quand nous établissons notre échelle, pendant la période de convention nous étudions les marchés avec autant de soin

1. *Infra*, chap. V, § III. — On trouvera quelques exemples de contrats collectifs aux États-Unis dans la *Revue Socialiste* de janvier 1910, p. 50 et suiv.

2. Willoughby, *Musée social*, 1902, p. 29 et suiv. — Off. du Trav., *op. cit.*, p. 213 et suiv.

que possible, et nous sommes à même d'en faire une étude assez complète, parce que, pendant toute l'année, nous avons communication des livres de comptes des fabricants chaque fois que nous le désirons. De leur côté, nos loges affiliées se réunissent au mois d'avril et nous envoient leurs indications sur la marche à suivre. Les fabricants nous donnent avis de l'epoque à laquelle leur comité de conférence sera prêt à rencontrer le nôtre. Deux ou trois jours avant cette réunion, nous réunissons ce que nous appelons notre « comité des salaires ». Ce comité des salaires revise notre programme, étudie toutes les propositions et y apporte les changements qu'il juge convenables... Ceci se passe deux ou trois jours avant la séance du congrès ; le congrès lui-même se réunit alors pour juger le programme, étudie les amendements proposés par le comité des salaires, et de nouveaux amendements y sont apportés par le congrès. » L'échelle est d'ailleurs revisée chaque fois que des modifications dans l'outillage ou les méthodes de travail sont susceptibles de diminuer le labeur des ouvriers et d'augmenter la production. Les salaires sont déterminés, par périodes de deux mois, sur les ventes du fer en barres d'un type déterminé pendant les deux mois précédents. En cas de désaccord au sujet de l'interprétation du contrat, la question est soumise à l'arbitre (*adjuster*) qui cherche à concilier les parties plutôt qu'à prononcer entre elles. Lorsqu'un différend individuel s'élève, la réclamation est présentée d'abord au patron par l'intéressé, puis, en cas d'échec, par le comité de l'usine, composé d'ouvriers pris parmi les différentes équipes, et par la loge locale. Le bureau de district de l'association décide s'il y a lieu de faire grève. Le patron a le droit d'en référer au bureau de l'association. Pendant le litige, le travail doit continuer jusqu'à sa solution ou la déclaration de grève.

Il semble que des dispositions aussi prudentes dussent prévenir tous les conflits. Il n'en est rien, car une institution, quelle qu'elle soit, ne peut se substituer à la sagesse des individus appelés à s'en servir. Elle n'empêcha pas les ouvriers, dès 1866, de dénoncer l'échelle mobile et d'obtenir un salaire de 8 dollars par tonne au lieu de 5 que celle-ci leur aurait procuré, en triomphant du lock-out patronal. Ils ne réclamèrent l'établissemeut d'une nouvelle échelle, en 1867, et ne la respectèrent que par la crainte d'une baisse ultérieure. Ce fut au tour des patrons, en 1874, à la dénoncer : les conférences tenues pendant les trente jours prévus par le règlement n'aboutirent pas; les ouvriers refusèrent un arbitrage ; une grève de quatre mois eut lieu, à la suite de laquelle les patrons durent céder. Le défaut d'entente entre ces derniers permettait à l'union ouvrière de triompher d'eux aisément. L'année suivante, elle leur fit signer séparément une échelle qui fut renouvelée d'année en année, jusqu'en 1880. Toute cette période fut marquée par de nombreuses grèves, qui se terminèrent à l'avantage de l'association des ouvriers, renforcée par l'entente conclue, en 1876, entre les fils de Vulcain, le syndicat des chauffeurs, lamineurs et dégrossisseurs, fondé en 1872, et celui des lamineurs fondé en 1873, qui formèrent désormais l'*Amalgamated association of iron, steel and tin workers*. En 1880, à la faveur d'une baisse considérable, les industriels reprirent l'offensive ; les pourparlers échouèrent et plusieurs grèves qui suivirent n'eurent aucun autre résultat que de jeter la désunion dans le sein de la société amalgamée et de réduire son effectif de 40 0/0, en triplant ses dépenses. Ces résultats inspirèrent aux ouvriers une attitude plus judicieuse : en 1885, ils consentirent à la réduction de 10 0/0 de leurs salaires. L'année suivante, un comité mixte, composé des représentants des deux unions patronale et ouvrière, signa une échelle portant sur toutes les spécialités de la métallurgie. Grâce à cette trêve, l'association amalgamée se releva progressivement: son effectif passa de 5.702 membres en 1885 à 11.426 en 1887 et à 24.068 en 1892, payant régulièrement leurs cotisations ; ses recettes s'élevaient à 173,231 dollars et ses réserves à 146.541.

Néanmoins, la stabilité des rapports entre les employeurs et leurs ouvriers n'était pas encore atteinte. En 1892, la compagnie des établissements Carnegie, qui ne reconnaissait les unions ouvrières que sous la pression de la contrainte, proposa une réduction des tarifs à la suite de perfectionnements introduits dans l'outillage, et la fixation au 1er janvier de la date des discussions relatives au renouvellement de l'échelle, qui était jusqu'alors le 1er juillet. Les ouvriers, voyant que cette modification avait pour objet principal de peser sur les décisions des délégués ouvriers, en choisissant une époque moins favorable à la grève, la compagnie étant du reste animée des dispositions les plus malveillantes à l'égard de leur syndicat, dont elle renvoyait tous les adhérents[1], repoussèrent ces propositions et les négociations furent rompues : trois jours après, le lock-out éclatait à Homestead sur tout le personnel de la compagnie. Le conflit donna lieu à de graves engagements entre les grévistes d'une part, les milices privées recrutées par la compagnie et les troupes du gouvernement[2] : 200 grévistes furent arrêtés, les autres durent céder et l'association fut complètement vaincue. Depuis cette époque, toute tentative de groupement est sévèrement prohibée et les meneurs sont impitoyablement renvoyés.

Cependant les unions ont fait des progrès constants dans les autres districts. L'échec de 1892 a tempéré leur attitude et la conclusion des contrats collectifs devient leur principal objectif. Les dix contrats passés en 1896 entre l'Illinois Steel C°, qui occupe 10.000 ouvriers et l'Amalgamated Association règlent minutieusement tous les tarifs des diverses spécialités et toutes les conditions du travail ; ils couvrent

1. Cf. Vigouroux, *op. cit.*, p. 282 et suiv.
2. Levasseur, *op. cit.*, t. I, p. 515 et suiv.

32 pages de format in-12 de texte très serré. Leur objet, aux termes du préambule, est d'« éviter l'ennui et la perte de temps et aussi les grèves qui peuvent résulter d'un « réajustement » de salaires pendant le cours de l'année ». Dans le but d'éviter les circonstances qui s'étaient produites lors de la grève de Homestead, « il est entendu que, dans le cas où les manufacturiers adopteraient des perfectionnements qui leur permettraient de faire effectuer le travail par un nombre moindre d'ouvriers ou par des ouvriers moins exercés, les hommes feront leur possible pour en faciliter le succès et se conformeront aux modifications qui auront été apportées d'un commun accord dans le taux des salaires et le nombre des ouvriers occupés à telle ou telle besogne déterminée ». On voit que l'expérience acquise par les ouvriers leur a enseigné le prix d'une attitude prudente, modérée et loyale. Comme le disait un gréviste devant l'enquête sénatoriale, au sujet de la grève de 1892 : « Cela apprend aux ouvriers à préparer la grève suivante et les rend plus prudents à l'avenir. Les grèves nous ont rendus plus intelligents et nous ont appris à nous rapprocher de l'idée d'arbitrage. »

Elles ont montré, en outre, ce fait d'une importance souveraine de la toute-puissance du capital dans la lutte contre le travail organisé, lorsqu'il oppose à celui-ci une organisation aussi forte animée d'une volonté tenace de vaincre l'adversaire, et, par suite, la nécessité d'amener les employeurs à des sentiments favorables à une entente pacifique. A partir de 1896, le développement de l'industrie du fer et de l'acier, qui, jusqu'alors, s'était produit en se concentrant dans un petit nombre de grandes entreprises, fit un nouveau pas vers une concentration encore plus parfaite. Grâce à leur groupement dans de grandes sociétés centralisant chaque spécialité de l'industrie et disposant de capitaux s'élevant à plusieurs centaines de millions de dollars, les établissements parviennent à réduire considérablement leurs frais généraux et à augmenter leur clientèle, tout en supprimant la concurrence. Ces compagnies elles-mêmes se sont réunies en 1901 pour former le trust national de l'acier (*United States steel corporation*) au capital de 1.100 millions de dollars, réalisant l'unité d'intérêt et de direction entre les diverses branches qui concourent à la production de l'acier, mines, transports maritimes, chemins de fer, usines métallurgiques, et remplaçant la concurrence par l'entente. On conçoit la puissance formidable qu'un pareil groupement oppose à l'action, même la mieux coordonnée, des unions ouvrières. En 1901, l'Association amalgamée demanda à la Corporation de l'acier d'appliquer l'échelle mobile dans toutes ses usines, de façon à supprimer la diversité de traitements qui régnait, au point de vue syndical, entre les usines. Elle se heurta à un refus qui l'amena, après plusieurs conférences, à limiter sa demande aux usines dont le personnel était syndiqué ou désirait se syndiquer. La compagnie, craignant l'extension de l'association ouvrière, limitait l'application du contrat aux localités où elle existait déjà l'année précédente. Celle-ci déclara la grève, au mois de juillet, dans les établissements de trois compagnies de la corporation qui occupaient 35.000 ouvriers : ces usines faisaient partie de celles dont la proposition patronale aurait exclu l'application du contrat, mais leur personnel était en voie de se syndiquer. De nouvelles conférences eurent lieu, le 3 août, sans résultat. L'Association étendit alors la grève à toutes les usines de la corporation, comprenant 60 à 80.000 ouvriers. La réponse de la Compagnie consista à démonter les usines de l'Illinois pour les transporter dans les régions qui échappaient à l'action de l'association. Après de vaines tentatives, de la part de celle-ci, soit pour soulever les travailleurs de ces dernières, soit pour entraîner les travailleurs des chemins de fer et des usines à faire cause commune avec elle, soit enfin pour arracher à la Compagnie des conditions plus favorables, l'association comprit que le nombre des usines en grève diminuait à vue d'œil et que la continuation de la grève la conduisait à sa perte : elle accepta la proposition patronale et signa une convention admettant l'échelle mobile dans les seules usines où son influence ne pourrait être discutée, interdisant toute tentative d'association dans celles qui excluaient les unionistes et stipulant le renvoi de tout ouvrier qui chercherait à empêcher le travail des autres. Le bilan de cette grève se solde par une perte de nombreuses usines pour l'association ; elle ne semble pas avoir fait avancer la question du contrat de travail ; elle montre du moins les progrès accomplis sur le terrain syndical par ces ouvriers qui ont obéi au mot d'ordre de leur association et se sont soumis durant de longues semaines à une dure discipline, sans causer aucun désordre ni commettre aucune violence. Elle prouve aussi qu'en l'absence, chez les deux parties, d'un désir conscient d'arriver à une entente et à une solution amiable, tout progrès, chez l'une d'elles, de l'unité syndicale doit correspondre à un mouvement parallèle chez l'autre ; dès que l'équilibre des forces en présence est rompu, les tendances à l'abus de la force sont tellement impérieuses que le maintien de la paix et de la concorde est à peu près impossible.

III. — Le contrat collectif en France

Ainsi qu'on l'a plusieurs fois constaté, le contrat collectif discuté entre les parties ou leurs représentants est aussi exceptionnel en France qu'il est général dans les milieux ouvriers dont nous venons de parler[1]. Les faits observés jusqu'ici nous permettent déjà d'en apercevoir la cause dans la faiblesse du mouvement syndical qui a été constatée dans le chapitre précédent. Cette hypothèse se trouvera

1. Fagnot, *le Contrat de travail*, 1907, p. 101.

vérifiée lorsque nous verrons que les exemples les plus saillants que nous rencontrons dans notre pays appartiennent précisément aux industries où le développement des organisations ouvrières est le plus avancé.

Nous avons vu que la profession de l'imprimerie est l'une de celles ou les associations ouvrières sont les plus anciennes et ont tenté les premières de réaliser le contrat de travail. Des essais infructueux avaient eu lieu dès 1833. La Société typographique parisienne y réussit, presque dès ses débuts : à la suite de longues et difficiles discussions, un tarif fut signé le 10 juillet 1843, qui stipulait les conditions du travail et les moyens de régler les conflits pouvant s'élever au sujet de son application, à l'aide d'une commission mixte. Cette commission a concilié, jusqu'en 1846, 30 différends, et ses décisions ont été acceptées sans appel par les deux parties. En 1848, on institua une commission arbitrale permanente chargée de régler les différends d'application et d'interprétation, en vue d'éviter tout règlement particulier et individuel. Cet organisme fonctionna régulièrement jusqu'en 1854, date à laquelle les maîtres-imprimeurs refusèrent de remplacer leurs délégués sortants ; sur la demande des parties, ces derniers restèrent en fonction. En 1858, la commission disparut [2].

La cherté des vivres et des loyers en 1861 rendit nécessaire une revision du tarif : une commission mixte fut élue à cet effet et accomplit sa tâche. Mais les ouvriers, considérant les concessions comme insuffisantes, repoussèrent le tarif par 2.250 voix. Sur ces entrefaites, une grève ayant eu lieu à l'imprimerie Le Clère pour renvoi d'ouvriers, la police intervint et arrêta plusieurs grévistes pour délit de coalition. Alors les ouvriers adressèrent une pétition à l'Empe-

1. *Supra*, p. 116 et suiv.

2. Off. du Trav., *Concil. et arb.*, p. 501 et suiv.; *Les Assoc. profess.*, t. I, p. 707 et suiv.; 825 et suiv. — *Musée social*, 1897, circulaire 15, série B.

reur, le 30 mars 1862, sollicitant, à défaut de la liberté de l'imprimerie, le règlement prévu par le décret du 5 février 1810 au sujet de l'organisation de cette profession et de la fixation d'un tarif obligatoire. Le gouvernement déclina cette proposition, s'en remettant au contrat libre entre les parties. La liberté était, dans l'occurence, totalement absente du contrat et les ouvriers durent accepter les conditions faites par leurs patrons. Au mois de juillet, les ouvriers à la journée, dont la situation n'était pas prévue, s'étant mis en grève, des condamnations correctionnelles furent prononcées contre leurs meneurs. Une nouvelle revision eut lieu en 1867 sur la demande des ouvriers : les patrons consentirent une augmentation de salaires de 50 centimes par jour en moyenne, mais repoussèrent le régime de la commandite obligatoire que réclamaient les ouvriers.

La Société typographique se ressentit, comme les autres sociétés ouvrières, des conséquences de la guerre, et l'épuisement de ses ressources, en 1871, l'obligea à l'inaction pendant plusieurs années. En 1876, elle demanda une revision du tarif. Un accord s'établit, en 1878, sur le travail aux pièces ; mais les divergences d'opinion concernant le travail en conscience occasionnèrent la grève qui ruina l'association et incita les ouvriers à créer la Fédération de leurs sociétés. Par ailleurs, les conditions du marché rendaient plus que jamais l'union nécessaire : la concurrence entre les patrons les poussait à une dépression constante des salaires et à l'acceptation de marchés désavantageux, parfois exécutés à perte[1] ; l'entente entre les patrons, nécessaire à la réalisation du contrat collectif, était impossible dans ces conditions[2], et cette situation contribuait activement à

1. Certains patrons acceptaient les travaux de la préfecture avec des rabais de 75 o/o, uniquement pour être connus comme imprimeurs de l'administration.

2. Un imprimeur parisien, voulant mettre un terme à cette lutte, obtint de ses confrères la promesse d'observer un tarif pour les com-

déprimer les salaires et à hâter l'exode des ateliers vers la campagne. La Fédération typographique, fondée en 1881, porta tous ses efforts vers la conclusion de contrats avec les employeurs dans toutes les villes où la chose était possible[1], cherchant à éviter les grèves qui pourraient entraver l'accord nécessaire[2]. Les statuts de cette association obligent les sections locales, en cas de dissentiment avec les patrons au sujet de la revision du tarif, d'en informer le Comité central; c'est ce dernier qui autorise la grève, lorsque tous les moyens de conciliation ont été épuisés, et approuve les conditions proposées par la section. Les grèves autorisées donnent droit à un secours de 3 fr. 50 par jour.

Cette tactique permit d'arriver enfin à l'accord poursuivi avec tant de persévérance. En 1895, les associations patronale et ouvrière ayant tenu, l'une et l'autre, leur congrès à Marseille, adoptèrent le principe d'un comité mixte. Celui-ci s'est réuni à Paris en 1896 et 1897 pour élaborer un programme et a arrêté un tarif pour le travail à la machine, un règlement concernant l'apprentissage, et adopté l'institution de la commission d'arbitrage. Cette entente a favorisé la généralisation du contrat collectif, qui a été adopté successivement à Clermont-Ferrand, en 1896[3], à Nice en 1898, à

mandes qu'ils accepteraient. Quelques jours après, cet industriel ayant demandé les factures de ces derniers, ne put en obtenir une seule.

1. Des contrats existaient déjà, entre typographes et maîtres-imprimeurs, à Rouen depuis 1877, à Nancy et à Nîmes depuis 1882, etc.

2. En 1882, à Lyon, un imprimeur refusa d'appliquer le tarif convenu et renvoya de son atelier les membres du comité, disant qu'il n'avait signé que sous l'empire de la contrainte. L'établissement fut mis à l'index; mais les ouvriers non renvoyés refusèrent d'obéir au délégué, et les autres durent se soumettre. Inversement à Nîmes, la même année, une grève ayant eu lieu pour augmentation de salaires, le délégué chercha vainement à ramener les ouvriers à l'application loyale du tarif, et la grève se termina également par un échec.

3. *Bull. Off. Trav.*, 1896, p. 171.

Limoges en 1900 [1], à Lyon et à Nantes en 1905 [2], à Montpellier en 1907 [3].

Au reste, l'adoption du contrat collectif n'empêche pas tous les conflits. A la suite des pourparlers qui ont eut lieu à Paris, au mois de mars 1906, les ouvriers, consultés par voie de referendum, ont repoussé les propositions patronales et voté la grève pour le 19 avril. Les négociations, reprises le 23 entre les deux syndicats, furent rompues le lendemain et les patrons décidèrent de traiter isolément avec leurs propres ouvriers; le 20 mai, ils repoussèrent l'offre de médiation du juge de paix. La grève, terminée le 15 juillet, n'apporta aucun avantage aux ouvriers [4]. En revanche, dans l'ensemble de la corporation, le mouvement qui se produisit à ce moment est le seul qui ait abouti à un résultat, parmi l'agitation créée par la C. G. T. à l'occasion du 1er mai : la réduction à neuf heures de la journée de travail fut obtenue sans grève dans 136 villes, dans 44 après grèves; il y eut en outre 12 transactions et seulement 9 échecs [5].

Toute l'histoire du contrat de travail dans l'industrie typographique montre combien est étroit le lien qui existe entre le développement de l'organisation syndicale, portant les caractères que nous avons mis en relief, et la réalisation du contrat collectif. Sans doute, ainsi qu'on l'a fait remarquer, ce ne sont pas toujours les secrétaires des syndicats eux-mêmes qui y ont apposé leur signature : en 1843, comme les années suivantes, ils ont cédé la place aux délégués élus directement par les ouvriers; aujourd'hui encore, beaucoup

1. Un patron, dans cette ville, tout en déclarant l'appliquer, refusa de le signer, et remplaça son personnel par des ouvriers venus du dehors. Il en fut de même, en 1902, dans un autre atelier dont le patron refusa de soumettre un différend à la commission mixte instituée par la convention.

2. Off. du Trav., *Statist. des grèves*, passim.

3. *Rev. polit. et parlem.*, t. XLI, p. 376.

4. Off. du Trav., *Statist. des grèves pour 1906*, p. 796-796.

5. *La Typographie*, 1er octobre 1906.

de patrons en sont encore à reconnaître aux syndicats la qualité de représentants de leurs ouvriers, et ils ne s'y résignent que lorsqu'ils y sont contraints [1]. Mais il n'en est pas moins vrai que, chaque fois qu'un accord a été conclu, son élaboration a été effectuée sous l'inspiration immédiate du syndicat : le vote des délégués s'opérait sur les listes émanées de celui-ci; d'autre part, les revendications des ouvriers n'ont triomphé d'une manière durable, n'ont été sanctionnées par une convention formelle, que là où les travailleurs étaient groupés en syndicats solides et animés des tendances qui donnent la prospérité aux organisations ouvrières.

L'une des professions dont l'histoire, au point de vue du contrat collectif, offre le plus d'intérêt, est, après celle de l'industrie du livre, celle du tulle, importée à Calais en 1817 par des industriels et des ouvriers de Nottingham [2]. Ces derniers avaient fondé des sociétés de secours mutuels rattachées aux *friendly societies* de leur pays d'origine; mais leurs tentatives de groupement sur le terrain de la défense professionnelle restèrent longtemps stériles. L'Union française, fondée en 1883 pour répondre à la constitution de l'association patronale, proposa à celle-ci, en 1884, d'agir de concert pour empêcher l'industrie d'émigrer de Calais à Caudry, grâce à l'unification des tarifs : elle se heurta à un refus. Elle n'était pas assez forte pour obtenir un résultat sérieux dans les conditions du travail, et disparut même pendant un temps, faute de cohésion parmi ses membres. Le syndicat rival, l'Alliance, proposa à son tour aux patrons de discuter le rétablissement du tarif antérieur au krach financier dont on venait de subir le contre-coup : le président de la chambre patronale engagea les ouvriers à grouper préalablement dans leur syndicat l'ensemble de la profession et à élaborer un projet de tarif sur lequel on pour-

1. E. Fournière, *Revue Socialiste*, 1905, t. II, p. 138.
2. Off. du Trav., *les Associations profes.*, t. II, p. 405 et suiv.

rait discuter contradictoirement. Conformément à ces conseils, l'Alliance élabora une liste de prix et la présenta au syndicat patronal : celui-ci la jugea inacceptable et les négociations furent rompues. Deux ans après, les deux syndicats ouvriers étaient parvenus à établir de concert un projet de tarif qu'ils adressèrent aux patrons : ces derniers s'excusèrent de ne pouvoir y donner suite, faute d'avoir réuni assez d'adhésions.

En 1890, un projet, présenté par la chambre patronale, fut repoussé par les syndicats ouvriers qui mirent à l'index une maison qui en avait tenté l'application. Le syndicat patronal, du reste, exprima lui-même un blâme à l'adresse de ceux de ses membres qui payaient des salaires inférieurs au tarif minimum en vigueur, et se déclara prêt à discuter avec les ouvriers les bases d'un tarif, en s'engageant à ne pas modifier les tarifs jusqu'à l'adoption de celui-ci ; il repoussait au surplus toute immixtion des ouvriers dans l'administration intérieure des fabriques, réservant son droit d'établir les règlements d'atelier, et s'engageait à répondre par le lock-out à toute mise à l'index, chaque fois que le tarif minimum serait respecté. Le lendemain, les ouvriers nommèrent une commission, et une conférence eut lieu entre les deux délégations : l'accord ne put se faire, les patrons proposant un tarif de conciliation, alors que les ouvriers entendaient imposer le leur. Après un mois de chômage, les négociations recommencèrent sur les bases proposées par les ouvriers et le tarif fut signé. Il était établi pour un an, avec obligation de se prévenir un mois à l'avance pour tous les changements à y apporter ; une commission composée de trois délégués des patrons et de trois délégués des ouvriers avait mission de juger les contestations qui pourraient s'élever au sujet de son application.

Ce tarif ne fut cependant pas appliqué scrupuleusement. Les patrons reprochaient aux ouvriers de n'avoir pas su l'imposer aux petits fabricants. L'Union répondait qu'elle avait eu assez à faire d'obliger les signataires de la convention à l'observer. Le 31 août 1891, le Comité mixte fut dissous et les patrons reprirent leur liberté d'action. En vain l'Union proposa-t-elle, le 1er septembre, un remaniement du tarif; la chambre patronale se contenta, pour toute réponse, de lui adresser une copie de sa décision de la veille. L'attitude des patrons, dans la circonstance, fut appréciée en ces termes par les délégués de l'Union de Calais et de celle de Caudry : « 1° Considérant que la dénonciation du tarif par les patrons a pour but de profiter de la rareté des commandes pour imposer aux ouvriers une diminution de salaires, en essayant de provoquer une nouvelle grève dans un moment où les patrons peuvent se dispenser d'une partie de leur personnel, — le syndicat des tullistes de Caudry, représenté par ses délégués et le syndicat de l'Union des tullistes de Calais décident qu'un même tarif sera imposé aux patrons aussitôt après la reprise des affaires. » Les syndicats décidaient en outre de prononcer l'interdit, à la même époque, contre les six fabricants qui auraient eu l'attitude la plus hostile contre les ouvriers syndiqués.

Les années suivantes, des essais infructueux de reprise des négociations eurent lieu. A la fin de 1893, les circonstances étant devenues plus favorables et le calme étant revenu dans les esprits, l'Union ouvrière qui groupait les huit dixièmes des ouvriers, proposa aux patrons l'adoption des tarifs de Nottingham qui y étaient appliqués depuis vingt ans, ainsi que la journée de dix heures et l'établissement d'une commission arbitrale, à l'instar de celle qui existait dans cette ville. Après une première réponse dilatoire, écartée par la sagesse de l'Union, relative à la division des ouvriers, le syndicat patronal écrivit au fond, le 31 mars 1894, que le tarif proposé lui paraissait inapplicable aux variétés fabriquées à Calais et d'une complication inutile; quant à la commission arbitrale, elle ferait double emploi avec le conseil des prud'hommes. L'Union réfuta ces objections, dans une brochure que les patrons jugèrent malveillante et blessante, et à laquelle ils répondirent. Une délégagation-ouvrière se rendit alors à Nottingham pour y étudier l'application du tarif et en rapporta une critique documentée de l'attitude des fabricants. Ces derniers refusèrent encore, dans le cours de la même année, de discuter les tarifs avec l'Union. On continuait à appliquer, en fait, ceux de 1890.

En 1896, l'intérêt des fabricants les rendit moins intransigeants. Ils avaient constitué un groupe de défense contre les maisons de commission qui profitaient des échantillons et des dessins qu'elles avaient en dépôt pour les faire exécuter à bas prix par des façonniers. Les syndicats ouvriers avaient offert leur concours ; mais les patrons, ayant obtenu des commissionnaires la signature d'une convention, crurent pouvoir s'en passer. Cependant ils ne tardèrent pas à s'apercevoir de l'utilité de l'aide des syndicats. Le 8 décembre, par une convention passée entre le groupe de défense et l'Union, celle-ci s'engagea à ne faire travailler que chez les fabricants payant le tarif de 1890 et à mettre les autres à l'index ; les patrons s'engageaient à observer ce tarif. Conformément à cet engagement, depuis le 11 janvier jusqu'au 13 novembre 1897, 74 établissements furent mis à l'index et l'Union dépensa 32.000 francs en secours de grève.

Cependant les malentendus continuèrent à se manifester dans le sein de la commission mixte, qui ne parvenait pas toujours à résoudre à l'amiable les difficultés qui se présentaient ; chaque partie rejetait sur l'autre le reproche de s'obstiner dans ses propositions sans vouloir céder. En 1898, les relations entre les syndicats patronal et ouvrier se sont de nouveau rompues. On se souvient, d'autre part, du grave conflit qui fut suscité par l'application de la loi du 30 mars 1900, relativement à la suppression du travail de nuit, conflit dans lequel la chambre patronale s'appuya sur le concours d'un syndicat nouvellement fondé,en opposition avec l'Union, sous le nom de l'Emancipation, pour éluder la convention qu'elle venait de signer sur ce point[1].

On pourrait citer bien d'autres exemples de contrat collectif en France[2]. Nous relaterons plus loin[3] celui qui est intervenu dans l'industrie du bâtiment à Paris, à la suite d'un conflit récent. Toutes ces conventions sont partielles, isolées et peu stables, et l'industrie du livre est la seule en France qui ait su réaliser le régime du contrat collectif dans l'ensemble de la profession. On y voit, comme dans les deux exemples qui viennent d'être exposés, à quel point l'emploi plus ou moins satisfaisant de ce genre de conventions dépend étroitement du degré de perfection des organisations ouvrières. Dans tous ces cas, comme dans les autres où le contrat collectif a été réalisé, c'est sur les organisations ouvrières que l'institution repose et ce sont elles qui en ont amené le succès. D'autre part, nous voyons que son sort est intimement uni à la puissance de cohésion et à la sagesse de direction de celles-ci : cette observation, capitale dans notre sujet, nous montre quelle est la source normale de ce remède aux conflits du travail. La conclusion de tous les faits que nous venons de passer en revue est donc la nécessité d'organisations ouvrières puissantes pour pouvoir aboutir au contrat collectif, et la reconnaissance des caractères que ces groupements doivent posséder pour remplir cet objet d'une façon satisfaisante. Nous devons maintenant, pénétrant plus avant dans l'analyse de cette institution, rechercher dans l'examen des faits dont nous venons d'exposer la genèse, l'objet propre de cette institution, ses conditions d'application et ses résultats.

1. Off. du Trav., *Statist. des grèves*, 1901, p. 594.
2. Cf. *Revue socialiste*, mars 1910, p. 241, 247 et suiv.
3. *Infra*, chap. VI, § II.

CHAPITRE IV

Objet du contrat collectif

L'étude du contrat de travail nous oblige avant tout à rechercher d'une façon précise l'objet auquel il s'applique : c'est en effet la fonction pratique que doit remplir un instrument qui en détermine la forme, la nature et le mode d'application. Cet objet ne saurait être déterminé *a priori.* Une proposition, au sujet de laquelle il n'existe guère de discussion aujourd'hui, est que la direction d'une entreprise, appartenant à l'industriel et excluant le contrôle des salariés, comprend les questions relatives au capital employé, à l'organisation matérielle de l'usine, à l'achat des matières premières, à la responsabilité de leur transformation à un prix de revient déterminé et au placement de ces produits [1]. Cependant ces cinq opérations n'ont pas toujours été les seules dans lesquelles les chefs d'industrie entendaient commander en maîtres : jusqu'à une époque récente, la plupart se refusaient à aliéner leur liberté en apposant leur signature à un engagement les liant vis-à-vis de leur personnel ; un très grand nombre considèrent encore comme un empiétement sur leurs prérogatives toute restriction au choix de leurs ouvriers [2]. Rien n'indique d'autre part que

1. Yves Guyot, *l'Organis. commerc. du travail*, 1900.

2. On se rappelle la lutte engagée récemment entre les compagnies du trust de l'acier et l'union ouvrière, au sujet de la représentation des

les cinq fonctions qui viennent d'être énumérées échapperont toujours au domaine du contrat de travail : si les revendications des travailleurs tendant à s'opposer aux perfectionnements de l'outillage ne sauraient être admises, il n'en est pas de même de l'aménagement du matériel en tant qu'il intéresse la santé du personnel ou la sécurité [1]. Les accords qui ont lieu parfois entre les organisations patronales et ouvrières, par exemple dans les filatures du nord de l'Angleterre, en 1894, pour obtenir une modification des tarifs douaniers, ou en 1896 chez les tullistes de Calais, pour lutter contre la concurrence des commissionnaires, montrent bien la possibilité de comprendre des questions intéressant la partie commerciale de l'entreprise dans la convention écrite passée entre les organisations intéressées. Le seul procédé qui permette de délimiter avec certitude le domaine du contrat collectif consiste donc à observer quels sont les éléments qui, en fait, le constituent actuellement, tout en réservant l'avenir sur les modifications possibles de ces limites. Le plus important de ces éléments est la fixation des salaires : c'est lui que nous examinerons en premier lieu.

I. — Les théories concernant le salaire

La question des salaires est l'une de celles au sujet desquelles les économistes et les sociologues ont émis le plus d'opinions divergentes. Un obscur pressentiment de l'existence des lois suivant lesquelles se produisent tous les phé-

ouvriers par celle-ci (*supra*, p. 144-146). En Angleterre, jusqu'en 1869, les patrons s'opposaient systématiquement à l'intervention des représentants des ouvriers dans les conflits (Webb, *Hist. du Trade-Union.*, p. 365 et suiv.).

1. On ne peut soutenir qu'une ingérence des ouvriers en cette matière viole l'indépendance patronale plus que ne le fait le contrôle que se réservent sur l'installation de l'outillage les Compagnies d'assurance contre les accidents.

nomènes sociaux, les a conduits à soutenir que la détermination des salaires n'est pas le fruit du hasard ou de la fantaisie arbitraire des individus, mais obéit à des lois immuables auxquelles le libre arbitre de l'homme ne peut rien changer. Cette proposition, si elle était vraie dans ces termes, aurait une grande importance pour notre sujet : dans ce cas, en effet, il serait vain de chercher des combinaisons permettant à la classe ouvrière d'élever ses salaires, et tous les efforts qu'elle a dépensés dans ce but, les souffrances et les condamnations qu'elle a endurées seraient perdus pour elle. Notre étude n'aurait plus d'objet, car le contrat collectif, les associations et les grèves seraient inutiles. La certitude de l'existence des lois sociales nous fait un devoir de rechercher quelle est celle de ces lois qui règle les salaires, et si elle est conciliable ou non avec l'action collective des travailleurs.

Si les économistes sont généralement d'accord au sujet de l'existence d'une loi des salaires, ils cessent de l'être lorsqu'il s'agit de la formuler. L'une des premières théories émises, vers 1823, par M'Culloch, à une époque où la grande industrie, à ses débuts, appelait de nouveaux capitaux, a été inspirée par l'influence que la quantité des capitaux disponibles exerçait sur la rémunération des travailleurs [1]. Ce système, dit du « Fonds des salaires », affirme que « les salaires dépendent, à un moment déterminé, du Fonds ou du Capital consacré au paiement des salaires, comparé avec le nombre des travailleurs... Les travailleurs sont le diviseur, le Capital le dividende » [2]. Les salaires ne peuvent donc varier qu'à l'une des deux conditions suivantes, augmentation des fonds dépensés en main-d'œuvre, diminution du nombre des ouvriers. Or, le capital peut sans doute être augmenté par l'épargne : mais à un moment déterminé, son montant

1. Levasseur, *Journal des Écon.*, 1888, p. 3.
2. M'Culloch, *Encyclopædia Britannica*, 1823, v° *Wages*.

est fixé d'une manière immuable par les circonstances économiques et, à ce moment, les travailleurs doivent nécessairement s'en partager le total. Il s'ensuit qu'en pratique, ces derniers n'ont à leur disposition que deux moyens d'obtenir de plus hauts salaires : abaisser d'autant ceux d'une autre catégorie de travailleurs, et le fait s'observe, dit-on, chez les fileurs anglais qui sont parvenus à obtenir des salaires exceptionnels grâce à la dépression de ceux des tisserands à la main, et qui se coalisaient pour empêcher ceux-ci de quitter leur métier pour venir leur faire concurrence ; l'autre moyen consiste à réduire le nombre des copartageants [1], soit en s'abstenant d'augmenter la population, soit en excluant des ateliers les travailleurs dont le grand nombre est une cause de dépression des salaires, comme les enfants et les femmes [2].

Le défaut capital de cette théorie est qu'elle ne correspond à aucune réalité concrète. Stuart Mill, qui fut l'un de ses principaux défenseurs, n'a pas craint de le reconnaître : « La doctrine qu'ont enseignée jusqu'ici tous les économistes, moi tout le premier, d'après laquelle il ne serait pas possible d'élever les taux des salaires par des combinaisons entre les travailleurs, ou qui limiterait l'action de ces combinaisons à l'acquisition plus hâtive d'une hausse que la concurrence aurait produite sans cela, cette opinion ne repose sur aucune base scientifique et doit être rejetée [3]. Les faits sur lesquels elle s'appuie, à savoir l'influence du chiffre plus ou moins élevé des capitaux placés dans l'indus-

1. Comme cette hypothèse n'a aucune chance de se réaliser, on en conclut que la tendance à la baisse des salaires doit être constante tant que le capital n'augmente pas dans une proportion encore plus forte.

2. M'Culloch, *op. cit.*, v° *Combinations*.

3. Stuart Mill, dans *Fortnighthy Review*, mai-juin 1859. — « Il n'est pas possible de prouver scientifiquement que le supplément de salaire soit pris sur la masse des salaires plutôt que sur celle des profits ou qu'il figure dans le coût de production. » (Levasseur, *L'ouvrier américain*, t. I, p. 565).

trie, permettant d'élever la masse des salaires payés à un moment donné, et celle agissant en sens inverse de la concurrence, plus ou moins intense, que se font entre eux les travailleurs, sont des faits d'observation dont l'importance sur la détermination des salaires n'est pas douteuse ; mais ce qui est inadmissible, c'est de prendre, d'une part, les salaires payés et de l'autre les travailleurs comme deux entités fixes et homogènes, permettant d'établir entre elles un rapport constant que l'on décore du titre de loi ; la théorie en question implique, dans l'intérieur de chacun de ces deux facteurs, une identité de nature et une mobilité parfaite de tous les éléments qui les constituent, de telle sorte qu'une pression sur un point corresponde, immédiatement et conformément à un équilibre constant, à une dépression sur un autre. Rien n'est plus contraire à la réalité : d'un pays à un autre, et dans le même pays d'un métier à un autre, et dans le même métier d'une catégorie de travailleurs à une autre, la concurrence n'existe pas forcément entre ces derniers; elle ne se fait sentir que dans le cas où ces diverses catégories sont interchangeables pour un travail identique. C'est ainsi que les hauts salaires des fileurs n'exercent aucune influence sur ceux des tisserands à la main, qui n'auraient pas moins baissé, quand même ceux des premiers seraient restés au même niveau ; et, d'autre part, l'influence déprimante qu'exercent les femmes et les enfants sur les salaires des hommes *travaillant dans le même métier* dérive, non du nombre de ces travailleurs, mais du taux de salaires qu'ils acceptent, et ne se produirait pas si leurs salaires égalaient ceux des hommes.

Au système précédent, qui ne paraît plus guère être soutenu aujourd'hui, a succédé celui de la relation entre les salaires et la productivité du travail : observant que les inventions qui rendent le travail plus productif permettent d'élever les salaires, et que cette élévation a lieu précisément dans les pays neufs où la productivité atteint le plus haut développement, on a conclu que c'est celle-ci qui sert de règle et de mesure aux premiers. C'est aussi dans l'un de ces pays neufs où ces phénomènes se produisent avec le plus d'intensité, aux États-Unis, que cette théorie a pris naissance et a été exposée pour la première fois [1]. Ce système, qui s'appuie sur des faits d'ailleurs exacts, à savoir l'influence certaine qu'exerce *dans bien des cas* la variation de la productivité sur les salaires, a été surtout en vogue parmi les économistes de la seconde moitié du XIXe siècle [2].

Que l'accroissement de la productivité du travail soit généralement proportionnel à l'élévation des salaires, il n'est guère possible d'en douter : un industriel intelligent n'hésite pas à payer largement l'ouvrier actif et consciencieux, alors qu'il trouve toujours trop cher le maigre salaire qu'il donne à l'ouvrier nonchalant et qui gâche l'ouvrage [3]. On doit même aller plus loin, en disant que l'accroissement de la productivité est une condition de celui des salaires : plus le travailleur met son travail à haut prix, plus il doit en faire apprécier l'utilité [4]. Mais de ce que la productivité exerce une influence sur les salaires, il ne s'ensuit nullement que ce soit elle qui les détermine. Prise dans ces termes, cette théorie est en contradiction flagrante avec les faits les plus incontestables et les plus frappants de l'indus-

1. Levasseur, *Journ. des Écon.*, *loc. cit.*

2. *Ibid.* — Levasseur, *l'Ouvr. amér.*, t. I, p. 603. — P. Leroy-Beaulieu, *Traité*, t. II, p. 262 et suiv. — Ce dernier auteur conclut notamment de cette relation, que le travail des femmes et des enfants, en augmentant la production générale, est avantageux pour les travailleurs, car en abaissant le prix de revient, il permet à la classe ouvrière une plus grande consommation.

3. On connaît le mot d'un grand entrepreneur américain, suivant lequel la main-d'œuvre à bon marché est la plus coûteuse (Brassey, *Work and Wages*, p. 87).

4. Il faut noter cependant qu'en général, dans les industries manuelles, les salaires ont haussé pendant que la productivité individuelle baissait : il en est ainsi dans les mines (Amieux, *Des Condit. du trav. dans les mines*, 1908, p. 163 et suiv.), dans l'industrie du bâtiment, etc. (*Enquête de la Commission de la Chambre, Doc. parl.*, t. XII, 1885).

trie moderne. Nous avons vu que le premier effet de l'immense accroissement de la productivité du travail qui a été le résultat du machinisme et de la division du travail en Angleterre, a été une dépression profonde des salaires et de la situation des ouvriers. Il en fut de même en France : l'outillage mécanique était répandu, dès le début du XIXe siècle, dans les industries textiles [1]. Or, voici quelle était la rémunération de ces ouvriers à la même époque : alors que dans toutes les professions manuelles les salaires étaient de 3 à 6 francs par jour, les maçons gagnant de 3 fr. 50 à 4 francs, les serruriers et les couvreurs 5 francs, les charpentiers et les menuisiers de 3 à 4 francs, les carrossiers-selliers de 3 à 6 francs, les joailliers de 4 à 5 francs, les bottiers de 4 à 12 francs, etc., et que les manœuvres dans les travaux du bâtiment ou du marbre n'étaient pas payés moins de 2 francs et les aides-garçons de 1 à 2 francs, les salaires des ouvriers drapiers n'étaient que de 0 fr. 75 à 1 franc, ceux des fileurs de 1 franc à 1 fr. 75, ceux des ouvriers dans les manufactures de laine et de coton de 1 fr. 50 à 2 fr. 50 ; et je ne parle pas de ceux des tisserands, qui étaient de 0 fr. 60 à 0 fr. 75, de ceux des dentellières de 0 fr. 25 à 1 fr. 50, de ceux des femmes occupées dans les manufactures de 0 fr. 60 à 1 fr. 25, de ceux des enfants dans les mêmes conditions de 0 fr. 40 à 0 fr. 75 [2].

Cette dépression est même une conséquence normale de l'accroissement de la productivité. Elle rentre dans les prévisions de tout industriel qui adopte un outillage plus perfectionné, et nous avons vu que c'est généralement pour échapper aux demandes d'augmentation des salaires qu'il recherche ces procédés plus productifs. Telle est la principale cause de l'hostilité des syndicats à l'égard du travail à la tâche : c'est qu'elle n'incite à l'accroissement de la pro-

1. Levasseur, *Hist. des classes ouvr. et de l'ind. en France de 1789 à 1850*, 2e éd., p. 413 et suiv.

2. *Ibid.*, p. 500 et suiv.

ductivité que pour arriver à une réduction des salaires [1]. Il faut conclure qu'en l'absence d'un élément autre que la productivité, celle-ci, laissée à sa seule efficacité, est impuissante à produire l'élévation des salaires.

Il est un grand nombre d'autres faits, non moins indiscutables que le précédent, qui viennent démentir la théorie de la productivité. Lorsqu'on envisage des travailleurs appartenant à des professions différentes, on voit que ceux dont les salaires sont les plus élevés ne sont pas toujours ceux dont la production est la plus intense. L'ouvrier d'art est bien plus payé que l'ouvrier d'usine, bien que la valeur de sa production journalière soit moindre que celle du second. Si l'on fait intervenir, dans ce cas, pour l'expliquer, la rareté des aptitudes nécessitées pour ce genre de travail, ou le coût de l'apprentissage [2], quelle que soit l'influence réelle de ces circonstances, il s'ensuit tout au moins que la productivité ne suffit pas à déterminer le taux des salaires [3]. D'une façon générale, la différence de rémunération n'est nulle-

1. On en trouverait un exemple frappant dans Waxweiler, *Rev. d'Écon. polit.*, 1907, p. 591. — V. aussi notre article sur *le Machinisme et le Chômage*, dans la *Rev. d'Écon. polit.* de février 1910, p. 138 et s. — Dans les mines, l'ouvrier limite systématiquement sa production, parce qu'il sait qu'une augmentation de celle-ci amènerait une réduction infaillible des tarifs (Amieux, *op. cit.*, p. 155-156). Un armateur anglais, W. Denny, qui réclamait en 1876 l'adoption du travail aux pièces, écrivait dix ans plus tard : « Sauf dans les cas où les salaires peuvent être fixés par un accord entre l'ensemble des ouvriers du métier et leurs patrons, le travail aux pièces n'a pas le pouvoir de se régler lui-même et peut, sous la pression d'une forte concurrence, être abaissé au-dessous de ce qu'on pourrait considérer comme un niveau convenable. » (Webb, *Industr. Democr.* t. I, p. 293).

2. P. Leroy-Beaulieu ; *op cit.*, p. 332, 335.

3. M. Levasseur (*Journ. des Écon.*, 1888, p. 41), constatant que les domestiques sont payés davantage qu'autrefois, sans employer des machines pour faire le ménage, déclare que « la productivité, quelque extension qu'on donne à ce mot, n'explique pas tous les phénomènes ». On pourrait ajouter que les domestiques travaillent certainement beaucoup moins qu'autrefois, le nombre en étant accru par le moyen des gens de journée.

ment expliquée par celle de la productivité : la fileuse au métier, qui fait 10.000 fois plus de fil que celle au rouet, ne reçoit pas une rémunération proportionnelle à cette différence [1]. On peut même observer que dans bien des professions, l'augmentation des salaires a été concomitante à une diminution de la productivité : « Les charpentiers et les menuisiers gagnaient, en 1842, 4 fr. par jour ; en 1852, 5 fr. ; en 1862, 6 fr. ; en 1872, 7 fr. ; en 1882, 8 fr., et la série de la ville de Paris compte aujourd'hui la journée à 9 fr. Mais ce qui n'est pas moins curieux, c'est la statistique de la moyenne du travail fourni dans un mois. Je pourrais citer des ateliers où l'ouvrier, autrefois, arrivait à travailler 27 jours dans un mois ; aujourd'hui, c'est à peine s'il fournit 18 jours [2]. » Et si l'on tient compte de la diminution de la durée de la journée du travail, on voit que la production journalière par ouvrier ne saurait avoir augmenté. Un entrepreneur de bâtiment soutenait, dans la même enquête, que la production, à durée égale de travail, avait diminué dans la proportion de 10 à 8 [3].

Cette théorie laisse en outre sans explication le fait si important de l'inégalité qui existe entre les salaires de l'homme et ceux de la femme, entre ceux de l'ouvrier anglo-saxon et ceux de l'ouvrier russe ou japonais, et ce fait, grave entre tous en matière de salaires, reste une énigme dans ce système. Qu'il existe, en fait, une certaine différence dans la productivité de ces diverses catégories de travailleurs, elle est loin de correspondre à celle des salaires. L'intensité du danger constitué, pour les premiers, par les bas salaires des seconds, est par elle-même une preuve assez palpable de ce fait, car cette concurrence suppose que ceux-ci peuvent remplacer avantageusement les ouvriers dont les

1. Levasseur, *l'Ouvr. amér.*, t. I, p. 607.
2. Déposition de M. Dietz-Monnin devant la Commission d'enquête, *Doc. parl.*, 1885, p. 324.
3. *Ibid.*, p. 79. — Cf. p. 47, 70, 99.

salaires sont plus élevés. On explique cette inégalité en combinant la productivité avec l'étendue des besoins[1]. A considérer les choses en elles-mêmes, il est clair que si la dernière cause est nécessaire pour venir en aide à la première, c'est que celle-ci est insuffisante et doit être rejetée en tant que cause déterminante du phénomène en question.

La théorie de la productivité ne tient pas compte davantage du fait de la réduction des salaires sous l'influence des gains accessoires. On sait, en effet, que dans toutes les professions où le travailleur ajoute habituellement une source de revenus supplémentaires au salaire normal de sa profession, ce dernier tend invariablement à s'abaisser jusqu'à ce que le salaire total arrive au niveau qu'aurait atteint celui de la profession principale, en le supposant seul[2]. Ici, la contradiction est flagrante, puisque la productivité a certainement augmenté, tandis que le salaire reste stationnaire.

Enfin, on peut demander pourquoi les crises industrielles produisent une dépression sur les salaires, tandis que ceux-ci se relèvent ordinairement pendant les périodes d'activité. Dans les deux cas, toutes choses étant égales d'ailleurs, la productivité de l'ouvrier est restée la même, et si sa production a pu être modifiée, cette variation est le fait du chef d'industrie et lui est absolument étrangère[3].

D'autres économistes, constatant le rapport qui existe, d'une part, entre le prix du produit et, de l'autre, la rémunération du capital et de la main-d'œuvre, en concluent

1. Leroy-Beaulieu, *op. cit.*, p. 342.

2. *Ibid.*, p. 340 et suiv. — P. Bureau, *le Contrat de travail*, 1902, p. 172 et suiv.

3. Cette répercussion apparaît nettement dans la réclamation suivante, que les ouvriers en porcelaine de Limoges formulaient lors de la crise de 1837 : « S'il y a crise, en baissant les salaires pour continuer à produire, les fabricants aviliront les prix et tueront l'industrie. Le système proposé par les ouvriers a moins de dangers. S'il y a encombrement de produits, ils proposent une temporisation pendant laquelle ils s'écouleront. En attendant, que les fabricants, sans baisser le prix de la main-

que l'accroissement des salaires, ne pouvant être pris que sur les profits industriels, est une conquête sur le capital: « Tout ce qui augmente les salaires, écrit Ricardo, réduit les profits... Il sera toujours vrai que les profits dépendent de la cherté ou du bas prix des salaires [1]. » Lorsqu'en 1894, M. Pullmann décida d'opérer une réduction sur le salaire de ses ouvriers, motivée par le fait que le résultat du dernier exercice, succédant à un autre très satisfaisant à la vérité, avait été une perte, et que la Compagnie avait accepté des commandes dans ces conditions désavantageuses pour ne pas imposer un chômage à ses ouvriers, ces derniers répondirent que la Compagnie avait accumulé une réserve égale aux deux tiers du capital, et qu'il était juste qu'elle supportât les déficits des mauvaises années. M. Caroll Wright, déclarant à ce sujet que la société, après avoir jusqu'ici protégé l'accumulation des fortunes patronales, doit enfin reconnaître les droits du travail, réclame l'institution d'une commission nationale ayant le pouvoir de rechercher dans les livres de l'établissement quel est le montant des bénéfices du patron, et chargée d'éclairer l'opinion en cas de grève portant sur le montant des salaires [2].

On a objecté à ce système que le profit ne peut servir à règler le montant des salaires, parce qu'il est variable et aléatoire, alors que ceux-ci sont certains et relativement fixes; il suit la vente du produit, tandis que ceux-ci accompagnent ou

d'œuvre, diminuent le nombre de commandes de manière à ne pas débourser plus de capitaux qu'ils ne le peuvent, et à ne pas produire plus qu'ils ne vendent. Ainsi, par le fait, les ouvriers ne gagneront pas plus qu'ils ne gagneraient en acceptant la réduction, mais ils seront sûrs que leur misère ne sera que provisoire et ne se perpétuera pas à jamais. Le principe du tarif adopté, ils auront l'espérance de compenser leurs pertes lorsque le commerce se relèvera. » (Off. du Trav., *les Assoc. profess.*, t. III, p. 526).

1. *Œuvres de Ricardo*, éd. 1882, p. 75, 82-83.
2. Levasseur, *l'Ouvr. amér.* t. I, p. 531-532.

précèdent la production; l'ouvrier vend son travail au cours du marché, sans s'inquiéter des résultats financiers de l'établissement pour lequel il travaille[1]. L'argument ne nous semble pas irrésistible. S'il est exact que l'ouvrier, lorsqu'il s'embauche ou lorsqu'il reçoit sa paie, n'a pas à se demander si l'établissement dont il fait partie gagne de l'argent ou en perd[2], il n'en est pas moins vrai que l'importance plus ou moins considérable des bénéfices que l'industrie à laquelle il appartient réalise dans son ensemble, n'est pas sans influer sensiblement sur le montant de ses salaires. Comme les autres théories que nous avons passées en revue, celle-ci n'est pas dénuée de tout fondement dans la réalité. Il est évident que tout capitaliste qui veut entreprendre une industrie commence par comparer les cours du produit avec les frais généraux qu'il aura à supporter, pour savoir si le bénéfice qui lui restera constitue pour lui une rémunération suffisante; or, dans les frais généraux rentrent incontestablement les salaires. De même, toutes les échelles de salaires sont basées sur les prix de vente, et sont censées, par conséquent, tenir compte des bénéfices de l'industrie. Cette théorie concorde enfin avec l'abaissement des salaires pendant les périodes de crises et leur élévation pendant celles d'activité.

Ce qu'il importe d'observer, c'est qu'il est faux de considérer le prix du produit comme une valeur constante, et les deux portions entre lesquelles il se divise, le profit et le salaire, comme étant destinées à jouer à la bascule, l'une ne pouvant monter sans faire descendre l'autre. Cette relation, qui rend compte des répercussions que nous venons de citer, n'est vraie que par rapport à un individu pris isolément dans la masse des producteurs; il est clair qu'une hausse de salaires qui n'atteindrait qu'un seul établissement,

1. Levasseur, p. 539 et suiv.

2. Nous verrons cependant plus loin, à propos de la participation aux bénéfices, que cette prétendue sécurité du salaire est loin d'être réelle.

dans une industrie déterminée, l'acculerait promptement à la faillite. Mais ce n'est pas ainsi que les choses se passent dans la réalité : nous avons déjà vu qu'une conséquence du régime économique actuel est l'extension, en fait, à toute l'industrie d'un pays, des conditions de travail propres à chaque profession[1]. Dès lors, les fluctuations qui se produisent dans les salaires atteignent en réalité la production entière et peuvent se faire sentir sur les prix de vente, au moins autant qu'elles modifient ces derniers. Pour mieux dire, c'est sur le prix de revient que se règle le prix de vente : « Celui qui est vraiment visé dans une grève, celui qui finit, en général, par supporter tout le poids du renchérissement de la production, c'est la masse du public ; le patron ou l'employeur n'est qu'un intermédiaire momentané[2]. »

Cependant, cette dernière répercussion ne doit pas être généralisée : ce n'est pas toujours par une élévation des prix que l'industrie compense les charges résultant de la hausse des salaires, pas plus d'ailleurs que par une réduction du profit. Il existe un autre moyen de faire marcher de pair la hausse des salaires, l'accroissement des bénéfices industriels et l'abaissement du prix de revient et du prix de vente: et ce moyen, nous l'avons vu et nous le voyons encore aujourd'hui couramment employé comme une conséquence directe de l'action collective des travailleurs[3] : c'est la réduction des autres frais généraux par la concentration des industries et par l'emploi de procédés administratifs, chimiques ou mécaniques moins onéreux[4].

Au fond, c'est au système de l'offre et de la demande que

1. Cf. *supra*, p. 55-56.
2. Leroy-Beaulieu, *op. cit.* p. 472.
3. Cf. *supra*, p. 62.
4. C'est précisément dans les périodes de dépressions commerciales que l'on constate un accroissement du nombre de chevaux-vapeur employés ; il en est ainsi notamment dans les mines (F. Simiand, *le Salaire des ouvriers des mines*, 1907, p. 266.)

reviennent ceux qui viennent d'être discutés. Aussi les économistes interprètent-ils volontiers ce dernier système en fonction des premiers, en disant qu'il « comprend tout »[1] : il est loisible, dès lors, d'abandonner ceux-ci pour s'en tenir à la dernière cause plus compréhensive et par suite plus conforme à la nature des choses.

La théorie de l'offre et de la demande se résume dans la proposition suivante de Cobden si souvent répétée, et qui n'en exprime pas moins avec précision le fondement : « Quand deux patrons courent après un ouvrier, les salaires montent; quand deux ouvriers courent après un patron, les salaires baissent. » Cette théorie, adoptée par les économistes, n'est pas moins en faveur auprès des socialistes, qui s'en sont emparés pour en tirer des conséquences conformes à leurs vues. C'est qu'en rendant compte exactement des faits les plus saillants qui ont marqué les débuts du régime industriel moderne et qui s'y produisent encore en abondance, elle prédit aux classes ouvrières une situation misérable qui doit empirer avec une progression et une certitude mathématique. Voici, en effet, quelles sont les conséquences de cette loi de la concurrence, à laquelle Lassalle a donné le nom de *loi d'airain*. Si deux ouvriers se présentent pour faire un travail qui n'en requiert qu'un seul, c'est celui dont les exigences sont les plus restreintes qui sera embauché. Il en résulte, qu'en cas de concurrence entre les travailleurs, ceux qui seront embauchés seront ceux qui accepteront les conditions de travail les plus désavantageuses pour eux et les plus économiques pour le patron, au point de vue de la durée du travail, de l'aménagement des ateliers, du taux des salaires, etc. En outre, comme l'excès de l'offre sur la demande de la main-d'œuvre s'exerce d'une façon permanente, il en résulte que les appels provenant de l'industrie seront rapidement satisfaits, et n'exerceront sur la hausse

1. Levasseur, préface aux *Salaires au* XIXe *siècle*, par E. Chevalier, p. VI.

des salaires qu'une faible influence, tandis qu'à l'inverse, la moindre augmentation dans l'offre de la main-d'œuvre poussera à la baisse d'une façon beaucoup plus sensible [1]. Au reste, si l'on remarque, suivant l'observation de Karl Marx, que l'accroissement de la population peut résulter des plus légères améliorations de l'existence, par suite de la tendance naturelle qu'il rencontre dans l'humanité, il s'ensuit que toute hausse de salaire serait impossible, car elle amènerait aussitôt une recrudescence des naissances et, par suite, de la concurrence.

On le voit, la théorie de l'offre et de la demande explique exactement les phénomènes qui illustrent de la façon la plus frappante le jeu des salaires. Nous comprenons pourquoi le développement industriel qui a marqué l'avènement du régime moderne de l'industrie a amené, grâce à la concurrence créée par le machinisme et la division du travail, la situation misérable des ouvriers de manufacture que nous avons déjà rencontrée. Ces circonstances expliquent d'elles-mêmes l'avènement de cette doctrine ; ce fut, en effet, sur des observations prises sur le vif, dans les usines qu'il avait sous les yeux, et à l'époque où ces effets de l'industrialisme se faisaient le plus vivement sentir, que Marx appuya les développements qu'il donna dans ses ouvrages à la loi d'airain.

Cependant, cette théorie elle-même est incomplète, car elle se heurte aussitôt à des faits non moins importants et incontestables que les précédents et qui la contredisent d'une façon absolue. Quand on observe le mouvement des salaires depuis le second tiers du XIXe siècle, on constate une hausse générale et ininterrompue : en France, l'augmentation est de 31 0/0 de 1853 à 1871 et de 48 0/0 de 1853 à 1881 dans l'industrie parisienne, et pour les mêmes périodes de 41 et de 63 0/0 pour les villes de province ; elle

1. Pigou, *Principles and Methods of the industrial peace*, p. 64 et suiv.

est de 75 0/0 pour les hommes et de 100 0/0 pour les femmes, dans le département de la Seine, de 1840 à 1891. Les séries de prix de la ville de Paris, de 1842 à 1894, indiquent pour le bâtiment une progression de 90 0/0[1]. Dans l'industrie textile manufacturière, nous voyons que les salaires moyens, qui étaient de 1 fr. 50 de 1789 à 1813, restent presque stationnaires de 1814 à 1830, puis passent à 2 fr. 50 en 1850, 4 fr. 25 en 1860, 5 francs en 1868[2]. Dans l'industrie métallurgique, l'augmentation a varié, suivant les spécialités, de 114 à 248 0/0 entre 1823 et 1880[3]. La même hausse s'est produite dans les autres pays : en Angleterre, les salaires des fileurs et des cardeurs, qui étaient de 20 shillings en 1850, s'élevaient en 1876 à 35 ou 40 shillings ; dans l'industrie du bâtiment, la hausse serait de 24 à 85 0/0 ; dans les mines de 50 0/0, etc.[4]. En Australie, la hausse est encore plus forte[5]. Aux États-Unis, les salaires ont à peu près doublé entre 1850 et 1890 : un contremaître de filature qui gagnait 2,42 $ en 1850, en gagne 3,40 en 1883 ; les tisseurs qui gagnaient 4,20 $ par semaine dans le Massachussetts et 5 dans le New-Hampshire en 1840, gagnent respectivement 6,75 et 8,07 en 1880, etc.[6]. Et ces augmentations de salaires sont loin de correspondre à une hausse proportionnelle du coût de la vie : M. Émile Chevallier, dans son ouvrage précité, estime, après M. de Foville pour la France et M. Giffen pour l'Angleterre, que la nourriture de l'ouvrier n'a pas sensiblement augmenté de 1820 à 1874, si tant est qu'elle ait varié[7]. Si le prix du logement, qui constitue l'un des principaux articles du budget de

1. A. Coste, *Journ. de la Soc. de statist.*, 1896, p. 143.
2. E. Chevallier, *les Salaires au XIXe siècle*, 1887, p. 42 et suiv., 54 et suiv.
3. *Ibid.*, p. 59.
4. *Ibid.*, p. 83-85.
5. *Ibid.*, p. 94.
6. Levasseur, *l'Ouvr. amér.*, t. I, p. 306 et suiv.
7. E. Chevallier, *op. cit.*, p. 141.

l'ouvrier américain, a augmenté, encore que dans une mesure moindre qu'on ne l'a parfois prétendu, tout ce qui concerne l'habillement, l'ameublement, les distractions, les transports, et qui augmente sensiblement le bien-être général de l'ouvrier, a diminué dans une proportion inouïe [1]. M. Levasseur fait les mêmes constatations pour les États-Unis : les salaires réels y ont augmenté encore plus que les salaires nominaux, le prix de la vie ayant diminué dans l'ensemble ; en représentant par 100 le chiffre des dépenses d'une famille en 1860, cette même famille ne dépenserait que 96,7 en 1891 ; le prix moyen des marchandises se serait abaissé de 116 à 91 entre 1840 et 1891, tandis que les salaires montaient dans le même intervalle de 100 0/0 [2].

Ce fait ne s'explique pas par l'augmentation de la productivité, qui n'est nullement correspondante à cette hausse : dans les filatures anglaises, le nombre de broches par ouvrier n'est monté que de 63 à 82, de 1851 à 1878; aux États-Unis, il n'est monté que de 30 0/0, entre 1860 et 1880 [3]. Nous n'avons pas d'ailleurs à revenir sur cette cause, puisque son influence, quelque certaine qu'elle soit sur la hausse des salaires, nous l'avons vu, est impuissante à expliquer les mouvements qui se produisent dans leurs variations. La hausse dont nous parlons ne s'explique pas davantage par la théorie du fonds des salaires, car il faudrait montrer le rapport entre l'augmentation des capitaux consacrés au payement de la main-d'œuvre et celle du salaire individuel. Elle correspond encore moins au mouvement des prix de vente qui, pendant le même temps, subissait une baisse énorme.

On ne peut se rendre compte de la loi des salaires qu'en examinant l'influence qu'exercent sur eux les travailleurs

1. E. Chevallier, *op. cit.*, p. 146 et suiv.
2. Levasseur, *op. cit.*, t. II, p. 186 et suiv.
3. E. Chevallier, *op. cit.*, p. 111.

eux-mêmes. « L'offre et la demande ne sont pas des agents physiques qui poussent un certain montant de salaires entre les mains du travailleur sans participation de sa propre volonté et de son action. Le cours du marché n'est pas fixé pour celui-ci par quelque instrument automatique, mais il est le résultat d'une convention entre des êtres humains, — ce que Adam Smith appelle *le marchandage du marché* [1]. » M. Leroy-Beaulieu, en constatant que le travail est une marchandise obéissant aux lois générales qui règlent le cours de toute autre, ajoute que ce produit ne pouvant être vendu séparément de la personne de son producteur, il en résulte des rapports, des frottements entre l'acheteur et le vendeur qui modifient sensiblement l'action de la loi économique jusqu'à l'arrêter momentanément : de là les variations plus grandes dans le cours de cette marchandise que dans celui des autres, soit suivant les pays, soit suivant les époques, tenant à ce que le nombre relatif des acheteurs et des vendeurs n'est pas le seul à considérer [2]. M. Beauregard observe que la vente du travail, qui est l'unique moyen d'existence de l'ouvrier, a pour lui une importance que n'a pas pour un commerçant la vente d'un produit quelconque, et que cette différence amène des conséquences dans le marché du travail, au point de vue des rapports entre les intéressés, qui ne se produisent pas dans une vente ordinaire [3].

Ce nouvel élément dont l'intervention est nécessaire à la détermination du taux des salaires, voici en quels termes le

1. J.-S. Mill, *Principles of political Economy*, t. V, chap. X, sect. 5.

2. P. Leroy-Beaulieu, *Traité*, t. II, p. 241 et suiv. — Cf. Levasseur, *Journ. des Écon.*, 1888, p. 45.

3. Beauregard, *Essai sur la théorie du salaire*, 1887, p. 169. — V. aussi les pages 179-181, dans lesquelles l'éminent professeur constate que le simple rapport entre les nombres respectifs des parties ne suffit pas à expliquer le montant des salaires, et les pages 209 et suivantes, où il fait intervenir, comme facteur nécessaire, la situation économique, intellectuelle et morale.

définissait un leader de trade-union américaine, M. Mac Neill : « Il est reconnu que ceux qui exercent des professions désagréables et dangereuses sont moins payés que ceux qui exercent les plus agréables et les plus saines ; que ceux qui travaillent une longue journée reçoivent moins que ceux qui travaillent une courte journée... La grande loi qui affecte les salaires est celle-ci : là où le coût de la vie est élevé, les ouvriers reçoivent des salaires plus élevés que là où le coût de la vie est bas. Là où les salaires ont été poussés bien au delà du coût de la vie, leur hausse ne dure pas longtemps... De nouveaux besoins influent sur le coût de la vie. Quand un homme a appris à lire et qu'il est entouré par des hommes qui lisent, il a besoin de lire et il demande des salaires qui lui permettent de satisfaire ce besoin. S'il n'y avait pas le repos du dimanche, les salaires seraient réduits, parce que les besoins actuels créés par le repos du dimanche n'existeraient plus. Une réduction de deux heures aura le même résultat, car deux heures de travail de moins signifient deux heures de plus de repos à la maison et de plaisirs sociaux qui élèveront définitivement le coût de la vie. Il faut noter que les heures de travail ont été réduites, pendant le siècle dernier, de 16 à 10 et quelquefois de 16 à 8, en même temps que les salaires ont augmenté ; qu'en règle générale, les salaires ont le plus augmenté là où les heures ont été le plus réduites ; que chaque réduction permanente des heures de travail a été suivie d'une augmentation permanente des salaires ; que le pouvoir d'achat d'une journée de travail a été augmenté pendant les années où la réduction des heures de travail a eu lieu ; que si les heures de travail avaient été réduites généralement à huit, il y a vingt ans, les crises industrielles auraient été évitées ; enfin, que la condition morale, intellectuelle et physique du peuple s'est améliorée là où les heures de travail ont été réduites [1]. »

1. Cit. Vigouroux, *op cit.*, p. 246 et suiv.

On voit par l'exposé qui précède, que l'expression du coût de la vie qu'il renferme est impropre et prête à confusion, car elle conduirait à entendre par là le coût des choses nécessaires à l'entretien de l'existence du travailleur, et concorderait avec la définition de Turgot, suivant laquelle « le salaire de l'ouvrier se borne à ce qui lui est nécessaire pour se procurer sa subsistance »[1], ou avec celle de Ricardo : « Le prix naturel du travail est celui qui fournit aux ouvriers, en général, les moyens de subsister et de perpétuer leur espèce sans accroissement ni diminution. » De telles définitions sont de simples formules de la loi d'airain déjà examinée[2]. Il est donc préférable d'employer une formule qui corresponde d'une façon plus précise au sens beaucoup plus étendu que donne à ces mots la citation qui précède, puisqu'il comprend non seulement les choses nécessaires à la vie, mais aussi celles qui contribuent à son développement, telles que le bien-être matériel et le confortable, l'entretien d'une famille aussi nombreuse que le comporte le degré de moralité des travailleurs en jeu, la prévoyance en vue des éventualités de l'existence ou de la vieillesse, la culture intellectuelle et morale, les relations sociales et professionnelles, les jouissances artistiques, les distractions, les préoccupations hygiéniques, etc., le tout envisagé et évalué suivant l'état social, les habitudes, la

1. Turgot, *Réflex. sur la format. et la distrib. des rich.*, 1788, p. 12.

2. M. Webb (*Industrial Democracy*, t. II, p. 692), montre avec raison que le niveau des salaires n'a rien à voir avec le coût de la vie. Le jeune mécanicien ou plombier, qui n'a encore aucune charge de famille, refuserait avec indignation de travailler pour un salaire qui permet à bien d'autres de vivre et d'élever une famille. L'ouvrier des docks refuse un shilling par jour, mais accepte un salaire qui, tout compte fait des chômages, est manifestement insuffisant pour soutenir sa santé et sa capacité (Cf. *ibid.*, t. I, p. 320-321). On a observé d'autre part que le mouvement des salaires ne suit nullement celui des prix des denrées, et qu'au contraire un renchérissement de la nourriture entraîne une réduction des salaires (Ch. Dupont-White, *Essai sur les relat. du trav. avec le cap.*, 1846, p. 157 et suiv. — Le Hardy de Beaulieu, *Du Salaire*, 1862, p. 80).

mentalité et le millieu propres à chaque catégorie de travailleurs. Ces divers éléments rentrent plus exactement dans l'expression de *Standard of life* que leur appliquent couramment les Anglais.

Il est aisé de voir que l'intervention de cet élément personnel aux travailleurs ne constitue nullement une contradiction à la loi de l'offre et de la demande, qui reste le fondement de toute transaction humaine : l'existence de cette loi, tellement évidente qu'on l'a qualifiée de formule « prud'hommesque, ou lapalissienne »[1], ne pourrait être niée sans justifier l'anathème prononcé jadis par Lassale : « A tout homme qui vous parle de l'amélioration du sort des travailleurs, vous devez poser avant tout la question, s'il reconnaît ou non cette loi. S'il ne la reconnaît pas, vous devez dès l'abord vous dire que cet homme, ou bien veut vous tromper, ou qu'il est d'une lamentable inexpérience dans la science économique. » En parlant du niveau de l'existence, on ne formule donc aucune loi nouvelle : on explique seulement la loi précédente et on précise le sens qu'elle comporte pour pouvoir être appliquée de façon à concorder avec les faits et à éviter les méprises. Cela signifie simplement que l'offre de la main-d'œuvre doit s'entendre, non du coût minimum de subsistance d'un membre quelconque de la classe ouvrière de tout le pays, mais de tout ce que la catégorie d'ouvriers spécialement visée considère comme indispensable à la satisfaction de ses besoins.

D'autre part, le sens de cette explication doit être lui-même précisé. Elle n'est en fonction ni d'un individu quelconque pris isolément dans la catégorie dont il s'agit, ni de tout l'ensemble des travailleurs qui offrent leur main-d'œuvre à un moment donné en vue d'une entreprise et entre qui s'exerce la concurrence : le niveau en question est le plus élevé que comportent les travailleurs dont la main-d'œuvre

1. P. Leroy-Beaulieu, *Essai sur la répart. des rich.*, 1888, p. 379.

est nécessaire dans l'entreprise. Il est facile de comprendre que si dix ouvriers, dont les niveaux d'existence sont respectivement représentés par les chiffres 10, 20, 30, ... 100, se présentent pour accomplir une besogne à laquelle six ouvriers suffisent, ce seront les six dont les niveaux de vie seront les moins élevés qui l'emporteront : mais parmi ces derniers, celui qui déterminera le taux de l'offre sera celui dont le niveau est égal à 60, puisque son concours est encore indispensable[1].

On conçoit donc, si l'on admet ce qui précède, que les salaires puissent monter, au lieu d'être condamnés irrémédiablement à s'abaisser de plus en plus comme le voudrait l'application de la loi d'airain[2]. On s'explique aussi tous les faits que nous avons déjà rencontrés sur notre route. C'est d'abord la différence énorme qui existe entre les salaires payés pour un même travail suivant les pays, ou dans un même pays suivant la race d'origine ou le sexe des travailleurs, et que les économistes, à la suite de Ricardo, n'arrivaient à expliquer que par une distinction, toute arbitraire et théorique, entre le prétendu salaire naturel et le salaire courant, le premier étant celui qui permet à l'ouvrier de subsister et de perpétuer l'espèce, et le second étant celui qui est effectivement payé. Il n'y a rien en effet de si variable que ce minimum des choses indispensables à la vie : l'Hindou vit content avec 50 centimes par jour, alors que le lamineur américain n'estime pas avoir de superflu sur son salaire de dix dollars[3]; les salaires qu'on appelle incompressibles peuvent toujours, l'expérience le montre chaque

1. G. Gunton, *Wealth and Progress*, 1894, p. 90. — Cf. Beauregard, *op. cit.*, p. 176 et suiv. — P. Bureau, *op. cit.*, p. 117 et suiv. — Yves Guyot, *les Conflits du travail*, p. 238.

2. « Dans la marche naturelle des sociétés, écrivait Ricardo, les salaires tendent à baisser en tant qu'ils seront réglés par la demande; car le nombre des ouvriers continuera à s'accroître dans une proportion un peu plus rapide que la demande ».

3. Levasseur, *loc. cit.*

jour, être encore réduits, et il serait difficile, en ce monde, de ne pas trouver plus pauvre que soi[1]. Si donc l'immigrant russe ou polonais évince l'ouvrier américain ou allemand de certains travaux en faisant pour un dollar et demi la besogne pour laquelle ce dernier réclame 2 dollars 1/2, si l'ouvrier tisseur gagne 15 roubles par mois en Russie, 35 1/2 en Angleterre et 60 en Amérique, ce n'est nullement parce que ces salaires correspondent au coût de la vie dans ces différents pays ou dans ces différentes professions[2]. De telles différences sont totalement inexplicables à moins que l'on n'admette que le coût de la vie, sur lequel se règle l'offre du travail, comprend tous les éléments, variables suivant les catégories sociales, qui assurent non seulement la subsistance matérielle et la reproduction de l'espèce, mais aussi le niveau de vie déterminé par l'ambition de chacune de ces catégories.

Il en est de même des autres inégalités de salaires qui, comme les précédentes, ne trouvent, nous l'avons vu, aucune justification dans la différence de productivité ou dans les autres causes invoquées. C'est ainsi qu'on remarque que les travaux les plus pénibles, les plus dangereux et les plus

1. Cf. Levasseur, *loc. cit.*, t. II, p. 200.

2. *Ibid.*, p. 167, 430 et suiv. — Il en est de même des différences qui se retrouvent dans le niveau général des salaires entre les différents pays : en ramenant à 100 le salaire de l'ouvrier anglais, ceux de l'ouvrier français et allemand sont respectivement de 75 et 83 ; la durée hebdomadaire du travail de ceux-ci représente 117 et 111 o/o de celle du premier ; les dépenses de loyer de celui-ci ne sont plus élevées que celles du français (100 contre 98) que parce qu'il se loge mieux, le plus grand nombre des logements ouvriers comprenant 4 et 5 pièces en Angleterre, 2 et 3 en France ; il se nourrit mieux, sa dépense sur ce point s'élevant à 61-66 o/o du total, contre 56-59 o/o en France et le prix comparatif des principaux articles de consommation n'étant que de 17, 55 en Angleterre contre 20, 56 en France. (Enquête du *Board of Trade* en 1909. Cf. *Bull. Off. Trav.*, 1910, p. 979.) En tenant compte du coût de la vie, le salaire relatif de l'ouvrier américain dépasse de 80 à 90 o/o celui de l'ouvrier français (*Ann. du Musée social*, 1905, p. 457 et suiv). La même comparaison se vérifie entre l'Australie et la France (E. Chevatier, *op. cit.*, p. 128 et suiv.).

répugnants sont généralement les moins bien rétribués[1]; les travailleurs qui jouissent des plus hauts salaires sont en même temps ceux dont la durée de travail est la plus courte[2]. C'est ainsi encore que toutes les fois que le travailleur s'appuie, pour l'acquisition de ses moyens d'existence, sur des gains accessoires, le salaire qui rémunère chacune de ses occupations s'en trouve diminué d'autant, de telle sorte que le gain total reste égal, en fin de compte, à celui qui est nécessaire pour subvenir au niveau de son existence. L'application de la loi à tous ces faits se vérifie aussi quand on compare le salaire des femmes ou des enfants et celui des hommes pour un même travail, celui des premiers n'étant normalement qu'un salaire d'appoint; quand on considère les professions dans lesquelles le pourboire a fini par se substituer entièrement au salaire; quand on constate que le salaire d'un ouvrier, à un moment donné, ne baisse nullement lorsque son travail devient plus onéreux pour l'industriel, que ce soit par le fait de l'abaissement de sa durée de travail[3] ou par toute autre charge imposée par la loi à celui-ci[4]; enfin, quand on compare le gain total d'une famille, suivant que son chef seul travaille ou que ses autres membres y contribuent par leurs occupations[5].

1. Beauregard, *op. cit.*, p. 337 et suiv.

2. *Ann. du Musée social*, loc. cit.

3. V. le tableau publié dans les *Annales du Musée social*, loc. cit., où les salaires sont d'autant plus élevés que la durée du travail s'abaisse, pour la même profession.

4. On sait que les lois sur la protection des travailleurs ou sur les accidents du travail n'ont pas empêché les salaires de monter. Après le 1er avril 1904, date de l'application de la durée de dix heures, les salaires ont été maintenus pour les ouvriers payés à la journée; pour les travailleurs aux pièces, les tarifs ont été augmentés sans grève pour 38 o/o d'entre eux, et le salaire journalier des autres est resté généralement équivalent grâce à une meilleure organisation du travail ou à des perfectionnements de l'outillage augmentant la production. Quant aux ouvriers qui se sont mis en grève pour résister à la baisse, 95 o/o d'entre eux ont réussi à maintenir leurs salaires ou à obtenir une augmentation (Enquête de l'Office du Travail).

5. Levasseur, *op. cit.*, p. 167 et suiv.

Ces répercussions, dont les exemples se rencontrent à chaque pas dans l'étude des salaires en tous pays, ne peuvent s'expliquer en dehors de l'influence sur la détermination des salaires du niveau de vie de chaque catégorie sociale en jeu.

L'interprétation que les faits qui précèdent assignent à la loi de l'offre et de la demande et au coût de la vie, permet en outre de rectifier une notion erronée au sujet de l'établissement du mode d'existence des travailleurs. Il semble à première vue en effet que le niveau d'existence dépende des salaires, et par suite doive nécessairement les suivre, et non les précéder : « Il est évident que ce sont les ressources de l'ouvrier qui déterminent son mode de vivre et non son mode de vivre qui détermine ses ressources [1]. » Ces observations qui, à première vue, sont de simple bon sens, ne sont vraies que par rapport à un individu pris isolément dans la masse des travailleurs : elles ne le sont plus par rapport à la catégorie entière des travailleurs intéressés. Or, nous avons vu que le travailleur n'est plus isolé sur le marché de la main-d'œuvre, et que ses conditions de travail ne sauraient être réglées indépendamment de celles de la catégorie entière à laquelle il appartient. Il s'ensuit que si le niveau d'existence d'un individu déterminé n'influe que d'une façon infinitésimale sur les salaires de cette catégorie, en revanche celui qui, dans celle-ci, détermine le taux de l'offre de travail a une toute autre portée. Dans ces termes, c'est bien le niveau d'existence des travailleurs qui règle le taux des salaires.

On voit que si la théorie de l'offre et de la demande, entendue sans tenir compte de la nature des éléments auxquels elle s'applique, ainsi que le faisaient Ricardo et Lassalle, n'est pas plus satisfaisante que les autres explications théoriques qui ont été imaginées antérieurement, il en est tout

1. Leroy-Beaulieu, *Traité*, t. II, p. 261. — Cf. Levasseur, *op. cit.*, t. I, p. 616-617. — Gide, *Précis d'Écon. polit.*, p. 530.

autrement lorsqu'on lui donne sa véritable portée, et qu'on l'observe en fonction des circonstances concrètes et des faits réels qui constituent la vie des travailleurs : les conditions d'existence de l'homme, dans la vie réelle, ne dépendent pas seulement des forces extérieures, mais aussi de l'emploi qu'il sait faire de celles-ci ; elles ne peuvent donc pas non plus être déterminées par la théorie d'une façon abstraite et une fois pour toutes, en ce sens que ces conditions seraient applicables à tous ses semblables ; la société se compose de catégories très différentes les unes des autres tant au point de vue des caractères propres qu'à celui des besoins et des moyens d'y satisfaire. Le caractère scientifique de la loi n'est pas détruit parce qu'elle tient compte de ces différences : il exige au contraire qu'on en détermine les rapports et que la loi soit formulée en fonction des répercussions qui résultent de ceux-ci.

II. — Les salaires dans la pratique

Lorsqu'on observe en fait l'attitude des groupements ouvriers, et en particulier celle des trade-unions, on voit que c'est bien le niveau d'existence qui a été le principe régulateur de la hausse des salaires. Nous avons vu que les travailleurs anglais, pour prendre cet exemple [1], ont suivi jusqu'au début du XIXe siècle la doctrine de la réglementation du travail : l'entrée du métier est entourée de barrières qui le protègent contre la concurrence ; il est donc juste que sa possession soit également défendue par la loi et les pouvoirs publics. Aussi les intéressés cherchaient-ils, au début, à renforcer leurs privilèges par les mesures restrictives relativement à l'apprentissage, au nombre des apprentis et au monopole du travail : on retrouve ces tendances dans les

1. Cf. *supra*, p. 72-73. — La même évolution se manifesterait, bien qu'à des dates différentes, pour les ouvriers français.

trade-unions qui sont restées le plus longtemps soumises à l'inflence des conditions anciennes du travail, et où elles subsistent comme des vestiges d'une situation disparue [1].

Entre 1843 et 1880, c'est-à-dire à l'époque du développement du trade-unionisme, le principe des droits acquis (*Vested Interest*) a fait place à celui de l'offre et de la demande, qui a été universellement admis par les leaders ouvriers. La conséquence de ce changement a été de pousser les ouvriers anglais à fortifier leurs associations, à en étendre l'action à tout le pays, de façon à exercer un contrôle sur toute la profession; cette action reposait sur l'accumulation des ressources et sur l'extension du nombre des adhérents plutôt que sur leur restriction [2]; au lieu de défendre jalousement un privilège à l'aide de règlements qui assurent leur monopole, ils améliorent les conditions du travail par le contrat collectif.

En outre, l'objet des revendications change : alors qu'au XVIIIe siècle, les travailleurs se bornaient à maintenir les conditions du travail, ils luttent désormais pour les améliorer par l'augmentation des salaires et la diminution de la durée du travail. Ce qu'ils demandent, c'est une rémunération qui leur permette de vivre et d'entretenir leurs familles selon la conception de l'existence et des besoins qu'ils ont acquise. On lit dans les statuts des moulineurs en soie, de 1872 : « Qu'est-ce qu'un salaire journalier convenable?... Personne ne peut nier que ce qui nous est dû pour notre travail doit comprendre le logement, la nourriture, le vêtement pour nous, nos femmes et nos enfants. » En 1874, M. Lloyd Jones écrivait : « La première chose qu'une association professionnelle doit obtenir est un minimum au-des-

1. Cf. De Rousiers, *le Trade-union. en Angl.*, p. 46-58,

2. C'est ainsi qu'alors que les verriers luttent pour la limitation du nombre des apprentis, les fileurs insistent pour que le nombre de leurs aides, ou piéceurs, soit augmenté, à tel point qu'il devient dix fois plus considérable qu'il ne serait nécessaire pour le recrutement du métier.

sous duquel le salaire ne doit jamais descendre... Ce minimum doit assurer suffisamment la nouriture et un certain degré de confort dans la personne et la maison du travailleur ; non un misérable secours de famine, mais un salaire de vie (*living wages*). Les conventions qui actuellement se basent sur les fluctuations du marché, mettent en pratique leur sort dans les mains d'autrui. C'est jeter le pain de leurs enfants dans une mêlée de la concurrence, où tout est réglé par la lutte aveugle et égoïste de leurs employeurs [1]. »

On comprend que l'explication de la loi de l'offre et de la demande par le niveau d'existence soit très en faveur dans les milieux ouvriers anglais et américains, où l'on entend volontiers soutenir les propos suivants : « En règle générale, dans tous les pays et dans tous les temps, la demande d'augmentation de salaires est la conséquence de la pression exercée par des besoins nouveaux. Un homme qui sait lire et qui désire lire demandera un salaire qui lui permettra d'acheter des livres. Le repos du dimanche oblige à un salaire qui en six jours suffise pour la semaine; l'habit râpé fait salaire râpé ; logement misérable procure salaire misérable; au contraire, bons habits, bonne nourriture, bon logis, signifient bons salaires. Vous ne pourrez avoir du mieux que quand vous sentirez le besoin d'avoir du mieux [2]. » Une telle conception cadre en effet avec la situation des ouvriers de ces pays, qui jouissent des salaires les plus élevés et s'en servent pour accroître leur bien-être et leur culture morale et intellectuelle. Nulle part une telle amélioration de la situation des travailleurs n'a coïncidé avec un développement aussi prodigieux de l'industrie du pays [3]. Nulle part non plus, nous l'avons vu, les associations ouvrières n'ont atteint une égale puissance ni une organisa-

1. Webb, *Industrial Democracy*, t. II, p. 573 et suiv.
2. Cit. Levavasseur, t. I, p. 615.
3. Cf. pour les États-Unis, J. Siegfried, *la Situation économique et sociale des États-Unis*, *Musée social*, 1902.

tion aussi parfaite : or, la trade-union est précisément l'arme qui permet à la classe ouvrière, dans les conditions de l'industrie moderne, d'échapper aux conséquences de la loi d'airain au regard de laquelle elle est censée constituer un tout homogène composé de molécules identiques les unes aux autres et agissant d'une façon indépendante; c'est elle qui manifeste, de la façon la plus sensible, les différences profondes qui existent entre les diverses catégories dont se compose la classe ouvrière; c'est elle enfin qui, dans chacune de ces catégories, établit le lien et l'unité d'action qui leur permet d'élever leur condition.

La connexité qui existe entre la hausse des salaires et le développement des associations ouvrières est sensible lors qu'on envisage les deux mouvements dans leur ensemble; nous avons déjà vu qu'avant la naissance de celles-ci, la situation des travailleurs était profondément déprimée et tendait à justifier la loi de l'offre et de la demande dans toute sa dureté; cette situation ne s'est modifiée qu'à partir du moment où les ouvriers sont parvenus à exercer une action collective [1]. Il en est de même lorsqu'on compare la situation des travailleurs organisés à celle des travailleurs qui ne le sont pas [2] : dans tous pays, les femmes, les enfants, les ouvriers agricoles, les manœuvres, sont à la fois les travailleurs les moins bien organisés et les plus mal payés; entre ouvriers appartenant à des milieux ou à des races différents, ce sont les plus solidement groupés qui ont les plus hauts salaires, et au contraire les moins payés sont

1. Nous ne disons pas : action collective organisée ; en effet, si celle-ci est nécessaire pour obtenir un résultat durable, et si en son absence, les premiers succès auraient été sans lendemain, toute action collective par elle-même est capable d'amener une hausse de salaires.

2. Une enquête publiée en 1909 par le Bureau de statistique de la ville de Schomberg, est probante à cet égard pour l'Allemagne : elle montre que les salaires ont suivi une progression variant de 50 à 125 o/o depuis une trentaine d'années, dans toutes les professions organisées et pratiquant le contrat collectif; dans les autres, au contraire, on assiste en ce moment à une dépression profonde.

ceux qui n'ont su réaliser que des rudiments d'associations, irlandais, italiens, slaves, etc. Ce fait n'a pas échappé aux économistes : suivant Brentano, « la célèbre loi d'airain ne se manifeste pas quand les travailleurs sont organisés. Les augmentations de salaires conduisent alors à l'élévation de l'étalon ou du niveau de la vie, *Standard of Life*, et à la participation des travailleurs aux bienfaits de la civilisation ». « Les faits semblent prouver, dit un autre, que toutes autres choses restant égales, les salaires sont généralement hauts dans les corps d'état qui ont de fortes trade-unions par rapport à ceux qui n'en ont pas ; mais ils ne nous permettent pas de déterminer quel est l'effet des unions sur le total des salaires[2]. » Cette réserve s'explique par l'impossibilité de fixer ce que seraient les salaires en l'absence de toute association ouvrière. Ce rapport entre l'action collective des travailleurs et la hausse des salaires, a même servi d'argument en faveur de la répression des coalitions; on constatait que les coalitions entravaient le jeu normal de la loi de l'offre et de la demande, ce qui veut dire que celle-ci ne s'appliquait qu'en fonction de ce mode d'action des travailleurs[3].

Il existe des cas qui semblent faire exception à la loi des salaires telle que nous l'avons formulée, et contredire l'influence des syndicats. On remarque d'abord que les plus fortes augmentations ont été obtenues sans grève : c'est ainsi qu'en Angleterre, entre 1896 et 1902, les hausses obtenues d'une façon pacifique ont atteint de 89 à 98 0/0 des ouvriers[4]. L'objection ne porterait qu'à l'encontre de l'emploi de la grève, nullement en ce qui concerne l'action des associations, à moins de confondre la coalition disciplinée

1. Cit. Leroy-Beaulieu, *op. cit.*, p. 377.
2. Marshall, *Economic of Industry*, VI, p. XIV.
3. V. le rapport de M. de Vatimesnil sur la loi de 1849.
4. Yves Guyot, *les Conflits du travail*, 1903, p. 244. — Cf. D. Zolla, *la Grève, les salaires et le contrat de travail*, 1908, p. 189 et suiv.

et organisée, avec l'arme éventuelle qu'elle a à sa disposition, ce qui serait une grave méprise : nous avons déjà vu, et nous reconnaîtrons encore mieux dans la suite, que le syndicat, loin de pousser à la grève, la restreint au contraire et tend à la supprimer. On insiste il est vrai en citant l'exemple des typographes dont les salaires, après s'être élevés jusqu'en 1878, sont restés stationnaires depuis cette époque, et sont aujourd'hui inférieurs à ceux des maçons ; on ajoute : « Si tels sont les résultats obtenus par la Fédération syndicale la mieux organisée de France, que doit-il être des autres ? [1] » A la réponse que donne l'auteur précité à cette objection, et qui consiste en ce que l'absence de l'action syndicale aurait probablement produit une dépression encore plus forte, on peut ajouter que cette explication n'est pas une simple hypothèse : l'année 1878 marque précisément pour l'industrie typographique le début d'une période de crise qui a réduit un grand nombre d'ouvriers au chômage et se serait fait sentir encore plus cruellement sans la création de la Fédération des travailleurs du Livre [2].

Une deuxième objection ne nous arrêtera pas plus longtemps : les trade-unions, dit-on, n'ont pas pu empêcher les salaires de baisser, notamment pendant les crises de 1877-1880, de 1886, de 1902 ; c'est donc que le mouvement des salaires n'est point proportionnel à leur action [3]. On ne voit pas comment les syndicats ouvriers pourraient empêcher la surproduction et les crises industrielles qui en sont la conséquence ; du moment que la demande de main-d'œuvre est l'un des facteurs de la loi des salaires, il est évident que, toutes choses étant égales du côté de l'offre, la raréfaction de la demande doit entraîner une baisse de salaires ; l'action d'une trade-union, aussi forte et aussi prudente qu'elle soit, ne peut s'exercer que pour amortir les

1. Gide, *Économie sociale*, 1905, p. 100 et suiv.
2. Cf. *supra*, p. 117, 148.
3. Yves Guyot, *op. cit.*, p. 243.

effets de la crise sur ses membres. La même réponse doit être faite à l'objection suivant laquelle l'ouvrier de ferme est moins payé l'hiver que l'été, bien que ses besoins soient au contraire plus élevés[1] : c'est que la demande de main-d'œuvre s'exerce avec beaucoup plus de force pendant l'été ; si l'ouvrier a des besoins plus élevés pendant l'hiver, il faudrait, pour qu'il puisse jeter cette différence dans la balance, qu'il dispose à ce moment d'une force plus considérable pour les rendre efficients ; toutes choses égales de ce côté, l'effet de la demande doit nécessairement se faire sentir.

C'est encore la loi de l'offre et de la demande entendue comme il vient d'être dit qui explique la hausse des salaires des ouvriers agricoles et des domestiques dans le cours du siècle dernier, quoiqu'on ait soutenu le contraire[2]. D'une part, en effet, la raréfaction de l'offre de main-d'œuvre, et surtout d'une main-d'œuvre présentant les garanties de capacité et de moralité satisfaisantes, s'exerce d'une façon intense dans ces professions[3]. D'un autre côté, l'action collective a été exercée par les ouvriers agricoles sous la forme, sinon d'associations prospères, tout au moins de coalitions redoutables. En outre, chez les uns comme chez les autres, l'accroissement des besoins — sinon l'élévation du niveau de vie — se fait sentir avec une progression qu'il est difficile de méconnaître. Enfin, la hausse des salaires qui s'est produite dans ces professions ne les maintient pas moins à un niveau inférieur à celui des autres professions, surtout de celles où l'organisation ouvrière est sérieuse[4].

1. Levasseur, *op. cit.*, p. 613.

2. Leroy-Beaulieu, *op. cit.*, p. 371. — Merlin, *le Contrat de trav.*, 1907, p. 118.

3. V. pour les premiers, Zolla, *op. cit.*, p. 199 et suiv. et pour les seconds, notre étude sur *le Placement et le chômage*, dans *la Réforme sociale*, 1er novembre 1910, p. 539 et suiv.

4. Bien que M. Zolla (*op. cit.*, p. 73 et suiv.) semble nier ces faits, les chiffres qu'il cite les justifient amplement : là où les salaires agricoles

Tous les exemples qui précèdent concourent à démontrer que seule l'action collective des travailleurs organisés permet de se rendre compte du mouvement de hausse des salaires. Cette influence est, en somme, trop manifeste pour pouvoir être sérieusement niée. Aussi est-ce moins à son existence même qu'à la justice et à l'utilité de ses résultats que s'en prennent en général les adversaires du trade-unionisme; leurs principaux griefs sont formulés par l'un d'eux de la manière suivante : « Les conséquences de cette prétention des trade-unionistes seraient : 1° que l'invention des machines serait limitée et découragée ; 2° que cette réduction des frais serait interdite, les prix de producteurs des machines restant assez élevés ; 3° les prix restant élevés, leur demande resterait stationnaire, sauf le cas où la population s'accroîtrait ; 4° la fabrication des machines verrait disparaître l'accroissement naturel qu'elle prend avec la demande correspondante de travail et de capital ; 5° le capital qui devrait naturellement échoir aux hommes rémunérés à raison de 25 shillings serait amoindri et ces hommes perdraient toute chance d'améliorer leur situation. Ainsi la perte qui en résulterait se répartirait sur trois classes, les consommateurs, les fabricants de machines et les hommes de peine : tout cela pour maintenir les salaires des ouvriers instruits faisant un travail qui ne demande pas d'instruments[1]. » Ces griefs peuvent être rangés sous deux chefs : l'intérêt de l'industrie et celui des ouvriers. Examinons d'abord ce dernier, qui se rapporte plus directement à notre sujet.

L'obstacle que l'accroissement de salaire des ouvriers qualifiés, d'après l'objection que nous venons de reproduire, mettrait à celui des salaires des manœuvres, étant apparemment une conséquence de la théorie du fonds des salaires,

ont monté, ils ne dépassent pas 2 et 3 fr. 60 de salaire journalier et 700 fr. par an pour un premier domestique. Et cette hausse ne serait même pas générale.

1. Smart, *Distribution of Income*, cit. Yves Guyot, *les Conflits du travail*, p. 248.

nous n'aurions pas à nous y arrêter si cet argument ne pouvait pas être repris sous une autre forme. Il est en contradiction trop flagrante avec les faits, qui nous montrent que la hausse des salaires des uns n'a nullement empêché celle des seconds, et que celle-ci a suivi au contraire une progression beaucoup plus forte que celle-là. Inexact sous cette forme, il contient cependant une part de vérité en ce sens que l'amélioration de la situation des travailleurs qui ont su s'organiser et mettre en œuvre le contrat collectif, marque un écart bien plus sensible par rapport au sort des catégories inférieures, qui sont restées complètement en dehors de toute organisation, et dont les conditions de travail vont en empirant de plus en plus. Ce résultat serait même provoqué directement par la hausse des salaires, qui incite les chefs d'industrie à n'employer que les travailleurs dont la production est la plus intense, en sorte que les vieillards, les infirmes, et en général tous ceux qui n'arrivent pas à un certain niveau de production, seraient privés de leur gagne-pain et rejetés dans une misère de plus en plus intense[1].

1. Voici en quels termes les fondeurs en fer du département de la Seine répondaient, en 1870, à une demande de leurs ouvriers tendant à l'établissement d'un salaire minimum : « Considérant que les immortels principes de 89, conquis et proclamés par nos pères, ont pour base : *Liberté pour tous et pour tout ;* qu'en conséquence, les droits et les devoirs de chaque citoyen ont pour limite les droits et les devoirs de ses concitoyens ; que c'est faire un acte juste que de résister aux exigences qui tendent à priver une partie des citoyens de la liberté des transactions qui, dans un pays libre, ne doit être autre que celle de *l'offre et de la demande*, base de l'organisation du travail dans une société civilisée ;

» Font la réponse suivante aux articles de la lettre des ouvriers fondeurs :... Cette demande est injuste, car elle aurait pour résultat d'exclure tous les jeunes ouvriers dont les aptitudes ne seraient pas suffisamment développées pour que les patrons puissent les employer ; et elle est inhumaine, car elle aurait pour *conséquence immédiate* de faire remercier les vieux ouvriers que l'âge ou les infirmités rendraient inhabiles. Les patrons ne peuvent pas plus accepter de minimum que de maximum ; il n'appartient à personne d'établir à l'avance le prix de la journée; les prix ne peuvent être fixés que de gré à gré, entre les patrons et ouvriers. » (Off. du Trav., *les Assoc. profess.*, t. III, p. 390.)

Il ne faudrait pas s'imaginer que la concurrence entre les travailleurs empêchera d'elle-même cette conséquence de se produire, en raison de ce fait que l'armée de réserve des sans-travail et l'emploi progressif de la machine permettent l'invasion de la main-d'œuvre à bon marché; cette dernière opinion s'appuierait à vrai dire sur un très grand nombre d'exemples, où l'on voit les ouvriers de métier luttant inégalement contre les manœuvres introduits grâce à l'outillage mécanique. Toutefois, ce résultat ne s'observe que dans les professions où les travailleurs sont imparfaitement organisés, ou s'appuient sur des barrières artificielles, telles que des règlements d'apprentissage, plutôt que sur la force de leurs unions [1]. L'exemple inverse de l'industrie textile est bien typique à cet égard : nulle profession n'est plus déspécialisée par l'emploi de la machine, et nulle part l'élévation du niveau de vie n'a été plus rapide, tout en maintenant l'entrée du métier exempte de toute restriction. C'est à la force et la discipline qui règnent dans leurs unions, et surtout à l'élévation du niveau moral que ces qualités supposent chez les travailleurs, que ceux-ci doivent ce développement constant de leur situation : en faisant marcher de pair l'accroissement de leur capacité, de leur exactitude, de leur loyauté, de leur sobriété et de leur moralité, et celui de leurs prétentions, ils ont empêché les employeurs de trouver celles-ci exagérées, et ceux-ci trouvent leur compte à une main-d'œuvre chère, mais productive. Le même fait s'observe partout, même dans la profession entièrement déspécialisée des ouvriers des docks, où des catégories de permanents, relativement bien payés, ont été constituées par l'élévation du niveau moral de certains d'entre eux [2].

La réponse qui doit être faite à l'objection précédente est

1. V. sur cette question notre article précité de *la Revue d'Écon. polit.*

2. Webb, *Industr. Democr.*, t. II, p. 717 et suiv.

que tout progrès social exige un développement correspondant de capacité chez les individus, et que ceux qui n'y sont pas préparés par leurs propres qualités ne sauraient prétendre aux mêmes avantages. Mais les souffrances de ces derniers ne doivent pas empêcher le progrès général de la société, si par ailleurs il existe un moyen de remédier à cette situation. Ce moyen, nous le verrons, consiste principalement dans l'éducation morale des intéressés, leur inculquant une notion plus haute de leur dignité et de leurs intérêts. En attendant l'effet de cette action, la société a sans conteste une part d'intervention en faveur de ces derniers, dont nous examinerons plus loin la nature et les limites.

En ce qui concerne les travailleurs qui bénéficient d'une hausse de salaires, on a soutenu bien des fois que cette hausse n'étant obtenue qu'au moyen de celle des prix, ils perdraient comme consommateurs ce qu'ils gagnaient comme producteurs. Nous avons déjà répondu par avance à cette objection lorsque nous avons fait remarquer que la hausse des salaires était récupérée en général, non sur les prix de vente, mais sur une économie de la production [1] ; il n'y a aucune comparaison possible entre le mouvement des salaires et celui des prix des objets manufacturés, ces derniers s'abaissant considérablement tandis que les premiers montent. Du reste, l'argument peut être retourné avec juste raison de la façon suivante : « Si l'on examine les relations économiques de l'employeur et de l'employé, on constate que les classes laborieuses constituent les sept ou huit dixièmes de la communauté. Le débouché des produits fabriqués dépend donc de l'augmentation de consommation, c'est-à-dire de l'augmentation de leurs salaires et de leur bien-être social. C'est pour cela que la classe des employeurs est la plus prospère là où les salaires sont les plus élevés [2]. »

1. *Supra*, p. 168.
2. G. Gunton, cit. Vigouroux, *la Concentr. des forces ouvr.*, p. 249. — Cf. Levasseur, *l'Ouvr. améric.*, t. I. p. 614.

On a formulé, d'autre part, à l'encontre de l'action collective des travailleurs sur la hausse des salaires, un argument qui tendrait à nier cette influence par le motif que le contrat de travail vise à l'égalité des salaires; par suite, dit-on, comme la règle ne peut s'établir que sur la moyenne, ce sera « l'oppression des forts par les faibles ou des meilleurs par les médiocres, simplement parce que ceux-ci sont plus nombreux »[1]. Un tel résultat cadrerait bien mal avec la tendance la plus manifeste du mouvement syndical moderne, qui est au contraire la constitution d'une élite dont le niveau s'élève de plus en plus, dans la classe ouvrière, et que l'on accuse parfois de constituer une aristocratie insensible au sort de la grande masse[2]. Si les ouvriers organisés ont pour objectif constant, *dans chaque opération déterminée d'une industrie*, d'obtenir une correspondance exacte entre la rémunération et l'effort, à cela se borne l'égalité des salaires à laquelle ils visent : en dehors de ces termes très restreints comme on le voit, la prétendue loi du nivellement des salaires est entièrement inexacte. Dans l'industrie textile du Lancashire, on voit les cardeurs, qui gagnent 10 à 20 shillings par semaine, se mettre en grève sans hésiter pour maintenir le salaire des fileurs, qui est de 40 shillings en moyenne. Les fédérations du bâtiment stipulent dans leurs contrats une demi-douzaine de tarifs différents pour les diverses branches du métier[3]. D'autre part, les trade-unions ne réclament pas systématiquement la substitution du salaire au temps au salaire à la tâche : elles ne repoussent le travail aux pièces que lorsqu'il conduit à la dépression des salaires ou au contrat individuel, comme dans les industries du bâtiment ou de la construction mécanique. Dans l'ensemble, on estime que 49 unions, comprenant

1. D'Eichtal, *Journ. des Écon.*
2. Cf. *supra*, p. 88, note 2.
3. Webb, *Industrial Democracy*, t. I, p. 323.

les plus puissantes, notamment celles des textiles, et groupant 573.000 membres, exigent le salaire aux pièces; 24 unions, avec 140.000 membres, l'acceptent concurremment avec le salaire à la journée; 38 unions, ayant un effectif de 290.000 adhérents, le repoussent [1].

Favorable à la classe ouvrière en général, le mouvement syndical tendant à la hausse des salaires ne l'est pas moins au progrès de l'industrie. On a remarqué souvent avec raison que ce sont les pays où les salaires sont les plus élevés, comme les États-Unis et l'Angleterre, qui l'emportent sur les autres sur le marché du monde [2]. Dans le premier de ces deux pays, ce sont les ouvriers du fer et de l'acier qui sont les mieux payés, et cette industrie ne s'est pas moins développée d'une façon prodigieuse [3].

Il y a plus qu'une simple coïncidence entre ces deux faits, et sans prétendre que l'élévation des salaires soit la seule cause, ni même la cause principale et déterminante de l'essor industriel d'un pays, on peut avancer qu'elle le favorise puissamment et de plusieurs façons. En premier lieu, ainsi que nous l'avons déjà remarqué, l'élévation des salaires développe la consommation, et l'on conçoit que ce développement, portant sur une portion aussi notable de la population d'un pays, puisse augmenter sensiblement la demande des produits. En outre, l'un des premiers effets d'une hausse des salaires, nous l'avons vu aussi, est de pousser les chefs d'industrie à réduire les autres éléments de leur prix de revient et à améliorer leurs méthodes de travail de façon à récupérer ainsi le coût croissant de la main-d'œuvre : nulle part ces perfectionnements n'ont été aussi complets ni poussés aussi loin qu'aux États-Unis, et c'est grâce à eux que les industriels de ce pays arrivent à

1. Webb, *op. cit.*, p. 281 et suivantes.
2. P. Leroy-Beaulieu, *Traité*, t. II, p. 353.
3. Vigouroux, *op. cit.*, p. 354. — Levasseur, *op. cit.*, t. I, p. 21.

obtenir un rendement plus économique qu'en Europe tout en payant leurs ouvriers plus cher[1].

Ce progrès n'est pas le seul que les chefs d'industrie conscients de leurs intérêts doivent aux organisations ouvrières: « Nous, employeurs, écrivait l'un des principaux capitaines de l'industrie anglaise, nous sommes en général contraints plutôt que portés à admettre que les développements dans nos procédés de travail sont dus à la force et à l'indépendance des associations professionnelles... L'énergie et l'opiniâtreté des trade-unions ont fait passer des *Acts* du Parlement qui n'auraient pas été autrement réclamés par les employeurs ou les politiciens, et qui ont tous contribué à développer le commerce britannique... [2] » Ainsi, les chefs d'industrie qui sont le mieux armés pour triompher de leurs rivaux dans la lutte contre la concurrence, sont en réalité ceux qui se sont soumis le plus complètement aux exigences de la production moderne, tant sous le rapport de l'outillage que de l'aménagement des ateliers et de l'amélioration des conditions du travail : les organisations ouvrières ont contribué par là à favoriser ceux qui devaient triompher sur le marché de la production et à éliminer tous ceux qui suivaient les procédés de la routine; à ces derniers seuls leurs réclamations ont pu nuire ; les autres ont eu sur ceux-ci l'énorme avantage d'une meilleure adaptation aux circonstances économiques et d'une production plus conforme aux besoins de la consommation [3].

Enfin, la hausse des salaires élève puissamment le niveau

1. P. de Rousiers, *les Industries monopolisées aux États-Unis*, p. 196.

2. W. Mather, *Contemporary Review*, novembre 1892.

3. Webb, *Industr. Democr.*, t. II, p. 717 et suiv.— Cela est si vrai que les petits patrons se plaignent souvent de ce que les conventions générales passées par les grands établissements, les mettent à la merci des unions ouvrières. En 1891, les petits cordonniers de Londres votèrent une protestation contre « la coalition des manufacturiers capitalistes » qui avaient mis les premiers dans une situation difficile par suite de l'acceptation d'une liste de prix uniforme (*Ibid.*, p. 549-550).

de la main-d'œuvre en attirant les meilleurs éléments au fur et à mesure que le salaire offert correspond à leur niveau d'existence. Or, sans exagérer le surplus de productivité correspondant à cette amélioration de la qualité du travail, on ne saurait nier que l'emploi d'un personnel capable et consciencieux ne soit un avantage très important pour un chef d'industrie : le gaspillage, le sabotage des produits ou des machines, l'indifférence relativement aux intérêts du patron, la lenteur et la fraude dans l'exécution, placent le fabricant dans une situation d'infériorité par rapport à ses concurrents, et « la perte qui en résulte pour lui dépasse ordinairement de beaucoup ce qu'il économise sur un salaire convenable accordé à ses ouvriers [1]. »

III. — Objets secondaires du contrat.

A côté des salaires, qui constituent de beaucoup l'objet le plus important du contrat collectif, parce que le gagne-pain quotidien est la question capitale pour les travailleurs qui vivent de leurs salaires, il est d'autres objets qui en font également partie, bien qu'à un rang secondaire. Ce sont ces derniers qui font le plus clairement ressortir l'évolution subie par le contrat de travail. Tel est notamment celui qui concerne le contrôle des éléments qui servent au calcul du salaire. Dans toutes les industries où ce dernier est payé à la tâche, il est, en effet, indispensable, pour que la convention relative au tarif ne soit pas un vain mot, que les parties soient d'accord au sujet de l'appréciation de la tâche accomplie. Cette opération ne souffre guère de difficulté lorsque les éléments du calcul restent sous les yeux des parties, comme dans l'imprimerie où le tarif est basé sur le nombre de certaines lettres, sur celui des lignes ou des pages, ou lorsque la constatation de la tâche suffit à elle seule à l'appli-

1. Le Hardy de Beaulieu, *op. cit.*, p. 40 et suiv.

cation du tarif, comme dans l'industrie mécanique. Il en est autrement dans l'industrie minière où le tarif varie suivant la quantité en poids du charbon extrait et suivant la qualité et le mode de remplissage des bennes : la vérification en est faite par des employés spécialement préposés à cette tâche, et le contrôle en est évidemment impossible à chaque ouvrier, dont le travail continue pendant ce temps loin de l'endroit où le produit de son travail est examiné. De là des méfiances, souvent justifiées, de la part des travailleurs, et des accusations de fraude ou de partialité, à l'encontre des Compagnies, dans l'appréciation de la tâche[1].

En Angleterre, les contrats conclus dans les mines contiennent des clauses spéciales pour les réductions de la production provenant de causes déterminées, telles que l'éloignement de la veine; il en est de même chez les fileurs, où l'on prévoit les arrêts causés par les fréquentes ruptures suivant la qualité du fil ; dans le bâtiment, où l'on calcule le temps nécessaire pour se rendre au chantier ; dans les travaux de réparation de navires, où une paye supplémentaire est accordée pour les travaux exécutés dans les réservoirs de lest ou dans les bateaux ayant transporté de l'huile. C'est ainsi encore que les ouvriers, dans ces industries, s'attachent à obtenir la suppression des amendes d'atelier qui amoindrissent en fait les salaires et sont toujours appliquées d'une façon plus ou moins arbitraire. Malgré l'opposition des patrons, qui voyaient dans ces réclamations un empiètement sur leur souveraineté en matière de discipline inté-

1. Chaque fois que la quantité de pierres dépasse la proportion tolérée, le contenu de la benne n'entre pas en ligne de compte, et si le fait se reproduit, l'ouvrier encourt une amende; il en est de même lorsque la benne n'est pas suffisamment remplie ou si elle est renversée en cours de route (Amieux, *Des Conditions du travail dans les mines*, p. 186-187). Les amendes sont généralement appliquées d'une façon arbitraire par les contremaîtres qui vont même jusqu'à faire commettre une faute par un autre et à en rejeter la responsabilité sur celui dont ils veulent se débarrasser (E. Lœvy, *le Comité ouvrier des charbonnages de Pâturages*, 1895, p. 13).

rieure, les fileurs et les tisseurs ont obtenu la suppression des amendes pour rupture de bobines et des retenues pour le gaz, les brosses, etc.[1].

Ces ouvriers ont encore été plus loin. Grâce à une campagne d'action parlementaire, ils ont obtenu l'insertion dans le *Factory Act* de 1891 d'une prescription obligeant les patrons à publier à l'avance tous les détails servant au calcul des salaires, et de la nomination par le gouvernement d'un fonctionnaire spécial chargé de vérifier l'exactitude de ces indications. Cette mesure a été étendue en 1895 à tous les métiers de l'industrie textile. Une autre disposition de ce dernier *Act* autorise le Secrétaire de l'intérieur à l'appliquer par voie administrative à toutes les professions où le salaire à la tâche est appliqué; elle le fut de la sorte dans plusieurs métiers en 1897[2].

Du même ordre que les dispositions que nous venons d'examiner sont celles qui concernent la durée du travail. Les chefs d'industrie, en France surtout, revendiquent volontiers au nom de leur indépendance la faculté de n'accepter aucune restriction sur ce point. C'est ainsi qu'en 1905, la Fédération des Travailleurs du Livre ayant entamé des négociations avec les patrons à ce sujet et ayant mis comme condition à la nomination d'une commission mixte l'acceptation préalable de la journée de neuf heures sans abaissement de salaires, les pourparlers furent rompus, et c'est par négociations locales que les syndicats obtinrent cet avantage dans les villes où ils purent l'imposer. Les ouvriers typographes et ceux du bâtiment ont généralement su obtenir la limitation de la journée de travail dans les conventions qu'ils ont passées avec leurs patrons. En Angleterre, les contrats collectifs dans ces industries contiennent des stipulations sur ce point[3]. De même, les ouvriers mécaniciens ont fréquem-

1. Webb, *Industr. Democr.*, t. I, p. 311 et suiv.
2. *Ibid.*
3. *Le Trade-union. en Angl.*, p. 63, 68.

ment lutté depuis 1871 pour la conquête de la journée de neuf heures d'abord, puis de celle de huit heures[1]. Mais c'est surtout aux États-Unis que cette lutte a été vive. La journée de huit heures a été l'une des premières revendications inscrites sur le programme de la Fédération américaine; c'est sur elle que celle-ci a basé ses premières campagnes en 1886 et 1890, et que les unions du bâtiment et du livre ont remporté leurs plus brillants succès [2].

Cependant, il importe d'observer qu'à l'exception des professions que nous venons de citer, il est rare que la limitation du travail soit l'objet de stipulations formelles dans le contrat. Ni les ouvriers mineurs, ni ceux de l'industrie textile en Angleterre n'ont pu l'obtenir, en dépit de la puissance de leurs organisations et des résultats acquis par ailleurs, et il en est de même dans toutes les industries mécaniques. La raison en est facile à comprendre : partout où la durée du travail est réglée par la machine, et où le travail de tout le personnel de l'entreprise doit s'accomplir en même temps, il est très difficile pour une catégorie d'ouvriers d'exiger une limitation de la journée de travail si d'autres catégories du même personnel acceptent de travailler plus longtemps. C'est pourquoi les ouvriers dont nous parlons ont-ils toujours dirigé leurs efforts vers la réalisation de la limitation légale du travail [3]: tel a été notamment l'objet de la campagne

1. *Le Trade-union. en Angl.*, p. 277 et suiv.

2. Lors de cette dernière campagne, les ouvriers charpentiers ont obtenu dans bien des localités la journée de neuf heures ou même de huit heures sans grève. En outre, sur 1163 grèves autorisées, ils ont obtenu un plein succès dans 989, un succès partiel dans 98 et ont été battus dans 76 (Vigouroux, *op. cit.*, p. 141 et suiv.). En 1906, plus de 39.000 ouvriers typographes jouissaient de la journée de huit heures; 5.000 étaient encore en grève pour l'obtenir, et 2.000 étaient sous le régime de contrats en voie de conclusion (*Bull. Off. Trav.*, 1907, p. 359).

3. Les mineurs du Durham et du Northumberland, qui souffrent très peu du chômage et des crises commerciales, ont pu obtenir par le contrat de travail la journée de huit heures et ont entravé pendant longtemps la campagne parlementaire de ceux des autres districts (De Rousiers, *la Quest. ouvr.*, p. 320 et suiv.). Toutefois, la loi des huit heures a été

menée en 1867 par les fileurs, et s'ils se déclaraient satisfaits d'un amendement à la loi de 1847 qui concernait uniquement les femmes et les enfants, c'est qu'ils savaient bien, comme ils l'avouaient en 1893, qu'en vertu de la solidarité du travail de tout le personnel, une modification imposée par le législateur relativement à cette catégorie leur serait forcément applicable [1].

L'une des revendications qui rencontrent la résistance la plus irréductible de la part des patrons, est celle qui concerne le choix des ouvriers. Les conditions que les associations ouvrières ont souvent cherché à imposer en cette matière se réfèrent à deux cas bien distincts. Le premier se présente dans les industries menacées par le machinisme ou la division du travail, et prend la forme de mesures restrictives tendant à empêcher l'invasion du métier par des ouvriers non spécialisés : ces mesures consistent à exclure du travail tout ouvrier n'ayant pas subi un apprentissage d'une durée déterminée. La fabrication du verre et la typographie sont les industries où ce procédé a été essayé le plus vigoureusement [2]. Celui-ci ne semble guère avoir réussi en général ; il constitué surtout un vestige de l'ancien régime de la réglementation corporative [3] et paraît de plus en plus abandonné : il implique, pour produire le résultat cherché, que l'entrée du métier est encore défendue par la nécessité de la spécialisation professionnelle chez les ouvriers [4] ; mais il devient illusoire dans toutes les indus-

votée en 1908 avec l'appui des représentants de ces deux comtés (*Écon. franç.*, 12 décembre 1908).

1. Webb, *Industr. Democr.*, t. I, p. 337 et suiv.

2. V. entre autres exemples ceux des verriers en Angleterre (De Rousiers, *op. cit.*, p. 60 et suiv.) et en Belgique (Vandervelde, *Enquête sur les assoc. profess.*, p. 112 et suiv.) et des typographes français (Off. du Trav., *Stat. des grèves*, 1903, p. 320).

3. V. notamment dans l'industrie du bâtiment en Angleterre, *le Trade-union. en Angl.*, p. 46 et suiv.

4. Il en est ainsi chez les mécaniciens (*Ibid.*, p. 273-274).

tries où la transformation de l'outillage est opérée. Les travailleurs appartenant à ces dernières suivent une méthode toute différente. Les fileurs de coton du Lancashire, que nous citons toujours parce qu'ils présentent le type le plus avancé des ouvriers organisés dans les conditions nouvelles de l'industrie, loin de chercher à modifier le recrutement du personnel, favorisent plutôt l'emploi d'un plus grand nombre d'aides : cette tactique constitue peut-être de leur part une spéculation sur cette catégorie inférieure de la main-d'œuvre, qui est recrutée et payée par eux ; tout au moins elle montre qu'ils ne redoutent nullement la concurrence de celle-ci. Le moyen par lequel ils maintiennent leur situation est celui qui domine toute la matière de ce chapitre, c'est l'action directe des organisations ouvrières puissantes dans la discussion des conditions du travail, et ce moyen repose beaucoup plus sur le grand nombre des participants et sur l'élévation de leur niveau moral que sur la restriction de leur recrutement [1].

Le second cas de restrictions que les travailleurs cherchent à apporter au libre choix du personnel, concerne les associations ouvrières qui stipulent la préférence ou même le monopole de l'emploi au profit de leurs membres. Il est des circonstances où les patrons consentent volontiers à cette condition, en vue d'un résultat commercial déterminé : en 1896, le groupe de défense des fabricants de tulle de Calais avait conclu avec l'union des ouvriers un accord de ce genre en vue d'imposer à toutes les maisons le tarif général [2] ; la même année, les fabricants de tubes métalliques, en Angleterre, s'engageaient vis-à-vis des unions ouvrières à n'employer que des ouvriers faisant partie de celles-ci, les ouvriers s'obligeant de leur côté à ne travailler que chez des fabricants syndiqués et se conformant au tarif

1. Webb, *op. cit*, t. II, p. 710 et suiv., 811. — V. aussi l'exemple des typographes américains, Bureau, *le Contrat de trav.*, p. 224.

2. Off. du Trav., *les Assoc. profess.*, t. II, p. 432 et suiv.

adopté [1]. En dehors de ces circonstances exceptionnelles, les patrons considèrent une semblable prétention comme l'un des plus graves empiètements sur les prérogatives de la direction; la crainte d'être entièrement à la merci de leurs ouvriers le jour où leur personnel serait tout entier groupé en associations compactes, est certainement l'une des principales raisons qui ont poussé les chefs d'industrie à persécuter le syndicalisme, et nous verrons dans le chapitre suivant que la jurisprudence réprime rigoureusement les actes tendant à assurer l'emploi exclusif des ouvriers syndiqués, lorsqu'ils ont pour effet le renvoi d'ouvriers non syndiqués. Nous verrons aussi que cette crainte des patrons est mal fondée, et que cette prétention des ouvriers organisés n'est inspirée que par la pression d'un intérêt vital et par un point de vue moral supérieur. Nous devons cependant noter dès à présent que les revendications portant sur ce point sont peu efficaces et que l'insertion dans le contrat collectif de conditions leur donnant satisfaction est vaine et illusoire.

Quant aux mesures que peuvent parfois comprendre les conventions collectives relativement à un objet commercial, intéressant l'industrie elle-même plutôt que les conditions du travail, et dont nous venons de citer quelques exemples, elles paraissent encore plus étrangères au contrat collectif que celles qu'on vient d'examiner. Ces tentatives ne sont pas les seules. On pourrait citer l'entente conclue entre les fabricants, les commerçants et les ouvriers brodeurs du Vorarlberg et qui ne put se maintenir que durant quelques années, la concurrence étrangère et celle des dissidents neutralisant toujours une pareille action [2]. Un essai du même genre a été tenté à Birmingham, en 1897, par les chefs d'entreprise de l'industrie du cuivre, qui cherchèrent à englober

1. *Bull. Off. Trav.*, 1896, p. 297.
2. R. Jay; *Rev. d'Écon. polit.*, 1901, p. 270 et suiv.

toute la production, y compris la main-d'œuvre, et proposèrent à celle-ci un système de primes s'ajoutant au salaire proportionnellement à l'élévation des prix de vente; elle tentait ainsi de maintenir une hausse artificielle des prix, en supprimant la concurrence ainsi que les conflits du travail. L'opposition de plusieurs grands patrons qui se manifesta dès le début, puis les dissentiments et les défections qui se poursuivirent dans le sein de la fédération, la fit disparaître dès 1898[1]. On voit par ces exemples combien sont chimériques des ententes permanentes et d'une portée redoutable pour les consommateurs qui pourraient se produire entre les employeurs et leurs ouvriers. Nous verrons que les difficultés très sensibles qui s'opposent déjà à l'union parmi les travailleurs deviennent presque insurmontables du côté des employeurs en raison des divergences d'intérêt : combien, à plus forte raison, ne sera-t-il pas exceptionnel de voir à cette double condition s'ajouter celle d'un accord assez constant entre les adversaires dont l'opposition irréductible a créé le duel gigantesque qui se poursuit depuis des siècles dans le monde du travail ?

Il en est autrement des dispositions tendant à prévenir ou à régler pacifiquement les différends : la conciliation et l'arbitrage sont prévus dans la plupart des contrats collectifs, et parfois même semblent en être l'objet principal, sinon unique. C'est ainsi que le comité mixte institué en 1860 dans la bonneterie à Nottingham, à la suite d'une longue grève et sur l'initiative d'un des principaux manufacturiers, Mundella, avait pour mission directe de trancher les conflits qui pourraient surgir entre patrons et ouvriers. Il existe dans les manufactures de dentelles de cette même ville des comités mixtes auxquels s'adjoint un arbitre permanent chargé de départager les voix ; M. Henry Crompton en fut pendant longtemps l'arbitre attitré ; à partir de 1889 on cessa d'avoir

1. Mantoux et Alfassa, *op. cit.*, p. 217 et suiv.

recours à un arbitre permanent, et on se borna à en nommer un dans chaque cas où le besoin s'en faisait sentir [1]. Chez les mineurs du Durham et du Northumberland, tandis que la fixation des salaires est établie par des assemblées composées des représentants des deux parties, les questions d'application et d'interprétation sont confiées à un tribunal permanent dont l'impartialité est ainsi assurée par cette division des fonctions [2]. Ces organismes existent dans la plupart des métiers possédant des unions prospères, comme le bâtiment, la typographie, la chaussure, la poterie, etc. Dans certaines industries, comme celle du fer et de l'acier, en Angleterre et aux États-Unis, les différends sont soumis en premier lieu à un comité de vigilance nommé par l'association ouvrière, lequel a pour mission de les résoudre par négociation directe avec le patron ; l'arbitre n'est nommé qu'en cas d'échec de la conciliation [3].

C'est encore un autre procédé que nous rencontrons chez les fabricants de chaudières de Newcastle, ainsi que chez les ouvriers du coton du Lancashire, où les arbitres sont des experts techniques dont les connaissances spéciales sont requises par la nature des questions en jeu [4]. L'application du contrat soulève, en effet, des questions d'ordre technique qui échappent à la compétence d'une assemblée de délégués des intéressés, comme aussi à celle d'arbitres étrangers à la profession ; leur nature individuelle et leur faible importance s'opposent également à ce qu'on s'adresse à des personnalités dont le caractère éminent les ferait accepter avec la même confiance par les deux parties. Il s'agit, par exemple, de calculer quel est le salaire revenant à un ouvrier, d'après le tarif établi et en tenant compte de

1. Off. du Trav., *Concil. et arb.*, p. 81 et suiv.
2. Webb, *Industr. Democr.*, t. I, p. 192-194.
3. Off. du Trav., *Concil. et arb.*, p. 248 et suiv. — Levasseur, *l'Ouvr. amér.*, t. II, p. 344.
4. Pigou, *Principles and Methods of the industr. Peace*, p. 129-130.

la nature du coton, du nombre des broches, de la rapidité des machines, etc.; ou bien c'est l'introduction d'une matière de qualité différente ou d'un outillage plus perfectionné qui appelle la fixation de la compensation à accorder à l'ouvrier. Dans tous ces cas, la présence d'experts professionnels, recrutés à la suite d'un examen sur leur capacité et rétribués par les deux parties s'impose; ces experts, n'ayant aucun intérêt personnel dans les questions d'ordre général qui peuvent soulever des conflits, et n'ayant que la mission de prononcer sur des difficultés individuelles et techniques, arrivent facilement à s'accorder en conservant la pleine indépendance de leurs jugements [1].

Quel que soit le procédé employé dans ces diverses institutions, quel que soit l'objet spécialement visé par celles-ci, la conclusion qui se dégage de ces expériences est le caractère secondaire et effacé de cet objet dans le contrat collectif. Ainsi que nous le verrons dans le chapitre suivant, toutes les précautions prises pour accroître la valeur des engagements pris et empêcher les conflits de se produire, sont sans valeur et sans effet quand la convention ne repose pas sur la volonté préalable des parties de l'observer consciencieusement et de respecter la parole donnée comme un principe essentiel et fondamental du contrat. C'est dans des industries très troublées par de nombreuses dissensions et par des grèves incessantes, que des systèmes comme ceux de Mundella et de Kettle [2], dont l'objet direct et principal paraît être la conciliation et l'arbitrage, ont pu être créés de toute pièce; mais s'ils ont pu subsister et obtenir des résultats dont se félicitent leurs partisans, c'est qu'ils répondaient à un désir préexistant

1. Webb, *Industr. Democr.*, t. I, p. 195 et suiv.

2. Ce dernier système diffère du premier principalement en ce que le comité mixte est établi en dehors de toute convention sur les conditions du travail et que l'arbitre y est pris parmi des personnalités étrangères à l'industrie.

des parties d'arriver à une situation plus stable. « Si un patron, disait M. Kettle, prétendait ne pas se conformer à une décision du conseil parce qu'il la jugeait défavorable, ses collègues l'auraient bientôt amené, tant par leur influence que pas leurs raisonnements à reconnaître qu'il a tout avantage à se soumettre loyalement. Quant aux ouvriers, ils obéiraient peut-être très difficilement aux sentences du conseil, sans leurs unions. Il n'y a aucun moyen de les forcer à accepter une décision s'ils ne sont membres d'associations ouvrières. Heureusement celles-ci ont pu se charger de cette mission, non seulement à l'égard de leurs membres, mais encore et aussi bien vis-à-vis des non-sociétaires[1]. » Les fileurs du Lancashire, dont nous venons de voir le système d'arbitrage, nous montrent cette institution limitée à l'interprétation des clauses adoptées entre les intéressés, la décision en étant acceptée d'avance et aucune difficulté ne pouvant résulter de l'application proprement dite du contrat : à ce degré de perfection du contrat collectif, les conflits ne peuvent donc plus provenir de questions de détail et de différends locaux, mais seulement des questions vitales qui intéressent l'industrie entière et qui constituent l'objet principal du contrat collectif.

L'autre conclusion à laquelle aboutit l'étude des objets secondaires du contrat, est leur caractère variable et contingent. Les clauses qui concernent les sujets qui paraissent appartenir au domaine le plus authentique du rôle des patrons, tels que les règlements d'atelier, le choix du personnel, les prix de vente, etc., sont susceptibles elles-mêmes d'être comprises dans le contrat ; et si l'efficacité de telles conventions est souvent contestable, nous avons vu qu'aucune question de principe ne s'oppose à leur existence. Cette constatation présente une importance capitale pour apprécier le point de vue des employeurs dans les conflits du travail : elle nous

1. Off. du Trav., *op. cit.*, p. 32 et suiv. — Nous reviendrons sur ce point dans le chapitre IX.

montre que l'hostilité dont ils ont longtemps fait preuve et qu'ils manifestent encore trop souvent à l'égard des associations ouvrières et la répugnance à abdiquer leurs droits en consentant à des conventions avec celles-ci, est pour beaucoup dans le maintien de ces conflits. Si l'on ne peut, sans utopie, envisager la perspective de conventions passées entre le capital et la main-d'œuvre portant sur la réglementation de la production en faisant des travailleurs de véritables associés des employeurs, il faut du moins reconnaître que seules des considérations d'opportunité et des circonstances de fait s'y opposent : lutter contre une extension du contrat de travail sous prétexte de principes à défendre est déplacer la question et empêcher la solution du problème. En faisant cette constatation, nous ne perdons pas de vue les causes qui expliquent l'adoption par les patrons de l'attitude que nous critiquons[1] : nous exposons simplement les conditions du problème telles qu'elles se dégagent de la réalité des faits, conformément aux exigences de la méthode objective qui laisse de côté toutes les préférences personnelles pour ne s'attacher qu'à la réalité concrète. L'emploi d'une telle méthode aide considérablement à poser la question sur son véritable terrain et à la résoudre.

1. *Supra*, p. 38-39.

CHAPITRE V

Conditions d'application et résultats du contrat collectif

I. — Représentation des parties

L'examen des divers objets qui rentrent dans le champ du contrat collectif nous a montré qu'on peut considérer celui-ci comme pouvant être sensiblement élargi sans enfreindre aucun principe essentiel à la matière ; l'ancienne notion du contrat de travail qui fait de ce dernier un forfait pur et simple, en vertu duquel, l'ouvrier recevant le salaire convenu et exécutant la tâche correspondante, les deux parties n'ont plus rien à se réclamer mutuellement, et le patron reste souverain maître de la direction de son entreprise, tandis que l'ouvrier peut à volonté quitter l'atelier pour louer ailleurs ses services, cette notion du contrat, qui correspond assez exactement au régime de la petite industrie et qui se traduit dans les articles 1779 et suivants du Code civil, est fortement entamée dès lors qu'on admet la possibilité, de la part des ouvriers, de contrôler les bénéfices de l'employeur ou de décider de concert avec lui du montant de la production. Cette même notion recevra une atteinte encore plus forte lorsque nous aurons constaté que les conditions du travail doivent être normalement fixées, dans le régime de l'industrie moderne, sans que les intéressés aient eu individuellement leur part directe dans la conclusion du contrat, et peut-être même sans qu'ils en ratifient les stipulations. Nous verrons d'ailleurs dans la suite que cet abandon, de leur part, de leur consentement individuel est le meilleur moyen de sauvegarder dans la pratique la liberté de leur existence, et ce paradoxe apparent de l'oppression de l'individu sous le régime de la liberté des contrats, proclamé par le Code civil, et de sa libération par sa soumission volontaire à une organisation supérieure, n'est pas l'aspect le moins curieux du défaut d'adaptation qui se manifeste parfois entre la législation et l'état économique d'une société.

La participation de tous les intéressés à la conclusion du contrat, correspondant à la théorie juridique du consentement des parties, est la forme sous laquelle s'opère la convention sous le régime du petit atelier ; lorsque les conditions du travail varient d'une maison à l'autre, et que le personnel de chaque établissement est restreint, rien ne s'oppose, en effet, à ce mode de tractation. C'est sous cette forme qu'ont été réalisés les accords qui mettaient fin aux coalitions jusqu'aux débuts de l'organisation professionnelle, vers la fin du XVIIIe siècle. Toutefois, l'extension du marché hors des limites de la localité et l'unification des conditions du travail, sous le nouveau régime économique[1], ont rendu bientôt impossible la réunion de tous les intéressés et imposé leur représentation par des délégués élus. La première étape dans cette voie a été la nomination de comités de grèves, dont les membres étaient élus par les ouvriers chaque fois qu'un conflit se produisait, avec la mission de diriger la coalition et de négocier avec les employeurs[2].

1. *Supra*, p. 55 et suiv.

2. Les persécutions exercées en Angleterre contre les trade-unions, jusqu'en 1824, poussaient à cette organisation en raison du secret et de la rapidité des opérations, qui ne pouvaient être assurés que par un comité responsable. L'organisation des tailleurs de Londres marque la transition entre les deux régimes : elle se composait, en temps de paix, de l'assemblée générale des ouvriers et, en temps de guerre, d'un conseil de délégués d'ateliers, nommés par le consentement tacite de la foule plutôt que par un vote régulier (Webb, *Industr. Democr.*, t. I, p. 8-10).

Ce mode de direction est encore fréquemment employé dans les grèves qui se produisent en France et on en a vu notamment des exemples dans les plus récentes grèves. Il présente toutefois de graves inconvénients, car le comité directeur n'est institué qu'après que le conflit a éclaté, ce qui enlève toute possibilité de le prévenir ; en outre, les ouvriers sont naturellement portés, en pareille circonstance, aux entraînements irréfléchis et spontanés, et cèdent plus facilement aux incitations à la violence qu'aux conseils de la prudence ; enfin, des meneurs dont les fonctions n'ont leur origine que dans une coalition accidentelle et doivent cesser avec elle, manquent de l'expérience nécessaire pour en assurer le succès et de l'autorité qui facilite les négociations avec les patrons [1].

Aussi avons-nous vu ces comités temporaires se transformer promptement en une organisation plus stable et coordonnée [2] : la coalition reste permanente, et c'est le conseil chargé de diriger l'association qui prend en mains les intérêts professionnels des adhérents et dirige les conflits ainsi que les négociations en vue du contrat collectif. En Angleterre, où les unions ouvrières s'étendent sur tout le pays et se composent de nombreuses sections locales, cette question de la direction présentait une importance et une difficulté particulières, en raison de la prééminence qu'elle conférait à ceux qui en étaient investis : la difficulté fut tournée parfois en attribuant le gouvernement central de l'association à tour de rôle au secrétaire de chaque branche locale. Toutefois, on n'a pas tardé à reconnaître la supériorité

1. Lors de la dénonciation de l'échelle mobile, en 1898, par les mineurs du Pays de Galles Sud, les patrons déclarèrent qu'ils croyaient inutile de poursuivre les négociations tant que les délégués des ouvriers ne seraient pas munis de pleins pouvoirs. Les ouvriers ayant refusé, la grève éclata le 31 mars. A la suite d'essais infructueux pour arriver à un accord, les délégués décidèrent le 29 mai, de s'attribuer les pleins pouvoirs nécessaires pour conclure une convention. (*Bull. Off. Trav.*, 1898.)

2. *Supra*, p. 77 et suiv., 116, 132.

d'un organisme central permanent, ayant à la fois la responsabilité des intérêts généraux de la profession et le crédit nécessaire pour les faire triompher [1].

Une autre transformation non moins significative concerne les assemblées générales. Au début, les délégués envoyés par les branches locales aux assemblées chargées d'élaborer ou de modifier les statuts, arrivaient munis de mandats impératifs ; de plus, chaque section pouvait exiger que ses propositions fussent soumises au referendum de tous les adhérents. De là des pertes de temps, des discussions vaines et irritantes occasionnées par des propositions insignifiantes ou même fâcheuses, touchant les questions de salaires ou de secours mutuels [2]. Le rejet uniforme de toutes ces motions, dû souvent à l'énergie des secrétaires, conduisit bientôt à laisser de côté ces pratiques, et à accorder de pleins pouvoirs à des hommes choisis par considération pour leur caractère et leur expérience. C'est vers l'organisation représentative qu'ont évolué les unions les plus prospères, comme celles des ouvriers du coton, des mineurs, des mécaniciens, des ouvriers en chaussures. Dans la société amalgamée des fileurs de coton, le pouvoir législatif appartient à une assemblée de représentants de tous les districts, élus chaque année dans une proportion déterminée, au nombre d'une centaine environ; ce parlement professionnel se réunit chaque trimestre à Manchester. Son autorité est suprême et ses pouvoirs ne sont soumis à aucun contrôle ni restriction. Le pouvoir exécutif est constitué par un conseil de treize membres non compris le bureau ces conseillers sont nommés par l'assemblée générale, qui doit en prendre sept au moins parmi les ouvriers de la pro-

1. Webb, *op. cit.*, p. 12.

2. C'est ainsi qu'en 1868, treize branches de la *Operative Bricklayers' Society* proposèrent l'abaissement de l'âge d'entrée en jouissance de la retraite et la réduction des frais d'administration.

fession ; les six autres sont choisis en fait parmi les fonctionnaires des principales unions de district.

A la différence de ce qui a lieu dans la plupart des autres associations, le secrétaire général de l'union des fileurs est élu, non au suffrage universel, ni par le conseil directeur, mais par l'assemblée générale : nous en avons vu la raison lorsque nous avons exposé les conditions de capacité technique qui président à son choix. La nomination de ce fonctionnaire par les représentants élus des ouvriers répond au souci de se défendre contre toute tentative de pouvoir dictatorial, ce qui aurait des chances de se produire si la nomination appartenait à un comité directeur. Cependant les unionistes n'abusent pas de cette faculté de contrôle : en fait, tout secrétaire investi de la confiance générale et qui a fait preuve de sa capacité, reste en place et est réélu chaque année. Grâce à cette permanence effective, les trade-unions anglaises sont arrivées à posséder à leur tête des individualités d'élite, aussi remarquables par l'élévation de leur caractère que par leur compétence technique [1] : ce ne sont plus de simples ouvriers, absorbés par un travail journalier qui empêche leur expérience d'égaler leur bonne volonté ; ce sont de véritables spécialistes se consacrant entièrement à leur tâche et devenus par leurs aptitudes des égaux des employeurs dans les négociations [2].

Le défaut de vigueur qui réside dans le gouvernement central de la société des mécaniciens, en raison notamment de l'autonomie financière des branches locales [3], s'est fait

1. De Rousiers, *Le Trade-union. en Angl.*, p. 28 et suiv.

2. On sait que la loi française de 1884 interdit l'entrée des syndicats professionnels à toute personne étrangère à la profession. En voulant empêcher l'intrusion d'hommes politiques, ce à quoi on n'est nullement arrivé du reste, on prive les syndicats de spécialistes juridiques ou techniciens dont la culture générale et les connaissances spéciales seraient d'un grand secours dans les campagnes qu'ils ont à diriger.

3. Webb, *Histoire du trade-union.*, p. 212 et suiv., 339 et suiv.

sentir dans plusieurs grèves. Il faillit entraîner une prolongation désastreuse de celle de Belfast, en 1896, les ouvriers refusant de se soumettre à l'accord conclu entre la société ouvrière et celle des patrons au sujet des salaires : le comité exécutif dut menacer de cesser la distribution des secours de grève pour les rappeler à la discipline [1]. De même l'échec de la grande grève de 1897 peut être attribué en grande partie à l'emploi du procédé du referendum pour ratifier l'accord intervenu. Le 2 décembre, après six jours de réunion, la conférence mixte avait rédigé une convention qui constituait une solution honorable pour les ouvriers puisqu'elle admettait la discussion du règlement d'atelier, une limitation des heures supplémentaires et la représentation des ouvriers dans le règlement des conflits : néanmoins les ouvriers repoussèrent par deux fois ces propositions et les lock-outs recommencèrent. Le 31 janvier, l'épuisement des fonds de grève obligea les ouvriers à reprendre le travail sans condition et après avoir perdu la situation acquise deux mois auparavant [2]. Même résultat au mois de septembre 1908 : les ouvriers, après avoir repoussé l'accord intervenu entre leur secrétaire général et les patrons, durent se soumettre après une grève de sept mois et une dépense de 240.000 livres sterling en indemnités de grève. L'effectif de leur association était descendu de 135.418 membres en 1907 à 46.241 [3].

On voit par l'exemple qui précède, et qui se retrouve fréquemment dans les grèves minières, que la méthode du referendum n'est pas sans dangers, et qu'on ne saurait accepter sans réserves les théories qui ont été émises récemment à ce sujet [4]. On conçoit sans peine l'emploi de ce pro-

1. *Bull. Off. Trav.*, 1896, p. 107. — *Le trade-union. en Angleterre*, p. 286 et suiv.

2. *Bull. Off. Trav.*, 1897, p. 97, 796 ; 1898, p. 136. — Alfassa, *Musée social*, 1903, p. 57 et suiv.

3. *Labour Gazette*, 1908, p. 304-305.

4. A la suite de la scission qui s'est produite entre la section parisienne des typographes et le comité de la Fédération du Livre au sujet de la

cédé pour solutionner un conflit s'élevant dans le sein d'une association et mettant en question la ligne de conduite générale que doivent suivre ses administrateurs et l'approbation de celle que ces derniers ont suivie jusqu'alors : on ne voit guère comment pourrait être tranchée autrement la question de savoir quel est celui des deux points de vue qui correspond à l'opinion des associés : passer par-dessus un dissentiment de ce genre serait, de la part du comité directeur, un acte de véritable dictature. Mais il s'en faut de beaucoup que cette pratique puisse être étendue sans danger d'un cas comme celui-là, qui intéresse l'orientation même du groupement, à tout événement même important de la vie syndicale, comme les grèves ou la conclusion des contrats collectifs. Demander aux travailleurs directement intéressés par une question de salaire de se prononcer à ce sujet, équivaut à les pousser aux solutions les plus radicales et les plus violentes ; il est bien rare, sinon sans exemple, que le résultat d'une telle consultation, faite avant la grève, soit défavorable à celle-ci : la répugnance à accepter un amoindrissement de la situation, jointe à la perspective d'indemnités de chômage, tend trop facilement à annihiler le sentiment d'une responsabilité partagée avec tous les collègues. De plus, nous l'avons déjà indiqué, la question de savoir si les propositions en jeu correspondent ou non à l'état du marché, et celle de l'opportunité et du succès probable d'une grève en raison des circonstances économiques, ne sont guère à la portée de la masse des travailleurs, mais supposent l'expérience des spécialistes dont la tâche consiste à étudier et à améliorer les conditions du travail.

Il faut avoir le courage de le reconnaître, aucune société,

grève générale décrétée par la Confédération du Travail, la question en litige fut soumise par le comité au vote de toutes les sections ; la Fédération des travailleurs des chemins de fer, celle des employés des postes et télégraphes ont imité cet exemple.

aucun groupement social ne saurait se passer d'une hiérarchie, et la société démocratique ne fait pas exception à cette règle : la seule différence que celle-ci présente avec les autres, c'est que l'autorité y est constituée et fonctionne avec le consentement de ceux qui y sont assujettis. Le groupement social, une fois organisé sur cette base d'un gouvernement méritant sa confiance, doit lui faire crédit aussi longtemps qu'il n'a pas cessé de le mériter, sans prétendre se substituer à lui pour tous les actes de la vie courante[1]. Pour tout observateur des faits sociaux qui ne se berce pas de chimères, aucune société, si elle veut vivre, ne saurait se passer de l'autorité exercée par délégation des intéressés, en raison de l'impossibilité, pour ces derniers, d'accomplir par eux-mêmes les actes qui intéressent la vie commune : l'anarchisme ne tient pas compte de deux éléments, assez gros cependant pour frapper l'intelligence la plus ordinaire et n'aspirant pas à la transcendance, qui sont d'une part la vie en société et les multiples rapports qui en résultent, et d'autre part l'incapacité physique, morale et intellectuelle d'une portion considérable des individus qui composent

1. Il importe du reste de ne pas s'y tromper. C'est en raison de circonstances de fait, toutes exceptionnelles, que le système de la consultation des intéressés a été défendu par les publicistes libéraux et les syndicalistes réformistes, tandis que le système contraire passait pour être celui des révolutionnaires : il s'agissait d'une grève générale inspirée et conseillée par les dirigeants de la Confédération du Travail, et les réformistes cherchaient, bien inutilement d'ailleurs, à justifier en vertu d'un principe leur refus de se plier à une décision aussi contraire aux véritables intérêts des travailleurs organisés. En réalité, la vraie doctrine du syndicalisme anarchiste n'est nullement celle de l'autorité des meneurs, du « syndicalisme bonapartiste » (P. Baudin, député, dans la *Petite Gironde*, 3 septembre 1908), mais au contraire celle de la suppression de toute autorité, de toute éducation bourgeoise des masses, et celle de leur entraînement spontané, comme suite d'un excès d'injustice et de misère, vers la révolution sociale. Ce que M. Georges Sorel reproche à la démocratie, l'une des *illusions du progrès*, c'est de reposer sur « l'existence d'une solide hiérarchie », sur « l'oligarchie des gros arrivistes » (*Mouvement socialiste*, 1906, t. III, p. 340).

cette société à pourvoir aux besoins naissant de ces rapports.

Il n'est pas moins surprenant de voir des économistes libéraux et conservateurs s'associer à ces critiques du gouvernement fort et centralisé que nous avons constaté dans les trade-unions anglaises ; de l'opposition qui semble exister entre la permanence et l'indépendance des chefs d'une part et, de l'autre, le souci qui apparaît à chaque article des statuts des unions de se prémunir contre le despotisme, on en conclut à « la vanité des constitutions écrites, quand elles sont en opposition avec les mœurs et la situation sociale »[1]. On ne voit pas, en parlant ainsi, que les garanties ne cessent pas d'être effectives par le fait qu'on n'éprouve pas le besoin d'en faire usage. Aucune union ne possède un gouvernement aussi fort et aussi centralisé que celle des fabricants de chaudières : M. Knight a occupé pendant plus de vingt-cinq ans les fonctions de secrétaire général, unissant aux charges ordinaires de cette fonction le droit de contrôle de toutes les décisions des comités de district relativement aux questions concernant le travail et à l'emploi des fonds de grève. Malgré ce pouvoir très étendu, le gouvernement n'en reste pas moins à la masse qui conserve, avec le pouvoir législatif, le droit de contrôle des actes de son conseil exécutif et de son secrétaire par l'appel devant toutes les branches de l'union : elle a fait usage du premier en 1895, en modifiant les statuts de telle sorte que le conseil exécutif est désormais composé de représentants de tous les districts, et non plus seulement de celui du siège de l'union, et possède par suite une autorité effective alors que celle-ci était jusqu'alors entre les mains du secrétaire général[2]. Les travailleurs anglais n'éprouvent pas, comme ceux de certains pays, le besoin de renverser leurs gouvernants pour

1. P. Leroy-Baulieu, *La Quest. ouvr. au XIX*^{e} *siècle*, p. 87 et suiv.

2. Webb, *Industr. democr.*, t. I, p. 31. — *Le Trade-union. en Angl.*, p. 235 et suiv.

bien s'assurer qu'ils ne sont pas sous leur dépendance : aussi longtemps qu'ils sont satisfaits de leurs services, ils les conservent. Les résultats obtenus par l'association des fabricants de chaudières contrastent aussi avec ceux de l'union des mécaniciens qui ne peut obtenir de ses membres la ratification de ses engagements : quand l'état du marché impose une baisse des salaires, elle est acceptée, et au besoin imposée aux intéressés, par un accord entre les secrétaires des associations patronale et ouvrière ; dès que la reprise des affaires permet une hausse, elle est obtenue aussitôt par le même moyen, et les conflits sont évités, alors que dans d'autres professions l'accord ne fait que consacrer une victoire remportée à la suite d'un conflit [1].

L'organisation que nous venons de dépeindre suppose que les administrateurs de l'association représentent tous les adhérents et stipulent en leur lieu et place. Cette situation rencontre en France un obstacle dans le principe de droit qui s'exprime par la formule « nul ne plaide par procureur », suivant lequel l'action en justice n'appartient qu'à la personne au nom de qui la stipulation a été faite : le contrat de travail est fait au nom des ouvriers considérés individuellement, eux seuls ont l'exercice des actions qui en découlent. Quant aux syndicats, si la validité des contrats collectifs dans lesquels ils stipulent au nom des ouvriers ne fait pas de doute, ils ne sauraient en poursuivre l'exécution en leur nom, mais seulement en vertu d'un mandat émané des parties en cause ; si l'article 6 de la loi du 21 mars 1884 leur confère le droit d'ester en justice, ce droit ne peut être exercé qu'en vue de l'objet pour lequel ils sont constitués, à savoir la défense des intérêts généraux de la profession,

1. *Ibid.*, p. 238 et suiv. — C'est la méconnaissance par les membres de l'union de la nécessité de la discipline qui a été la cause du lock-out de septembre 1910, dans lequel le comité fédéral s'est ouvertement séparé de la majorité des unionistes. Ce fait est surtout remarquable par son caractère exceptionnel.

et non en vue de l'intérêt particulier de leurs membres. Tel est le système soutenu par la jurisprudence [1].

Il est permis de discuter le fondement juridique de la distinction. Cette même jurisprudence reconnaît au syndicat le droit de poursuivre la réparation du préjudice moral causé à la collectivité par des faits de concurrence déloyale, ou d'exiger des compagnies de transport le respect des usages commerciaux [2] : on admettra difficilement que ces objets intéressent la collectivité et non chacun des adhérents pris individuellement, plus que ne le font les conditions du travail; pour qui envisage le contrat collectif dans toute sa portée, il y a au contraire à l'observation de ses termes un intérêt d'ordre collectif et professionnel bien supérieur à celui qui pourrait être invoqué par chaque intéressé pris individuellement. C'est ce que constate un arrêt de la Cour de Lyon, à propos d'un contrat collectif conclu le 20 juillet 1905 entre la Chambre syndicale des employés de tramways et la Compagnie de chemins de fer de Saint-Étienne, Firminy et Rive-de-Giers : si le syndicat n'a pas qualité pour exercer les droits de ses membres en dehors d'un intérêt corporatif, « son action est recevable toutes les fois qu'elle a pour objet non seulement un droit qui lui soit propre, mais la défense des intérêts généraux de la profession ». Il est faux d'ailleurs que le rôle du syndicat dans la conclusion

1. Civ. Evreux, 21 octobre 1887. D. 88. 3. 136. — Aix, 26 janvier 1887. *Rev. des soc.*, 87. 254. — Civ. Arras, 13 juin 1888. D. 90. 3. 55. — Co. Saint-Etienne, 17 décembre 1889, *Le Droit*, 18 janvier 1890. — Dijon, 23 juillet 1890 et Cass., 1er février 1893. D. 93. 1. 241. — Rouen, 8 novembre 1897, S. 00. 2. 98.—Cass., 27 juill. 1907 et 2 mai 1908, *Bull. Off. Trav.*, 1908, p. 43 et 771. — Civ. Seine, 2e ch., 23 avril 1909. *Le Temps*, 25 avril. — Cass. crim., 13 février 1909 et 7 mars 1910. *Bull. Off. Trav.*, 1909, p. 533 ; 1910, p. 492.—On trouvera un exposé très clair de la théorie, par M. Romieu, commissaire du gouvernement devant le Conseil d'État, reproduit par le *Bull. Off. Trav.*, 1907, p. 590 et suiv.

2. Nancy, 19 avril 1902 ; Poitiers, 2 juin 1902 ; Cass., 18 janvier 1905. (*Bull. Off. Trav.*, 1902, p. 786, 877 ; 1905, p. 625.) — Cass., 6 août 1908. *Gaz. Pal.*, 6 novembre.

du contrat de travail soit celui d'un intermédiaire : la convention « n'était pas un contrat de travail passé avec quelques ouvriers déterminés ou à leur profit, mais une réglementation générale des conditions du travail et des salaires arrêtée entre la Compagnie et le syndicat, être moral, représentant la collectivité des intérêts professionnels »[1].

Le dernier argument précité montre que le contrat collectif cadre mal avec la théorie du louage de services dans laquelle le Code civil vise le contrat individuel. Il est incontestable qu'un syndicat peut théoriquement se porter fort pour ses membres de l'exécution de la convention, et s'engager sous peine de dommages-intérêts à ne pas déclarer de grève dans le délai prévu. Mais il est non moins certain que le contrat ne le rend pas plus créancier de salaires que débiteur de services[2]. Aussi a-t-on pu dire que le contrat collectif constitue moins un contrat de travail dans le sens d'un louage de services qu'un règlement des conditions qui devront présider à la conclusion des contrats individuels à venir[3]. Cependant il est difficile, en se plaçant à ce point de vue, de déterminer quelles sont les conditions qui doivent

1. *Bull. Off. Trav.*, 1908, p. 452 et suiv. — J. Appleton, *Questions pratiques*, 1908, p. 153 et suiv. — En ce sens : Co. Seine, 4 févr. 1892. *Gaz. Pal.*, 92. 1. 221. — Cons. prudh. Seine, 13 avr. 1895. *Rev. prat. de dr. ind.*, 95. 205. — Civ. Cholet, 12 févr. 1897. *Gaz. Pal.*, 97. 1. 413. — Angers, 8 juin 1897. *Rev. d'Angers*, 97. 222. — Bordeaux, 4 juin 1897. *Gaz. Pal.*, 97. 2. 122. — Grenoble, 6 mai 1902. *Monit. jud. Lyon*, 1er juill. 1902. — Civ. Perpignan, 26 juin 1905. *Bull. Off. Trav.*, 1905, p. 901.

2. Appleton, *loc. cit.*

3. R. Jay, *Revue d'écon. polit.*, 1907, p. 563. — La conséquence naturelle de ce point de vue juridique est que les ouvriers et les patrons, signataires d'une convention collective, peuvent parfaitement déroger, par les contrats individuels, à ces conditions, conformément au principe général de l'article 1134 (Cass. civ., 16 décembre 1908. *Bull. Off. Trav.*, 1909, p. 182-183). On voit que, dans un semblable système, qui est celui du Code civil, il n'y a plus de place pour le contrat collectif de travail.

se restreindre aux contrats existants et celles qui peuvent s'appliquer aux contrats futurs, et l'on est tenté de ranger dans la première catégorie les stipulations concernant les renvois pour fait de grève, la reconnaissance de l'intervention du syndicat, l'emploi des ouvriers syndiqués [1]. Une pareille distinction entre les objets du contrat collectif nous paraît peu conforme à la véritable nature de ce dernier : aux yeux du syndicat qui le conclut, toutes les clauses qu'il renferme forment incontestablement un tout homogène dont les diverses parties concourent au même but qui est l'amélioration des conditions du travail. S'il rentre mal dans le cadre juridique construit à une époque où le contrat individuel était seul connu et où l'action collective ne pouvait être considérée comme engendrant des rapports de droit, cela prouve uniquement qu'il existe actuellement une lacune dans notre législation, que le juge doit s'appliquer à combler au lieu de chercher à le soumettre de force à des principes qui ne peuvent le viser [2]. C'est à quoi tendent les dispositions comme celles qui sont contenues dans les décrets du 10 août 1899 ou dans les cahiers des charges des municipalités anglaises, qui se réfèrent aux conventions établies avec les syndicats comme à des usages généraux s'appliquant à toute la corporation ; ou encore des jugements comme celui qui considère que les usages locaux ont été modifiés par l'accord intervenu entre les syndicats patronaux et ouvriers, et que les nouvelles conditions se substituent aux usages anciens pour tous les ouvriers de la profession, n'eussent-ils pas pris part au contrat et ne fussent-ils pas syndiqués [3].

1. Jay, *loc. cit.*, p. 566 et suiv.

2. Il suffirait, pour se rendre compte de ce défaut de correspondance, d'observer le nombre des systèmes imaginés pour mettre le contrat collectif en harmonie avec le Code civil : mandat, stipulation combinée avec le mandat, stipulation pour autrui, etc. (Cf. Pic, *Traité de législ. ind.*, p. 298).

3. J. paix Narbonne, 11 novembre 1905 (*Bull. Off. Trav.*, 1906, p. 46).

En réalité, le contrat de travail a subi une évolution considérable dans le cours du XIXe siècle. L'article 1780 du Code civil constituait déjà une première étape, en mettant fin à des usages anciens dérivant d'une notion surannée du patronage[1]. La suppression du livret, l'abrogation de l'article 1781 en ont constitué une autre. L'ancienne notion qui mettait le compagnon et l'apprenti à la disposition du maître pour toutes les besognes qu'il avait à leur confier ne s'est plus maintenue que pour les domestiques, à l'égard desquels elle perd chaque jour du terrain. Enfin les lois successives concernant les salaires, les caisses de retraite, la réglementation du travail, les accidents, etc., ont apporté un nouvel élément de transformation. Celui-ci toutefois, bien qu'il frappe davantage certains esprits[2], est loin d'être le plus important : c'est l'intervention de la collectivité, à l'exclusion de l'individu, dans la conclusion du contrat, qui a changé la nature de ce dernier au point qu'il est impossible d'y reconnaître l'ancien louage de service et qu'on ne peut plus guère le comparer qu'à une vente de travail[3]. Cette dernière notion ne serait elle-même qu'approchante, si l'on admet, comme nous l'avons vu dans le chapitre précédent, qu'il peut exister normalement entre les parties d'autres rapports que ceux de l'exécution du travail et du paiement du salaire : le vendeur des matières ne s'inquiète pas de l'usage qu'en fait l'industriel qui les lui achète. Si cette situation n'est pas celle de la main-d'œuvre, il faut reconnaître que le contrat de travail est devenu une source de

— En Angleterre, la jurisprudence reconnaît souvent aux conventions conclues par les syndicats l'autorité d'usages de la profession, s'appliquant à tout ouvrier en l'absence de stipulations formelles (Webb, *Indust. democr.*, t. I, p. 178).

1. P. Pic, *op. cit.*, p. 848.

2. *Revue socialiste*, 1907, p. 198 et suiv.

3. P. Bureau, *Le Contrat de travail*, p. 105. — Yves Guyot, *L'Organis. commerc. du trav.*

rapports entièrement nouveaux et n'ayant aucun fondement parmi ceux que l'on connaissait jusqu'ici.

Au total, la question de la nature juridique du contrat collectif et de l'action qui en résulte au profit du syndicat présente un intérêt plus spéculatif que pratique. A supposer que la collectivité soit investie de la faculté d'exiger en justice l'exécution du contrat, comme le veulent certains projets de loi[1], il est aisé de voir qu'un tel droit deviendrait illusoire dans la pratique : le patron pourra toujours s'y soustraire en renvoyant individuellement ses ouvriers, quitte à observer les délais d'usage, ou même en fermant son usine pour des motifs industriels qu'il est toujours facile de trouver[2]. D'autre part le droit du syndicat entraînerait comme conséquence naturelle sa propre responsabilité en cas d'inexécution de la part des ouvriers[3] : or nous allons voir que cette responsabilité constitue un danger capital pour les associations ouvrières. Nous verrons en même temps quelle est la sanction normale du contrat.

II. — Sanction du contrat collectif

La sanction judiciaire est la première qui se présente à l'esprit, parce qu'elle est la plus naturelle en apparence : toute violation des engagements pris se résout par une condamnation à des dommages-intérêts prononcée par les tribunaux, d'après le Code, et l'on ne voit pas pourquoi le contrat de travail ferait exception à cette règle. Il semble bien que l'absence de responsabilité rendrait la convention inerte : on cite la réponse faite par un syndicat à une menace de poursuite devant les tribunaux, pour brusque rupture du contrat, invoquant son

1. V. *infra*, chap. VIII.
2. Yves Guyot, *Les Conflits du travail*, p. 184.
3. Alfassa et Langeron, *Rev. polit. et parlem.*, t. LIV, p. 124 et suiv.

insolvabilité, le 1er mai 1906[1]. D'autre part il n'est que justice, si l'on admet le droit d'intervention du syndicat pour faire respecter le contrat collectif, de lui reconnaître une responsabilité correspondante. L'une des principales critiques soulevées par le projet de loi Doumergue était l'absence de garantie pécuniaire offerte par les syndicats[2], et la Fédération des industriels français, au mois d'avril 1907, pouvait demander avec raison « que les syndicats ne puissent intervenir dans toute action naissant de conventions collectives que s'ils ont assumé les responsabilités résultant de ces conventions ». On cite encore à ce propos la loi néo-zélandaise qui rend les trade-unions passibles de dommages-intérêts et subsidiairement, en cas d'insolvabilité de la société, les membres de celle-ci jusqu'à concurrence de 250 francs par tête[3]. En regard à cette situation, on ne manque pas de reproduire les doléances des patrons américains, analogues à celles des patrons français, au sujet du défaut de garanties offertes par les unions ouvrières, et de l'impossibilité de traiter avec celles-ci en toute sécurité[4].

A l'obstacle de droit qui s'oppose à la responsabilité des syndicats, puisqu'ils ne sont pas personnellement parties contractantes, s'ajoute l'obstacle de fait, tenant à leur insolvabilité et à l'absence de garantie sérieuse fondée sur leur avoir. Aussi a-t-on soutenu que la première mesure à prendre était d'accroître ces ressources et de transformer les syndicats en capitalistes offrant une surface comparable à celle des employeurs, ou tout au moins à celle des puissantes unions anglaises. De là les projets de loi tendant à accorder aux syndicats la faculté de se livrer à des opérations commerciales, faculté qu'en l'état actuel de la législation le

1. E. d'Eichthal, *La Lib. individ. du trav.*, 1908.
2. Rapport de M. de Ribes-Christofle à la Fédération des Industriels français. — V. aussi les avis des Chambres de commerce, *Musée social*, 1902, p. 10 et suiv., 53 et suiv.
3. D'Eichthal, *op. cit.*
4. E. Cummings, *Quaterly Journal of Economics*, juillet 1895.

principe de la distinction entre l'intérêt collectif de la profession et l'intérêt individuel des adhérents, non moins que celui de la limitation par la loi de l'objet de ces sociétés, doivent conduire à leur refuser[1]. Nous verrons dans la deuxième partie de ce travail quelles sont les considérations, tirées de la nature du syndicat professionnel et de l'exercice du commerce ou de l'industrie, qui établissent une antinomie entre ces deux objets. Nous nous bornerons pour le moment à faire remarquer que si les trade-unions anglaises, qui ont amassé des ressources considérables par les seules cotisations de leurs membres et sans le secours d'aucune opération commerciale, refusent de les exposer aux risques d'une responsabilité légale, les raisons qui militent en faveur de ce point de vue doivent être encore plus fortes à l'égard des capitaux qui seraient gagnés dans le commerce ou l'industrie par les syndicats français.

La question de la responsabilité légale des trade-unions s'était déjà posée en 1867 lors de la discussion de la loi de 1871. Deux courants d'opinion se manifestaient dans la commission : les conservateurs voulaient conférer aux unions à la fois la reconnaissance pleine et entière et la responsabilité illimitée, tout en restreignant par ailleurs leur liberté d'action sur de nombreux points ; les partisans de la liberté d'association ne réclamaient au contraire que les droits d'achat, de vente et de location des immeubles, et celui de poursuivre les caissiers infidèles, et faisaient bon marché du droit d'ester en justice pour recouvrer les cotisations de leurs membres et faire respecter leurs règlements, à la condition de supprimer en revanche tout recours des adhérents contre elles. C'est ce second système que consacre la loi de 1871. Il en résulte pour les trade-unions l'avantage de pouvoir employer, à un moment donné, toutes les ressources de la société, même celles qui s'appliquent aux caisses de mutua-

1. Nancy, 27 novembre 1907 ; Cass., 19 juin 1908 (*Bull. Off. Trav.*, 1908, p. 40 et 663).

lité, pour soutenir une grève, sans qu'aucun adhérent ait le droit de s'y opposer : la séparation du fonds de résistance de ceux de la mutualité, proposée par le Chancelier de l'Echiquier lors de la discussion de la loi, fut écartée sur l'observation qu'aucune trade-union n'accepterait une semblable restriction. Le danger qui dérive de cette faculté pour la prévoyance des membres est moindre qu'il ne semble au premier abord, car la responsabilité des obligations de la société vis-à-vis de ses membres pouvant avoir droit au secours de mutualité est un frein puissant qui s'oppose aux aventures de grève inconsidérées ; et d'autre part, ce procédé évite la constitution de fonds de résistance trop considérables dont le chiffre même serait un stimulant pour les solutions violentes [1]. La même opposition de tendances se manifestait dans la Commission royale de 1894, à propos de la proposition du duc de Devonshire tendant à accorder à chaque association, patronale et ouvrière, une action en dommages-intérêts en cas de non-exécution de la convention signée par elles : les unionistes voyaient dans la personnalité civile qu'on voulait attribuer à leur groupement le péril de poursuites trop faciles de la part de leurs adversaires ou de traîtres se glissant dans leurs rangs et la ruine à brève échéance de tous leurs fonds de secours. Il en fut de même en 1907, lors de la présentation d'un bill dans le même sens par le Comité parlementaire des employeurs [2].

1. L'avantage de la réunion des caisses apparaît aussi dans le cas de la Société typographique française : elle put, en 1878, grâce à la société de secours mutuels, dépenser 244,000 fr. en secours de grèves. En 1881, toutes ses dettes étaient payées et les fonds de secours intacts. En 1886, conformément à la loi, le syndicat ayant été séparé de la caisse de secours, le nombre des membres affiliés à celle-ci descendit aussitôt ; de 2.130 à cette date, il n'était plus en 1897 que de 617, alors que le nombre des syndiqués s'était au contraire élevé à 2.455 (Off. du Trav., *op. cit.*, t. I, p. 273-274).

2. Mantoux et Alfassa, *La Crise du trade-union.*, p. 8 et suiv., 41. — Webb, *Industr. Democr.*, t. II, p. 534-535 ; id., *Hist. du Trade-Union.*, p. 288 et suiv.

Du reste, cette législation ne met à l'abri les unions que des poursuites qui pourraient être exercées par leurs propres membres : elles restent exposées à la responsabilité résultant de préjudices causés aux tiers. C'est ainsi qu'en vertu de la loi, il n'est pas une seule grève qui ne puisse motiver une condamnation basée sur un principe aussi large[1]. On se souvient des arrêts rendus en 1902 par la Chambre des Lords, puis par le Banc du Roi, condamnant la Société amalgamée des employés du Taff Vale Railway à 550.000 francs de dommages-intérêts pour faits le picketing [2]. Cet arrêt était du reste le couronnement des efforts tentés par une partie des employeurs depuis plusieurs années pour enrayer le développement du trade-unionisme, et dont les principales manifestations avaient été le lock-out des mécaniciens en 1897, la campagne du *Times* en 1901 et les poursuites intentées la même année par les propriétaires de mines du Pays de Galles-Sud contre la Fédération des mineurs [3].

Une définition par le législateur des actes punissables qui entraînent la responsabilité des trade-unions devenait pour ces dernières une nécessité vitale. Une campagne énergique de leur part aboutit, à la suite des élections, au dépôt par le gouvernement d'un bill limitant la responsabilité des unions aux cas où un préjudice aurait été causé en vertu des instructions émanées de leurs conseils. Les députés ouvriers, rejetant ce projet comme prêtant à l'arbitraire, obligèrent le gouvernement à se rallier à celui du *Labour Party :* malgré l'opppoition des conservateurs et des socialistes, ce dernier fut voté le 21 décembre 1906. La nouvelle loi supprime tout délit de coalition, y compris le picketing sans violence, ne laissant subsister que les délits de droit com-

1. Cf. L. de Seilhac, *les Grèves*, p. 91.
2. On appelle ainsi la surveillance d'un établissement à l'index.
3. Mautoux et Alfassa, *op. cit.*, p. 51 et suiv. — Alfassa, *Musée social*, 1903, p. 57 et suiv.

mun ; elle refuse les actions qui ne sont basées que sur le préjudice causé ou sur une ingérence dans l'industrie, ainsi que celles qui tendent à obtenir indirectement la réparation d'un dommage causé par l'association ou en son nom [1]. On voit que la tendance de la législation anglaise, sous l'inspiration des trade-unions, n'est nullement dans le sens d'une extension parallèle de leur capacité et de leur responsabilité, et la raison en est manifeste: c'est le sort du trade-unionisme entier qui dépendait de l'attitude de la législation et de la jurisprudence à leur égard.

La situation est la même aux États-Unis. La loi fédérale de 1885-1886 donne aux trade-unions qui se sont fait enregistrer la capacité civile avec ses conséquences. La crainte de ces dernières a provoqué une abstension générale des unions à réclamer cet avantage, et le rapport de la Commission du travail de 1900 constatait qu'aucune union importante n'avait demandé l'enregistrement [2]. Cette attitude s'explique lorsqu'on observe les variations de la jurisprudence à leur égard et le risque de condamnations arbitraires qui les menace [3].

La sanction légale du contrat collectif constitue pour les associations ouvrières un danger tellement grave, que ces dernières aiment mieux y renoncer que de compromettre de la sorte leur propre existence. A plus forte raison ne saurait-on compter sur les amendes stipulées par les contractants eux-mêmes pour le cas où ils manqueraient à leurs

1. Alfassa et Langeron, *loc. cit.*, p. 136 et suiv. — *Bull. Off. Trav.*, 1907, p. 52.

2. Yves Guyot, *op. cit.*, p. 77-78.

3. Un arrêt de la Cour suprême, du mois de février 1908, a condamné l'union des chapeliers envers un patron mis à l'index en vertu de la loi Scherman contre les trusts (*supra*, p. 101). Au mois de décembre 1908, la Cour suprême de Colombie a condamné M. Samuel Gompers, président de la Confédération américaine et les chefs de la Fédération des mineurs à douze, neuf et six mois d'emprisonnement, pour avoir publié dans le journal de la Fédération une liste des maisons mises à l'index.

engagements : la clause pénale n'est que la détermination par les parties intéressées du montant de la condamnation que le juge prononcerait en vertu de la loi. Il est donc évident qu'elle ne saurait avoir plus d'effet que la loi elle-même. Du reste, les exemples de ce genre qu'on peut citer sont très rares [1], et ne sauraient fournir de conclusions générales. La clause pénale, dans le contrat collectif, est donc abandonnée en réalité à la loyauté et à la bonne volonté des parties, et ne vaut que dans la mesure où celles-ci sont disposées à exécuter volontairement la convention.

C'est donc au respect volontaire des engagements pris et au maintien par les parties elles-mêmes de l'autorité des clauses convenues qu'il faut revenir, lorsqu'on recherche le moyen de les y contraindre. Il est à remarquer que les contrats collectifs conclus dans l'industrie textile du Lancashire ne contiennent aucune disposition prévoyant l'inexécution de la convention : nous avons vu que les mesures de conciliation n'y ont pour objet que l'interprétation du tarif, laissant de côté tout ce qui concerne les différends proprement dits tenant à la mésintelligence ou à la méfiance entre les parties [2]. C'est aussi l'une des industries où la question des rapports entre patrons et ouvriers a été le mieux résolue et où les contrats collectifs assurent le plus complètement la paix de ces relations. « Dans notre Lancashire, disait le secrétaire de l'association des tisseurs, les relations sont très satisfaisantes entre les deux associations patronale et ouvrière, et nous ne rencontrons de difficulté qu'avec les

1. En vertu du contrat collectif passé en 1894 entre l'association des teinturiers de Huddersfield, Bradford et Barney et les quatre unions ouvrières, et remanié en 1896 et 1899, chaque partie a déposé un cautionnement de 500 livres comme garantie de l'exécution du contrat (*Labour Gazette*, 1894, p. 305 ; 1896, p. 82 ; 1899, p. 264). La convention conclue en ce sens, en 1849, par les tisseurs en soie de Macclesfield, ne dura que quelques années et sans résultats. (Crompton, *Industrial conciliation*, 1876, cit. Off. du Trav., *Concil. et arb.*, p. 25-27.)
2. *Supra*, p. 136-137, 203.

patrons qui se tiennent en dehors de leur association. Sur 23 grèves qui se sont produites dans le district depuis dix ans, 22 ont eu lieu chez les patrons qui ne faisaient pas partie de leur association [1]. » Le même fait se constate aux États-Unis, où le contrat collectif fonctionne à la satisfaction des parties sans pouvoir recourir à la sanction légale ; la clause pénale n'y a aucune valeur juridique. Or, suivant M. Caroll Wright, le contrat est presque toujours respecté intégralement par les parties [2]. C'est la même impulsion, dérivant de la libre volonté des intéressés, qui les pousse d'une part à soumettre leur liberté individuelle à la discipline d'une association, grâce à laquelle leur activité et leur personnalité prennent leur pleine valeur, et d'autre part à contenir la puissance de cette action collective dans des limites acceptées et déterminées d'un commun accord avec la partie adverse.

Cette source de l'autorité du contrat apparaît d'une façon lumineuse dans le procédé matériel employé pour sa conclusion, d'où le vote doit être normalement banni. Contrairement à ce qu'on pourrait s'imaginer, ce n'est point la décision de la majorité qui s'impose à la minorité : un tel procédé produirait une solution forcée, et non une convention volontairement acceptée, et entraînerait les plus graves dissentiments ; il n'est admissible que dans le sein de chaque délégation, lorsque les représentants de l'une des parties diffèrent entre eux d'opinion. Mais lorsqu'il s'agit pour les représentants des deux parties de se réunir et de conclure une convention, l'unanimité doit être la règle [3]. L'arbitrage, nous le verrons plus loin, n'est un expédient, et ne peut se substituer à l'accord volontaire des consentements qu'autant que l'une des parties reconnaît déjà implicitement le bon droit de l'adversaire. Aussi dans les conseils présidés par

1. Off. du Trav. *Concil. et arb.*, p. 85.
2. Moissenet, *Étude sur le contrat collectif*, 1903, p. 95.
3. Pigou, *op. cit.*, p. 156.

M. Mundella, celui-ci a-t-il été bientôt amené à renoncer à sa prérogative de départager les parties, et à substituer l'accord général à la votation : « Nous sommes arrivés, disait-il, à nous dire : ne votons plus, essayons de nous mettre d'accord, et nous y parvenons toujours. » Nous pouvons donc conclure que le contrat collectif n'a de valeur et n'est efficace qu'autant que les intéressés en acceptent sincèrement les charges et consentent librement à s'y soumettre.

Toutefois cette disposition volontaire, chez les parties intéressées, à maintenir l'accord et l'harmonie des relations, a des limites qui tiennent d'abord à l'imperfection de la nature humaine : la volonté la plus droite et la plus saine est sujette à des éclipses où les passions peuvent l'emporter sur le jugement. D'autre part, les techniciens les plus habiles sont exposés à se tromper, et il peut arriver que chacun des contractants ayant une appréciation différente des circonstances, considère ses propres prétentions comme mieux fondées que celles de l'adversaire. En pareil cas, il n'y a pas plus de raison pour que l'un des deux renonce à ses prétentions que pour exiger de tous les deux des concessions mutuelles. Il n'existe pas d'autre solution à cette situation que la force ; et l'arme à l'aide de laquelle l'une des parties imposera à l'autre son opinion, est la cessation du travail, grève ou lock-out. Cette constatation peut chagriner les esprits enclins aux utopies et désireux de trouver un système permettant à l'humanité de devenir parfaite comme par un coup de baguette magique : l'observation de la société telle qu'elle existe rend plus optimiste ou moins exigeant ; elle conduit à accepter la vie sociale avec tous les résultats bons et mauvais de ses expériences, avec la certitude que celles-ci n'en mènent pas moins l'humanité dans la voie du progrès. Ce serait donc une grave erreur de s'imaginer qu'il existe une institution permettant de supprimer absolument les conflits du travail : même dans les groupements sociaux les mieux organisés et dont le niveau moral est le plus élevé, et en faisant abstraction des défaillances possibles et passagères du sens moral, l'état de guerre, visant à créer un vainqueur et un vaincu, peut se présenter et se présente dans la réalité. Nous avons seulement à voir quels sont les caractères de cette lutte, et si elle ressemble à celle qui se produit en l'absence de toute organisation.

III. — La Grève sous le régime du contrat collectif

L'industrie textile du Lancashire nous fournit un exemple remarquable de ce que peut être une grève sous le régime du contrat collectif. Durant l'été de 1892, l'abaissement constant du prix des filés, dû à l'abondance des récoltes de 1890 et 1891, réduisit les bénéfices des filateurs dans une proportion telle que ceux-ci proposèrent au syndicat ouvrier une réduction de 10 0/0 sur les tarifs. Les ouvriers répondirent que la solution de la crise, due à la surproduction, n'était pas dans l'abaissement des frais de production, mais dans la réduction de celle-ci, et proposèrent en conséquence la fermeture des ateliers pendant une journée par semaine de façon à réduire à quarante heures la durée hebdomadaire du travail. « Si nous avions accepté la combinaison des patrons, disait l'un des secrétaires, la surproduction aurait continué et le prix de vente du filé se serait encore abaissé; on nous aurait alors imposé une nouvelle réduction, et ainsi

1. « Les nations civilisées s'attachent à régler leurs différends sans recourir aux armes; elles aiment mieux faire des concessions que de se lancer dans une guerre d'extermination... Mais elles ne désarment pas et les pays faibles ne jouissent pas des mêmes avantages que les pays les plus forts. Le même raisonnement s'applique au travail organisé et aux employeurs. C'est peut-être le régime de la paix armée, mais tous ceux qui aiment sincèrement l'humanité et le progrès ne contestent pas que ce régime est encore préférable à celui de l'esclavage désarmé. » (Rapport de M. Gompers au Congrès de Cincinnati en 1896, cit. Vigouroux, *op. cit.*, p. 264).

de suite jusqu'au minimum d'*airain.* » Il était clair que la discussion, poursuivie sur ces bases, ne pouvait aboutir à une entente, pas plus qu'elle ne pouvait se terminer par un arbitrage, offert à plusieurs reprises par les maires de Liverpool et de Manchester, ainsi que par de notables personnalités ecclésiastiques. Le 4 novembre, 60.000 ouvriers cessèrent leur travail, dans le sud du Lancashire, et la tactique des deux adversaires eut désormais pour objet d'obtenir le concours ou l'abstention des patrons du nord et nord-est du district.

L'un des traits particulièrement caractéristiques de cette grève est l'absence de toute animosité et même de toute tension dans les rapports entre les parties. Dès le lendemain de son ouverture, le secrétaire de la Fédération patronale informait celui de la Fédération ouvrière qu'il se tenait à sa disposition pour recevoir toutes les communications que celui-ci pourrait avoir à lui faire. Malgré les souffrances endurées par les ouvriers, pas un instant le calme ne se démentit. C'est que le conflit dépendait, non de l'intransigeance des parties, mais des circonstances économiques indépendantes de leur volonté; lorsqu'enfin, ces circonstances s'étant modifiées, la conférence put se réunir avec chances de succès; les prétentions des parties tendaient à la conciliation. Nous avons relaté plus haut[1] les péripéties de cette conférence, dont le lecteur a pu noter l'allure calme et conciliante, telle qu'on peut l'attendre d'individus conscients de leur dignité et respectueux de celle de leur adversaire. On voit qu'une grève poursuivie dans ces conditions n'est plus un acte d'hostilité, générateur de haines et de violences : c'est simplement un procédé, coûteux et pénible à la vérité pour les parties, le seul dont elles puissent disposer, pour décider laquelle d'entre elles a raison et doit imposer sa manière de voir.

1. *Supra*, p. 135-136.

Ces mêmes caractères s'observent dans tous les conflits qui se sont élevés postérieurement dans cette industrie. Au début de 1908, la baisse se fit de nouveau sentir, les patrons demandèrent une réduction de 5 0/0 [1] ; les ouvriers fileurs proposèrent de reporter l'application de cette réduction au mois de janvier 1909, si le maintien des cours la justifiait. La fédération des patrons refusa, offrant à titre de transaction, de reporter la réduction au mois de janvier 1909, mais sans condition. L'Association des fileurs procéda alors à un referendum : 73 0/0 de ses membres se prononça contre l'acceptation de ces conditions ; mais comme les statuts de leur association exigent une proportion de 80 0/0 en faveur de la grève, ils se décidèrent à accepter, après une nouvelle conférence infructueuse. Le différend eût été ainsi réglé en ce qui concerne cette catégorie. Par contre, les tisseurs et les cardeurs se montrèrent intraitables et la solidarité de fait qui existe dans le travail de tout le personnel des manufactures entraîna le lock-out général de l'industrie du coton dans le Lancashire, provoquant le chômage de 120.000 ouvriers et la fermeture de 400 usines. Or aucun incident de nature à troubler la paix publique ne se produisit ; la grève se poursuivit au milieu d'un calme « absolument remarquable et la bonne humeur règne partout. On croirait des ouvriers en vacanes [2]. » Le 6 novembre, à la suite de plusieurs propositions nouvelles émanant de la fédération des fileurs, une convention fut enfin signée entre la fédération patronale et les trois associations ouvrières, aux termes de laquelle la réduction de 5 0/0 devait être appliquée à partir du mois de mars 1909 [3].

1. La convention de 1893 limitait à 5 o/o l'augmentation ou la diminution annuelle qu'on pourrait réclamer sur les salaires. Cette clause fut toujours observée de part et d'autre.

2. *Le Matin*, 23 et 27 septembre.

3. *Labour Gazette*, 1908, p. 335-336.

La même attitude calme et pacifique se manifeste dans les conflits qui éclatent dans les autres industries fortement organisées et orientées vers le régime du contrat collectif. Ce fut l'un des aspects dominants de la grève des mécaniciens anglais en 1897 où, malgré les erreurs de tactique et et d'organisation qui leur valurent un échec et que nous avons signalées, les qualités de discipline, de prévoyance, de calme et de dignité personnelle montrées par les ouvriers furent absolument remarquables [1]. Il en fut de même lors des conflits qui ont éclaté dans les chantiers de constructions navales en Angleterre aux mois de mai 1908 et septembre 1910 [2].

Tel est le premier effet d'une organisation normale des forces ouvrières et de l'emploi du contrat collectif : ils substituent à l'état de luttes et d'hostilité entre le capital et la main-d'œuvre une situation pacifique et dirigée par la raison ; et lorsque les rapports viennent à être rompus faute d'entente au sujet des conditions du contrat, l'arme de la force ne consiste que dans la supériorité de la raison ou des ressources accumulées ; elle élimine les recours à la violence. La procédure prévue dans la plupart des contrats collectifs [3], en vertu de laquelle les modifications doivent être discutées par les délégués des parties préalablement à la cessation des conventions en cours, et les cessations de tra-

1. P. Bureau, *op. cit.*, p. 12 et suiv. — P. Leroy-Beaulieu, *Économiste français*, 12 février 1898.

2. La grève des mineurs qui a donné lieu à des épisodes sanglants, durant le mois de novembre 1910, n'a affecté que le sud du Pays de Galles, où les ouvriers sont le moins bien organisés, et s'est produite contrairement aux injonctions des chefs des unions. Elle provenait de l'impossibilité où s'étaient trouvés les arbitres choisis, en vertu du compromis du 30 juin 1904, de se mettre d'accord au sujet de l'application de la loi concernant les heures supplémentaires.

3. Lors de l'enquête parlementaire de 1883 aux États-Unis, on affirmait ne pas connaître un seul syndicat dont les statuts ne se réfèrent pas à cette procédure. Il en est de même en Angleterre, suivant M. de Rousiers (*Le Trade-Union. en Angl.*, p. 26).

vail annoncées un certain temps à l'avance, contribue puissamment à entretenir l'harmonie en favorisant les explications et en dissipant les malentendus.

Un autre résultat non moins important de l'introduction d'une organisation régulière dans les rapports entre patrons et ouvriers, est la diminution du nombre des conflits. Ce fait est très sensible pour l'Angleterre, et apparaît nettement dans les tableaux suivants :

Nombre des grèves de 1893 à 1908

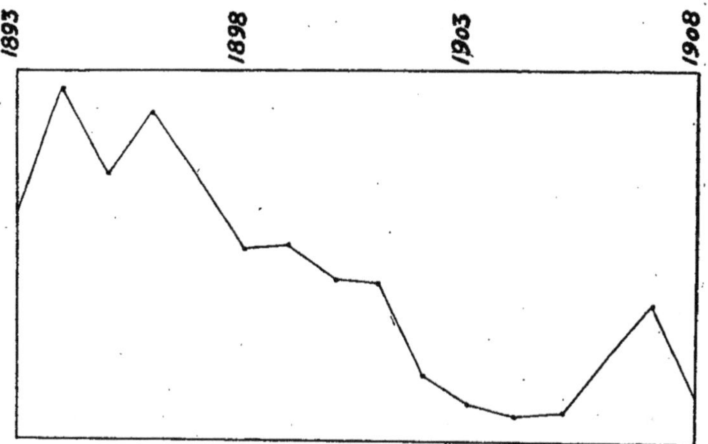

Pourcentage des succès [—] des transactions [---] et des échecs [-·-]

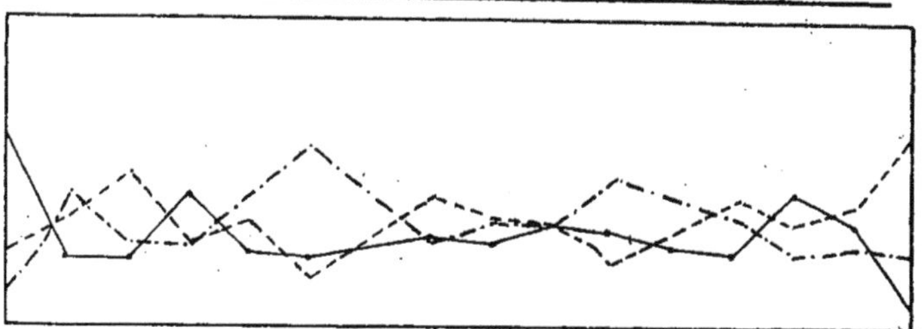

Un simple coup d'œil jeté sur ces graphiques montre qu'à la diminution du nombre des grèves correspond la double tendance inverse de la progression des grèves totalement ou partiellement victorieuses et de la diminution de celles qui se sont terminées par des échecs. Cette simple indication montre par elle-même l'influence d'une direction sage et éclairée des coalitions, qui n'encourage les conflits que lorsqu'ils ont des chances de tourner à l'avantage des ouvriers. Cette influence se constate directement. Le rapport pour l'année 1900 déclare que le nombre inférieur des grèves de cette année « est dû en grande partie au grand nombre de cas où les salaires ont été fixés par des bureaux de conciliation ou de salaires, par les échelles mobiles ou d'autres procédés analogues, dans les industries du fer, de la houille et d'autres importantes. Pour plus de la moitié des ouvriers dont les salaires ont été modifiés, les changements ont eu lieu par des procédés de ce genre [2]. » Même constatation les années suivantes : en 1907, sur 1.246.000 ouvriers dont les salaires ont éprouvé un changement, 99 0/0 l'ont obtenu sans grève. Or, sur ce total, 1.243.534 obtenaient une augmentation de 5.030.000 francs par semaine, 2.930 subissaient une diminution hebdomadaire de 5.000 fr. En ce qui concerne les ouvriers qui n'ont pas eu recours à la grève, le tableau suivant montre bien l'influence directe du contrat collectif sur la réussite [3] :

1. A l'appui de cette observation, on peut remarquer que la diminution du nombre des grèves ne se poursuit pas moins à partir de 1901, bien que depuis cette époque la hausse des salaires se soit arrêtée, et qu'une perte de 5.722.700 francs pendant la période 1901-1905 ait succédé au gain de 10.911.075 francs obtenu pendant la période 1896-1900.

2. *Labour Gazette*, 1901, p. 266.

3. *Bull. Off. Trav.*, 1909, p. 64 et suiv.

	Nombre des ouvriers dont les salaires ont été réglés par			Totaux
	échelle mobile	médiation et arbitrage	négociation directe	
Bâtiment........	»	6.000	3.259	9.259
Mines..........	387	714.050[1]	111.134	825.571
Métallurgie......	56.825	7.500	54.587	118.912
Textiles.........	»	»	246.823	246.823
Divers..........	»	3.993	29.582	33.575
Totaux.....	57.212	731.543	445.385	1.234.140

Ce résultat, qui contraste avec l'augmentation des grèves dans les autres pays, « s'explique par la différence des procédés employés en Angleterre et sur le continent pour adapter le taux des salaires à la nouvelle situation industrielle. Tandis que sur le continent le procédé « barbare » de la grève est à peu près le seul dont les ouvriers disposent, en Angleterre, le procédé « civilisé » des bureaux de conciliation leur permet de prendre pacifiquement leur part de l'accroissement des bénéfices [2]. » Il est, en effet, entièrement contraire à la vérité de représenter, ainsi qu'on le fait parfois, l'esprit trade-unioniste comme favorable aux grèves et comme un élément de conflits. Souvent les chefs des unions en détournent formellement leurs adhérents [3]. Dès 1845, le comité des maçons les mettait en garde « contre la pratique dangereuse des grèves... Écartez-vous-en, comme d'une bête féroce que vous sauriez prête à vous tuer... Rappelez-vous ce qui vous réduisit à si peu de chose en 1842... Nous vous supplions, frères, en tant que vous estimez votre

1. Ce chiffre est exceptionnel par rapport aux années précédentes où le nombre des mineurs ayant traité par négociations directes l'emportait de beaucoup sur celui des mineurs ayant usé de médiation.

2. Ch. Rist, *Rev. d'Econ. polit.*, 1907, p. 173-174.

3. Nous avons vu que les récentes grèves des ouvriers des constructions navales et des mineurs ont été faites contrairement à l'avis formel de leurs conseils.

propre existence, d'éviter par tous les moyens possibles ces grèves inutiles. Consacrons encore une année à une organisation sérieuse et attentive ; et si elle ne parvient pas à nous perfectionner, prenons-en encore une autre ; car c'est la connaissance de la désorganisation des ouvriers qui excite en général le tyran et le marchandeur à nous opprimer. » Les unions cédaient parfois si complètement à cette tendance pacifique qu'on en vit qui remplaçaient le fonds de grève par une caisse destinée à l'émigration, comme la loge des maçons de Liverpool, ou qui demandaient la suppression du mot même des grèves, comme celle de Portsmouth ; par un souci exclusif de l'action mutualiste, l'union des mécaniciens en était arrivée à compromettre l'action de défense des intérêts professionnels, et la force d'organisation de cette société se ressent encore de cette erreur. Sans tomber dans ces exagérations, la plupart des unions prennent à tâche d'empêcher les entraînements irréfléchis et une trop grande facilité à déclarer les grèves, soit par une consultation préalable de l'assemblée générale, soit en réservant ce droit au conseil exécutif [1].

D'autre part, en diminuant les conflits et en leur enlevant tout caractère antisocial, les unions ne les suppriment pas : un tel résultat serait, nous l'avons vu, en dehors de leur pouvoir. Aussi ne faut-il pas s'étonner qu'à côté des 825.571 mineurs qui, en 1907, ont réglé leurs salaires sans grèves, nous en rencontrions 52.567 qui y ont recouru, qu'à côté des 246.823 ouvriers de l'industrie textile qui se trouvaient dans le premier cas, il s'en rencontre 47.429 dans le second, qu'il y ait eu 19.576 ouvriers métallurgistes en grève pour 118.912 qui ont recouru aux moyens pacifiques. Le chiffre considérable des effectifs des unions et les questions vitales qui font désormais l'objet exclusif des grèves peut élever plus rapidement le nombre des grévistes que sous le régime

1. Webb, *Hist. du trade-union.*, p. 205 et suiv., 339 et suiv.

de la fragmentation des groupements ouvriers [1], sans que les chiffres qui en résultent aient la même signification dans les deux cas. « Quand des deux côtés, une profession est fortement organisée et possède des ressources financières considérables, un conflit du travail, lorsqu'il se produit, peut être très étendu, très long et très coûteux. Mais, exactement comme une guerre moderne entre deux grands États européens, il représente un degré de civilisation plus haut que les combats et les incursions incessantes qui se produisent dans les temps et les pays où les gouvernements sont moins forts et moins centralisés, de même, en somme, un grand conflit du travail, se produisant occasionnellement après des années de paix, semble préférable à de continuelles escarmouches, arrêts du travail et petits conflits qui avaient lieu dans chaque localité [2]. »

Un mouvement analogue, bien que moins nettement dessiné, s'observe aux États-Unis. Le nombre des grèves a été en augmentant jusqu'en 1886, date de la campagne générale dirigée par les trade-unions pour la réduction de la journée de travail. Puis l'usage de plus en plus général du contrat collectif en a fait décroître progressivement le nombre jusqu'en 1899. A partir de ce moment, le nombre des grèves a de nouveau été en augmentant jusqu'en 1903, par suite des conflits provenant des travailleurs faiblement organisés, ainsi que le prouve l'abaissement relativement peu important du nombre des grévistes, la diminution de celui des succès remportés par eux, et l'abaissement du nombre des syndiqués parmi les grévistes, qui passe de 82 0/0 en 1881 à 63 0/0 en 1900 [3]. A partir de 1903, le nombre des grèves diminue de nouveau progressivement [4].

1. Aussi pourra-t-on s'attendre à voir les chiffres de 1908 et 1910 marquer une progression considérable sur ceux des années prédédentes en raison des grèves des chantiers maritimes, des textiles et des mineurs.

2. Rapport de la Commission du travail pour 1894.

3. *Bull. Off. Trav.*, 1908, p. 465 et suiv.

4. C. D. Wright, *L'Evol. industr. aux États-Unis*, 1901, p. 321.

En revanche, la progression du nombre des grèves dans la plupart des autres pays contraste avec le mouvement que nous venons d'observer. Les diagrammes publiés par M. Ch. Rist sont significatifs à cet égard : ils montrent d'un côté l'abaissement régulier de la courbe qui indique le nombre des grèves en Angleterre, tandis que les courbes relatives à la France et à la Belgique subissent des oscillations permanentes, une hausse constante en Italie et une hausse rapide en Allemagne. Voici pour la France le tableau correspondant à celui que nous avons donné pour l'Angleterre.

Années	Nombre des grèves	Nombre des grévistes	Proportion p. 100 du nombre des		
			succès	transactions	échecs
1893	634	170.123	»	»	»
1894	391	54.576	»	»	»
1895	405	45.801	24	30	46
1896	476	41.851	24	26	50
1897	356	68.875	19	35	46
1898	368	82.065	20	33	47
1899	740	176.826	24	38	38
1900	902	222.714	23	40	37
1901	523	111.414	22	37	41
1902	512	212.704	22	36	42
1903	567	123.151	22	39	39
1904	1.026	271.097	29	38	37
1905	830	177.666	22	44	34
1906	1.309	438.466	21	41	38
1907	1.170	114.150	18	46	36
1908	1.073	99 042	17	30	53

Les chiffres qui précèdent montrent une tendance à la hausse, bien que peu appréciable, dans le mouvement du nombre des grèves ; d'un autre côté, si les nombres relatifs des succès complets et des échecs diminuent, celui des transactions augmente sensiblement. L'influence des syndi-

1. *Rev. d'Econ. polit.*, 1907, p. 161.

cats français dans les conflits du travail, bien qu'encore insuffisante, s'observe donc dans une certaine mesure : en 1908, le nombre des conflits terminés grâce à l'intervention des syndicats était de 104, dont 32 avec succès complet et 57 avec succès partiel. Le nombre des commissions mixtes constituées à l'occasion des grèves et des syndicats admis par les patrons dans leur discussion devient de plus en plus nombreux [1]. D'autre part, nous avons noté, à propos de la Fédération du Livre, l'influence de l'un des syndicats français les mieux organisés relativement à la diminution des grèves et au règlement pacifique des conflits.

On doit citer à cet égard les conseils que donnait à ses collègues le secrétaire général de cette puissante association en 1892 : « Les travailleurs adoptent une dangereuse tactique lorsqu'ils veulent trancher précipitamment un conflit, et, dans la plupart des cas, si les syndicats ouvriers savaient défendre la cause de leurs membres avec calme, en prenant et en demandant franchement un délai pour étudier avec réflexion les propositions patronales, les conflits seraient beaucoup plus rares. Que de fois les confrères en grève, à l'arrivée du délégué, exprimaient le regret de n'avoir pas attendu sa présence, car avec lui, le différend eût été évité, parce que les décisions eussent été moins précipitées, les discussions moins vives... A notre avis, c'est se leurrer gravement que de persister dans ces procédés de lutte. L'organisation industrielle moderne exige une tactique différente, où la discussion, la diplomatie, doivent être employées, même lorsque le patron fixe lui-même un très court délai pour accepter ses propres propositions... Cette manière d'agir est destinée à prévaloir, elle donnera une idée très précise de

1. L'influence des syndicats allemands dans le même sens est non moins appréciable. (Cf. Raffalovitch, *Nouvelle Revue*, 1er avril 1908. — *Rev. polit. et parl.*, t. LI, p. 164 et suiv. — Fagnot, *Le Droit de grève*. Alcan, 1909, p. 223 — Picquenard, *Rev. d'Econ. polit.*, 1908, p. 366.)

la marche de nos institutions syndicales, nous éviterons bien souvent des conflits ; mais si nous n'obtenons pas satisfaction dans ces conditions, nous serons beaucoup plus forts pour engager la lutte, l'opinion publique sera plus sûrement de notre côté[1]. »

Dans l'ensemble, il est donc aisé de se convaincre que la grève, tout en restant la solution toujours possible et nécessaire dans les conflits du travail, tend de plus en plus à être considérée par les intéressés, et dans la mesure où ils s'élèvent à la conception de rapports normaux et rationnels, comme une ressource d'exception, mauvaise en elle-même, et qu'il importe d'entourer elle-même des caractères d'organisation raisonnée et pacifique qui dénotent un degré de civilisation plus élevée. Une telle conception est sans contredit la condition fondamentale du bon fonctionnement du contrat collectif et la garantie la plus sûre de son observation. Il est évident qu'une concession obtenue par la force est destinée infailliblement à être retirée dès que les circonstances se sont modifiées : lorsque les ouvriers cèdent à la tentation de profiter des moindres indications favorables du marché pour réclamer une augmentation de salaires, sans s'inquiéter de savoir si l'activité des affaires n'est pas purement transitoire et si sa continuation en permettra le maintien, lorsqu'ils considèrent chaque succès obtenu comme un encouragement à en poursuivre de nouveaux, ils se condamnent à subir tous les efforts des patrons pour se soustraire à des concessions ainsi arrachées de force, et à perdre dans le plus bref délai les avantages acquis[2]. Au contraire, le moyen le plus sûr d'obtenir de la partie adverse le respect des engagements pris est de commencer par les respecter de son côté ; de même que la violence engendre la

1. Cit. Off. du Trav., *Concil. et arb.*, p. 519 et suiv. — Cf. *La Typographie française*, 16 octobre 1890.
2. Bureau, *op. cit.*, p. 67 et suiv.

violence, la modération et la justice donnent aux autres un exemple qui a des chances d'être suivi.

Les témoignages des patrons ne font pas défaut au sujet de l'exactitude de ces observations : « Les hommes que les manufacturiers détestèrent le plus, disait M. Mundella, furent ceux que les ouvriers choisirent pour les envoyer au conseil. Nous trouvâmes en eux cependant des hommes pleins de droiture. Ce sont, en général, les ouvriers les plus intelligents et nous avons reconnu qu'ils étaient parfois débordés par la masse qu'ils avaient derrière eux. Souvent leurs commettants insistaient pour leur faire faire des choses qu'ils jugeaient contraires au bon sens, et ils surent résister. Ils ont été les plus fortes barrières que nous ayons eu à opposer à la force ignorante[1]. » Un autre patron, M. Jenkins, disait de même : « J'ai lutté trente ans avec le plus extrême acharnement pour le système patriarcal et contre les syndicats, et je croyais qu'il était impossible en les reconnaissant de conduire une grande exploitation. Je vois maintenant que j'étais dans l'erreur. Jamais nous ne nous sommes si bien trouvés que depuis que nous sommes décidés à régler nos affaires avec la Trade-Union comme représentant de nos ouvriers[2]. » L'attitude d'un grand nombre de chefs d'industrie à l'égard des organisations ouvrières est une affirmation du même sentiment : tandis que les prétentions excessives ou l'attitude révolutionnaire des ouvriers est le plus sûr moyen de pousser les patrons à adopter un outillage mécanique leur permettant de remplacer facilement leur personnel[3], la tactique contraire a placé les industries où le régime du contrat collectif est le mieux assuré, dans une situation de paix rarement troublée et dans laquelle la condition des ouvriers s'améliore de plus en plus. L'exemple des industries textiles est concluant sur ce point.

1. Cit. Crompton. *Arbit. et concil.*, p. 37-38.
2. Cit. Brentano, *Journ. d'Écon. polit.*, 1890, p. 404.
3. Pratt, *Trade Unionism and british Industry*, 1904, p. 208-209.

Il en est de même dans les mines, où certains patrons enjoignent à leurs agents de ne jamais prendre de décision importante relativement aux conditions du travail sans s'entendre à ce sujet avec le secrétaire de l'union ouvrière[1]. On pourrait citer de nombreux exemples du même genre.

Cependant cette condition qui consiste dans la volonté préexistante des intéressés de s'entendre et de réaliser des relations stables et pacifiques, pour essentielle qu'elle soit, n'est point suffisante pour amener ce résultat. La solution des problèmes sociaux n'exige pas seulement chez les individus des dispositions personnelles favorables : encore faut-il qu'ils prennent les moyens propres à remplir le but proposé, et qui répondent aux conditions concrètes du problème. Or nous avons vu que la source du contrat collectif est l'action collective des intéressés sous forme de coalition permanente et organisée. Nous devons donc considérer ce mode de groupement comme l'une des conditions du fonctionnement normal du contrat collectif : et nous verrons dans les paragraphes suivants que cette condition s'impose, non seulement aux travailleurs, mais aussi aux employeurs.

IV. — Nécessité de l'organisation ouvrière

En ce qui concerne les ouvriers, la nécessité d'une organisation permanente et rationnelle ne dérive pas seulement de la situation économique que nous avons indiquée dans le premier chapitre de cette étude : plusieurs autres causes viennent s'ajouter à celle-là. La première provient de ce qu'il ne suffit pas aux ouvriers de proposer un accord à leurs patrons pour amener ceux-ci à y consentir : tous les employeurs ne sont pas accessibles à la notion élevée que la paix sociale ne peut être établie sans concessions de leur part comme de la part de leurs ouvriers, et que le respect

1. De Rousiers, *op. cit.*, p. 38.

de leur propre droit suppose la reconnaissance de celui de ces derniers. Nous avons déjà vu et nous verrons plus loin combien nombreux sont ceux qui se refusent obstinément à toute convention de ce genre afin d'empêcher tout empiètement sur leurs prérogatives. Pour les amener à une conception plus exacte de la situation, il est souvent nécessaire de les y obliger. Or ce n'est que par un groupement puissant, réunissant la totalité, ou du moins la majorité des travailleurs, que ces derniers peuvent exercer sur les employeurs une pression irrésistible. On l'a dit avec raison, c'est la crainte de la grève encore plus que la grève elle-même, qui pousse un patron à composition. L'impossibilité d'arriver à un accord favorable aux ouvriers n'est souvent qu'une conséquence de l'absence de cette condition. Les ouvriers porcelainiers du Staffordshire avaient demandé une augmentation de 10 0/0 qui leur fut refusée ; l'affaire fut portée devant le comité de conciliation qui, ne pouvant arriver à une solution, nomma des arbitres. Celui des ouvriers fut M. Maudsley, secrétaire de l'Union des fileurs du Lancashire, dont l'appréciation est intéressante à connaître : « Nous passâmes plusieurs jours à étudier la question et les ouvriers n'obtinrent rien. S'ils avaient été organisés comme nous, ils auraient eu au moins 5 0/0, au bout d'une grève de huit jours [1]. »

Dans les exemples de ce genre, l'influence de la faiblesse des groupements ouvriers est bien sensible, puisqu'il s'agit de cas où les négociations ont eu lieu directement ou par l'intermédiaire de comités mixtes, et sans grève. Elle l'est surtout dans les périodes de crise. C'est alors, en effet, que l'action de ces associations est la plus difficile, puisque les circonstances économiques servent la partie adverse, et qu'une grève fait souvent le jeu des patrons. Il faut donc

1. Off. du trav., *Concil. et arb.*, p. 45 et suiv., 91. — V. aussi le cas des ouvriers du bâtiment de Rive-de-Gier en 1906 (Id., *Statist. des grèves*, 1906, p. 678 et suiv.).

que les premières possèdent une puissance exceptionnelle pour pouvoir résister aux réductions de salaires. C'est ce que montre particulièrement l'histoire de la crise de 1878-1879, dans laquelle toutes les unions en Angleterre qui n'étaient pas fortement assises sur les institutions de mutualité furent emportées dans la tourmente et toutes furent éprouvées [1]. Cependant les travailleurs qui appartenaient aux unions les plus puissantes purent traverser la crise sans trop en souffrir et, celle-ci passée, se retrouvèrent dans une situation aussi avantageuse qu'avant.

La deuxième raison de la nécessité de groupements solides dérive de la condition que nous avons reconnue précédemment indispensable au bon fonctionnement du contrat collectif, et qui réside dans les qualités personnelles des intéressés. Puisque c'est l'élite de la classe ouvrière qui constitue le personnel de ces organisations, et que celles-ci supposent chez leurs adhérents des qualités de prévoyance, de discipline et de sagesse particulièrement intenses, c'est aussi dans ces groupements que la valeur des individus doit arriver à son plus haut degré, et que l'on rencontrera ces mêmes qualités dont la présence est nécessaire au maintien des bonnes relations. Ceci montre l'erreur des patrons qui combattent les syndicats par crainte des grèves, alors que le meilleur préservatif contre celles-ci consiste précisément dans de solides associations ouvrières. C'est presque toujours dans les milieux ouvriers inorganisés qu'éclatent les grèves brusques et violentes, parce que la forte organisation qui fait aboutir les revendications pacifiques leur faisant défaut, ces ouvriers n'ont à leur disposition que l'arme de la surprise [2]. Ce fait a été fréquemment relevé, notamment aux États-Unis, où l'on constate que l'affaiblissement des unions, dans certaines industries comme celle

1. Webb, *Hist. du Trade-union.*, p. 422.

2. E. Fournière, *Revue socialiste*, 1905, t. II, p. 461-462. — Drage, *Labour Problem.*, p. 317.

de la chaussure ou des textiles, entraîne des conditions de travail défavorables et pousse les ouvriers aux tactiques révolutionnaires [1]. La même constatation a été faite en Angleterre, où bien des patrons attribuent les échecs dans les négociations à l'insuffisance de l'organisation ouvrière. « Il y a quelques années, écrivait M. Crompton, lorsque j'étais l'arbitre des fabriques de dentelles de Nottingham, je fus très frappé de la plainte faite devant moi par les patrons, que les chefs des ouvriers n'avaient pas été assez actifs pour faire entrer tous les ouvriers du métier dans l'union. Les patrons n'avaient pas seulement accepté l'union comme une institution régulière, mais ils voyaient combien c'était un organe essentiel, d'un côté comme de l'autre, pour le règlement pacifique de tant de questions difficiles et irritantes [2]. » C'est aussi l'absence de l'observation de cette condition qui fut la cause de l'échec des conseils de conciliation dans l'industrie de la bonneterie ; M. Crompton le déclare expressément : « La cause principale de l'insuccès de cet essai est dans l'insuffisance de l'organisation des ouvriers [3]. »

Enfin l'organisation des forces ouvrières stimule celle des employeurs. Quand la main-d'œuvre de toute une région, dans une industrie déterminée, est groupée de façon à exercer une action uniforme, un patron isolé se trouve livré sans défense à toutes les prétentions de ses ouvriers ; son unique ressource est de s'unir aux autres employeurs afin d'opposer à la puissance de la main-d'œuvre une force égale. Nous verrons plus loin d'ailleurs que l'organisation est nécessaire parmi les patrons pour assurer le bon fonctionnement du contrat collectif.

La réalisation de l'unité d'action des forces ouvrières sup-

1. Vigouroux, *op. cit.*, p. 292. — Taussig, *Econ. Journ.*, 1893, p. 317.
2. Off. du trav., *op. cit.*, p. 122.
3. *Ibid.*, p. 27.

pose deux éléments, le groupement de tous les travailleurs de la profession et leur soumission à une même discipline. Le premier de ces deux éléments ne pouvant être obtenu que par l'adhésion spontanée des intéressés à une association dont l'essence est d'être librement et volontairement formée, il est très difficile d'arriver à sa complète réalisation. Or, les inconvénients de cette situation sont des plus graves : c'est le succès ou l'échec de la coalition qui en dépend ; puisque l'unité d'action des travailleurs seule lui donne son efficacité, il est clair que la seule présence, à côté d'eux, d'autres travailleurs qui consentent à accepter des conditions différentes, doit rendre vains tous les efforts. Aussi conçoit-on que les ouvriers organisés aient toujours envisagé cette éventualité avec la plus grande inquiétude, et aient cherché à s'en prémunir. « Il est inutile et vain de proclamer la grève, si l'on ne peut pas, par des moyens légaux et pacifiques, avertir ceux qui viennent prendre la place des grévistes qu'ils n'ont rien à faire là [1]. » « Nous prétendons, déclare l'Union anglaise des verriers, que c'est un devoir impérieux pour tout homme qui vit dans un métier de le défendre, de le soutenir et de maintenir sa condition à un degré respectable. Des gens qui refusent de souscrire aux fonds de la trade-union ne pourront jamais être considérés par ceux qui en font partie avec le sentiment de satisfaction et de respect qui procure la joie de penser que l'unité d'action est poursuivie par tous dans l'intérêt de chacun [2]. » M. Sullivan, secrétaire de l'Union typographique américaine, disait ainsi : « Chaque grand mouvement a ses traîtres. Le salarié qui refuse de participer au danger commun et déserte à l'ennemi renonce par le fait même aux liens qui l'unissent à nous ; il nous avertit qu'il ne demande aucun secours, n'attend aucune

1. Rapport au XXXIVe Congrès des trade-unions.
2. Webb, *Industr. Democr.*, t. I, p. 213.

sympathie, ne sollicite pas de quartier ; nous le prenons sur sa parole traduite en actes. Aucun sentimentalisme n'adoucira les relations des trade-unions avec les *scabs*, aucune branche d'olivier ne leur sera tendue ; aucune larme ne sera versée en leur faveur et quelque malheur qui les atteigne, nous ne sentirons pour eux aucune compassion. On nous dit que le trade-unionisme attente aux droits individuels et que le travailleur, syndiqué ou non, a le droit de vendre son travail comme cela l'accommode. Nous répondons que le travail n'entre pas sur le marché à des conditions égales... et que la légalisation des privilèges oblige les non-privilégiés à se coaliser. Les trade-unions se rendent parfaitement compte que leur existence dépend de la possibilité à mettre en vigueur la règle qu'on ne travaille pas avec les non-syndiqués [1]. » L'un des chefs de l'Union des mineurs du Durham écrivait encore plus énergiquement : « Il est inutile de jouer au volant dans cette partie importante de votre vie sociale. Choisissez de vous mêler à ces hommes aux puits, comme vous le faites partout ailleurs, ou soumettez-les à l'ostracisme partout et toujours. Regardez-les comme des compagnons indignes de vous et de vos fils et comme des époux indignes de vos filles. Qu'ils soient flétris comme Caïn de la marque de la malédiction, comme indignes d'entrer dans les sociétés ordinaires honnêtes et respectables. Jusqu'à ce que vous soyez décidés à prononcer un ostracisme complet et absolu contre ces boucs de l'humanité, cessez de vous plaindre de tous les résultats qui pourront venir de leur action [2]. »

Aussi ne faut-il pas s'étonner de l'acharnement avec lequel les ouvriers organisés cherchent à se défendre contre l'action dissolvante de ceux qu'ils considèrent comme des traîtres : ce mouvement a pris naissance avec le syndicalisme lui-même et ce sont les unions les plus anciennes qui

1. Vigouroux, *op. cit.*, p. 341 et suiv.
2. P. Bureaux, *op. cit.*, p. 232.

observent l'attitude la plus stricte sur ce point. Au début, le procédé employé était celui de la violence et des voies de fait. Aujourd'hui, les trade-unions recourent à celui qui tend à exclure du métier ceux qui n'acceptent pas leur discipline. Plusieurs unions ouvrières aux États-Unis, dans l'industrie du bâtiment, s'y sont appliquées et ont fait des grèves dans ce but, d'ailleurs sans grand succès[1]. En ce qui concerne les ouvriers syndiqués qui refusent de se conformer aux mesures adoptées par la collectivité, tous les règlements prévoient à leur égard l'application d'une amende et, en cas de refus de la payer, l'exclusion de l'union; cette exclusion, dans les unions qui sont très fortement organisées et qui comprennent la totalité des ouvriers du métier, équivaut à la privation de tout emploi : il en est ainsi chez les fabricants de chaudières, chez les verriers, etc., où la pression cesse d'être apparente parce qu'elle dérive d'une simple situation de fait[2]. Ce procédé est employé aussi bien contre ceux qui méconnaissent par leur désobéissance les intérêts de l'union que contre ceux qui travaillent à des conditions inférieures à celles qui étaient stipulées : le cas s'est présenté plusieurs fois parmi les fabricants de chaudières[3]. Le droit d'un syndicat qui consiste à frapper d'amende ou à exclure de ses listes des membres qui violent le contrat de travail ou qui transgressent les prescriptions émanées de son autorité, ne saurait être sérieusement contesté; notre jurisprudence elle-même, peu favorable cependant à l'action syndicale, considère une pareille conduite des dissidents comme une violation du pacte intervenu entre eux et l'association : l'amende ou l'exclusion ne doivent donc pas être prises pour une peine, mais pour une sanction civile[4].

1. Off. du Trav., *Concil. et arb.*, p. 297 et suiv., 342-343, 357. — Levasseur, *l'Ouvr. amér.*, t. I, p. 286-287.

2. Webb, *op. cit.*, p. 214-215.

3. *Ibid.*, p. 207-208.

4. Aix, 23 novembre 1903 et 7 décembre 1904, *Bull. Off. Trav.*, 1904, p. 41; 1905, p. 35.

L'action des syndicats à l'égard des ouvriers qui ne font pas partie de leur personnel, tendant à les exclure de l'atelier, est plus discutée. Si l'on se place sur le terrain du fait, en présence de la situation que créent à l'action collective des travailleurs les dissidences d'un certain nombre d'entre eux, il semble que les motifs qui ont donné lieu à la politique des associations ouvrières en constituent la justification. Il est singulier, en premier lieu, qu'aux yeux des personnes qui blâment cette façon d'agir, les individus isolés qui empêchent l'amélioration des conditions du travail par leur inaptitude à concilier leur intérêt personnel avec l'intérêt général, bénéficient de plus de sympathie que ceux qui s'imposent des sacrifices et qui luttent pour le développement de leur existence et de celle de leurs successeurs[1]. En outre, l'obligation pour tout travailleur de se soumettre à la même loi que ses camarades ne dérive pas d'une prétention arbitraire des associations, dont celles-ci pourraient se départir avec plus ou moins de peine : elle est une conséquence nécessaire des conditions industrielles qui ont donné naissance spontanément à l'association et au contrat collectif. Nous l'avons vu, partout où ce dernier fonctionne d'une façon efficace, son action s'étend, qu'on le veuille ou non, au moins en fait, à tout le métier; que l'on suppose aujourd'hui qu'aucune association ouvrière n'ait jamais existé, les travailleurs n'en seraient pas moins obligés d'accepter

1. « Les ouvriers non syndiqués, écrivait M. Sullivan, n'ont jamais mis leurs employeurs en présence d'une demande soutenue par le pouvoir de persuader; ils n'ont jamais contribué à élever les salaires de leurs camarades, ni à fixer des échelles de salaires, ni à maintenir un journal ouvrier, ni à mettre un frein à la rapacité des employeurs, ni à pousser les camarades dans les emplois politiques; jamais ils n'ont mis sur pied un comité pour s'aboucher avec la législature. Sans les trade-unions, il n'y aurait ni conseils d'arbitrage, ni bureaux de statistique, ni protection du travail, ni larges discussions de réformes, ni éducation de la multitude, ni question sociale, ni lois reconnaissant les intérêts du travailleur tels qu'ils sont interprétés par le travailleur lui-même. » (Vigouroux, *op. cit.*, p. 341.)

des conditions de travail uniformes et s'appliquant à tous : seulement, comme ils n'auraient pas été en mesure de les discuter, ces conditions seraient infiniment plus dures que celles qui résultent du contrat collectif. L'obligation de faire partie de l'association professionnelle ne saurait donc à aucun degré être considérée comme une atteinte aux droits de l'individu, mais comme le seul moyen de se libérer. « Dans la forme idéale du contrat collectif, la qualité de membre d'une union devient aussi nécessaire que celle de membre d'une cité[1]. »

On voit combien sont peu exacts les griefs souvent formulés contre les associations ouvrières au sujet de la tyrannie qu'elles feraient peser sur les classes ouvrières. Elles seraient constituées par un petit nombre d'ouvriers de métiers qui ne maintiendraient leur situation qu'au détriment des manœuvres, par des procédés d'exclusion et de monopole rappelant ceux des anciennes corporations[2]. L'exclusivisme — en tant qu'il s'impose dans la tactique des syndicats, et nous verrons à l'instant que ce procédé devra de moins en moins être suivi par eux, — n'est autre chose que l'application dans le domaine du travail de la règle qui domine toute société et dont aucun groupement humain ne saurait se passer : si chaque individu est libre d'agir à sa guise et peut se refuser à se conformer à l'intérêt général, aucune société n'est possible ; la prépondérance des majorités sur les minorités, pour constituer un simple expédient discutable en soi, devra être respectée aussi longtemps que l'humanité ne sera pas composée d'individus également parfaits et consciencieux ; en dehors de là, il ne saurait y avoir que despotisme ou anarchie[3]. Si le vote de la majorité

1. Webb, *op. cit.*, p. 217.
2. P. Leroy-Beaulieu, *Traité*, t. II, p. 465 et suiv. — Yves Guyot, *Les conflits du trav.*; *La tyrannie socialiste*; *Rev. polit. et parlem.*, t. XVIII, p. 556. — *Réforme sociale*, juin 1903, p. 969 et suiv. — *Econom. français*, 9 févr. 1884 ; 1886, t. II, p. 498 ; 1891, t. I, p. 164.
3. E. Fournière, *Rev. social.*, 1905, t. II, p. 159. — Paul-Boncour, *Le fédéralisme économique*, 1901.

se résume en somme dans l'action d'un petit nombre qui entraîne les autres, il faut remarquer qu'il en est de même partout: « En dépit des règles du contrat individuel, dans la société anonyme la majorité lie la minorité, et le plus souvent cette majorité n'est qu'une minorité d'actionnaires actifs qui lie une majorité d'actionnaires inertes [1]. » Que cette minorité ait été composée pendant longtemps et comprenne encore, trop souvent, les éléments les plus turbulents et les moins aptes à élever le niveau général, tout ce qu'on peut en conclure, c'est que l'abstention des meilleurs, qui permet ce résultat, est extrêmement fâcheuse, et que cette situation est destinée à se modifier dans la mesure où la participation de ces derniers deviendra plus effective.

Si l'on se place au point de vue du droit, la question de l'ostracisme des non-syndiqués est plus délicate, et les tribunaux considèrent généralement la mise à l'index des non-syndiqués comme un abus du droit. Les juges anglais ont prononcé plusieurs fois de ce chef des condamnations [2]. En France, la jurisprudence est presque unanime. L'affaire la plus retentissante où cette question fut soulevée est celle de l'ouvrier tisseur Joost, qui donna lieu à l'arrêt célèbre du 22 juin 1892, par lequel la Cour de cassation décida que les menaces du syndicat tendant au renvoi de l'ouvrier constituent, non un acte de défense des intérêts professionnels, mais « une atteinte au droit d'autrui, laquelle, si ces menaces sont suivies d'effet [3], rend le syndicat passible de

1. E. Lévy, *Rev. soc.*, 1906, t. II, p. 40. — En 1896, le syndicat des maçons de Lyon n'avait que 200 membres lorsqu'il établit un tarif qui devait s'appliquer aux 8 000 membres de la corporation. L'effectif du syndicat des terrassiers parisiens, en 1898, n'était pas plus considérable lorsqu'il stipula une augmentation de salaires pour les 15.000 ouvriers de la profession (L. de Seilhac, *Les Syndicats*, p. 7).

2. *Supra*, p. 225. — Cf. Mantoux et Alfassa, *op. cit.*, p. 26 et suiv.

3. Lorsque la mise à l'index n'exerce aucune influence sur les non-syndiqués, auxquels elle ne s'adresse pas, que par ailleurs elle n'est pas accompagnée de manœuvres déloyales, et qu'elle n'a pour cause que la défense des intérêts professionnels, elle ne saurait donner lieu à dom-

dommages-intérêts envers l'ouvrier congédié... »[1] Il est remarquable qu'en somme cette décision implique que la mise à l'index est licite lorsqu'elle a pour objet la défense des intérêts professionnels ; le seul désaccord, capital à la vérité, entre la décision de la Cour de cassation et les jugements cassés par cet arrêt, consiste dans l'appréciation de cet intérêt prfessionnel : ces derniers y comprennent la nécessité du groupement de tous les ouvriers, alors que celle-là l'en exclut. Bien qu'un très grand nombre de tribunaux aient adopté sur ce point le système de la Cour de cassation[2], il est permis de voir dans cette question un point de fait plutôt que de droit, dont l'appréciation est relative à une certaine conception des rapports de l'individu et de la société ; on oublie que la notion de ces rapports sur laquelle on fonde tout le système conduit directement à la négation de la validité du contrat collectif lui-même, qui lui aussi est contraire à la liberté du travail[3]. Il est donc loisible de supposer qu'avec le progrès dans les esprits d'une notion plus exacte de la situation, une époque viendra où tout le monde admettra qu'il n'existe aucune opposition entre la liberté individuelle et l'assujettissement à un règle-

mages-intérêts à l'encontre du syndicat qui l'a prononcée (Cass., 25 janvier 1905, *Bull. Off. Trav.*, 1905, p. 124. — Cf. arrêt du 29 juin 1897, *ibid.*, p. 319).

1. Dalloz, 91.2.241 ; 92.1.449 ; 93.2.191. — La Cour estimait avec raison que l'abrogation de l'article 416 du Code pénal était sans intérêt, puisqu'il s'agissait d'une poursuite civile et non pénale, basée sur l'article 1382 du Code civil.

2. Lyon, 2 mars 1894, D. 95. 2. 305 ; 15 mai 1895, D. 95. 2. 310. — civ. Seine, 4 juillet 1895 et Paris, 31 mars 1896 ; civ. Lyon, 10 août 1895 ; civ. Seine, 6 novembre 1895 (*Ann. des Synd. prof.*, 1895, p. 518 et suiv. — Off. du Trav., *Les Assoc. profess.*, t. III, p. 410-411) ; voy. aussi les arrêts des cours d'appel de Douai, de Lyon et de Paris, en 1900 et 1901, cités par MM. Yves Guyot, *op. cit.*, p. 118-119, et de Seilhac, *Les Grèves*, p. 88.

3. Cons. prudh., 28 mars 1893, confirmé par le Trib. de com. de Marseille. Il s'agissait d'une convention collective en vertu de laquelle aucune modification ne devait être apportée au tarif sans qu'un nouvel accord intervienne (Moissenet, *Etude sur le contr. coll.*, 1903, p. 134-135).

ment corporatif ou à des conditions générales de travail, pas plus qu'il n'en existe entre cette même liberté et des prescriptions prises par l'autorité publique en matière de voirie ou d'hygiène[1].

Quoiqu'il en soit de la justice et de la légalité de l ostracisme des non-syndiqués, dans le présent et dans l'avenir, il faut bien reconnaître que si l'emploi de ce procédé trouve son explication dans le ressentiment que doivent éprouver les travailleurs lorsqu'ils voient leurs efforts réduits à néant par la faute des représentants inférieurs de la profession, d'un autre côté une semblable méthode est en réalité peu féconde et peu recommandable. Si l'association ne réunit qu'une faible proportion des ouvriers de la profession, la mise à l'index sera de nul effet ; si, au contraire, elle en groupe la plus grande partie, le résultat sera atteint de lui-même, nous l'avons vu, sans qu'aucune mise à l'index soit nécessaire. Les cas où le monopole de l'emploi a pu être obtenu par les unions sont ceux où elles ont pu forcer la main aux patrons et leur dicter leurs conditions, comme dans les unions du bâtiment de New-York et de Chicago[2]. Mais cette contrainte appelle le procédé inverse : aussitôt que le patron peut se dégager de cet assujettissement, il se hâte d'imposer l'interdiction des coalitions[3]. En outre, ce procédé sent la haine et la violence et, quoiqu'elles aient été préconisées par certains amateurs de théories neuves, celles-ci sont essentiellement antisociales. Ce n'est pas par la contrainte qu'on obligera le travailleur à se syndiquer s'il n'en

1. On estimera alors que c'est le patron qui est en faute d'embaucher des ouvriers en leur laissant ignorer l'interdit qui pèse sur son établissement, parce que cette situation est de nature à exercer sur les ouvriers une pression suffisante pour les déterminer à ne pas braver les dangers d'une grève (Cons. prudh. Lyon, 3 octobre 1905. *La Loi*, 25 octobre).

2. M. Paul-Boncour montre que la tendance au monopole, dans les unions, n'est qu'une suvivance du passé, destinée à disparaître (*op. cit.*, p. 211 et suiv.)

3. Levasseur, *L'Ouvr. amér.*, t. I, p. 289-293.

comprend pas l'utilité ; et en admettant que cela soit possible, une telle recrue serait plus encombrante qu'utile pour une œuvre qui demande, à côté de qualités intellectuelles et morales supérieures, une véritable foi dans l'action entreprise. La voie de l'avenir nous est montrée, en cette matière, par les organisations ouvrières dont le souci persistant est d'accroître l'esprit d'association parmi les travailleurs encore inorganisés et de parfaire leur éducation sociale : les syndicats anglais de fileurs, ou français de typographes, la Fédération américaine du Travail font plus pour l'unité de la classe ouvrière lorsqu'ils essaient de persuader les femmes et les autres travailleurs inorganisés de la nécessité de s'unir pour une action commune, que s'ils cherchaient à les exclure des ateliers[1].

Ce qui précède s'applique évidemment aux autres procédés, plus ou moins coercitifs, par lesquels les unions ouvrières s'efforcent d'empêcher les dissidents de venir prendre la place des associés pendant une grève. On ne voit pas, à vrai dire, sur quelle considération on pourrait s'appuyer pour contester la parfaite légitimité de la persuasion employée parfois pour déterminer les remplaçants à s'en aller, comme en 1864, lorsque les maçons de Manchester en grève payèrent aux ouvriers amenés par l'entrepreneur des primes de 5 à 7 livres sterling pour les engager à repartir ; comme en 1877, où l'attrait d'un bon repas persuada à des étrangers amenés spécialement qu'il leur valait mieux s'en retourner[2]. La jurisprudence la plus ombrageuse ne peut rien trouver à redire au fait de surveiller les abords d'un atelier mis à l'index pour se tenir au courant du degré d'efficacité de la coa-

1. « Du jour où l'on renonce à l'auxiliaire de la violence pour amener cette unanimité nécessaire, il faut que la volonté spontanée des travailleurs soit prête à remplir la fonction autrefois dévolue à la force et, encore une fois, cette substitution n'est possible que dans les pays où l'éducation économique des salariés a fait de notables progrès » (P. Bureau, *op. cit.*, p. 214).

2. L. Smith. *Les coal. et les grèves*, 1886, p. 49-50.

lition. La publication de listes contenant les noms des ouvriers qui volent le gagne-pain de leurs camarades, serait un excellent moyen d'éducation sociale si elle n'avait pour but que de les éclairer sur la dégradation de leur conduite, et non de les mettre eux-mêmes à l'index. Toutefois il est bien difficile à l'homme le plus sage de garder toujours une juste mesure : la persuasion dégénère facilement en rixes, dont le moindre excès serait de s'emparer des outils des dissidents pour les empêcher de travailler, et de joindre au moins la menace aux conseils. Il serait difficile de s'illusionner sur la portée moralisatrice de la publication des noms de renégats vis-à-vis de gens qui se font un titre de gloire d'une conduite ignominieuse. Il est donc essentiel que les travailleurs organisés se persuadent de plus en plus que toute action sociale féconde et durable ne peut être basée que sur le développement de la raison et non sur la coercition, et que les procédés inspirés par celle-ci leur nuisent plus qu'ils ne les servent, en engendrant l'animosité et en suscitant des réactions d'autant plus ardentes.

En se plaçant à ce point de vue, et quelque opinion qu'on doive porter par ailleurs au sujet de travailleurs qui, non contents de refuser leur concours à l'œuvre commune, s'unissent pour l'entraver et pour augmenter les forces de l'adversaire commun, il est impossible de ne pas voir dans la création de ce mouvement, dit des syndicats « jaunes », un résultat direct des excès dont on vient de parler, commis par des syndiqués trop partisans d'action directe et d'arguments brutaux. Toutefois cette circonstance ne saurait constituer une justification de la trahision des intérêts collectifs, dont l'influence déprimante sur les conditions de travail n'est que trop visible. On en trouverait un exemple frappant dans les rivalités désastreuses pour les intérêts de la profession qui mirent aux prises les deux syndicats des ouvriers tullistes de Calais, l'Union et l'Émancipation ; ce dernier, fondé à la suite d'une jalousie d'influence entre son fondadateur et le président de l'Union, eut avec le syndicat patronal des attaches trop manifestes pour que les tentatives de celui-ci en vue de profiter de cette division puissent être niées : c'est ainsi que ses membres continuaient à être employés pour l'entretien du matériel pendant la grève de 1900, et fournirent aux patrons, par leur protestation contre l'accord antérieurement conclu, un prétexte pour violer celui-ci[1]. Les exemples de l'action dissolvante de ces rivalités pourraient être multipliés, qu'il s'agisse des syndicats jaunes créés à l'instigation ou avec l'appui des conservateurs et des catholiques, comme ceux du Creusot et de Montceau[2], ou qu'il s'agisse de ceux dont l'attache patronale est peu dissimulée, comme celui de Calais que nous venons de citer ou celui de Longwy, fondé en 1905 par l'ancien socialiste révolutionnaire Pierre Biétry[3] ; ou celui qui a joué un rôle si néfaste pendant la grève de Fougères de 1906[4].

Il ne s'agit nullement, dans ce mouvement, d'une simple divergence de vues au sujet d'une question de tactique plus pacifique ou d'une doctrine relative au salariat et à la propriété[5]. La véritable origine de ce mouvement apparaît dans les tendances de ses représentants. Le programme économique des syndicats jaunes, qui s'affirme dans les congrès qu'ils tiennent depuis 1902, ainsi que la sympathie qu'ils rencontrent dans les milieux patronaux montrent assez le caractère d'un tel mouvement : l'hostilité à l'égard des projets de lois ouvrières et l'admission des syndicats

1. Off. du trav., *Les Assoc. profess.*, t. II, p. 405 et suiv. ; *Statist. des grèves*, 1901, p. 594. — Cf. L. de Seilhac, *Les Syndicats*, p. 145.
2. L. de Seilhac, *Les Syndicats*, 172-174 ; *Les Grèves*, p. 201-202.
3. *Ann. du Musée social*, 1902, p. 205 et suiv. ; 1905, p. 269 et suiv., 1906, p. 103 et suiv.
4. Off. du Trav., *Statist. des grèves*, 1903, p. 405-406 ; 1906, p. 735 et suiv. — *Rev. d'Econ. polit.*, 1907, p. 129 et suiv. — *Rev. socialiste*, 1897, p. 280 et suiv. — *Monit. des Trav. publ.*, 17 sept. 1908. — *Journ. des Débats*, 13 sept. 1908.
5. Biétry, *Réforme sociale*, janvier 1907, p. 59 et suiv.

patronaux dans leur Fédération sont des signes non douteux de leurs tendances directement opposées au but poursuivi depuis un siècle par la coalition des forces ouvrières[1]. L'affiche publiée au mois d'octobre 1908 par cette Fédération avouait son aversion à l'égard des grèves et la croyance dans la solution du problème par l'association entre le capital et la main-d'œuvre [2].

Toutefois les employeurs qui fondent leur espoir sur la division introduite de la sorte dans les rangs de l'adversaire se montrent vraiment peu perspicaces, Dès l'instant où les syndicats jaunes seraient autre chose que des instruments aux mains des patrons et prendraient leur rôle au sérieux, ils se verraient obligés d'adopter la même tactique et d'observer la même discipline que les rouges ; déjà des tendances à s'organiser sous cette forme s'observent dans ces syndicats [3]. Que si par malheur les désirs des patrons dont nous parlons venaient à être exaucés, aucun évènement ne pourrait être plus désastreux pour la paix sociale : c'en serait fait de tout le progrès accompli par la classe

1. *Ann. du Musée social*, 1902, p. 205 et suiv. ; 1906, p. 47-48. — La circulaire de la Fédération, en 1906, portait entre autres signatures celle d'un industriel et celle d'un propriétaire agricole. A Lille, le développement des syndicats indépendants est d'origine patronale et répond à un but d'exercice du patronage (Vanlaer, *Réforme Sociale*, septembre 1907, p. 282 et suiv.)

2. Dans un interview du *Matin* du 24 mai 1908, M. Biétry déclarait poursuivre le rétablissement des corporations et s'unir en politique avec les partis d'opposition et réactionnaires.

Il est remarquable que c'est dans les professions où l'organisation de la main-d'œuvre est la plus faible, que ce mouvement soi-disant indépendant s'observe avec le plus d'intensité. C'est un comité d'ouvriers terrassiers qui publiait récemment un manifeste dénonçant la tyrannie syndicale et prêchant l'organisation de la résistance dans tous les chantiers et le groupement de tous ceux «qui ont su conserver leur dignité d'hommes libres. »

3. Cf. *Le Jaune*, 4 mars 1905. — C'est sous la pression irrésistible de ces lois sociales que les divisions entre syndicats rouges et jaunes arrivent parfois à s'effacer: la grève des tisseurs de Lille au mois d'octobre 1909, déclarée à la suite du refus des patrons d'opérer l'unification du tarif, vit les deux syndicats rivaux opérer leur union.

ouvrière, bien lentement et au prix de bien des souffrances, vers une organisation stable et une conception normale de son rôle social. Pour qui voit dans le mouvement actuel des forces ouvrières une tendance certaine vers un état de choses qui constituera un réel progrès pour l'humanité, abstraction faite des défaillances passagères dont aucune œuvre humaine ne saurait être exempte, nul spectacle n'est plus triste à considérer que celui de l'ascension des classes ouvrières et du maintien de la paix sociale compromis par l'aveuglement ou la lâcheté de ceux qui y sont les premiers intéressés.

Cette unité d'action, dont la nécessité se fait sentir avec une intensité particulière aux États-Unis, surtout dans les industries du bâtiment, y a été obtenue aussi d'une façon assez remarquable. Les grèves de sympathie, dans cette industrie, déclarées par les trade-unions dans le seul but de soutenir celles qui ont lieu dans les autres métiers, sont considérées comme une simple conséquence de la solidarité

1. Le parti jaune existe aussi en Angleterre, où il présente des caractères analogues à ceux que nous venons de voir, quoique avec une moindre vigueur qu'il faut attribuer à une organisation générale plus puissante et moins soumise aux déviations de la politique. L'association nationale du travail indépendant, fondée en 1893, ne comprend guère que des chômeurs professionnels ou d'anciens soldats, incapables d'aucun autre travail que celui de manœuvres; sa spécialité est de terminer les grèves en fournissant des travailleurs qu'une police privée protège dans les usines. Sa dépendance vis-à-vis des patrons est à peine dissimulée : sur un budget de recettes de 5.220 liv. st., de 1893 à 1895, 1.512 venaient de la subvention patronale ; sa seule clientèle comprend les industriels notoirement hostiles au trade-unionisme qui, en dehors des grèves, emploient les membres de l'association comme espions pour les renseigner sur ce qui se passe dans les ateliers. Les motions votées à son congrès de 1901, où l'association « exprima sa satisfaction de la décision donnée par les Lords dans l'affaire du Taff Vale Railway... et ses meilleurs remerciments » à ladite Compagnie, et où elle réclama l'interdiction du *picketing*, suffiraient à elles seules pour nous éclairer sur sa valeur au point de vue de la défense des intérêts ouvriers. (Mantoux et Alfassa, *La crise du Trade-Union.*, p. 194 et suiv. — *Ann. du Mus. soc.*, 1902, p. 36 et suiv. — De Rousiers, *Le Trade-Union. en Angl.*, p. 23, 132-133, 353 et suiv.)

ouvrière,et les contrats collectifs passés avec les associations patronales, à Chicago, prévoient formellement la faculté de se mettre en grève en pareil cas sans qu'un caractère d'hostilité à l'égard des patrons soit attribué à cette mesure [1]. D'un autre côté, l'extension de la grève générale ou de sympathie à des groupements de travailleurs n'ayant pas les mêmes intérêts économiques, paraît dériver d'une organisation professionnelle insuffisante et ne pas constituer un mode normal d'action : aussi les unions qui se sentent assez fortes pour se passer de l'aide d'autrui, comme les briqueteurs de Chicago, évitent de participer à cette action commune avec d'autres corps de métiers, et se sont tenues à plusieurs reprises à l'écart des conseils amalgamés et des grèves de sympathie [2].

Il existe une autre cause de division, qui paraît spéciale aux industries se rapportant à la construction des navires : elle consiste dans les conflits qui surgissent entre les travailleurs de métiers similaires au sujet de leurs occupations respectives. Ce sont des différends de ce genre, entre les mécaniciens, les constructeurs de machines à vapeur, les constructeurs de navires, les charpentiers de constructions navales et ceux du bâtiment, qui ont entravé à plusieurs reprises, notamment en 1875 et 1880, les tentatives de fusion de leurs diverses unions [3]. De tels conflits divisèrent fréquemment les charpentiers et les menuisiers, à Belfast, les forgerons et les fabricants de chaudières, à Newport, les mécaniciens et les plombiers, à Barrow, les ajusteurs mécaniciens et les ouvriers en cuivre, à Hull, et furent terminés par des commissions mixtes ou par des arbitres [4].

Il ne faut pas trop se hâter, ainsi qu'on le fait parfois, de

1. Vigouroux, *op. cit.*, p. 85 et suiv. — Willoughby, *Musée social*, 1905, p. 274.
2. Vigouroux, *op. cit.*, p. 92 et suiv.
3. Webb. *Hist. du trade-union.*, p. 381 et suiv.
4. Off. du trav., *Concil. et arb.*, p. 93 et suiv. — *Bull. Off. Trav.*, 1896, p. 356.

rejeter la responsabilité de ces faits sur le trade-unionisme et de les accuser de restaurer les tendances au monopole des anciennes corporations. Il faut remarquer que la situation fâcheuse dont il s'agit se produit exclusivement dans les constructions navales, et qu'elle y est une conséquence des conditions du travail. Un établissement de cette nature, en raison de la multiplicité des travaux à exécuter pour la construction et l'aménagement d'un navire, peut comprendre jusqu'à 49 métiers différents, dont les ouvriers se répartissent entre les 23 sociétés professionnelles, et entre lesquels la délimitation est difficile et le plus souvent arbitraire. Or, il y a autre chose qu'un sentiment d'égoïsme, assez explicable du reste de la part d'ouvriers dont le travail constitue l'unique moyen d'existence, pour les pousser à défendre les frontières de leur domaine : il y a les exigences du contrat collectif, qui suppose une définition absolument précise de la qualité de membre de chaque union ainsi que du domaine d'application des conditions de travail stipulées. Si le même travail peut être accompli par des corps de métiers différents, il est bien inutile pour chacun d'eux de se lier vis-à-vis du patron, alors que ce dernier pourra s'y soustraire en recourant à d'autres ouvriers chaque fois que son intérêt l'y poussera. La concurrence qui en résulterait rendrait vaine l'action collective et aboutirait à l'impossibilité de maintenir un taux des salaires. Cette rivalité n'en est pas moins des plus nuisibles aux intérêts des travailleurs comme au maintien du contrat collectif. Aussi voyons-nous les patrons eux-mêmes encourager leur solution : en 1890, l'association des constructeurs de la côte nord-est se plaignait du grand nombre des sociétés ouvrières qui s'opposait à la conclusion de conventions sur les conditions du travail avec chacune d'entre elles ; elle demandait que toutes les sociétés intéressées fussent représentées par des délégués communs. Dans tous les cas, les unions ouvrières, loin de favoriser une pareille division, s'efforcent de tout leur pouvoir de la supprimer :

le Congrès de Liverpool, en 1890, émit le vœu que « les différends entre corporations ouvrières sont blâmables et nuisibles aux intérêts du travail; et, comme il n'a pas encore été trouvé de meilleur moyen, le congrès recommande de soumettre ces différends à l'arbitrage. Conformément à ces conseils, des traités ont été conclus entre les divers corps de métier de chaque port, et c'est ainsi notamment qu'ont été réglés en 1891 les différends qui régnaient entre les fabricants de chaudières et les mécaniciens de Cardiff [1].

V. — Nécessité de l'organisation patronale

Si le bon fonctionnement du contrat collectif réclame l'entente entre les travailleurs, et si le calcul des employeurs qui cherchent à spéculer sur leurs divisions est à courte vue, la réciproque est vraie, et les travailleurs n'ont rien à gagner dans les luttes entre les patrons. Tantôt le défaut d'organisation de ces derniers incite les associations ouvrières à leur imposer des exigences croissantes. Tel fut le cas des chevaliers de Saint-Crépin, aux États-Unis, dont les rapports avec les employeurs, jusqu'en 1876, furent une suite de conflits continuels ; il en fut de même des unions du bâtiment de Chicago, en 1899 et 1900 [2]. Tantôt, comme dans le cas des ouvriers typographes de Marseille en 1888, il fait échouer des projets de contrat de travail [3]. Souvent il est une cause directe de conflits, comme en 1903 à l'égard des apprêteurs de tulles de Lyon qui

1. Pratt, *op. cit.*, p. 176-177. — Webb, *Industr. Democr.*, t. II, p. 499 et suiv.

2. *Bull. Off. Trav.*, 1900, p. 383; 1901, p. 277. — Off. du Trav., *Concil. et arb.*, p. 257 et suiv.

3. *Ibid.*, p. 515-516.

durent obliger ainsi les patrons à respecter le tarif convenu [1].

Parfois l'absence d'organisation chez les patrons sert de prétexte pour se soustraire aux engagements pris. C'est ainsi qu'en 1887, les patrons tailleurs de granit de Boston invoquèrent l'inexistence de leur association pour déclarer nulle la convention passée avec leurs ouvriers [2]. De même, en 1906, un patron boulanger de Meaux se basa sur le fait que la réunion préalable du bureau de son association, prévue par les statuts de celle-ci, n'avait pas eu lieu, pour se considérer comme non lié par le contrat intervenu entre les deux syndicats [3].

On voit qu'en matière de contrat collectif, s'il y a des dissidences parmi les employeurs, l'uniformité des conditions du travail à laquelle tend le contrat ne peut plus être obtenue. De là un préjudice grave pour les ouvriers d'abord, qui se trouvent en fâcheuse posture pour réclamer une amélioration de leur situation ou même pour maintenir celle qu'ils ont obtenue, par le fait que d'autres ouvriers, dans la même profession, sont soumis à des conditions pires. Le préjudice n'est pas moindre pour les patrons qui observent le contrat, et qui se trouvent dans un état d'infériorité vis-à-vis de leurs concurrents moins scrupuleux qui bénéficient de la différence de prix de revient. La remarque que faisait un industriel de Mulhouse à propos des abus commis jadis sur le travail des enfants s'applique exactement au salaire, comme à toute autre condition du travail : « Un propriétaire de filature de coton ne peut rien, absolument rien, partout où il existe une seconde fabrique semblable à la sienne. Il faudrait que tous les manufacturiers, non seulement de la localité qu'il habite, mais encore du pays où ses marchandises sont vendues, s'unissent à lui d'une sainte

1. Id., *Statist. des grèves*, 1903, p. 442-443.
2. Id., *Concil. et arb.*, p. 293-294.
3. J. paix Meaux, 10 octobre 1906, *Bull. Off. Trav.*, 1907, p. 41.

alliance pour faire cesser le mal qui nous occupe, au lieu de l'exploiter à leur profit[1]. »

Il existe encore une autre cause qui rend nécessaire l'organisation patronale sous le régime de l'action collective des ouvriers : c'est la tendance, très naturelle à ces derniers, qui les pousserait à abuser de leur supériorité ; et les exagérations qu'ils pourraient commettre en ce sens, ainsi que nous l'avons indiqué il y a un instant, doivent être considérées comme un élément perturbateur de la situation. « Presque tous les leaders ouvriers, disait l'un de ces derniers, et ceux qui occupent une fonction dans les syndicats, ont souvent couru de grands risques en s'opposant hardiment à des demandes excessives ou à des méthodes indignes de leurs co-sociétaires. Bien qu'en leur qualité de représentants, ils soient placés dans cette situation pour défendre leurs syndicats contre les attaques hostiles, ils savent cependant une chose qu'ils auraient une certaine répugnance à dire aux membres de leurs syndicats, il savent qu'une résistance occasionnelle de la part des patrons est nécessaire pour maintenir dans l'ordre les membres turbulents[2]. » La tendance actuelle chez les patrons à répondre aux revendications de leurs ouvriers par la même méthode d'organisation que ces derniers aura donc pour effet de pousser ceux-ci à mieux préparer les grèves, à ne les déclarer qu'après mûre réflexion et dans les cas où il y a des chances de succès ; elle les rendra plus rares et moins tumultueuses, et celles-ci n'en seront que plus efficaces. Le contrat collectif apparaîtra alors comme la seule solution possible à cette mise en présence de deux forces égales, et le seul moyen d'empêcher la guerre[3].

1. Séance de la société industr. de Mulhouse, 30 novembre 1827, cit. Bureau, *op. cit.*, p. 137. — Cf. R. Jay, *Rev. d'Écon. polit.*, 1907, p. 581.

2. Willoughby, *Musée social*, 1905, p. 249.

3. *Revue socialiste*, 1907, p. 284.

Aussi les ouvriers éclairés se rendent parfaitement compte de l'avantage que présentent pour eux des associations groupant tous les employeurs de la profession, et ils font tous leurs efforts pour arriver à cette situation. Les ouvriers chapeliers, aux États-Unis, se plaignent de l'insuffisance de l'organisation patronale : « Nous avons dépensé des milliers de dollars pour organiser les patrons, disait leur secrétaire en 1896, et ils ont été incapables de se tenir ensemble[1]. » En 1890, des ouvriers plombiers de Brooklyn se mirent en grève pour obliger leur patron à adhérer à l'association patronale, en exécution de la convention collective qui le liait à celle-ci : au bout d'une semaine, le patron s'affilia au syndicat[2]. Des clauses de ce genre, tendant à imposer l'observation des conditions stipulées aux maisons qui ne font pas partie de l'association patronale, ne sont pas rares dans les contrats collectifs, et la société des fabricants de chaussures, en Angleterre, a fréquemment recours à ce mode de coercition[3]. Aussitôt qu'une union ouvrière arrive à s'organiser d'une façon stable, elle aspire à discuter avec une organisation semblable chez les employeurs[4].

Sous l'influence de ces diverses considérations, les associations patronales se développent de plus en plus aux États-Unis, et le résultat de ce mouvement est le nombre croissant des accords collectifs entre elles et les unions ouvrières[5]. A vrai dire, la plupart de ces groupements patronaux, comme l'Association nationale des industries des métaux, celle des fondeurs, sont animées de sentiments d'hostilité déclarée à l'égard des syndicats ; fondées dans le but de mettre fin aux réclamations croissantes de ces derniers et aux grèves, elles visent à la suppression des organisations des travailleurs et

1. Vigouroux, *op. cit.*, p. 294.
2. Off. du trav., *Concil. et arb.*, p. 358.
3. Webb, *Industr. democr.*, t. I, p. 210.
4. *Le Trade-Union. en Angl.*, p. 192-193.
5. Willoughby, *loc. cit.*

emploient souvent les secours des « briseurs de grèves[1] ». Nous avons vu combien les résultats de cette lutte ont été peu favorables au développement du contrat collectif dans l'industrie de l'acier[2] : toutefois, il ne faut pas oublier que cette animosité était elle-même une conséquence des prétentions excessives et de l'action anarchique des unions ouvrières et qu'elle a contribué à les assagir ; d'autre part, on a vu également que les défaites subies par celles-ci proviennent de leur faiblesse relative par rapport aux associations patronales : il n'y avait plus entre elles l'équilibre nécessaire à la réalisation d'un accord normal.

En Angleterre, l'esprit des fédérations patronales est tout différent. La plupart sont organisées sur le type de celle des filateurs de coton, fondée en 1891. Cette fédération groupe la majorité des industriels, représentant 32 millions de broches sur 47 millions existant. Elle a pour objet d'abord de résister aux prétentions illégitimes des ouvriers en indemnisant les patrons qui en sont l'objet. Le but principal de la fédération est encore plus de prévenir les grèves que de les soutenir : de là ces organismes de conciliation si perfectionnés dont nous avons parlé plus haut[3] ; de là aussi la restriction au droit des membres de déclarer un lock-out sans l'avis de toute la corporation[4].

L'association professionnelle, chez les employeurs, rencontre une difficulté particulière qui ne se présente pas au même degré parmi les ouvriers : alors que l'intérêt de ces derniers à s'unir dans une action commune paraît évident, celui du patron à agir de même est dissimulé sous la divergence d'intérêts qui dérive de la concurrence ; la nature même de son travail, dont les résultats doivent être attribués à son activité et à son intelligence personnelles plus encore

1. *Ibid.*
2. *Supra*, p. 144 et suiv.
3. *Supra*, p. 134 et suiv.
4. *Bulletin de la Fédér. des industr. et commerç. franç.*, janvier 1909.

qu'aux circonstances extérieures, semble devoir contribuer à l'isolement de son individualité. C'est ce fait qui explique le retard apporté par les employeurs dans la voie de l'action collective, par comparaison avec les ouvriers : la plupart des associations patronales, même les plus puissantes, comme celle des filateurs du Lancashire, datent d'une époque récente[1]. C'est grâce à cette divergence d'intérêts que les concentrations d'industries aboutissant à des monopoles de fait ont toujours constitué des entreprises artificielles et transitoires comme les circonstances qui leur ont donné le jour[2]. En dehors de ces circonstances, l'intérêt personnel des maisons dont les affaires sont très prospères, comme de celles qui disposent de faibles capitaux, favorise les concessions, pour les premières parce que celles-ci sont faciles à supporter, et pour les secondes, parce qu'un long arrêt serait encore plus ruineux ; ce sont ces deux catégories qui poussent à la conciliation et qui, en cas de désaccord avec leurs collègues, s'en séparent pour conclure la paix pour leur propre compte.[3]

On peut remarquer en terminant ce sujet, que l'accord

1. *Le Trade-Union. en Angl.*, p. 316 et suiv. — C'est aussi ce qui explique la différence qui existe entre la forme administrative de ces syndicats et celle des unions ouvrières, dans lesquelles le gouvernement central est relativement fort, alors que les fonctionnaires des premiers sont de simples mandataires chargés seulement d'exécuter les instructions émanées de l'ensemble des associés (Pratt, *op. cit*, p. 215).

2. Cf. P. de Rousiers, *Les Industries monopolisées aux Etats-Unis.*

3. Nous verrons dans le chapitre suivant que ce défaut d'entente se fait sentir même en Allemagne, où les employeurs ont réalisé les groupements de défense les plus puissants contre les prétentions de la main-d'œuvre et où il offre des difficultés considérables au fonctionnement normal de cette organisation. Il faut ajouter à ces considérations la répugnance naturelle à un chef d'industrie d'admettre l'immixtion de ses concurrents dans ses propres affaires et à se soumettre à la discipline d'un groupement où il ne compte que pour une unité : cette répugnance très nuisible en France, notamment, se manifeste dans les organismes d'assurance contre les grèves qui s'interdisent toute appréciation au sujet de la légitimité de celles-ci (A.-E. Sayous, *Le Droit de grève*, Alcan, 1909, p. 140).

qui se trouve ainsi réalisé entre les patrons et les travailleurs est le résultat de la seule pression des forces naturelles en jeu, sans qu'il soit nécessaire de faire intervenir des considérations d'ordre sentimental ou moral autres que l'ambition, chez chaque individu, de développer sa propre personnalité et la volonté de soumettre tous ses actes à la discipline de la vie morale individuelle et sociale : nous voulons dire qu'il peut être ici question de demander à un employeur de concéder volontairement à son ouvrier ce que celui-ci lui demande, sans y être matériellement obligé et pour obéir à un sentiment de justice ou de bienveillance. Que ces sentiments, dont nous ne songeons nullement à nier l'élévation morale, viennent par surcroît s'ajouter aux rapports entre patrons et ouvriers, nul ne pourra s'en plaindre et il est évident qu'ils ne pourront que faciliter un accord entre les parties. Mais ils ne sauraient suppléer aux bases effectives qui rendent cet accord possible économiquement ni résoudre le problème des rapports du travail : ceux-ci dépendent uniquement du groupement laborieux et prudent des forces et du développement des qualités intellectuelles et morales des intéressés.

CHAPITRE VI

LES CONFLITS INORGANISÉS DU TRAVAIL

Nous ne pouvons considérer notre tâche comme terminée par la détermination des conditions grâce auxquelles se résolvent normalement les conflits qui naissent des rapports entre patrons et ouvriers. Il existe d'autres tactiques d'action collective que celle que nous avons analysée, et il importe de les examiner à leur tour afin d'en reconnaître les résultats et d'apprécier si les lois que nous avons dégagées se trouvent infirmées ou au contraire fortifiées par ce nouvel examen.

I. — L'ANARCHIE DES FORCES OUVRIÈRES

Un premier contrôle de l'exactitude de nos observations ressort du simple exposé que nous avons fait plus haut du développement historique de l'action collective, et résulte de la comparaison entre les premiers essais de cette action et les exemples de l'application la plus parfaite qui s'en rencontre de nos jours : cette comparaison montre que les caractères essentiels de ces derniers manquent aux premiers aussi bien que leurs résultats. Nous croyons préférable de nous référer ici uniquement aux faits les plus récents, contemporains de ceux qui nous ont montré l'organisation du travail dans son plein développement et nous les relèverons d'abord dans les pays où nous avons observé celle-ci. La comparaison n'en sera que plus probante.

En 1889, une grève éclata parmi les ouvriers des docks de Londres, motivée par la question des primes allouées, en plus du salaire, pour les intéresser à la prompte exécution du travail. Le calcul de ces primes, qui dépend de la nature, du volume et du poids des marchandises, est une opération compliquée, dont le contrôle échappe aux ouvriers. Toutefois, comme ces derniers avaient touché 1 shilling 4 pence par tête (1 fr. 65) dans des circonstances analogues, ils furent surpris de ne recevoir que 2 pence (0 fr. 20) ; en élevant le lendemain la prime à 6 pence (0 fr. 60), la compagnie avouait la fraude commise par elle. Cet acte répréhensible attira aussitôt aux ouvriers les sympathies de l'opinion publique, les patrons n'osèrent pas enrôler les *blacklegs ;* en outre, une souscription de 48.736 livres sterling eut lieu en faveur des grévistes. L'agitation entretenue par les leaders John Burns, Tom Mann, Ben Tillet, maintint leur enthousiasme et entraîna dans la grève les arrimeurs, dont le concours était indispensable aux patrons. L'intervention de la personnalité, universellement respectée, du cardinal Manning, acheva de déterminer la Compagnie à céder : les grévistes obtinrent tout ce qu'ils demandaient et un comité mixte de conciliation fut constitué[1].

Que les circonstances exceptionnellement favorables pour les grévistes que nous venons de mentionner fussent la principale, sinon l'unique cause de leur succès, c'est ce que démontrent les grèves qui se produisirent dans la suite dans la même industrie. Celle qui eut lieu l'année suivante à Liverpool, privée du concours des leaders, des souscriptions et de la sympathie du public, de l'appui des autres travailleurs et ayant affaire à des employeurs bien organisés,

1. P. de Rousiers, *La Quest. ouvr. en Angl.*, p. 482 et suiv.— Webb, *Hist. du Trade-union.*, p. 439 et suiv.

se termina par un échec[1]. Il en fut de même de celle de Hull, en 1893, qui fut un duel entre les unions des dockers et celles des patrons, et qui fut marquée par des scènes de violences regrettables[2].

D'autre part, la responsabilité de ces résultats qui incombe à l'insuffisante organisation des ouvriers est encore moins douteuse. L'Union des dockers, fondée en 1887, comptait au début 2.500 adhérents qui bientôt se réduisaient à 300 ; au moment de la grève, son effectif n'en groupait que 800 sur plus de 6.000[3]. Ces écarts sont dus au mode de recrutement des associations de ce genre : provoquées en temps de conflit par l'action énergique de quelques leaders et par l'échauffement des esprits, les adhésions arrivent en foule ; en quelques jours plusieurs milliers d'ouvriers se faisaient inscrire. La grève terminée, presque tous se retiraient, ou plutôt s'abstenaient de verser leurs cotisations. L'incapacité des intéressés à comprendre l'avantage de l'association et à s'imposer les sacrifices nécessaires, explique surabondamment de tels mouvements. En 1890, la *Dockers-Union* comptait 60.000 adhérents et l'Union nationale près de 30.000 ; en 1895, ces deux unions en possédaient à peine 25.000 en tout. Et encore ces chiffres ne sont-ils que nominaux : la plupart des adhérents ne payaient pas la cotisation très minime qui leur était imposée. Ainsi ces sociétés sont-elles pauvres ; leur état financier est critique et les caisses de mutualité font défaut en constituant une lourde charge plutôt qu'un élément de prospérité[4].

1. *Le Trade-union. en Angl.*, p. 180.
2. *Ibid.*, p. 132. — De Rousiers, *op. cit.*, p. 485 et suiv.
3. G. Howel, *op. cit.*, p. 64-65.
4. *Le Trade-union. en Angl.*, p. 154, 163, 185 et suiv. — C'est ce qui explique que les leaders de ces unions soient les plus ardents champions du néo-trade-unionisme, dont la tactique s'inspire de l'idée de grouper tous les travailleurs sans tenir compte des caractères propres de leurs différentes catégories et de l'aversion pour la politique conservatrice des vieilles unions.

Il ne faut donc pas s'étonner non plus que l'action de ces groupements dans les conflits que nous avons cités ait été très faible : presque nulle en 1889, elle n'a pas empêché les échecs des grèves suivantes ; tout au plus peut-on mettre à l'actif de ses chefs d'avoir arrêté un mouvement de grève générale en 1893[1]. Les rapports que les ouvriers entretiennent avec les employeurs, sans être marqués par la même hostilité qu'avant la création des unions, sont encore dépourvus de stabilité et de confiance réciproque; les seconds cherchent toujours à ignorer l'existence des unions ouvrières ; le contrat collectif n'est pas encore entré dans la pratique normale de cette industrie et les conventions qui interviennent sont dépourvues des caractères de réflexion et de modération qui font la solidité de ceux que nous avons observés ailleurs[2]. Cette lacune a amené naturellement les conseils de conciliation, créés à la suite de la grève de 1889 par une action extérieure aux trade-unions, à renforcer leur propre action : c'est ainsi que le conseil de Londres a élaboré un projet de loi tendant à accorder l'enregistrement de leurs statuts, à leur donner le droit de citer des témoins, à revêtir de la force exécutoire les jugements arbitraux auxquels les parties auraient déféré d'avance par écrit, et à les appuyer de sanctions pénales[3]. De semblables institutions nous l'avons vu dans le chapitre précédent, sont incapables de suppléer à l'insuffisance d'action des organisations ouvrières[4].

C'est également dans les professions où l'organisation ouvrière laisse le plus à désirer, aux États-Unis, que les conflits prennent un caractère particulièrement sérieux et se résolvent le plus difficilement par la méthode pacifique. Il en est ainsi notamment dans les mines d'anthracite. En

1. *Ibid.*, p. 172, 173, 180-181. — De Rousiers, *op. cit.*, p. 488.
2. *Le Trade-unoin. en Angl.*, p. 191 et suiv.
3. Waterlot, *op. cit.*, p. 81 et suiv.
4. *Supra*, p. 227.

1869, leur personnel, composé d'immigrants anglais attirés par de hauts salaires, avait fondé une société de secours mutuels[1]. En 1871, à la suite d'une grève, ses chefs furent emprisonnés et le personnel d'origine anglaise fut remplacé par des immigrants suédois, polonais, hongrois, italiens, etc., éléments turbulents et rebelles à l'association. Ce changement a été suivi d'une série de grèves où la violation des conventions collectives alternait avec les émeutes et les atteintes à la liberté du travail; des sociétés secrètes terrorisaient le pays où les meurtres et les émeutes se succédaient. C'est en vain que la Fédération des mineurs, fondée en 1885, et l'assemblée nationale des mineurs, fondée en 1890 par les Chevaliers du Travail, ont pris pour objectif de leurs grèves la conquête de la journée de huit heures : elles ne sont arrivées qu'à l'épuisement de leurs fonds et à la perte de la moitié de leurs effectifs. En 1894, une grève de 125.000 mineurs se termina par un échec des ouvriers : la convention signée à cette occasion par leurs représentants ne parvint qu'à les exaspérer, et peu s'en fallut que deux de leurs chefs ne fussent pendus[2]. En 1897 une grève tumultueuse donna lieu à des actes de vandalisme et nécessita l'intervention des troupes fédérales et l'arrestation de 500 à 600 grévistes[3].

Les mineurs de l'Ouest sont restés les principaux adhérents des associations ouvrières qui contrastent avec la Fédération américaine du travail par leurs tendances révolutionnaires[4]. Quelle que soit la culpabilité réelle des membres de cette union dont le procès, en 1907, a pris les proportions d'un événement national, la participation de ces unions aux crimes qui ont terrorisé l'État d'Ihado paraît résulter des débats. Attentats contre les trains qui transpor-

1. Office du Travail, *Concil. et arb.*, p. 219, 231 et suiv.
2. Ashley, *Adjustment of Wages*, p. 128. — Vigouroux, *op. cit.*, p. 289 et suiv.
3. Yves Guyot, *op. cit.*, p. 81.
4. *Revue socialiste*, 1905, t. II, p. 356 et suiv.

taient des non-syndiqués, tentatives d'assassinats contre les directeurs de mines, contre les gouverneurs de l'État et contre les juges, telles sont les charges qui pèsent sur la fédération des mineurs.

Si les grèves qui se produisent en France n'égalent pas en général la violence de celles que nous venons de rappeler, elles ne leur cèdent nullement au point de vue de la stérilité et de l'absence d'organisation rationnelle. La moisson de faits et d'exemples que l'on peut recueillir dans ce domaine est ici malheureusement beaucoup plus abondante que celle qui se rapporte aux conflits organisés, et ce n'est point un motif de fierté pour le sociologue français de constater qu'en passant de ce sujet à celui des grèves anarchiques, une difficulté nouvelle se présente, consistant à faire un choix parmi les trop nombreux exemples qui s'offrent à lui. Mais cette constatation a été faite bien avant nous: M. Finance, remarquant combien sont rares dans notre pays les exemples de règlement pacifique des conflits, ajoutait qu'ils ne sont « qu'un pâle reflet de ceux qui se sont produits dans le même domaine, en Angleterre et en Amérique[1]. » M. Renard, secrétaire de la Fédération des textiles, écrivait plus récemment : « Dans le textile, on fait la grève vaille que vaille, au petit bonheur, sans se soucier au préalable de la situation du marché, sans savoir si les magasins ne regorgent pas de produits manufacturés, et, partant, sans se préoccuper si la cessation du travail ne fera pas momentanément plutôt l'affaire des employeurs que celle des ouvriers. Le plus souvent, les grévistes ne sont pas des syndiqués, ils n'ont pas de caisse de résistance, pas de revendications nettement établies, définitivement arrêtées, mais une récente iniquité a fait déborder le vase qui était plein ; on est las d'en endurer, on abandonne le travail dans un moment de colère, on jette le manche après la cognée.

1. Off. du Trav., *Conc. et arb.*, p. 495-496.

Bast ! Il y a assez longtemps que cela dure : on nommera un comité de grève qui établira des revendications et puis on fera des listes de souscription et on s'adressera à l'opinion publique. La grève dans ces conditions, n'est plus une action méthodique ; elle n'est plus qu'un mouvement de colère, de protestation, de révolte...

« A quoi attribuer ce regrettable état de choses, sinon au défaut, à l'insuffisance de l'organisation, en général, de la classe ouvrière et des ouvriers de l'industrie textile, en particulier ? Dans l'industrie textile, sur 850.000 travailleurs, dont plus de 400.000 femmes et enfants, il n'y a guère plus de 30.000 ouvriers qui soient syndiqués et fédérés... Partout où les revendications sont nettement établies, où l'action de grève s'étaye sur une organisation sérieuse, les ouvriers obtiennent des résultats... Les preuves sont là, indéniables : pour réussir et éviter une foule de grèves épuisantes et débilitantes pour tous, il faut autre chose que des squelettes de syndicats, il faut de l'organisation et de la méthode, l'entente au préalable des syndiqués avec leurs syndicats et que ceux-ci agissent de même avec leur fédération. En dehors de cela, il ne peut y avoir qu'agitations vaines, efforts stériles, souffrances inutilement endurées et nuls moyens d'arriver à quoi que ce soit de fécond, d'utile et de durable [1]. » C'est ce que disait également, dans une inspiration bien différente, le secrétaire de la C. G. T., M. Griffuelhes : « Les syndicats français n'ont point de ces fortes caisses, dont la rondeur est si orgueilleusement affichée par de nombreux syndicats étrangers, ceux d'Allemagne et d'Angleterre notamment. Aux millions patronaux, ils n'opposent que les sous péniblement entassés par les prolétaires, car ils savent que la lutte placée sur ce terrain est par trop inégale. A l'absence de fortes caisses, les syndicats français suppléent par l'enthousiasme, l'énergie, le

1. *L'Humanité*, 17 juin 1907.

sentiment du sacrifice et le sens supérieur de la lutte [1]. »

Un fait reconnu avec une telle unanimité aux deux points extrêmes de l'armée ouvrière, ne peut manquer de se vérifier pleinement dans les faits. On s'en convaincrait aisément en passant en revue l'histoire des grèves les plus notables dans les diverses industries. Citons un exemple frappant entre tous [2], dans lequel on ne rencontre ni syndicat, ni à plus forte raison de contrat collectif digne de ce nom.

Le 14 avril 1908, les ouvriers des carrières de sable de Villeneuve, Draveil et Vigneux se mirent en grève, sous l'impulsion du comité de la C. G. T., et sans revendications plausibles, certaines d'entre elles comportant des augmentations de 35 à 40 0/0. Des conflits eurent lieu entre grévistes et non-grévistes. A défaut d'organisation syndicale, les orateurs de la C. G. T. entretinrent la résistance. Une réunion, tenue le 16 mai entre quelques patrons et un certain nombre de grévistes, ne termina pas le conflit, bien que les parties fussent d'accord sur plusieurs points. Le 2 juin, une collision survint entre les grévistes et les gendarmes chargés de protéger le travail : un gréviste fut tué et six autres blessés. L'émeute continua les jours suivants, et les incidents ne furent évités que par le sang-froid des autorités et de la troupe. L'insistance du préfet amena une nouvelle conférence entre les délégués des parties, le 12 juin, et l'accord se fit, un grand nombre d'ouvriers demandant à reprendre le travail.

1. *Mouvement socialiste*, 1906, t. I, p. 254-255.

2. On en trouvera d'autres particulièrement instructifs dans celles des industries chimiques d'Hennebont en 1900 et 1906 (*Ibid.*, t. III, p. 194 et suiv. ; 347 et suiv.), des mineurs de la Loire et du Tarn (Off. du Trav., *Les Assoc. profess.*, t. I, p. 331 et suiv. 388 et suiv. ; *Concil. et arb.*, p. 551 et suiv. — *Annales du Musée soc.*, 1903, p. 2 et suiv. — Journaux de 1908, des tissages d'Elbeuf en 1900, ou d'Armentières en 1903 (*Bull. Off. Trav.*, 1903, p. 892 et suiv. — Off. du Trav., *Statist. des grèves*, 1903, p. 499 et suiv. — *Ann. du Musée soc.*, 1903, p. 358 et suiv.), des viticulteurs du Languedoc en 1903-1904 (Augé-Laribé, *Musée social*, 1903. — *Annales du Musée social*, 1905, p. 137 et suiv. — H. Brun, *Science sociale*, juin 1906), des dockers de Rouen en 1908 (*Journal de Rouen*, mars-mai 1908.)

Cependant l'assemblée des grévistes repoussa tout arrangement. Le travail continua partiellement, ainsi que les tentatives des grévistes pour l'empêcher : certains patrons accordèrent toutes les réclamations; d'autres employaient des élévateurs mécaniques et un personnel de non-syndiqués ou d'ouvriers amenés de Paris; d'autres enfin cherchèrent vainement à s'entendre avec les grévistes par des concessions. Des manifestations tumultueuses avaient lieu chaque jour aux lieux de travail, à l'issue des réunions syndicales. Plusieurs conflits avec les troupes se produisirent. L'exaspération arriva à son comble lorsque les terrassiers de Paris en grève, ainsi que les délégués de la C. G. T. vinrent assister aux assemblées des grévistes [1] : les manifestations prirent de suite un caractère plus grave; au cours d'une violente collision avec la troupe, le 27 juillet, le délégué de la fédération de l'alimentation fut arrêté; le 30 une véritable bataille eu lieu : il y eut deux morts et quinze blessés du côté des manifestants, et une vingtaine de soldats blessés ou contusionnés. Le 4, la grève se termina à Vigneux, comme elle aurait dû commencer, par l'acceptation des concessions patronales par les délégués des ouvriers. Les hostilités reprirent, sous forme d'échauffourées courtes, mais violentes, en mars, juillet, août 1909, motivées ostensiblement par des demandes d'augmentation de salaires, en réalité par l'animosité contre les non-syndiqués : les revendications des ouvriers n'eurent aucun succès.

La France n'a pas le monopole des grèves inorganisées,

1. Il est juste de reconnaître que ceux-ci venaient de leur propre autorité, et que la manifestation du 30 juillet, organisée par eux, fut combattue, devant le comité confédéral, par le secrétaire du syndicat des terrassiers. On voit que si la culpabilité légale des membres du comité qui furent arrêtés à la suite de cette manifestation, ne put être établie, leur responsabilité morale n'était pas moins engagée, et l'on peut dire qu'ils furent tout au moins la cause indirecte de ces événements. M. V. Griffuelhes, dans un article paru le matin même de la bataille, appelait cette manifestation une « expérience de grève générale » (*Le Matin*, 30 juillet 1908).

et si cette constatation ne saurait constituer pour nous un motif de consolation, elle n'en est pas moins importante pour la détermination des causes de cet état de choses. En Allemagne comme en Belgique, on retrouve ce mode d'action parmi les travailleurs ; les grèves y apparaissent aussi le plus souvent comme des explosions violentes dépourvues de causes rationnelles et de principes directeurs et aboutissant à des échecs. Or, il importe d'observer combien fut lente l'évolution des syndicats allemands et belges, qui n'ont pas encore réussi à se dégager des tendances étrangères à l'action proprement professionnelle et à baser leur tactique sur les principes qui ont été précèdemment reconnus [1].

Les coalitions ouvrières dont il est ici question, et dont on pourrait multiplier les exemples, ont un aspect bien caractéristique, qui les différencie très nettement de ceux que nous avons observés dans le chapitre précédent comme une suite parfois inévitable, mais exceptionnelle, du contrat de travail. Alors que les conflits appartenant à cette dernière catégorie ne surgissent qu'après épuisement des négociations, à un moment où l'inutilité de continuer celles-ci apparaît évidente et où, par conséquent, chacune des deux parties à la conviction que les chances de succès sont de son côté, ce qui restreint les recours à l'arbitrage, les premiers éclatent brusquement et intempestivement, en l'absence de toute négociation antérieure, souvent même sans qu'aucune revendication ait été présentée aux patrons ou sans leur laisser le temps d'y réfléchir, et au moment où la grève a le moins de chance de succès. Ces caractères dénotent

1. V. en ce qui concerne les syndicats allemands : Tondeur-Scheffler, *Musée social*, 1902, p. 201 et suiv. — Rivaud, *Rev. polit. parlem.*, t. XXXVII, p. 310 et suiv. — R. Jay, *Rev. d'Econ. polit.*, 1907, p. 666-667. — *Soziale Praxis*, 2 août, 15 novembre 1906, 21 février 1907. — *Ann. des Sc. polit.*, 15 juillet 1908. — G. Blondel, *Musée social*, 1907, p. 115 et suiv. — Pour les syndicats belges : Cf. Vandervelde, *Les Associations professionnelles*, 1891. — Varlez, *Musée social*, 1902, p. 81 et suiv.; *Ann. du Musée social*. — Mahain, *Etudes sur l'assoc. profess.*

d'une façon certaine l'absence de cet esprit pacifique et modéré que nous avons reconnu indispensable à la conclusion du contrat de travail : le conflit apparaît comme un but plus que comme un moyen ; il semble être recherché pour lui-même plutôt qu'on ne poursuit la conquête de tel ou tel avantage déterminé. Ce mode d'action témoigne en outre de l'absence des qualités intellectuelles à défaut desquelles le contrat collectif ne saurait être profitable à ceux qui les concluent : on ne s'enquiert ni des circonstances économiques, ni de la force respective des parties avant de déclarer la guerre ; les hostilités sont le résultat d'une impulsion spontanée, qui se fait jour lorsque la souffrance endurée est trop violente et lorsque les esprits sont échauffés pour la lutte. Cela s'explique aisément. Pendant les périodes d'activité, le jeu de l'offre et de la demande suffit à lui seul pour procurer aux travailleurs des augmentations de salaires : ils ne songent qu'à en jouir tranquillement. Lorsque l'idée leur vient d'en réclamer de plus considérables, il s'est généralement écoulé suffisamment de temps pour que les circonstances ne soient plus les mêmes, et que la crise industrielle soit sur le point de survenir[1]. Le plus souvent, c'est dans le cours de celle-ci, et sous le coup de la baisse des salaires, que la grève est déclarée : mais alors elle est vouée à un échec, et l'arrêt de la production fait généralement l'affaire des patrons, à qui il permet d'écouler leurs stocks ; ou si elle réussit, les effets n'en sont pas, au fond, meilleurs pour les travailleurs, qui perdent plus tard avec usure ce qu'ils ont obtenu de la sorte, et les rapports entre les parties n'y gagnent rien.

En second lieu, ces grèves sont généralement accompagnées de violences. Ce n'est plus en effet un acte librement accepté par les parties, préparé longtemps à l'avance, décidé de longue main et dont les charges peuvent être supportées

1 Voir les développements donnés à ces considérations dans l'ouvrage précité de M. Bureau, p. 50 et suiv.

grâce à des ressources depuis longtemps accumulées. Ici, ces dernières font défaut : il importe par conséquent que le conflit ne soit pas trop prolongé, car en pareil cas, si le capitaliste peut attendre, le travailleur ne le peut pas et la faim le met à la merci du premier[1]. D'autre part, un conflit ouvert brusquement, sans que les esprits y soient préparés et sous la seule influence des circonstances, favorise le libre cours des passions violentes et de l'animosité; à la réflexion patiente et mûre, c'est l'enthousiasme du moment qui se substitue; or l'enthousiasme dirigé contre quelqu'un, chez des êtres frustes et d'une culture inférieure, se traduit le plus souvent par la brutalité. Il est naturel enfin qu'on recoure à la seule arme dont on dispose : l'appui des capitaux et de la discipline faisant défaut, il ne reste plus que l'intimidation, à l'égard des camarades d'abord dont on essaie d'empêcher de la sorte les défections, et ensuite à l'égard du patron, sur qui cette pression s'ajoutera à celle de la surprise et de la brusquerie de l'attaque.

Il n'est pas besoin de chercher la cause de cette différence entre les deux sortes de grèves, les premières préparées et dirigées avec réflexion, avec prudence et par des moyens pacifiques, les secondes inorganisées dans leur déclaration et leur direction et accompagnées de violence. Cette cause apparaît d'elle-même : alors que dans le premier cas, nous avons rencontré des associations ayant acquis par de patients efforts poursuivis pendant des années, le concours effectif du plus grand nombre des membres de leur profession et pouvant compter sur leur esprit de discipline et sur leur soumission à l'intérêt collectif en même temps que sur d'importantes ressources, ici au contraire nous ne trouvons que des rudiments d'associations dépourvues en temps normal d'adhérents, sans argent et obligées en temps de grève de céder la place à des comités représentants la masse des

1. *Supra*, p. 48 et suiv.

ouvriers non-syndiqués ; bien plus, ces groupements ne sont souvent que des coteries entre les mains de quelques agitateurs cherchant à s'en faire un moyen de réclame, caricatures de syndicats auxquels manquent surtout les travailleurs eux-mêmes. On conçoit, en constatant cette opposition entre l'organisation méthodique des premiers et l'état d'anarchie organique des seconds, que ceux-ci soient tentés de chercher des moyens leur permettant de se passer d'une organisation si féconde sans doute, mais si longue et si difficile à acquérir : à défaut de la force mise au service du droit et de la diplomatie, il ne leur reste que la force brutale. De là cette dualité de tendances que nous avons constatée dans tout le cours de l'histoire syndicale de tous les pays, entre le syndicalisme basé sur les méthodes pacifiques et sur les institutions de mutualité, et celui qui renonce aux cotisations et même au groupement restreint à la corporation, pour embrasser la classe ouvrière dans son ensemble, en cherchant à l'élever à la notion de solidarité. On le voit, le procédé que nous examinons en ce moment dérive du sentiment de la faiblesse corporative et de l'impuissance à s'organiser, bien plus difficile à vaincre assurément que l'obstacle qui vient d'un ennemi extérieur : cette constatation, de nature à empêcher de porter un jugement trop sévère sur des travailleurs dont le crime le plus grave est une éducation sociale insuffisante, permet de trouver le seul moyen de remédier à cette situation, ainsi que nous le verrons dans un moment.

En revanche, il est d'autres personnalités qui, en usant de ces procédés ou en poussant les travailleurs à en user, n'ont pas la même excuse de la nécessité de vivre et d'un défaut d'adaptation aux conditions de l'existence. Pour elles, la grève n'est pas un moyen d'améliorer la situation des travailleurs : c'est une arme forgée dans le but exclusivement politique de transformer la société et de l'établir sur des bases nouvelles. Dans cette conception, une grève ne tend pas à la réalisation d'un progrès quelconque, elle dépasse de beaucoup son but apparent : c'est un instrument d'éducation et de progrès moral pour le prolétariat auquel elle apprend sa situation de classe, le conflit inévitable qui en résulte et le moyen d'en sortir [1].

« Puisque les sentiments et surtout l'amour-propre des pacificateurs sont en jeu, il convient de frapper fortement leur imagination et de leur donner l'idée qu'ils ont à accomplir une besogne de Titans ; on accumulera donc les demandes ; on fixera les chiffres un peu au hasard, et on ne craindra pas de les exagérer ; souvent le succès de la grève dépendra de l'habileté avec laquelle un syndiqué (qui comprend bien l'esprit de la diplomatie sociale) aura su introduire des réclamations fort nécessaires en elles-mêmes, mais capables de donner l'impression que les entrepreneurs d'industrie ne remplissent pas leur devoir social... Chaque conflit qui donne lieu à des violences devient ainsi un combat d'avant-garde, et personne ne saurait prévoir ce qui peut sortir de tels engagements ; la grande bataille a beau fuir en l'espèce chaque fois qu'on en vient aux mains, c'est la grande bataille napoléonienne (celle qui écrase définitivement les vaincus), que les grévistes espèrent voir commencer ; ainsi s'engendre par la politique des grèves la notion d'une révolution catastrophique [2]. »

Il ne faudrait pas se contenter de hausser les épaules devant de pareilles théories sous prétexte qu'elles constituent des songes creux dont les prédictions n'ont aucune chance de se réaliser. Ce n'est jamais impunément qu'on excite les appétits inférieurs des masses. Il ne suffit pas, pour dégager sa responsabilité, d'affirmer que « si les travailleurs triomphaient sans avoir accompli les évolutions morales qui sont indispensables, leur règne serait abominable et le monde serait replongé dans des souffrances, dès

1. Cf. *Mouvement socialiste*, 1905, t. I, p. 384-385.
2. G. Sorel, *ibid.*, 1906, t. I, p. 23, 31.

brutalités et des injustices aussi grandes que celles du présent[1]. » De tels conseils ne s'adressent pas à des hommes doués d'une clairvoyance et d'un empire sur eux-mêmes les rendant capables d'accomplir la révolution pacifique. Ce n'est jamais en vain qu'on méconnaît les lois sociales et il n'est pas possible d'obtenir un résultat favorable à la prospérité générale lorsqu'on le fonde sur une action qui contredit toutes les conditions de la vie sociale. Nous allons du reste nous en rendre compte plus complètement par l'examen de quelques-uns des procédés préconisés dans les grèves dont il s'agit.

En premier lieu ce n'est plus la grève par professions qu'on organise ici : elle n'a plus de raison d'être, puisqu'il ne s'agit plus d'obtenir une modification déterminée des conditions du travail. Le seul genre de grève qui correspond à la méthode qui vient d'être indiquée, est celle qui englobe le plus grand nombre de travailleurs possible, dans toutes les professions, afin de rendre la manifestation plus imposante et de désorganiser plus profondément la vie sociale. « Le terme de grève générale, ou révolution, lit-on dans une brochure publiée par le comité de la grève générale, n'a d'autre signification que celle-ci : changement subit et violent (fatalement) des bases fondamentales, sur lesquelles sont édifiés les mensonges de nos civilisations conventionnelles. Pour la réalisation de ce plan osé, il faudra d'abord mettre les machines dans l'impossibilité de nuire, arrêter la circulation des chemins de fer, encourager les soldats à lever la crosse en l'air. Enfin, il se produira des actes individuels qui, pour être exécutés froidement dans l'ombre, n'en seront que plus terribles et achèveront de démoraliser la classe bourgeoise, par suite de la multiplicité de ces actes et de « l'impossibilité matérielle » de les enmpêcher. » Les véritables logiciens de l'anarchisme, ce sont ceux que

1. Id., *L'Avenir socialiste des syndicats*, p. 52.

nous venons d'entendre; qu'on le veuille ou non, toujours le prolétariat traduira la grève générale par la violence.

Le premier caractère qui apparaît dans la mise en pratique de cette tactique est la difficulté d'obtenir la masse imposante des grévistes, qui est cependant l'un des éléments essentiels du succès : le petit nombre des participants contraste au contraire avec le caractère de généralité et de discipline des grèves organisées. Ce n'est qu'en profitant d'un concours de circonstances exceptionnelles qu'on peut parfois obtenir un mouvement d'ensemble, bien précaire et incomplet, parmi les ouvriers de diverses professions. C'est ce qui se produisit en 1898 à l'occasion de la grève générale votée par le Congrès des employés de chemins de fer français. Parmi les syndicats consultés par le conseil fédéral au sujet de leur collaboration, 46 seulement, sur 198 réponses, répondirent favorablement, 19 ne s'engagèrent que sous conditions, 17 refusèrent et les autres s'abstinrent. Durant les mois de septembre et d'octobre, les diverses catégories du bâtiment se mirent en grève au sujet de revendications personnelles. La Fédération des métallurgistes déclara la grève par solidarité envers les grévistes. D'autres corporations se tenaient prêtes à entrer en scène. En même temps, des grèves éclataient chez les tisseurs du Nord, et la situation était tendue parmi les mineurs. Le conseil de la Fédération des employés de chemins de fer, jugeant que le moment était favorable, déclara la grève générale le 11 octobre. Dès le 14, la Fédération sollicitait l'intervention du juge de paix : la grève était déjà terminée; sur 93.000 syndiqués, quelques douzaines seulement avaient marché et le service n'en fut pas arrêté. Seize grévistes furent révoqués [1]. Aux congrès de la Fédération de 1907 et 1908, il suffit au secrétaire général de

1. L. de Seilhac, *Les Grèves*, p. 116 et suiv.

rappeler cet échec pour écarter de nouvelles propositions de grève générale [1].

La manifestation par excellence de l'unité de la classe ouvrière est celle du 1er mai, qui constitue en quelque sorte la revue périodique de l'armée des travailleurs. Pendant de longues années, elle est demeurée restreinte à quelques groupements plus bruyants que nombreux, et se signalait par des violences limitées. En 1906, le parti socialiste international résolut d'en finir avec ces essais manqués, et de frapper un grand coup. « Cette démonstration, disait la proclamation du bureau, constitue, pour le capitalisme, un avertissement périodique : les travailleurs lui signalent leur volonté indéfectible de poursuivre leur affranchissement intégral, sans se laisser détourner par les dérivatifs sanglants de guerre entre nations. C'est l'unité même de ce mouvement, dont le triomphe n'est possible que par le rapprochement de tous les prolétariats, qui fait de la classe ouvrière la force capable de donner au monde la liberté et la paix. » On sait quel fut le résultat de ce mouvement, qui réussit en effet à apeurer certaines catégories de la population parisienne, mais fut nul au point de vue d'une manifestation d'ensemble de la classe ouvrière : les travailleurs du livre étaient déjà en grève depuis le 20 avril pour la journée de neuf heures, et ne peuvent être considérés comme des participants à la grève générale. Dans les autres corporations, celle-ci a consisté plutôt dans une série de grèves partielles échelonnées durant tout le mois de mai : un grand

1. Une grève réussissant à englober toutes les professions du pays, même celles qui ont pour objet les besoins les plus immédiats de la société, conservant néanmoins un calme absolu et sachant s'abstenir de toute violence, telle fut la grève générale qui eut lieu en Suède au mois d'août 1909. Ce mouvement d'ensemble, obtenu grâce à l'esprit de discipline des ouvriers suédois, puisque le nombre des syndiqués y est évalué à 250.000 sur un total de 500.000, et que celui des grévistes fut de 285.000, fut cependant infructueux. Au bout d'un mois, la grève avait cessé : elle n'avait profité qu'aux patrons (L. Bernardini-Sjœstedt, *La Revue*, 15 septembre 1909).

nombre, parmi elles, ont été infructueuses et plusieurs ont empiré la situation des grévistes [1]. Malgré les appels de la C. G. T., cette date passa inaperçue les années suivantes [2].

Que l'emploi de la violence soit un aveu implicite d'impuissance des travailleurs dépourvus d'organisation rationnelle, c'est ce qui ressort des procédés accessoires dont s'agrémentent les grèves ainsi dirigées. Au Congrès de Toulouse, le citoyen Pouget proposait de répondre au refus du préfet de la Seine d'autoriser les travailleurs municipaux à prendre part au congrès, par la motion suivante : « Le Congrès, reconnaissant qu'il est superflu de blâmer le gouvernement qui est dans son rôle en serrant la bride aux travailleurs, engage les travailleurs municipaux à faire 100.000 francs de dégâts dans les services de la Ville de Paris, pour récompenser M. de Selves de son veto [3]. » En 1905, le syndicat des boulangers, en la personne de son secrétaire, M. Bousquet, menaça les patrons de rendre le pain immangeable en mélangeant à la farine de la poudre de savon, et de mettre les fours hors de service en y versant du pétrole [4]. Ce procédé était celui auquel recouraient les ouvriers qui, lors de l'introduction de l'outillage mécanique dans leurs ateliers se précipitaient pour le détruire. Si ceux-ci avaient au moins une justification apparente dans la crainte de la perte imminente de leur gagne-pain, cette excuse n'existe plus au XXe siècle. Une telle conduite dénote du reste une complète inconscience : une simple réflexion montrerait aux ouvriers que la destruction des machines ou la ruine du patron en détournant de lui la clientèle, sont le meilleur moyen de les priver eux-mêmes de leur travail et de leur salaire.

1. *Revue socialiste*, 1906, t. II, p. 100. — *Revue d'écon. polit.*, 1907, p. 133-134.

2. Il en est de même en Allemagne où le caractère platonique de ces appels a été formellement constaté et le principe du chômage du 1er mai a été vivement attaqué dans le Congrès socialiste de septembre 1909.

3. De Seilhac, *Les Syndicats*, p. 323 et suiv.

4. *Ann. du Musée social*, 1905, p. 302, 371-372.

Un procédé voisin du précédent consiste dans la restriction de la production ; au lieu de saboter la marchandise ou l'outillage, on sabote le rendement. Ce système a été formulé pour la première fois par un ancien secrétaire d'une union de dockers, dans un article publié le 23 octobre 1896 par le *Seamen's Chronicle*, organe du parti socialiste en Angleterre : « Qu'est-ce que *Ca'canny ?* C'est une simple et courte phrase qu'on emploie pour désigner un nouveau moyen ou tactique en usage chez les travailleurs au lieu de la grève. Quand deux écossais marchent ensemble, et que l'un va trop vite pour l'autre, il lui dit : « Ca'canny, man, ca'canny », ce qui veut dire « va doucement, homme, va doucement. » L'article ajoute que l'industriel, comme l'acheteur d'une marchandise quelconque, tâche de payer le travail le moins cher possible, et que dès lors les travailleurs doivent employer le procédé du Ca'canny jusqu'à ce que les patrons consentent à payer le travail le prix qu'il vaut.

Voici l'appréciation que porte au sujet de ce procédé M. Sidney Webb, le chef de l'un des principaux partis socialistes anglais : « Il est destructeur du caractère et de la capacité des travailleurs les plus résolus. En détériorant la production, on détériore l'ouvrier. Pour les travailleurs non qualifiés d'une grande cité, déjà démoralisés par l'irrégularité de l'emploi et dont la capacité à exercer une occupation permanente est au-dessous de la moyenne, la doctrine de « go canny » peut aisément conduire à la déchéance finale du caractère de la personne. C'est un sentiment instinctif de cette vérité qui a poussé les officiers responsables des trade-unions à dénoncer sans hésiter le nouveau procédé des ouvriers des docks de Liverpool. Il demeure, à notre connaissance, le seul exemple dans les annales des trade-unions [1]. »

En France le procédé est plus en faveur. Au congrès de Toulouse, on ne craignait pas de reproduire l'article du

1. Webb, *Industr. democr.*, t. I, p. 308.

Seamen's Chronicle et d'en proposer les conclusions comme ligne de conduite à suivre par les travailleurs. L'emploi de cette méthode d'une façon systématique par les ouvriers du bâtiment fut l'une des principales causes du lock-out de 1907 : à la suite de l'échec d'une grève prolongée en 1906, « chacun régla sa production d'après celle du plus vieux ou du plus faible, ce qui représentait à peu près la valeur du travail prévu et payé par les séries. Les « garçons » ne firent plus que juste le travail pour lequel ils étaient payés. On perla l'ouvrage, qui fut enfin exécuté *selon toutes les règles de l'art.* » En outre, chantier par chantier et méthodiquement, les garçons réclamaient une augmentation de salaires, imposant le chômage à toute l'équipe ; le lendemain le compagnon était obligé d'aller embaucher de nouveaux garçons, ce qui faisait trois heures de perdues, bien que payées [1].

Cette méthode d'action, à la différence de la grève générale, a pour elle sa très grande facilité d'exécution, qui la met à la portée du premier venu. De là vient qu'elle est d'un usage courant parmi les travailleurs de tous les métiers qui ne fondent pas l'amélioration de leur sort sur le développement de leur personnalité. Les mineurs belges, notamment l'emploient couramment à la suite des grèves. Dans certains puits, on a vu la production tomber d'un cinquième ou même du tiers. Ailleurs, un ingénieur faisant observer que le travail était à peu près nul, on lui répondit : « Nous faisons grève en travaillant. Ici, nous sommes à l'abri du mauvais temps et surtout des gendarmes » [2].

Nous avons vu que le fait de n'être pas annoncé à l'avance, la brusquerie dans la décision et l'exécution, étaient des conditions essentielles de succès pour le genre de grèves que nous étudions ici. Cette méthode n'a pas laissé de procurer des déboires aux ouvriers en raison de la législation sur le contrat du travail. En vertu de l'article 1780 du Code civil,

1. *Mouvement socialiste*, 15 juillet 1908, p. 70 et suiv.
2. *Ann. du musée social*, 1905, p. 139.

modifié par la loi du 27 décembre 1890, « le louage du service fait sans détermination de durée, peut toujours cesser par la volonté d'une des parties contractantes », sauf dans ce cas les dommages-intérêts qui peuvent être dus en raison du préjudice qui aurait été causé de ce fait, et par abus du droit de grève, à l'autre partie: or, l'inobservation du délai d'usage, en l'absence d'un délai prévu par le contrat, constitue incontestablement un fait abusif et préjudiciable pouvant donner lieu à des dommages-intérêts.

La doctrine contraire, d'après laquelle le contrat serait seulement suspendu en cas de grève[1], ainsi que le vœu présenté en ce sens par le Conseil supérieur du travail dans sa session extraordinaire de 1905, dérivent d'une crainte que nous ne saurions partager, de voir l'exercice du droit de grève restreint par des entraves légales. La surprise n'est une condition de succès que dans la grève anarchique : il en est tout autrement dans la grève organisée, qui suppose une mûre préparation et une impossibilité d'arriver à une solution par la discussion entre les parties. Loin d'entraver les coalitions ouvrières, les sanctions civiles prononcées par les tribunaux en raison de la brusque rupture du contrat, ne peuvent donc que favoriser l'emploi d'une méthode plus rationnelle et plus prudente : elles ne sont défavorables qu'à un procédé qui fait partie de l'arsenal des armes révolutionnaires[2].

Au point où nous en sommes arrivés de notre analyse, il devient facile de se rendre compte de l'opposition qui appa-

1. Esmein, sous S. 98. 1. 17. — C. Perreau, *Le Droit de grève*, Alcan, 1909, p. 119 et suiv. — Pic, *Traité*, p. 200-201.

2. « Bien souvent, disait très justement M. Finance au Congrès ouvrier de Marseille, en 1879, les résistances des patrons à nos réclamations proviennent uniquement de ce qu'ils n'ont pas été avertis assez longtemps à l'avance pour modifier les conditions de leurs engagements avec leurs clients. Suivant les métiers il faut fixer le laps de temps qui s'écoulera entre l'avertissement et la mise en pratique du nouveau régime demandé. Pour le bâtiment, une période de six mois est suffisante. Et il arrive que pendant ce délai l'entente peut s'établir. »

raît entre la méthode des coalitions organisées et celle de la grève anarchique. Nous avons vu que la première s'appuie sur de fortes organisations professionnelles, alors que les caractères de la seconde proviennent directement de l'insuffisance de ces organisations [1]. Toutefois on ne saurait s'arrêter à cette constatation, car cette seconde différence n'est elle-même qu'une manifestation d'une cause plus profonde qu'il est nécessaire d'indiquer. Bien que le mouvement syndical ait été violemment contrarié, pendant de longues années, par les efforts coalisés des pouvoirs publics, des employeurs et de l'opinion, on ne doit pas s'en prendre à cette circonstance du résultat que nous constatons ; nous avons déjà vu qu'en dépit d'une opinion répandue, l'interdiction légale des associations n'a pas empêché de fortes unions ouvrières de se développer, pas plus que l'interdiction des coalitions n'a empêché ces dernières de se produire. Si cette cause devait être retenue, il resterait à se demander pourquoi certaines corporations ont su réaliser des syndicats prospères et le régime du contrat de travail, alors que d'autres en sont encore à la phase embryonnaire de la coalition incohérente et brutale.

Ici comme dans la plupart des problèmes sociaux, la cause du désordre n'est pas extérieure aux intéressés. Lorsqu'on observe quelles sont, dans la classe ouvrière, les catégories qui appartiennent au premier groupe, on voit sans doute que ce sont celles où les salaires sont les plus élevés : mais on est obligé aussitôt de constater qne ce fait ne joue qu'un rôle secondaire, malgré son importance, à côté des qualités personnelles que les intéressés ont dû mettre en jeu, qualités de prévoyance, de discipline, d'honnêteté, d'intelligence, qui

1. M. Vandervelde lui-même se défend d'affirmer « que les syndicalistes révolutionnaires, lorsqu'ils condamnent les syndicats centralisés et les fortes encaisses, n'imitent point le renard de la fable, qui déclarait trop verts les raisins qu'il ne pouvait attraper. » (*Le Droit de grève*. Alcan, 1909, p. 255).

sont les conditions essentielles de la force des unions ouvrières; le taux élevé des salaires lui-même, nous espérons l'avoir démontré, n'est qu'une conséquence de l'exercice de ces qualités, puisque c'est le niveau de vie du travailleur et les qualités dont il l'appuie qui déterminent la hausse des salaires. Il est impossible, notamment, de se rendre compte de l'évolution d'un groupement comme celui des ouvriers de l'industrie textile du Lancashire, parti des échelons inférieurs de la classe ouvrière et lui servant aujourd'hui de guide et de modèle, si l'on ne tient pas compte de cet élément essentiel. Sans doute les circonstances extérieures jouent un rôle dans cette ascension des travailleurs : il n'est pas indifférent d'appartenir à une corporation où d'antiques traditions viennent retarder l'adaptation aux besoins nouveaux, ou à un métier condamné à la disparition et à la déchéance par la découverte de moyens perfectionnés de production; sans l'aptitude commerciale des industriels anglais qui leur a permis d'étendre considérablement leurs débouchés, les ouvriers de l'industrie textile n'auraient pas eu les mêmes facilités pour obtenir de hauts salaires et pour s'organiser. Mais, à l'inverse, ces mêmes circonstances n'eussent point produit ces résultats sans les caractères propres des travailleurs sur lesquels elles se sont exercées. Les agents extérieurs permettent la formation du groupement social et déterminent sa forme : mais c'est la volonté libre de l'homme qui en est le facteur direct et exclusif pour chaque individu[1]. L'analyse des faits nous a montré les

1. Nous n'entendons nullement contester ici la répercussion constante que l'observation dégage entre les agents naturels ou artificiels et l'organisation sociale qui y correspond : tous les travaux, déjà avancés, produits par la science sociale démentiraient une aussi puérile affirmation. Nous voulons dire que, dans tout groupement social déterminé, il appartient au libre arbitre de l'individu de répondre aux sollicitations des forces sociales, et dans ce cas la forme que prendra son action variera suivant les influences du lieu où il se trouve, ou de se placer parmi les exceptions qui, dans tout groupement humain, restent en marge de la société.

résultats produits par les diverses activités sociales ; l'observation dégage sous quelles conditions et à quel prix ces résultats peuvent être obtenus. Mais il n'existe aucune loi qui préside à l'acceptation par chaque individu du but à atteindre et à l'orientation de son être vers ce but : si l'éducation, l'ambiance de la vie en société prédisposent à ce choix, elles ne le déterminent pas, et l'observation montre de nos jours plus que jamais combien les diverses couches de la société se compénètrent les unes les autres. Nous ne croyons donc pas qu'à un esprit qui se refuse à voir l'avantage d'une société ordonnée et pacifique, il soit possible de démontrer que cette forme sociale soit préférable à l'anarchie ; s'il en est qui placent l'état sauvage au-dessus de la civilisation, on perd son temps à chercher à les convertir ; il ne reste plus à ceux qui croient au progrès de l'humanité qu'à se garer de ces êtres malfaisants qui ramèneraient celle-ci à ses origines les plus reculées s'ils n'étaient des exceptions. Le rôle de la science est uniquement de montrer les répercussions des phénomènes entre eux, les conséquences de chacun d'eux, les conditions à remplir pour les reproduire : dans le choix que comporte pour tout travailleur le problème de son existence, la tâche de celle-ci est finie, et c'est à chacun à prendre son parti entre l'organisation et l'anarchie et à décider de la voie qu'il doit suivre.

II. — L'Anarchie des employeurs

Nous nous sommes suffisamment étendus sur la responsabilité des travailleurs dans les conflits du travail, pour avoir le droit de rechercher celle qui incombe aux employeurs : aussi bien elle éclate dans toute l'histoire des rapports du travail que nous avons examinée jusqu'ici. Nous avons déjà exposé les efforts qui ont été déployés par les chefs d'industrie anglais et français avec l'appui des pouvoirs publics dans la lutte contre l'organisation de la main-d'œuvre, jusqu'au jour où ils ont été contraints par la force des choses de reconnaître aux ouvriers le droit de se coaliser [1]. Il en a été de même en Amérique. En 1832, 106 patrons de Boston décidèrent de s'opposer « à cette entente illégale formée pour contrôler le droit qu'a chaque individu de travailler autant qu'il lui plaît et qui doit les aider à combattre ceux qui les payent généreusement » [2]. Certains patrons firent signer aux ouvriers le « document » en vertu duquel ceux-ci s'engageaient à ne plus faire partie de leur association [3]. En 1850, un entrepreneur du nom de Pinkerton créa une agence de police privée, destinée à fournir des gardes armés et des ouvriers de remplacement aux industriels mis à l'index : ces individus étaient recrutés sans souci de leur moralité parmi les pires éléments de la population ; employés par les patrons comme espions dans les ateliers et comme briseurs de grèves, ils avaient pour effet d'exaspérer les ouvriers et d'aggraver les conflits [4].

On pourrait multiplier les exemples [5]. Les débats parlementaires au sujet de la proposition de M. Bovier-Lapierre tendant à sauvegarder la liberté syndicale, en ont révélé un grand nombre [6] : c'est la Compagnie d'Anzin

1. *Supra*, p. 27 et suiv., 72 et suiv. — En 1819, une association de maîtres de forges se forma dans le Staffordshire pour résister à la hausse des salaires. En 1833, les entrepreneurs de Liverpool s'entendirent pour exiger de leurs ouvriers la renonciation aux unions (Smith, *op. cit.*, p. 51).

2. *Bull. Off. Trav.*, 1903, p. 414.

3. Vigouroux, *op. cit.*. p. 294.

4. Levasseur, *L'Ouvr. amér.*, t. I, p. 519 et suiv., 526.

5. *Ibid.*, p. 295; t. II, p. 345. — M. C. H. Parker, dans *le Qualerley journ. of. Econ.*, mai 1910, p. 564 et suiv., attribue en partie la crise actuelle du trade-unionisme à l'hostilité patronale.

6. Cette proposition, présentée à la Chambre en 1886, fut repoussée par le Sénat par 184 voix contre 39 dans les séances des 18, 19 et 23 juin 1891. Votée de nouveau par la Chambre en 1892 et en 1895, elle fut repoussée chaque fois par le Sénat. M. Mesureur a déposé le 4 février 1896 une proposition dans le même sens (*Doc. Parl.*, n° 1773).

renvoyant tous les ouvriers dont la qualité de membres du syndicat lui est connue ; ce sont les fabricants de l'Isère et du Rhône qui obligent tous les syndicats de tisseurs à se dissoudre en renvoyant leurs membres ; ceux de la Tour-du-Pin ne donnant du travail aux tisserands à domicile que sur remise du livret syndical ; ce sont des patrons métallurgistes interrompant le travail pour ne rouvrir qu'avec les ouvriers qui remettraient leurs livrets syndicaux, ou faisant un feu de joie avec ces derniers dans la cour de l'usine, ou s'engageant vis-à-vis de leurs collègues, sous peine d'un dédit de 10.000 francs, à ne pas employer le secrétaire du syndicat [1]. En 1887, M. Rességuier avait embauché à Montluçon un personnel d'élite qu'il payait plus cher que les autres, mais qui, étant plus intelligent, fonda un syndicat en 1888; aussitôt le four qu'il desservait fut éteint afin de pouvoir le renvoyer ; seuls les non-syndiqués reçurent un subside pour pouvoir attendre la reprise ; un meneur, qui travaillait à un autre four, fut renvoyé sous un prétexte futile, et ne fut repris que sur l'annonce de la disparition du syndicat. En 1890, de nouvelles tentatives d'association furent suivies du renvoi des meneurs [2]. En 1908, quatre ouvriers membres du bureau du syndicat, renvoyés pour ce fait, assignèrent M. Rességuier en dommages-intérêts pour rupture brusque et abusive du contrat : le juge de paix leur donna gain de cause par la raison « qu'il est difficile d'imaginer un motif de renvoi plus illégitime et plus abusif que celui dont les demandeurs ont souffert, et que pour en découvrir un d'approchant, il faudrait peut-être le chercher jusque dans une atteinte aux sentiments religieux ou de famille ; qu'en renvoyant lesdits demandeurs pour cause d'affiliation à un syndicat, le défendeur a, en effet, porté l'atteinte la plus grave aux droits qu'ils tiennent de la loi, et qu'ils n'ont pu que se sentir pro-

1. Off. du Trav., *Les Assoc. profess.*, t. I, p. 66-67.
2. L. de Seilhac, *Les Syndicats*, p. 146 et suiv.

fondément blessés dans leur dignité et leur légitime fierté d'hommes et de citoyens[1]. » La grève des charpentiers de Paris, au mois de juillet 1907, eut pour cause principale le refus par les patrons de discuter un contrat collectif : le 16 septembre, le syndicat patronal consentit à en signer un ; mais une scission se produisit parmi ses membres, dont un certain nombre maintinrent l'ordre du jour qui avait été voté le 4 septembre, suivant lequel : « 1° en l'état actuel de la législation en France, un contrat passé entre deux collectivités ne peut avoir d'existence ; 2° un contrat sans durée n'a aucune espèce de valeur... ; 3° l'unité de salaire est la négation absolue de toute espèce d'initiative individuelle et il est de toute justice que chacun soit payé suivant ses capacités et son habileté professionnelle[2]. »

Cette tendance est du reste désavouée par certains patrons eux-mêmes. Au Congrès de la Fédération des Industriels, en 1907, l'un d'entre eux, M. Gavelle, disait : « Jusqu'ici, le patronat a fait tout ce qui était en son pouvoir pour empêcher les ouvriers raisonnables d'entrer dans les syndicats, si bien que ce sont les autres qui y sont les maîtres. Je crois que nous devrions agir à l'égard des syndicats ouvriers d'une façon toute différente : engager les bons ouvriers à ne pas se tenir à l'écart des débats économiques qui touchent à leur intérêt professionnel et leur montrer que lorsque des propositions acceptables seront formulées par leurs syndicats, ils nous trouveront disposés à en tenir compte. » M. Japy disait également : « Je ne suis pas de l'avis des personnes qui disent : « J'ignore les syndicats. » Si les patrons n'avaient pas ignoré

1. *Journal des Débats*, 29 février 1908.

2. *Journal des Débats*, 18 juillet, 5 octobre 1907. — Cet état d'esprit se traduit par les propositions de loi tendant à restreindre le droit de grève, qui ont été soumises au Sénat (Doc. parl., 1893, n° 260 ; 1894, n°s 131, 9), et par les vœux déposés aux diverses sessions du Conseil supérieur du travail par les délégués du patronat.

les syndicats, nous ne serions pas dans la situation où nous sommes[1]. »

La jurisprudence n'hésite pas à condamner l'ostracisme dont les patrons font preuve à l'égard des ouvriers syndiqués. Elle considère que si le droit d'un patron d'embaucher des ouvriers non-syndiqués de préférence à ceux qui le sont, est en dehors de toute discussion, il y a rupture abusive du contrat de travail, donnant droit à des dommages-intérêts, lorsque l'ouvrier est congédié pour le seul motif qu'il appartient à un syndicat : ce renvoi tend en effet à restreindre le droit non moins incontestable de tout ouvrier de se grouper avec les autres ouvriers de la même profession pour défendre ses intérêts[2]. Il y a dans cette jurisprudence, qui ne constitue du reste qu'une stricte application de l'article 1780 du Code civil, un indice curieux et qui échappait au législateur de 1890 qui a modifié cet article, de l'évolution du contrat de travail que nous avons signalée plus haut[3] : la liberté du patron d'embaucher qui lui plaît n'est pas contestée ; mais elle n'en est pas moins restreinte singulièrement par l'obligation de conserver des ouvriers qui se coalisent contre lui, alors qu'antérieurement une telle restriction de son droit eût paru monstrueuse. Désormais, l'acte du patron qui veut se débarrasser de ses ouvriers ligués contre lui constitue un véritable délit civil. S'il ne constitue pas un délit pénal, on peut néanmoins ajouter qu'il est beaucoup moins innocent au point de vue d'une conscience droite et éclairée, qu'il ne semblerait au premier abord : il constitue en effet une injustice, quand il aboutit à priver de leur gagne-pain des hommes dont le seul tort est d'avoir cherché à acquérir les moyens

1. *Bulletin de la Fédération*, 1907, p. 602.

2. Cons. prudh. Seine, 20 octobre 1903. *Bull. Off. Trav.*, p. 43. — Civ. Bordeaux, 14 décembre 1903, *ibid.*, 1904, p. 820. — Cass., 13 mars 1905, *ibid.*, 1906, p. 479. — Trib. co. Épernay, 28 février 1906, *Rev. prat. de dr. ind.*, 1906, n° 6, p. 184.

3. *Supra*, p. 195 et suiv., 199.

de développer leurs personnalités et d'élever leurs familles[1]. En se plaçant à la fois à ce point de vue et à celui du fait économique, on doit reconnaître que les rapports entre patrons et ouvriers ne se bornent pas au paiement du salaire journalier et à l'exécution de la tâche, et que les droits de la main-d'œuvre, prise non plus dans la personne de chaque ouvrier, mais dans sa collectivité, sont peut-être moins distants qu'il ne paraît généralement de ce que les employeurs considèrent comme leur domaine exclusif.

L'ostracisme à l'égard des associations ouvrières entraîne une autre conséquence non moins dangereuse au point de vue moral : elle amène les patrons à reporter toutes leurs sympathies sur les syndicats jaunes et sur les ouvriers indépendants. Nous avons vu que la présence de ceux-ci est pour les ouvriers syndiqués une cause d'échec dans leurs coalitions ; grâce à leur emploi, les industriels ont pu fréquemment mettre fin aux grèves de leur personnel [2]. De tels procédés encouragent la déloyauté et la lâcheté chez les travailleurs, et tendent par conséquent à abaisser leur niveau moral. S'ils parvenaient à se généraliser, on verrait les éléments les plus stables de la main-d'œuvre, qui constituent l'élite de la classe ouvrière et l'avant-garde des travailleurs organisés, remplacés par les pires représentants de l'armée permanente des sans-travail et la situation de la classe ouvrière subirait bientôt un recul épouvantable.

La tendance, chez les employeurs, à s'opposer par la force à l'action collective des travailleurs, explique qu'ils recourent aussi souvent aux pouvoirs publics pour mettre fin aux grèves, et qu'ils paraisent compter sur cette intervention encore plus que sur le développement normal des organismes en jeu. L'un d'eux, grand industriel du Nord, écrivait il y a quelque années : « Si nous devons rester sur la brêche,

1. Voir le développement de cette idée dans l'ouvrage précité de M. Bureau, p. 63 et suiv.

2. Cf. Off. du Trav., *Les Assoc. profess.* t. III, p. 355, 365, 373.

que pouvons-nous faire pour nous défendre, puisque, manifestement, nous ne pouvons compter sur le gouvernement. » Et il ajoutait, parlant des chefs d'établissements : « On ne les défend pas, ce qui équivaut implicitement à les combattre [1]. »

Cependant nous avons constaté aussi les progrès de l'organisation patronale et leurs heureuses conséquences à l'égard du contrat collectif. Les facilités qui en résultent pour la conclusion des accords pacifiques ne sont pas toutefois le premier effet de l'entente entre les patrons : l'objet qu'ils poursuivent d'abord en s'associant, paraît être plutôt de se défendre contre la coalition ouvrière ; et cette tendance est trop naturelle pour qu'on puisse s'en étonner. A côté des procédés que nous avons déjà examinés, celui qui correspond à ce degré plus avancé d'organisation est le lock-out. Les essais qui en on été tentés en France n'ont pas donné tous les résultats qu'on pouvait en attendre, et qui ont été produits notamment par les coalitions patronales des Etats-Unis, dans la métallurgie [2]. L'un des exemples les plus remarquables est celui de l'industrie du bâtiment à Paris en 1908. Dès les premiers jours, les défections furent nombreuses, et ne tardèrent pas à se multiplier : en dépit de tentatives de désunion de la main-d'œuvre par la création de syndicats jaunes, la fédération patronale dut bientôt autoriser la réouverture des chantiers. L'année suivante, le conflit reprenait de plus belle, et se terminait par un contrat collectif, qui avait longtemps rencontré l'hostilité patronale et qui donnait de nombreuses satisfactions aux ouvriers.

Le lock-out parisien avait été organisé à l'imitation de celui de Berlin l'année précédente [3]. L'organisation patronale, en Allemagne, est beaucoup plus développée qu'en France ; toutefois elle ne sert encore que l'animosité des

1. *La Réforme Économique*, 17 décembre 1899.
2. *Supra*, p. 144 et suiv.
3. V. sur ce conflit, Raffalovitch, *Nouvelle Revue*, 1er avril 1908.

patrons contre les coalitions de leurs ouvriers, et les premiers n'ont pas su encore s'élever à la notion des rapports du travail basés sur l'accord mutuel [1]. Le nombre des lock-out s'était élevé avec une progression inquiétante jusqu'en 1906, où il s'élevait à 298 avec 152.449 ouvriers. Les associations ayant pour objet l'assurance mutuelle contre les grèves y sont très développées. Les principales sont l'Union centrale des industriels allemands et la Ligue des industriels, organisées en 1903, s'adressant la première à la grande industrie et la seconde à la petite et à la moyenne et groupant respectivement 6.589 et 50 000 patrons avec 1,027.818 et 1.600.000 ouvriers, en vue de « s'opposer aux prétentions illégitimes des ouvriers et spécialement de leurs syndicats » ; en cas de grève, les patrons mis à l'index reçoivent de leur syndicat une indemnité calculée suivant les cas et suivant les circonstances ; l'Office central des syndicats patronaux et l'Union des employeurs, créés par les deux associations précédentes, constituent des caisses de réassurance qui jouent en cas d'insuffisance des syndicats. Ces deux organisations ont conclu entre elles une alliance dans le but de concerter leur action [2].

A l'exception des associations créées par les employeurs dans l'industrie textile, tous ces groupements patronaux sont moins des associations professionnelles, tendant à établir des rapports stables dans la production, que des instruments de lutte de classe, analogues aux sociétés interprofessionnelles que les travailleurs ont souvent cherché à constituer. Elles sont vouées au même échec que ces dernières, et pour les mêmes motifs : les conflits du travail sont

1. Tondeur-Scheffler, *Les Syndicats ouvriers allemands*, *Musée social*, 1902, p. 201 et suiv. — G. Blondel, *ibid.*, 1907, p. 111.

2. Fuster, *Ann. du Mus. soc.*, 1906, p. 267 et suiv. — *Bull. Off. Trav.*, 1900, p. 598 ; 1910, p. 752. — L. Rivière, *Réforme sociale*, novembre 1906, p. 630 et suiv. — Villey, *Rev. d'Econ. polit.*, 1907, p. 728 et suiv. — *L'Argus*, 16, 22, 29 septembre 1907. — Blondel, *Musée social*, 1907, p. 101 et suiv.

des accidents qui dérivent normalement de la situation naturelle des parties en présence et dont la solution requiert un fort groupement de chacune de celles-ci ; lorsqu'ils prennent l'objet de luttes de classes, elles ne sont que des manifestations morbides de ce défaut d'organisation, et ce n'est pas, tant s'en faut, en accentuant ce vice d'organisation qu'on y portera remède [1].

Il ne faut pas s'étonner que cette forme de la défense patronale soit à peu près inconnue en Angleterre, où les rapports du travail ont pris la forme la plus stable, tandis qu'on y compte 984 associations patronales professionnelles fortement constitutées [2]. Aux États-Unis où, à côté d'un développement très considérables du contrat collectif, un grand nombre de patrons sont encore hostiles aux associations ouvrières, qui se présentent souvent sous un aspect antisocial [3], une société a été constituée en 1904 entre patrons de toutes les industries pour couvrir par une assurance les risques de grève. C'est surtout en France que les chefs d'industrie tendent à entrer dans cette voie. En 1906, ont été créés successivement la Caisse mutuelle du commerce et de l'industrie de Roubaix, le Lloyd industriel de Lyon, l'Union des industries métallurgiques et minières ayant pour but le remboursement des pertes résultant des grèves injustifiées et s'adressant soit à toute l'industrie, soit à des groupes d'industries déterminées. En 1907, la Fédérations des industriels et commerçants français, vaste groupement ayant pour objet l'étude et la réalisation du procédé d'organisation du patronat, a constitué une caisse mutuelle dans le même but. Toutefois cette institution paraît être animée d'un esprit moins

1. Supra, p. 283 et suiv.

2. A. Gigot, *Réforme sociale*, juin 1907, p. 811-812. — D'une façon générale, les patrons anglais, même hostiles au trade-unions, reconnaissent aujourdui les services rendus par elles par la substitution du contrat collectif aux conflits (Low, *Bulletin of the Bureau of Labor*, 1904, p. 1 et suiv.).

3. Supra, p. 273 et suiv.

hostile que celui qui apparaît dans les caisses allemandes: elle base son action sur la conciliation préalable ; en outre, elle admet la responsabilité patronale dans la cause des conflits et divise les assurés en quatre catégories, suivant le degré de fréquence des grèves qu'ils subissent, et le taux des indemnités, calculé d'après les frais généraux de l'entreprise, varie en rapport inverse de cette fréquence [1].

Il serait équitable que les patrons, comme leurs salariés, comprennent que dans les conflits qui surgissent entre eux, la responsabilité en incombe généralement aux deux parties adverses, et que la plupart seraient évités si celui des adversaires qui a le sentiment le plus profond de ses devoirs ne commettait lui-même aucune faute. Or trop souvent, en dépit d'une éducation intellectuelle et morale moins développée, ce sont les ouvriers qui montrent à leurs patrons l'exemple à suivre : combien de fois on doit relever, dans l'histoire des conflits du travail, le dédaigneux refus par lequel les patrons répondent aux propositions de négociation et de conciliation faites par les ouvriers. Combien de grèves sont dues à la méconnaissance par les premiers de leur véritable rôle et de leur devoir ! « Les patrons méritent un blâme sévère pour le faible effort qu'ils ont donné à l'étude du travail en tant que problème. S'ils avaient agi autrement, ils auraient, en bien des cas, adopté une attitude différente; mieux encore, ils auraient pu exercer une influence positive sur le caractère et sur les actes des syndicats formés par leurs ouvriers. En particulier, ils auraient souvent empêché les syndicats de tomber aux mains d' « extrémistes » et de présenter, par suite, des demandes inacceptables [2]. »

1. *Bull. de la Fédér. des industr. franç.*, mars 1908. — A.-E. Sayous, *Le Droit de grève*, Alcan, 1909, p. 148 et suiv.
2. Willoughby, *Musée social*, 1905, p. 247.

DEUXIÈME PARTIE

LES SOLUTIONS ARTIFICIELLES

Nous venons de voir combien la solution des conflits du travail est encore défectueuse, notamment dans notre pays; l'emploi du contrat collectif est loin d'être général; son application donne lieu bien souvent à des anomalies qui empêchent la solution des conflits. Cette lacune et l'insuffisante organisation des forces ouvrières qu'elle décèle tiennent à peu près exclusivement à l'absence, chez les intéressés, des qualités qui font les groupement prospères et dont l'amélioration des rapports du travail n'est que la conséquence : c'est cette absence qui retient souvent les meilleurs éléments à l'écart des associations syndicales, et qui pousse les autres à demander l'amélioration de leur sort à des procédés anormaux et antisociaux. En attendant que l'éducation syndicale des masses ouvrières en France soit assez développée pour pouvoir produire la bonne harmonie des rapports du travail, on peut se demander s'il existe des moyens de hâter cette évolution, ou même de suppléer aux lacunes constatées.

Parmi les moyens préconisés à cet effet, il en est qui ne visent à rien moins que la suppression du salariat; d'autres tendent à améliorer le sort des travailleurs de telle sorte que leurs revendications n'aient plus d'objet; les autres enfin se bornent à favoriser le fonctionnement du contrat collectif et des organismes de conciliation. Les premiers sont évidemment ceux qui s'éloignent le plus de la solution que la première partie de ce travail nous a montrée normale : ce sont donc eux qui doivent être considérés comme les moins conformes aux conditions du problème, puisqu'ils supposent une situation contraire à celle qui existe dans la réalité. Nous commencerons donc par l'examen de ceux-ci, pour terminer par ceux qui se rapprochent le plus de l'organisation naturelle des forces en présence.

CHAPITRE VII

La suppression du salariat

I. — Les associations ouvrières de production

La question de l'amélioration de la condition du salarié qui ne se posait pas quand celui-ci avait l'espoir de changer de situation et d'arriver lui-même au patronat, devient au contraire l'objet principal de ses préoccupations quand cette possibilité disparaît et qu'il se voit attaché à sa situation. Toutefois l'insuccès des premières tentatives en vue d'atteindre ce résultat devait naturellement amener une réaction tendant vers la restauration du passé, en ce sens que les travailleurs, désespérant de voir leur sort s'améliorer par la coalition dont les efforts succombaient sous l'hostilité combinée de toutes les forces sociales, se trouvèrent portés à penser qu'il serait peut-être plus simple de se servir de l'association, non plus pour lutter contre l'employeur, mais pour se passer de lui.

Telle fut l'origine du mouvement coopératif. C'est sous l'inspiration de cette idée que Robert Owen fonda en 1824 la première coopérative de consommation à Londres. La création de centres manufacturiers, loin des villes, et l'emploi d'un personnel de qualité inférieure avaient favorisé, comme il arrive généralement en pareil cas, l'établissement de magasins par les chefs d'industrie eux-mêmes ; et cette situation prêtait facilement à de nombreux abus au préjudice d'ouvriers imprévoyants et incapables : les lois édictées contre le *truck-system* n'empêchaient pas ces abus, et c'est pour se défendre contre eux que les ouvriers songèrent à s'associer en supprimant les intermédiaires [1]. Cette société prospéra rapidement et son chiffre d'affaires prit une telle extension qu'elle fut amenée à créer des manufactures destinées à son propre approvisionnement. Mais en même temps elle cessait de poursuivre son but originaire : ce fut une affaire commerciale recherchant des bénéfices comme toute autre entreprise privée et fondée sur les mêmes principes[2]. Dès 1832 l'association avait abandonné l'objet que lui avait assigné Owen [3] ; les membres étaient devenus de simples actionnaires, cessant de se recruter au dehors et recherchant exclusivement leurs bénéfices, tandis que les travailleurs employés à la production sont traités et rémunérés comme ceux de tout établissement industriel ou commercial : dès le début, il y eut des dissentiments entre les deux catégories de membres, les seconds prétendant prendre part aux bénéfices alors que les premiers se refusaient à le leur accorder ; la société a eu plusieurs fois des conflits avec les trade-unions qui lui reprochaient d'acheter le travail au rabais et d'exploiter les travailleurs comme de simples *sweaters*.

En France comme en Angleterre, le mouvement coopératif est né, vers 1831, sous l'influence d'une conception théorique de l'organisation sociale ; il devait, dans la pensée de ses fondateurs, remplacer le salariat et la division des classes par un régime d'où l'exploitation et les causes de conflit seraient bannies : « La théorie, telle que nous la don-

1. P. Leroy-Beaulieu, *La Question ouvrière* XIXe *siècle*, p. 257 et suiv.

2. Baudrillard, *La Liberté du travail*, 1865, p. 217 et suiv. — Fawcett, *Travail et salaires*, 1885, p. 74 et suiv. — A. Métin, *Le Socialisme en Angleterre*, 1897, p. 52 et suiv.

3. Owen projetait en 1833 de mettre les mines et les usines entre les mains d'unions ouvrières où les patrons seraient élus par les ouvriers, (Webb, *Hist. des trad. un.*, p. 164 et suiv.)

nâmes tout d'abord, écrivait, en 1863, l'un des coopérateurs de la première heure, se ressentait encore beaucoup trop de la tendance générale du socialisme d'alors, c'est-à-dire de la tendance communiste... La théorie reposait, en effet, sur ce principe, que l'association devait détruire toute concurrence dans l'avenir. En conséquence, la première association fondée devait se considérer comme le noyau de l'association universelle. Elle devait être absorbante, unique, autant que possible, dans une profession donnée ; et toutes, convergeant vers le même but, devaient se tenir étroitement solidaires. En un mot nous voulions constituer la communauté de l'instrument de travail... [1] »

En 1834 fut créée l'association des ouvriers bijoutiers en doré sous la raison sociale Leroy-Thibault et Cie et sous le patronage de sentiments à la fois catholiques et communistes nettement marqués. Elle comptait 18 membres et 4 maisons de vente en 1841 ; mais ses affaires déclinèrent progressivement jusqu'en 1870 où elle cessa d'exister. Un grand nombre de sociétés se fondèrent les années suivantes, surtout parmi les typographes, dont la durée fut éphémère [2]. Le mouvement ouvrier de 1848 fut le signal de la création d'une foule d'ateliers, souvent constitués entre un très petit nombre de membres, comprenant le patron lui-même comme directeur; la plupart ne donnèrent aucun résultat, et disparurent aussi rapidement qu'ils se multiplièrent. Ce fut « un vrai feu d'artifice » [3].

Le mouvement coopératif fut accéléré par le vote d'un crédit de 3 millions, le 5 juillet 1849 par l'Assemblée nationale, qui devait être distribué en subventions : jusqu'à la fin de l'année, le nombre des demandes s'éleva à 480 ; 56 sociétés

1. A. Corbon, *Le Secret du peuple de Paris*, 1863, p. 126-127.

2. On en trouvera la nomenclature, ainsi que celles des périodes suivantes, dans Off. du Trav., *Les Assoc. ouvr. de produc.* 1897, p. 23 et suiv.

3. Gide, *Rev. d'Écon. polit.*, 1900, p. 3.

obtinrent des allocations s'élevant au total de 2 millions et demi. Parmi celles-ci, 3 furent déclarées en faillite au bout de six mois : il y avait eu 74 démissions et 15 exclusions parmi leurs membres et les gérants avaient été remplacés 11 fois. En 1851 10 autres disparurent. En 1855 il n'en restait plus que 9, et 3 en 1863. Sur les 2.500.000 francs distribués qui, avec l'accumulation des intérêts, s'élevaient à 3.465.550 francs, l'État avait reçu en 1879 le remboursement de 1.700.000 francs[1].

Les associations de production ne suscitèrent pas moins de sympathie parmi les classes dirigeantes sous l'Empire que chez le législateur républicain : celles-ci y trouvaient un dérivatif à l'action inquiétante des coalitions ouvrières et un moyen de développer les sentiments conservateurs chez les travailleurs. Loin de redouter leur éviction par l'effet de cette concurrence, les capitalistes fondèrent des sociétés de crédit à partir de 1857, à l'effet de faciliter la constitution et le fonctionnement de ces associations. En 1865, des économistes et des hommes politiques créèrent une société de ce genre au capital de laquelle l'Empereur souscrivit personnellement pour 500.000 francs : elle porta le nom de Caisse d'escompte des associations populaires. Une autre société, le Crédit au travail, comptait 1.233 membres en 1866 avec un capital de 206.220 francs et un chiffre d'affaires de 10 millions et demi. La loi de 1867 sur les sociétés commerciales accorda des facilités particulières aux petites sociétés à capital restreint. Cet appui n'empêcha pas l'insuccès des sociétés coopératives, qui entraînèrent au contraire ces banques dans leur chute. Sur 48 sociétés auxquelles le Crédit au travail avait fait des avances, 18 avaient succombé en 1866 et les autres étaient hors d'état de rembourser les leurs avant longtemps : le Crédit du travail fut déclaré en faillite en 1868, et les créanciers reçurent 18 0/0. La Caisse

1. P. Rangier, *Les Assoc. ouvrières*, 1864, p. 157.

d'escompte des associations populaires cessa d'exister peu de temps après [1].

L'un des essais les plus connus et les plus instructifs, est celui de la mine aux mineurs de Monthieux. Les ouvriers de cette mine l'avaient achetée en 1871, pour un prix minime à la Compagnie qui exploitait à perte depuis dix ans. Ils reçurent des dons et des souscriptions dont le montant s'éleva à 68.218 fr. 10. L'association put surmonter les difficultés d'exploitation du début. Mais les plus sérieux obstacles provinrent de l'hostilité du syndicat, qui considérait l'entreprise comme une œuvre sociale, alors que la société, à la suite d'une première période d'application intégrale des principes socialistes et d'insuccès financiers, s'appliquait à suivre les conditions ordinaires du salariat et d'une bonne direction technique. De là des conflits qui aboutirent à un procès entre les deux sociétés, le syndicat prétendant obliger la société à prendre ses auxiliaires comme associés. Depuis 1896, la situation s'était améliorée : de 1892 à 1897, le nombre des associés était descendu de 107 à 70, tandis que celui des auxiliaires était monté de 40 à 132 [2]. Ces derniers étaient traités sur le même pied que ceux des autres exploitations et leurs rapports avec les associés étaient ceux d'ouvriers à patrons : plusieurs grèves violentes se produisirent, notamment en 1892 et en 1902 ; les auxiliaires intentèrent des procès aux actionnaires ; lors du referendum qui eut lieu le 21 juillet 1908 dans le bassin de la Loire au sujet de l'acceptation de la convention collective, les auxiliaires de la mine au mineurs votèrent avec ensemble le refus des conditions, alors que les autres se prononçaient à une grande majorité contre la grève. A cette époque, la discorde étant revenue parmi les associés à la suite de la disparition des directeurs, la situation financière de l'entreprise

1. Off. du Trav., *Les Assoc. profess.*, t. I, p. 220 et suiv.
2. Off. du Trav., *Les Assoc. ouvr. de prod.*, p. 279 et suiv.

était redevenue critique. Le tribunal civil de Saint-Étienne, par un jugement du 4 mai, avait désigné deux administrateurs sequestres pour continuer l'exploitation dans l'intérêt des créanciers ; les motifs du jugement constataient la « gestion fâcheuse de son conseil d'administration ». Elle ne pouvait plus payer les salaires des 300 auxiliaires qu'elle employait. Elle s'adressa en vain au gouvernement pour obtenir une subvention lui permettant de continuer l'exploitation. La liquidation a été prononcé au mois de mai 1909 [1].

L'histoire de toutes les sociétés ouvrières de production aboutit à des conclusions identiques ; dans toutes les professions et à toutes les époques, ces tentatives ont échoué : les rares exceptions à cette règle tiennent à des circonstances particulières que nous allons dégager, et qui n'infirment en rien celle-ci. Il est à remarquer qu'un mouvement analogue qui se produisit en Angleterre à deux reprises, en 1848 et de 1871 à 1875, basé non plus sur les principes commerciaux des Pionniers de Rochdale, mais sur l'idée de rénovation sociale, a échoué de la même façon : ce sont les socialistes chrétiens de Londres qui en ont été les promoteurs, sous l'inspiration des tentatives qui se produisaient en France. D'innombrables petites sociétés se fondèrent, dans beaucoup de professions, dirigées par les ouvriers qui abannèrent pour cela les trade-unions ; leur direction ne fut pas plus satisfaisante pour les travailleurs qu'ils employaient que celle des patrons ordinaires. Du reste, elles firent toutes faillite uniformément tant qu'elles conservèrent la forme de la coopération. Aujourd'hui, il n'en est plus question comme d'un objet faisant partie du programme d'action des trade-unions [2]. En Belgique, les associations à forme coopérative, qui répondent généralemenl à des tendances politiques ou religieuses déterminées, telles que la Maison du Peuple de

1. *La Petite Gironde*, 23 novembre 1908, 1er juin 1909.
2. Webb, *Hist. des Trade-Unions*, p. 235 et suiv., 363-364.

Bruxelles, le Vooruit de Gand, le Progrès de Jolimon, le Werker d'Anvers, la Populaire de Liége, etc. [1], ne paraissent pas avoir amené une amélioration de la condition des travailleurs ni une régression du régime du patronat : aussi les socialistes ont perdu la confiance qu'ils professaient jadis pour ce système, et se retournent vers les syndicats de défense [2].

Les faveurs et les encouragements n'ont pourtant pas manqué aux associations coopératives en France. Le décret du 4 juin 1888 autorise les sociétés ouvrières constituées sous la forme commerciale à soumissionner les travaux ou fournitures pour le compte de l'État, et à passer avec l'administration des marchés de gré à gré jusqu'à concurrence de 20.000 fr. Le décret du 24 juillet 1894 les dispense à cet effet du dépôt de cautionnement, pour tous les marchés d'une valeur inférieure à 50.000 fr. A égalité de rabais, elles ont la préférence sur les autres soumissionnaires. La loi du 29 juillet 1893 les admet dans les mêmes conditions à prendre part aux adjudications passées pour les travaux communaux. Depuis 1893, le parlement vote chaque année un crédit destiné à accorder des subventions à ces sociétés et qui, de 125.000 fr. au début, est actuellement de 300.000 fr. Les conditions d'attribution de ces subventions sont déterminées par le décret du 15 novembre 1902, qui exige un nombre mininum de 7 membres et certaines conditions de forme. En 1909, 88.000 fr. ont été ainsi distribués en subventions et 279.500 fr. en avances.

Ces diverses faveurs suffisent à expliquer l'importance numérique des sociétés. Les travaux des administrations de l'Etat sont particulièrement recherchés, car ce dernier est à peu près le seul client des associations [3]. C'est donc

1. Cf. *Rev. socialiste*, 1906, t. II, p. 372.
2. Vandervelde, *Ibid.* 1907, p. 20-21.
3. Gide, *loc cit.*, p. 23.

grâce à lui que celles-ci peuvent se créer et subsister. En 1863, on n'en comptait à Paris que 16, dont 13 dataient de la période 1848-1851. En 1885, la capitale en comptait 71 ; ce chiffre s'élevait à 174 pour toute la France en 1895, à 226 en 1898 et à 414 en 1908. Mais le nombre de celles qui disparaissent chaque année est très élevé, et dépasse les deux tiers de celles qui sont créées dans l'année : en 1909, 29 ont été dissoutes contre 58 fondées. En outre, le nombre de leurs adhérents est toujours resté minime : en 1863, il était en moyenne de 21 par société, et de 43 en 1909. Parmi ces sociétés, la grande majorité compte de 7 à 50 membres ; moins de 20 0/0 en ont plus de 50. Celles qui font exception sont le familistère de Guise [1], qui a près de 2.000 adhérents et fait un chiffre d'affaires de plus de 7 millions de francs, quatre imprimeries qui comptent de 300 à 800 nembres chacune, une fabrique de tapis, une de traps et une fonderie. Le chiffre d'affaires est généralement minime : un tiers à peine dépassent celui de 100.000 francs et 5 0/0 seulement celui de 500.000 francs [2].

Pour apprécier dans quelle mesure la coopération a réussi dans la suppression du patronat, il nous suffit d'observer quelle sont les conditions qui ont permis à quelques-unes de ces sociétés de prospérer. L'exemple de celle des Pionniers de Rochdale nous en fournit un aperçu décisif : la condition de son succès était l'adoption des procédés d'exploitation suivis par toutes les entreprises com-

1. On sait que le familistère de Guise a son origine dans une entreprise patronale créée en 1859 par l'industriel Godin et donnée par lui en 1888 à ses ouvriers, et que son organisation est fondée entièrement sur les principes commerciaux. L'ouvrier ne devient adhérent qu'après trois ans de présence dans la maison ; pour devenir associé, il faut cinq ans de présence, être âgé de vingt-cinq ans, savoir lire et écrire et posséder au moins une action de 500 francs. Il y a ainsi une sélection du personnel, qui distingue notablement cette situation de l'association coopérative pure.

2. *Bull. Off. Trav.* 1908, p. 730 et suiv. ; 1910, p. 486, 1059 et suiv.

merciales ou industrielles prospères ; elle s'éloignait du but primitif de ses fondateurs à mesure qu'elle atteignait ce résultat. L'observation des essais de coopération en France conduit à des conclusions identiques : tous ceux qui ont survécu à l'enthousiasme de leurs promoteurs et qui ont manifesté une vitalité propre sont ceux qui ont été dirigés conformément aux principes que nous venons d'indiquer ; et chez les autres, on observe une tendance très marquée à se rapprocher de ces derniers dans la mesure où le désir du succès et de la durée inspirait les associés. Il est très facile de s'en rendre compte.

En premier lieu, le mouvement coopératif est basé tout entier sur une idée abstraite, qui est la suppression du régime actuel du travail et son remplacement par un autre qui n'existe même pas à l'état de tendance et qu'on imagine de toutes pièces : « Les grandes lois de l'évolution humaine nous montrent le monde de l'esclavage disparaissant avec le servage et le monde du servage emporté à son tour par le salariat. Le salariat n'est pas plus immortel que le servage et l'esclavage [1]. » Rien ne prouve assurément que le salariat ne sera pas plus tard remplacé par une autre forme de rapports du travail, mais l'affirmation contraire n'est pas moins hypothétique, et l'on se demande dès lors comment il est possible de fonder une organisation sociale concrète sur une hypothèse. Le seul moyen d'y arriver sera de suppléer au défaut de fondement matériel par la volonté des organisateurs : « Comme c'était une grande œuvre de transformation sociale qu'on se proposait, et qu'il s'agissait moins pour les fondateurs de s'affranchir personnellement que de se dévouer à l'affranchissement du peuple entier, c'était à un véritable apostolat qu'on les appelait. Aussi regardions-nous comme condition essentielle du succès la parfaite concordance des opinions politiques et morales entre les associés...

1. Jules Guesde, Chambre des députés, séance du 20 nov. 1894.

C'était quelque chose comme un ordre religieux et socialiste institué au sein de la société civile et pour la régénérer... [1] »
« La coopération est appelée à changer complètement la face de la question sociale. Avec elle, les grèves n'auront plus leur raison d'être, puisque les ouvriers travailleront pour leur propre compte, sans chercher le lucre ni l'exploitation de qui que ce soit [2]. » Le désintéressement du profit personnel, le dévouement complet à l'affranchissement d'autrui sont donc le fondement de l'entreprise, car en leur absence nous retrouvons la lutte pour la vie avec l'exploitation du faible par le fort. Il n'est pas douteux qu'une société qui verrait fleurir ces vertus serait un champ d'élection pour la coopération, et la tendance qui entraînait les promoteurs de celle-ci vers le communisme, que nous avons citée plus haut, se comprend aisément : dans un pareil milieu, la mise en commun, pratiquée volontairement et avec joie, serait la conséquence naturelle de ces sentiments et s'imposerait d'elle-même. Il suffit malheureusement de quitter le rêve et de reporter ses regards sur l'humanité qui vit autour de nous, pour constater qu'une telle organisation est impossible pratiquement tant qu'on ne commence pas par transformer les individus, puisqu'elle suppose une société de saints et que les milieux dans lesquels nous vivons en sont l'opposé.

A cet obstacle d'ordre moral, qui est capital, s'en ajoutent d'autres dans le domaine industriel. « Pour que les ouvriers organisés coopérativement, écrivaient les délégués des tisseurs de Lyon à l'exposition de 1889, fussent en état de lutter contre les détenteurs d'une industrie quelconque, il faudrait d'abord qu'ils réunissent les capitaux nécessaires à seule fin qu'ils puissent, dès le début de leur exploitation prendre place sur les marchés commerciaux ; c'est là le point capital de l'idée coopérative, et c'est toujours ce qui

1. A. Corbon, *op. cit.*, p. 128.
2. J. Barberet, *Les Grèves et la loi sur les coalitions*, p. 136.

l'a arrêtée [1]. » Cette nécessité du capital dans toute industrie se conçoit aisément : il faut acheter une entreprise en exploitation, ou tout au moins acheter le terrain, construire les bâtiments, se procurer l'outillage, les matières premières, payer la main d'œuvre dès la première quinzaine, le tout avant qu'aucun bénéfice ne soit rentré ; de plus, les bénéfices ne peuvent être répartis intégralement : une partie doit être consacrée sous forme de roulement aux avances indispensables pour pouvoir continuer la production. Et le résultat des opérations sera proportionnel à l'importance des capitaux, soit de premier établissement, soit de roulement, qui auront été ainsi employés. Voilà pourquoi les sociétés de coopération se débattaient généralement, surtout pendant leur période de début, au milieu de difficultés énormes, et quand elles parvenaient à les vaincre, souvent le défaut d'avance les empêchait de se mettre au niveau des besoins de la consommation et les obligeait à céder la place aux producteurs capitalistes.

Une opposition non moins flagrante est celle qui existe entre l'intérêt des fondateurs, tentés d'exploiter normalement l'entreprise et d'en retirer le plus de profits possible, et celui des salariés qu'ils se trouvent par là conduits à employer. « Depuis 1848, bien des essais ont été tentés ; fort peu ont réussi, et aucun n'a encore pu mettre en pratique ce beau mot de la trinité démocratique : Égalité !... Tous les coopérateurs-pilotes, *sans exception*, une fois engagés dans la voie coopérative, se sont aperçus que la collectivité sans capitaux ne pouvait pas lutter contre l'exploitation industrielle *capitalisée*. De là, les dérogations aux principes de la démocratie socialiste, dont la plus regrettable, en ce qu'elle démoralise les ouvriers, est sans contredit celle qui fait admettre, dans certaines associations coopératives ouvrières, l'emploi d'auxiliaires salariés. De cette manière,

1. Off. du Trav., *Les Assoc. profess.*, t. II, p. 333.

au lieu d'être exploité par un seul individu, qui peut avoir quelque générosité, l'auxiliaire est pressuré par trente-six patrons ayant tous une part directe dans le bénéfice provenant de son travail[1]. » Déjà en 1863, les 16 sociétés qui existaient à Paris employaient 609 auxiliaires alors que le nombre des associés ne dépassait pas 346. En 1909, la proportion est renversée, mais le nombre relatif des auxiliaires est encore très considérable, étant donnée la nature de l'entreprise: on en compte 6.737 pour 12.600 associés. D'autre part le nombre des sociétaires travaillant dans l'entreprise est très restreint : 53 0/0 d'entre eux seulement se trouvent dans ce cas[2]; les autres sont donc véritablement des patrons par rapport aux travailleurs non associés. Il ne faut donc pas être surpris d'une part que les sociétaires cèdent à la tentation de tirer du personnel auxiliaire le plus de profit possible, comme le feraient de véritables patrons, et d'autre part qu'ils soient considérés comme tels par les employés. De là la tension que nous avons constatée dans les rapports entre ces deux catégories ; de là aussi la scission inévitable qui se produit entre le syndicat, défenseur des intérêts de la main d'œuvre et hostile par essence à l'intrusion des procédés capitalistes dans l'exploitation, et la société qui penche irrésistiblement vers les moyens de réaliser le plus de bénéfices : « Toute association coopérative, lorsqu'elle émane d'un groupe syndical, a tendance à se séparer du syndicat qui l'a fondée : c'est là un fait d'expérience[3]. »

Enfin l'association ouvrière de production se trouvait en présence d'une difficulté au moins aussi sérieuse que le manque de capitaux : c'était l'absence des aptitudes nécessaires pour diriger une exploitation industrielle. Elle se heurtait à un dilemme : ou bien elle ferait appel à des spécia-

1. Barberet, *op. cit.*, p. 129, 130.
2. *Bull. Off. Trav.*, 1910, p. 1065-1066,
3. Off. du Trav., *Les Assoc. ouvr. de produc.*, p. 115.

listes des affaires commerciales et de la direction technique, et alors elle serait obligée de substituer au principe de l'égalité de toutes les fonctions et de la participation de tous à la direction, ceux de discipline et d'autorité qui règnent dans toute exploitation ; ou bien elle renoncerait à ces concours, et courrait à la ruine. C'est bien là ce qui est arrivé : le principe de la coopération fait à ces sociétés un devoir de donner à tous les membres la même rémunération ; or, si les associés sont tentés de violer ce principe dans leurs rapports avec les non-associés, ils ne l'oublient pas relativement aux gérants. Dans toutes les industries où les difficultés commerciales et techniques eussent exigé des concours compétents, cette parcimonie, en empêchant leur rémunération à un taux supérieur à celui des autres salaires, les en éloignait, et la direction de ces sociétés se trouvait entre les mains d'individus inexpérimentés, qui n'avaient même pas, bien souvent, la prévoyance suffisante pour s'en rapporter aux gérants, quand ils en avaient de capables, mais leur rendaient l'administration impossible par leurs exigences. Telle fut la cause de l'insuccès de beaucoup d'entre elles.

Il faut ajouter que l'importance de cette condition, loin de s'atténuer, se fait sentir de plus en plus de nos jours. Sous le régime de la petite industrie, il suffisait à un patron, pour faire ses affaires, de bien connaître la pratique de son métier, de savoir faire travailler les rares ouvriers qu'il employait de la même façon qu'il travaillait lui-même, et d'être doué du degré d'intelligence qui convient au petit commerçant de détail : aujourd'hui il n'en est plus de même. La direction de l'atelier, sous la forme agrandie que réclament les conditions industrielles modernes, suppose des connaissances scientifiques et économiques d'autant plus étendues que les procédés de production sont plus compliqués et que le développement de la concurrence et des débouchés est plus intense ; le maniement de capitaux considérables et d'un grand nombre d'ouvriers exige une expérience financière et légale, et des qualités de tact et d'éducation morale toutes nouvelles ; ces qualités morales seront requises à un degré encore bien plus éminent quand le patron, au lieu de réunir toutes ces fonctions entre ses mains, emprunte l'aide de spécialistes, directeurs, ingénieurs, contremaîtres, comptables, etc. La différence entre le petit patron d'autrefois et le grand industriel moderne est donc bien caractéristique et elle entraîne une conséquence capitale: alors que tout bon ouvrier, honnête, travailleur, et d'une intelligence moyenne, pouvait réaliser d'une façon satisfaisante le type du premier, il lui faudrait, pour arriver au second, une instruction et une élévation d'intelligence et de capacité qui ne sont le lot que d'une élite. Il s'ensuit que le but de la coopération, qui est de fournir à la masse des travailleurs l'accession au patronat, se réfère à des conditions économiques qui ont existé autrefois, du moins pour la majorité des travailleurs, sinon pour tous, mais qui ont disparu depuis lors : aujourd'hui, la possibilité de la réalisation de ce but s'éloigne au contraire de plus en plus, à mesure que les conditions qui caractérisent le régime industriel moderne se généralisent et que la réussite dans les affaires devient plus difficile. Que les progrès moraux et intellectuels, dont le développement s'aperçoit effectivement dans l'ensemble, puissent laisser espérer que toute différence soit un jour supprimée entre la classe ouvrière et la classe instruite, rien sans doute ne permet de le nier, mais aucune donnée scientifique ne permet de le prévoir : qu'il s'agisse de la capacité ou du caractère, il est aussi chimérique et puéril, dans un cas comme dans l'autre, de fonder une réforme économique sur une situation qui ne constitue qu'un but idéal pour l'humanité et qui ne se réalisera peut-être jamais. L'observateur qui dégage uniquement des phénomènes concrets qu'il a sous les yeux les conditions propres au fonctionnement de chaque institution sociale, doit donc laisser de côté la coopération, dont il ne rencontre pas les éléments du succès.

Aussi la classe ouvrière s'est-elle entièrement détournée de cette forme d'action, qui ne retrouve plus la sympathie qu'elle a excitée autrefois. Ce ne sont pas seulement les catégories les moins capables d'arriver à une forte organisation professionnelle, qui se sont détournées depuis plus de trente ans du mouvement coopératif pour emprunter le secours de l'action directe et des procédés révolutionnaires : les ouvriers prévoyants et progressites qui, vers la même époque, confondaient volontiers la mutualité et la coopération dans les syndicats qu'ils formaient, ont eux-mêmes abandonné complètement la chimère coopérative. En 1889 les délégués des tisseurs de Lyon à l'Exposition, après avoir constaté les obstacles qui s'opposent à son succès, concluaient de la manière suivante : « Voilà pourquoi, quoique l'on puisse dire et quelque raison que l'on imagine, le système coopératif ne donnera jamais les résultats attendus, et... il est facile de comprendre que ce palliatif proposé par certains économistes bourgeois, n'est qu'un leurre dans la situation actuelle, et que jamais, quoiqu'ils fassent, les ouvriers n'arriveront au but que l'on fait miroiter à leurs yeux [1]. » En 1892, la Fédération du Livre supprima les encouragements qu'elle distribuait aux coopératives fondées par les syndicats affiliés, se fondant sur ce que « les coopérations de production sont généralement condamnées par les expériences faites ; qu'elles se heurtent à des difficultés énormes telles que l'impossibilité de grouper les capitaux nécessaires et de trouver des gérants qui, d'ailleurs, ont le plus souvent dépossédé leurs coassociés [2]. » Les rares adeptes que la coopération conserve aujourd'hui parmi les travailleurs, ne sont attirés, nous l'avons vu, que par les subventions gouverne-

1. Off. du Trav., *Les Assoc. profess.*, t. II, p. 333.
2. *Ibid.*, t. I, p. 860. — Cf. *supra*, p. 123.

mentales, en l'absence desquelles ses représentants se réduiraient à quelques exceptions.

II. — Les associations commerciales de travail

Ces sociétés ressemblent à celles que nous venons d'examiner notamment par la forme commerciale qu'elles revêtent et par certaines des conditions qui sont nécessaires à leur fonctionnement ; d'autre part elles visent aussi à supprimer les conflits qui naissent entre les employeurs et la main-d'œuvre en chargeant celle-ci de certaines attributions qui appartiennent actuellement en général aux premiers. Toutefois ce n'est que dans cette mesure qu'elles prétendent supprimer le salariat: elles le conservent dans ses autres fonctions, et notamment dans la direction industrielle de la production. Dans ce système, le patron fournit les matières premières, l'outillage et règle le mode de fabrication ; mais il n'a pas à s'occuper de l'exécution : l'association ouvrière se charge entièrement du travail et doit, moyennant le forfait convenu,rendre le produit manufacturé. Par ce moyen, toute cause de conflit serait supprimée : le prix de la main-d'œuvre ne serait plus déterminé que par la loi de l'offre et de la demande, comme toute autre marchandise, et par le moyen d'un traité analogue à ceux que passe l'industriel avec tous ses fournisseurs ; dès lors les rapports entre l'employeur et l'association ouvrière se borneront à ceux qui existent entre tout fournisseur et son client ; ce seront des rapports commerciaux, et, chaque partie ne prétendant plus s'immiscer dans le domaine de l'autre, la situation de supérieur à inférieur sera supprimée. Ainsi les syndicats « sociétés de combat » seront transformés en « sociétés commerciales ayant le gain pour objet » [1].

Présenté sous cette forme, ce système a été formulé

1. Yves Guyot, *Les Conflits du travail*, p. XII et suiv.

en 1842 par M. de Molinari sous l'inspiration de la nouvelle conception de la loi de l'offre et de la demande appliquée aux salaires ; le travail, étant une marchandise dont le prix se détermine suivant les rapports entre l'offre et la demande, devait donc donner lieu à des transactions régulières, comme toute marchandise, et on ne voyait aucune raison pour que ces transactions fussent l'occasion de conflits plns aigus que ceux qui se produisent sur le marché d'un produit commercial quelconque. Cette différence tenait seulement, pensait-on, à l'absence d'un marché régulier, et elle devrait disparaître si l'on substituait une institution destinée à organiser ce marché, à la situation anarchique des transactions particulières : de là la conception des Bourses du travail en vue de remplir cet objet, comme les Bourses de commerce ou les Bourses des valeurs le remplissent à l'égard des denrées de consommation ou des titres mobiliers. « Le travail deviendra un objet de trafic régulier, il sera coté selon la demande que l'on en fera, et sa valeur s'accroîtra comme s'est accrue la valeur des capitaux à l'époque de l'ouverture de la première Bourse. On pourra l'acheter en gros au lieu de l'acheter en détail[1]. »

1. Cit., *ibid.*, p. 254. — Il est intéressant de noter qu'après sept années de propagande, M. de Molinari dut renoncer à son projet de Bourses du travail, qui ne recueillit qu'hostilité ou indifférence auprès des intéressés : ce ne fut que depuis 1892 environ que des organisations, portant le même nom mais ayant un objet et un principe tout différents, se développèrent spontanément parmi les associations ouvrières. Pour quiconque admet le rapport étroit qui relie l'organe à la fonction, ce fait est significatif.

Du reste, il est facile de comprendre pourquoi la création de Bourses du travail n'accroîtrait pas sensiblement la mobilité de la main-d'œuvre : le défaut de mobilité tient ici beaucoup moins à l'absence d'organismes de placement ou de moyens de transports qu'à des conditions inhérentes aux individus eux-mêmes. D'un autre côté, si la vente en gros doit produire une tendance à la baisse, pour le travail comme pour toute autre marchandise, la vente collective — qu'il ne faut pas plus confondre avec la vente en gros que la vente d'une denrée par un syndicat de vendeurs avec la vente en gros de cette même denrée par un ou plusieurs ven-

Le système a été surtout essayé dans l'industrie typographique. L'expérience de la société anonyme du *Journal officiel* comme celle de l'Imprimerie Nationale, ont été peu brillantes au point de vue financier, et ont surtout abouti à la désorganisation des syndicats ouvriers.

Une autre expérience eut lieu à Toulon en 1878. M. Gouttes, délégué du Cercle des travailleurs, proposa à MM. Mourraille et Cie, constructeurs de wagons pour la marine militaire, de prendre à forfait la construction de 40 wagons ; il arriva ainsi à faire l'ouvrage en 3 mois, alors qu'auparavant, pour le même prix, on n'en faisait que 30 et on mettait 10 mois pour l'exécution.

La rapidité dans l'exécution du travail et le résultat financier de l'entreprise s'explique aisément dans le cas qui vient d'être cité. Cette conséquence n'a du reste rien de spécial à la société commerciale de main-d'œuvre : on la retrouve dans tout travail exécuté à la tâche par des ouvriers laborieux, intelligents et désireux d'accroître leurs salaires. Il s'ensuit seulement, que pour être avantageux, le système doit être pratiqué par un personnel d'élite : que celui-ci soit composé de paresseux ou d'incapables, ou même d'ouvriers d'une productivité moyenne, aussitôt les bénéfices tomberont, et l'affaire cessera d'être avantageuse.

L'explication de l'arrêt du système, après un si beau résultat, est assez singulière : tout le monde, et le patron lui-même, voulait avoir sa part dans les bénéfices [1]. On ne peut qu'être de l'avis de M. Yves Guyot lorsqu'il s'étonne de la « singulière conception » que se faisait du contrat de main-d'œuvre cet industriel qui réclamait sa part dans les

deurs, — tend au contraire à en élever le prix ; mais ce résulta contradictoire est dû, comme nous l'avons vu plus haut, (*supra*, p. 173 et suiv.) à des procédés tout différents de ceux d'une Bourse du travail.

1. Yves Guyot, *op. cit.*, p. 333 et suiv.

bénéfices réalisés par les travailleurs sur leur propre travail [1]. Cette prétention n'était toutefois qu'une naïve manifestation de la conséquence qui découle naturellement d'une telle organisation aussi bien que du travail à la tâche. Nous avons vu précédemment que ce dernier mode de rémunération, lorsqu'il a pour effet d'obtenir de l'ouvrier une somme d'efforts plus considérable que celle qu'il devrait dépenser pour recevoir le même salaire s'il était payé à la journée, conduit rapidement à un abaissement des salaires, que le patron estime trop élevés [2] : il en est de même dans la commandite, et avec beaucoup plus d'intensité encore. Il ne s'agit plus seulement, en effet, d'accroître la productivité pour recevoir un salaire nominal plus élevé ; cet accroissement de la productivité s'impose encore pour obtenir les tâches avantageuses. Le but commercial n'est que trop bien atteint ; les sociétés commerciales créent entre les travailleurs organisés une concurrence intense, alors que celle-ci ne se faisait sentir auparavant qu'entre des individus isolés. Tel est l'effet souverainement préjudiciable de ce mode d'organisation, et qui lui a été plus d'une fois reproché [3]. C'est ainsi que les équipes de mineurs, qui, pendant longtemps, prenaient le travail à forfait par équipe, luttaient entre elles pour obtenir l'adjudication des meilleurs chantiers, et cette lutte avait abouti à une dépression croissante des salaires [4]. Le même résultat se produit dans les commandites d'impression de journaux [5].

Il est impossible de fermer les yeux sur une telle conséquence. Elle apparaît d'ailleurs comme une condition de l'organisation du système : « Bien loin de m'effrayer de la concurrence qu'elles pourront se faire, je m'en réjouis comme

1. *Op. cit.*, p. 332.
2. *Supra*, p. 162-163.
3. R. Jay, *Rev. d'Écon. polit.*, 1907, p. 582.
4. G. Fournière, *Revue socialiste*, 1905, t. II, p. 136.
5. L. Boudet, *Mouvement socialiste*, 1904, t. I, p. 520.

de toute concurrence. Elle fixera la limite économique des prétentions de chacune d'elles. Elle empêchera une de ces sociétés de devenir trop puissante. Enfin, je pense qu'en dehors de ces sociétés, il restera au moins dans les grandes villes et dans les régions étendues des travailleurs libres qui feront concurrence aux sociétés commerciales de travail, comme il reste des marchands individuels pour faire concurrence aux grands magasins[1]. » Et c'est aussi cette concurrence entre commerçants qui produit l'abaissement du prix des marchandises jusqu'à la dernière limite permettant au bénéfice de subsister ; c'est elle qui pousse les commerçants, pour pouvoir abaisser encore ces prix, à réduire leurs prix de revient à l'aide de procédés qui éliminent du marché tous leurs concurrents moins avisés. Pourquoi en serait-il autrement des travailleurs ? Eux aussi, lors qu'ils seront groupés en sociétés commerciales, lutteront par le même moyen pour obtenir les commandes : ils réduiront donc leurs exigences jusqu'à l'extrême limite de l'entretien de la vie, à moins que certaines d'entre elles n'arrivent, à l'aide de procédés particulièrement avantageux et hors de la portée de leurs concurrents, à éliminer ceux-ci et à se constituer un monopole de fait. Ainsi le système doit conduire à l'écrasement de la masse des travailleurs, soit au profit des patrons, soit au profit de quelques privilégiés de de la classe ouvrière. Nous ne croyons pas qu'il soit possible de mieux faire ressortir le vice constitutionnel de ce procédé et son antithèse par rapport à l'organisation syndicale : alors que celle-ci a précisément pour objet de réaliser l'unité parmi tous les ouvriers de la profession, en vue d'éliminer parmi eux la concurrence qui déprime les salaires, celui-là détruit cette unité et élève la concurrence à un degré inconnu même sous le régime de l'inorganisation des forces ouvrières. Il ne semble pas que les travailleurs puissent hésiter

1. Yves Guyot, *op. cit.*, p. 312-313.

entre les deux méthodes, ni songer un instant à renoncer à leur idéal de solidarité ouvrière et de développement personnel qui en est la condition, pour embrasser un régime qui les pousserait plus que ne l'ont jamais fait les déviations des organisations syndicales, aux procédés d'exclusivisme et de monopole que M. Yves Guyot reproche amèrement à celles-ci [1].

Il y a cependant des cas où la société commerciale de main-d'œuvre peut fonctionner normalement sans recourir à des auxiliaires et sans entraîner la conséquence que nous venons de signaler : ce sont ceux où, d'une part, le travail est effectué en ateliers de faible importance, où les opérations sont peu compliquées, exigent un matériel sommaire, étant pour la grande partie effectuées sans le secours des machines, où la direction n'exige aucune connaissance spéciale en dehors de celle de la pratique du métier et consiste surtout dans le recrutement et la surveillance de la main-d'œuvre. Cette tâche, qui est celle d'un contremaître, est à la portée de tout ouvrier de capacité moyenne ; elle ne diffère de celle-ci que par la responsabilité de l'exécution du travail et le bénéfice pouvant résulter du prix forfaitaire, qui ne se rencontrent pas à l'égard du contremaître. Ce domaine d'application, tel que nous venons de le définir, est à la fois celui du tâcheron et celui de la société de travail dont le personnel ouvrier ne se compose que des associés. Il se rencontre dans les industries du bâtiment, de terrassement et d'extraction des pierres et du sable [2]. Les conditions qui précèdent sont en somme exceptionnelles et tendent à le devenir de plus en plus à mesure que l'évolution de l'indus-

1. Ces conclusions sont illustrées d'une manière frappante par l'exemple des *Nations* d'Anvers, qui constituent une exploitation de la main-d'œuvre au profit d'un petit nombre d'actionnaires (Yves Guyot, *op. cit.* p. 322 et suiv.).

2. Yves Guyot, *op. cit.* p. 354 et suiv. — M. Bures, *La Science sociale*, mai 1908, p. 54. — Off. du Trav., *op. cit.*, t. I, p. 169, 175.

trie vers la concentration élève le degré de capacité nécessaire pour l'exercice du patronat.

Telle est aussi la raison qui s'oppose à la réalisation des espérances qu'on a fondées sur l'accession des associations ouvrières à la capacité commerciale, et qui ont fait l'objet de plusieurs projets de lois de Waldeck-Rousseau en 1899, et de M. Millerand, en 1902 et 1906. Le jour où ces espérance seraient réalisées, l'élévation du niveau moral et intellectuel de la classe ouvrière serait telle qu'il deviendrait inutile de lui proposer un système dont le but est précisément de l'aiguiller vers la conception d'une méthode d'action plus conforme aux intérêts généraux de la société : et cette circonstance ne fait que mieux ressortir le vice originaire du système, qui commence par où il faut finir, en proposant des procédés dont l'emploi suppose les conditions qu'on cherche à implanter.

On le voit, quelles que puissent être les difficultés inhérentes aux diverses organisations proposées pour remplacer les syndicats, coopératives, sociétés de main-d'œuvre ou syndicats commerciaux, l'obstacle capital qui s'oppose à leur succès est en somme le même que celui qui empêche les syndicats proprement dits d'atteindre leur développement normal, c'est l'insuffisance, chez les individus qui les composent, des qualités morales et intellectuelles qui sont le facteur principal de leur bon fonctionnement. De tous ces procédés, le syndicat professionnel est encore celui qui conduit, non pas sans à-coups ni sans lenteurs, mais le plus sûrement, au but poursuivi; les autres organisations, quelle que puisse être leur excellence théorique, ont donné dans la pratique des résultats encore moins satisfaisants.

Le plus grave de leurs inconvénients a été de retarder le mouvement syndical, d'empêcher l'unité de l'action ouvrière, de créer la division et l'hostilité là où la solidarité s'imposait. Ce n'est pas en cherchant à détruire l'organisation sociale défectueuse qu'on arrive à en supprimer les inconvénients : le syndicat qui reconnaît le salariat comme un fait dont il faut tenir compte et en cherchant à en améliorer progressivement les conditions, fait plus pour la solution des conflits du travail que tous les systèmes idéologiques fondés sur des hypothèses inexistantes.

CHAPITRE VIII

LE PATERNALISME

I. — Syndicats mixtes, corporations, conseils d'usine, participation aux bénéfices

Lorsqu'on constate, comme nous l'avons fait dans tout le cours de cette étude, combien est importante la part de responsabilité des intéressés dans les conflits du travail, on en vient à conclure que ceux-ci ne se produiraient pas dans une société dont tous les membres seraient animés d'un même esprit de fraternité et d'un même sentiment de leurs devoirs ; il s'ensuit que l'œuvre la plus pressante est celle qui a pour objet de développer parmi les intéressés cet esprit et ce sentiment. On ne peut guère espérer que cet objet puisse être atteint directement par les institutions, ni que le problème puisse être résolu par un mode d'organisation tel que l'union des parties en cause en résulte d'elle-même : en effet, le développement moral, chez l'homme, ne saurait provenir d'une source indépendante de sa volonté, et toute influence extérieure agissant sur lui dans ce sens est nulle quand elle ne s'appuie pas sur les leçons de sa propre expérience et sur le ressort de son libre arbitre. On conçoit toutefois que la croyance dans la possibilité d'une telle action soit partagée par les esprits qui attribuent, ainsi qu'on le faisait communément jusqu'aux données les plus récentes de la philosophie et de la science sociale, une vertu souveraine aux institutions publiques dans la solution des problèmes sociaux. Deux groupes de penseurs, partant des pôles les plus opposés de l'opinion, se rencontrent sur cette doctrine politique et sociale, et ne diffèrent que par le mode d'application et le caractére religieux à donner à l'institution.

Chez les démocrates chrétiens, une réaction s'est produite, depuis un certain nombre d'années, à la suite des revendications ouvrières, contre la conception purement économique du problème : le spectacle des violences commises par les travailleurs dans les grèves, et des abus imputables aux employeurs qui fournissaient l'occasion de celles-là, tendait à montrer que le fonctionnement d'une simple loi économique n'était pas seul en question et qu'on n'était pas en présence du jeu normal de forces naturelles. Les rapports entre patrons et ouvriers étaient faussés, et cela, croyait-on, par la raison unique que le rôle de chaque partie n'était pas exercé comme il devait l'être, les premiers oubliant la première fonction du patronage, qui consiste à traiter leurs ouvriers avec bienveillance, à les protéger et à ne jamais perdre de vue qu'ils ont charge d'âme à leur égard, les seconds oubliant leurs devoirs de respect, de dévouement et d'amour filial à l'égard des patrons [1]. Il faut donc, au lieu de diviser les intéressés en deux groupes séparés et hostiles, comme le font les syndicats professionnels, les rapprocher le plus possible et faire disparaître par la fusion des deux groupements les causes de conflit qui s'opposent à leur harmonie. Le type idéal de la société réalisant ces conditions d'unité morale, d'union des classes et de paix sociale est, aux yeux de ces penseurs, celui de la société au moyen âge, à l'époque où les corporations réussissaient à maintenir des rapports stables entre patrons et ouvriers. M. de Mun, en 1876, et depuis 1882 les congrès catholiques tentèrent de

1. Le Play, cit. *supra*, p. 4. — De Mun, cit. Martin Saint-Léon, *Hist. des Corpor.*, p. 625.

faire revivre cette institution en empruntant la forme de l'organisation syndicale facultative, en y comprenant les deux éléments patronal et ouvrier et en lui inspirant un caractère essentiellement chrétien [1].

Si la tentative a été considérée comme avortée par les catholiques sociaux qui sont les plus ardents défenseurs du régime corporatif du moyen âge [2], et si le mouvement d'opinion en sa faveur paraît s'être singulièrement ralenti, c'est qu'on en espérait plus qu'on ne pouvait légitimement en attendre. L'objectif du syndicat mixte n'est pas économique ; il ne vise pas à obtenir directement telle ou telle amélioration des conditions du travail, mais à développer chez les individus les sentiments moraux permettant de rétablir la paix sociale. « La corporation catholique n'est pas un syndicat ni un tribunal d'arbitrage, mais un foyer d'activité chrétienne [3]. » Dès lors le caractère professionnel n'a plus de raison d'être. Il s'agit d'un groupement poursuivant un objet d'ordre moral et non économique.

Un tel objet est éminement louable, et nous croyons que, restreinte à ces termes et en évitant soigneusement d'en sortir pour empiéter sur le domaine économique, l'institution est susceptible d'exercer une influence réellement salutaire et féconde. Il est bien difficile toutefois d'observer une attitude aussi réservée ; la corporation étant dirigée par les patrons, la tentation se présente très naturellement, pour ces derniers, de l'orienter vers leurs propres intérêts, et pour ne pas succomber une conscience particulièrement

1. L. Grégoire, *Le Pape, les Cathol. et la Quest. soc.*, p. 139 et suiv.

2. Martin Saint-Léon, *loc. cit.*

3. Le Mun, *Discours, Quest. soc.*, p. 301. — Cf. Harmel, *Manuel d'une corpor. chrét.*, p. 193. — M. Hubert-Valleroux *les Corpor. d'arts et métiers*, 1885, p. 265 et suiv. qui donne à l'association la fonction de fixer les questions relatives au travail, d'instituer et d'administer les œuvres de mutualité, de s'occuper du placement et de régler les conflits, montre déjà le chemin parcouru par les adeptes.

droite et scrupuleuse est nécessaire. En fait, les syndicats mixtes sont surtout des institutions tendant à asservir les travailleurs aux patrons[1]. A part quelques essais isolés, dont bien peu ont été sincères, leur influence sur les masses peut être considérée comme inexistante. Ils ont atteint leur maximum en 1907, avec le chiffre de 37.127 membres répartis en 154 syndicats; en 1909, ils ne comptaient plus que 34.895 membres. Or, à cette dernière date, le nombre total des syndicats ouvriers était de 5.354 et celui de leurs membres de 944.761.

Il n'y a pas lieu de s'étonner de cet insuccès. Le syndicat mixte rencontre en effet un obstacle pratiquement insurmontable dans l'opposition qui existe en fait entre les intérêts respectifs du patron et de l'ouvrier : celui du premier consiste à payer le travail le moins cher possible; celui du second consiste à en obtenir le prix le plus élevé. S'il est vrai que ces intérêts ont une limite, en ce sens qu'il serait désavantageux pour le patron d'abaisser le salaire à un taux tellement bas qu'il ne permettrait plus aux ouvriers de subsister, ou même qu'il abaisserait fortement le niveau de la main-d'œuvre; s'il est vrai d'autre part qu'une élévation excessive des prétentions des ouvriers serait de nature à entraîner leur chômage par la ruine des industries, ces limites sont assez éloignées pour que l'opposition signalée n'en soit pas affectée et continue à se manifester pratiquement dans tous les rapports du travail. Sur le marché de la main-d'œuvre, le patron et l'ouvrier sont deux adversaires qui luttent l'un contre l'autre, comme l'acheteur et le vendeur d'une denrée quelconque luttent pour arriver à deux résultats diamétra-

1. On en trouverait un exemple, aux État-Unis, dans les unions chrétiennes de jeunes gens organisées et entretenues par les Compagnies de chemin de fer, dans le but de rapprocher patrons et ouvriers, et qui sont, en fait, un instrument d'asservissement pour ces derniers (E. Sautter, *Musée social*, 1902, p. 373 et suiv.

lement opposés[1]. Tant que cette opposition existera, il est impossible que l'harmonie puisse se réaliser entre les parties en dehors des conditions que nous avons analysées dans la première partie de ce travail, à moins de concessions réciproques spontanément consenties par l'une et par l'autre et qui supposent une abnégation complète de leur intérêt propre. Mais cette dernière hypothèse elle-même implique sa généralisation : tout patron qui accorderait des conditions de travail plus favorables que ses concurrents serait rapidement entraîné vers la ruine; de même, toute concession, par les ouvriers d'un établissement, procure à ce dernier un avantage sur les autres qui les oblige, sous peine de leur propre ruine, à en exiger autant de leur personnel.

C'est pourquoi les sociologues qui voyaient dans le syndicat mixte une organisation, non plus seulement morale, mais sociale des rapports du travail, ont été rapidement amenés à la conception du syndicat obligatoire[2]. Or, si l'on éprouve le besoin d'obliger les intéressés à adhérer à l'institution, c'est évidemment parce que l'accord entre les parties ne tend pas à s'établir spontanément, et qu'il est nécessaire de la leur imposer. Cette solution doit être nécessairement favorable à l'une des parties, et la corporation aboutira à mettre les ouvriers à la merci de leurs employeurs, ou à soumettre ces derniers à toutes les exigences des premiers. C'est la première de ces deux hypothèses que tend à réaliser le régime corporatif, et les tentatives de restauration légale qui en ont été faites en sont la preuve : la loi fédérale allemande du 18 juillet 1881, comme la loi autrichienne du 15 mars 1883, qui rétablissent

1. Cf. P. Bureau, *op. cit.*, p. 112.

2. *L'association catholique*, t. XXVIII, p. 153; 1891, t. XXXII, p. 27. — Lorin, *ibid.*, 15 juillet 1892. — Martin Saint-Léon, *op. cit.* p. 650 ; *L'Organis. profess. de l'avenir*, 1905. — M. Turmann, *Le Dévelop. du cathol. social.*

les corporations obligatoires de métiers dans la petite industrie, en ont fait des institutions exclusivement patronales, où les ouvriers ne sont représentés que par un détégué élu [1].

Les essais tentés par les employeurs dans la grande industrie et avec le même caractère d'obligation à l'égard des ouvriers de l'établissement n'ont pas obtenu des résultats plus satisfaisants. La société des houillières de Bascoup et Mariemont, en Belgique, possédait depuis 1869 tout un ensemble d'institutions tendant au bien-être des mineurs, caisses de secours, services sanitaires, pensions de retraites, magasins coopératifs, logements à bon marché, caisses d'épargne, bibliothèques, écoles, sociétés musicales et horticoles, etc. « En 1875-1876, écrit M. Julien Weiler, nous avons eu dans les charbonnages de Mariemont une grève assez longue qui nous avait beaucoup surpris, parce que nous n'en avions jamais eu et que le but de la grève n'était pas clairement défini... Nous croyions notre classe laborieuse entièrement satisfaite : elle est ici très bien traitée depuis cinquante ans par la famille Warocqué, principal propriétaire de nos mines, et elle a acquis un degré d'aisance et de moralité qui la distingue des populations qui nous entourent. » Après une étude de la question, et notamment des conseils de conciliation établis en Angleterre [2], M. Weiler, ingénieur de la Compagnie, considérant que les conflits provenaient principalement de la distance qui séparait les deux parties et les empêchait de s'entendre, organisa un système de chambres d'explication, composées de délégués des ouvriers et présidées par un représentant du patron.

1. Pic, *Traité*, p. 357 et suiv., 365 et suiv. — Waterlot, *op. cit.*, p. 177-178. — L. Grégoire, *op. cit.*, p. 155-156. — *Bull. Off. Trav.*, 1908, p. 579 et suiv.

2. La traduction de l'ouvrage de H. Crompton sur la conciliation et l'arbitrage est due à M. J. Weiler.

Il ressort très nettement des renseignements fournis sur cette institution par son fondateur [1] que ses bons résultats consistent à peu près exclusivement dans le règlement des différends peu importants que soulève la pratique journalière du travail, et en second lieu qu'ils sont dus à l'esprit de conciliation et de bienveillance du pâtron vis-à-vis de ses employés. Il ne s'agit donc ici, pas plus que dans un syndicat mixte ou une corporation patronale, d'un accord volontaire des parties intéressées au sujet des conditions du travail : c'est le patron, bien disposé envers son personnel, qui décide de lui-même les mesures qui conviennent à l'intérêt de ce dernier. On voit que nous sommes ici dans une situation artificielle et dont la généralisation est impossible tant que tous les employeurs ne seront pas les « bons patrons » que suppose l'institution.

Mais il y a plus. Dans la pensée de ses fondateurs mêmes, les Chambres d'explication n'étaient point destinées à résoudre le problème des conflits du travail, mais seulement à aider les ouvriers à se diriger vers la véritable solution. « Ce que nous cherchons, écrivait M. Weiler en 1880, c'est émanciper moralement et intellectuellement nos ouvriers. Ils ne sont pas encore arrivés à désirer l'affranchissement de toute tutelle, mais, pour employer un mot fameux, le patron, en matière de tutelle, doit préparer son abdication. *Self help !* Aide-toi toi-même. Telle est la devise que nous voulons leur faire adopter. » « Si nos ouvriers étaient organisés, disait-il plus tard, s'ils étaient organisés en syndicats donnant à leurs chefs une action suffisante sur la masse à conduire, je pourrais me dire entièrement rassuré. Mais il n'en pas ainsi... Il nous reste à affermir le terrain sur lequel a été fondé le conseil. Il est nécessaire que les ouvriers forment des associations ; leurs délégués les y

1. J. Weiler, *Journ. des Écono*m., 1880. — Id. Confér. du 18 octobre 1885, cit. Off. du travail., *Concil. et arb.*, p. 415 et suiv.

engagent, mais ils restent sourds à leurs voix, les uns par inertie, les autres parce qu'ils se figurent, bien à tort, que l'administration des charbonnages verrait cette formation de mauvais œil et que, dès lors, ils pourraient en pâtir. » Malheureusement l'organisation des ouvriers ne s'impose pas du dehors, lorsque les intéressés eux-mêmes n'en sentent pas la nécessité : le conseil de Mariemont, qui a dû se dissoudre en 1899, formait une claire démonstration de cette vérité. Celui de Bascoup, où les ouvriers sont plus disciplinés, fonctionne encore d'une façon satisfaisante .

Le revers de la médaille apparaît surtout lorsque l'intitution, au lieu de répondre à une pensée altruiste et désintéressée comme dans les exemples précédemment cités, cache en réalité un désir plus ou moins avoué d'empêcher l'organisation syndicale des ouvriers et de les maintenir dans l'asservissement : de même en effet qu'il n'y a pas que des ouvriers actifs et consciencieux, il n'y a pas que « de bons patrons » ; il y en a aussi dont la clairvoyance des besoins de leur époque n'est pas à la hauteur de leurs bonnes intentions ; cette constatation suffit dans les deux cas pour donner le caractère d'exception à tout système fondé sur le paternalisme, et pour en faire rejeter la généralisation [2].

Lors même que les institutions patronales répondraient aux intentions les plus droites et que tout calcul intéressé en serait absent, elles constituent en elles-mêmes un grave danger pour la stabilité des rapports du travail, et les

1. H. de Boissieu, *Réforme sociale*, septembre 1907, p. 333. — Les caractères de cette expérience se retrouvent identiques dans une organisation analogue instituée en 1893 dans les charbonnages de Pâturages et Wasmes. (E. Lœwy, *Le Comité ouvrier des charbonnages de Pâturages et Wasmes*, 1895.) V. aussi les institutions décrites dans *la Démocratie chrétienne*, mai-juin 1901. Off. du Travail, *op. cit.*, p. 480, *Bull. Off. Trav.*, 1905, p. 616, L. de Seilhac, *Les Grèves*.

2. V. notamment les exemples cités par M. Yves Guyot, *Les Conflits du travail*, p. 128, et dans *les Ann. du Musée social*, 1906, p. 128.

employeurs, au lieu de diriger leurs efforts de ce côté, devraient au contraire s'en abstenir avec soin[1]. Les conflits suscités par les institutions de ce genre et par les économats comptent parmi les plus violents, et ont parfois obligé les employeurs à en abandonner la gestion aux ouvriers eux-mêmes[2].

Toutes les observations qui précèdent s'appliquent exactement à certains procédés qui ont pour objet de procurer aux ouvriers une augmentation de leurs salaires comme conséquence de celle de leur production, tels que le système des primes et celui de la participation aux bénéfices. Nous laissons de côté bien entendu des procédés comme celui qui existait dans les manufactures de soieries de Jujurieux, où l'on spéculait sur la vanité des ouvrières en signalant celles qui avaient la plus forte production à l'aide de distinctions honorifiques, par exemple en plaçant des étendards à côté d'elles ou en affichant les tableaux de paye[3] : au moins, dans le système des primes, l'ouvrier retire un bénéfice de son effort, du moins en apparence[4]. Ces procédés, malgré leur caractère apparent de justice et de moralité, conduisent aisément à de graves abus. En premier lieu, les primes sont généralement appliquées d'une façon arbitraire, et les conditions de stage et de services qui président à leur distribution les transforment en primes d'assiduité et en appâts pour inciter le personnel à accepter docilement les conditions de l'établissement et à ne pas en chercher ailleurs de plus avantageuses : c'est « beaucoup moins un régime con-

1. Voir l'exemple bien significatif de l'expérience Pullman. (Levasseur, *L'Ouvrier américain*, t. I, p. 527 et suiv. — De Rousiers, *La Vie américaine*, t. I, p. 245 et suiv.)

2. *Ann. du Musée social*, 1905, p. 269 et suiv., 369 et suiv.; 1906, p. 83 et suiv.

3. P. Leroy-Beaulieu, *La Quest. ouvr.*, p. 179.

4. V. le système des établissements Laroche-Joubert, *Ibid.*, p. 184 et suiv.

tractuel qu'une constitution patriarcale [1]. » En outre, l'augmentation de la production obtenue par ce moyen profite surtout au patron, pour qui elle correspond à une économie sur les frais généraux : pour le personnel, si elle amène un accroissement du salaire, elle se traduit aussi par le surmenage, et lorsqu'on songe à la rapidité de l'usure à laquelle sont soumises les classes laborieuses par suite des conditions de leur travail ainsi que de leur mode d'existence, on se demande s'il est légitime de solliciter les travailleurs à accroître encore cette usure.

La participation aux bénéfices a été appliquée principalement dans les cas bien connus de l'entreprise de peinture Leclaire, dans la Compagnie des chemins de fer d'Orléans, dans les mines de M. Briggs, à Whitewood, etc. [2], toutes industries dans lesquelles l'exécution du travail à distance et loin de toute surveillance favorise l'emploi du procédé.

L'objection qu'il soulève n'est pas celle qui est souvent formulée et qui dérive de la nature du salaire : celui-ci, dit-on, est une convention forfaitaire qui est payée dans tous les cas, quel que soit le résultat de l'entreprise; l'ouvrier ne peut attendre que celle-ci donne des bénéfices, il est payé sur les frais généraux ; d'un autre côté il ne participe pas aux pertes, il n'est donc pas juste qu'il prenne part aux bénéfices [3]. On pourrait répondre, en effet, que la participation aux bénéfices n'entraîne pas nécessairement la participation aux pertes : la part dans les bénéfices peut s'ajouter au salaire, fixé à forfait, sans que ce dernier puisse être diminué en cas de perte [4]. On peut répondre aussi que la sécurité du salaire n'est pas si complète qu'on veut bien le proclamer. La comparaison qu'on établit entre les risques des

1. P. Leroy-Beaulieu, *Traité*, t. II, p. 533.
2. Leroy-Beaulieu, *op. cit.*, p. 197 et suiv., 213 et suiv. — Smith, *op. cit.*, p. 104.
3. *Supra*, p. 166-167.
4. Merlin, *op. cit.*, p. 137.

employeurs et ceux des ouvriers pourrait être retournée en faveur des premiers : à côté de la chance qu'ils ont de faire fortune, ils risquent sans doute de la perdre ; mais cette dernière éventualité, quand elle se réalise, leur enlève rarement leurs moyens d'existence, surtout lorsque les capitaux ont été apportés par une société anonyme ; au contraire, pour l'ouvrier, la disparition de l'entreprise entraîne, avec la perte de son gagne-pain, le chômage et la misère, pour lui et pour sa famille, jusqu'au moment problématique où il aura retrouvé un autre emploi : sans compter qu'il expose chaque jour sa vie et sa santé par les accidents et l'insalubrité du travail [1].

La véritable raison qui s'oppose à la participation aux bénéfices est qu'en fait elle n'existe pas : qu'il s'agisse des exemples que nous avons cités ou de tous les autres qui pourraient l'être, les bénéfices distribués sont toujours le résultat d'une pure générosité du patron, et non celui d'une participation effective [2]. En aucun cas, les bénéficiaires ne sont admis au contrôle des opérations de l'entreprise ni du chiffre des bénéfices distribués, et « les plus fervents partisans de la participation sont les plus jaloux de leur autorité » [3]. La plupart du temps, les bénéfices censés distribués ne sont même pas versés aux ouvriers en fin d'exercice, mais sont affectés à la caisse des retraites ou capitalisés au nom des ouvriers [4], ou bien leur distribution est accordée après un certain temps de service à titre de prime d'assiduité [5]. Le caractère de paternalisme de ce procédé est donc nettement accusé : ce n'est pas un véritable contrat passé entre l'ouvrier et le patron,

1. E. Châtelain, *Revue socialiste*, 1906, t. II, p. 290 et suiv.
2. P. Leroy-Beaulieu, *op. cit.*, p. 226.
3. Merlin, *op. cit.*, p. 143 et suiv. — Cf. Compte rendu du Congrès de la participation aux bénéfices, 1900, p. 250.
4. Yves Guyot, *op. cit.*, p. 187 et suiv.
5. Congrès minier de Lille, 22 octobre 1908.

analogue à celui qui lie deux patrons associés dans une même entreprise ; c'est une mesure de bienveillance ou d'intérêt dissimulé de la part du patron, comparable de tous points à celles qui ont été déjà examinées dans le présent paragraphe [1].

Il existe donc une véritable opposition entre les conditions du travail et les besoins de la classe ouvrière d'une part, et les systèmes qui font dépendre la satisfaction de ces besoins d'une mesure gracieuse et spontanée des employeurs. Ces systèmes, nous l'avons vu, répondent à une conception surannée du rôle du patron, suivant laquelle ce dernier doit protéger l'ouvrier et le traiter paternellement : tel était le rôle du patron dans le petit atelier familial, mais il a disparu avec ce dernier. On peut le regretter en ce sens que le changement subi anéantit par là même l'influence moralisatrice que pouvait exercer la classe dirigeante sur l'ordre social ; on peut constater que les « autorités sociales », suivant le mot de Le Play, ont fait place sur ce point à l'influence démoralisatrice et antisociale de meneurs de bas étage et qu'une grande partie du malaise qui résulte des conflits du

1. Un autre système très voisin a été imaginé récemment pour éviter les inconvénients de la participation que nous avons signalés, celui des actions de jouissance du travail (Cf. G. Benoît-Lévy, *la Revue*, 15 mai 1909. — Propos. J. Godart, Chambre, 17 mai 1909. *Doc. parl.*, n° 2487, p. 1114). Par sa situation d'actionnaire, l'ouvrier échappera en effet à l'arbitraire dans l'attribution des dividendes. Mais cet arbitraire se retrouvera dans l'attribution des actions elles-mêmes : dans l'essai tenté au mois de mars 1909 à Port-Sunlight, M. Lever a décidé que pour avoir droit aux actions, il faut avoir fourni pendant cinq ans à la Compagnie ses bons et loyaux services, prendre l'engagement de ne gaspiller ni son temps ni ses matériaux et veiller loyalement à ses intérêts ; ce droit est confirmé par un comité composé des représentants de la direction, des chefs de service, des vendeurs et des ouvriers ; il se perd par le départ de l'usine ou par le fait d'avoir agi contrairement aux intérêts de la Compagnie (*La Revue*, 1er juillet 1909, p. 122-123). En outre la qualité d'actionnaire requiert des qualités de prévoyance et d'intelligence des affaires qui sont encore peu communes dans les classes ouvrières.

travail vient de là [1]. Ces observations, pour fondées qu'elles soient, n'empêchent pas qu'en fait tout retour à un état de choses supprimé par le jeu de lois économiques inéluctables, constitue une impossibilité dont il faut prendre son parti au lieu de récriminer contre elle. Au fond, quand on constate, comme nous l'avons fait plus haut, l'hostilité dont la classe patronale a fait preuve, durant la plus grande partie du siècle dernier, à l'égard de l'amélioration du sort des classes ouvrières et de l'ascension des travailleurs vers l'indépendance, il n'y a peut-être pas lieu de regretter autant la diminution de son autorité : ce n'est plus d'autrui que la classe ouvrière a désormais à attendre sa prospérité morale et matérielle, mais de ses propres efforts : la vue des résultats obtenus sur ce point par l'élévation de la moralité et de l'intelligence d'une partie très importante des travailleurs, et de l'état social qu'ils ont réalisé, doit nous inspirer une sereine confiance dans l'avenir.

II. — Arbitrage obligatoire et réglementation du travail.

De même que les démocrates chrétiens, les socialistes partent de ce principe que les maux de la société sont imputables aux vices des institutions, et qu'il suffirait de changer celles-ci pour rendre l'homme bon et heureux. Seulement, au lieu de placer l'organisation sociale idéale dans une hiérarchie dont la classe patronale occupe le sommet, ils remplacent celle-ci par la toute-puissance de l'État démocratique : il s'ensuit que la classe ouvrière étant le nombre, c'est elle qui domine, et c'est à la satisfaction de ses besoins que tendent immédiatement toutes les lois. La situation est donc renversée : ce ne sont plus les ouvriers qui sont à la merci des patrons, ce sont eux qui dictent leurs conditions aux seconds. C'est encore du paternalisme : seulement il est exercé par l'État au lieu de l'être par les chefs d'industrie.

1. P. Leroy-Beaulieu, *La Quest. ouvr.*, p. 33.

C'est en Australie et en Nouvelle-Zélande que ce régime pouvait éclore et se développer tout naturellement, par suite de l'absence d'une aristocratie industrielle dans ces pays qui sont surtout producteurs de matières premières, agricoles et minières, et d'autre part de la constitution de fortes unions ouvrières, grâce à l'immigration abondante de sujets d'origine anglo-saxonne.

Parmi les lois de ces pays, celles qui nous intéressent spécialement ici sont celles qui imposent, en cas de conflits du travail, une solution aux parties par le moyen de tribunaux d'arbitrage[1]. La loi de 1894 en Nouvelle-Zélande oblige les unions patronales et ouvrières à soumettre à des conseils de conciliation établis dans chaque district tous les différends qui n'ont pas pu être terminés par un accord collectif. Ces conseils sont composés de membres élus par les unions patronales et ouvrières de la profession, en nombre égal, et d'un président choisi en dehors de la profession, par les conseillers. Les fonctions du conseil consistent à faire une enquête, avec le concours d'un agent du gouvernement, et à émettre un avis motivé. Si cet avis n'est pas agréé par les parties, l'affaire est déférée d'office devant la Cour centrale d'arbitrage, composée de trois membres nommés par le gouvernement, dont deux le sont sur présentation des unions patronales et ouvrières enregistrées, et le troisième est choisi parmi les juges de la Cour suprême. Pendant la procédure, toute interruption du travail ou renvoi d'ouvriers est interdit sous peine d'amende pouvant atteindre un maximum de 1250 francs. La sentence de la Cour est obligatoire pour les parties pendant trois ans : la sanction consiste dans une amende pouvant s'élever jusqu'à 12.500 fr. lorsqu'elle est prononcée contre une association, et à 250 francs lorsqu'il s'agit d'un particulier. La même sanc-

1. Métin, *Rev. d'Econ. polit.*, 1901, p. 41. et suiv. — *Réforme sociale*, novembre 1906, p. 723 et suiv. — Siegfried, *loc. cit.*, p. 194.

tion s'applique aux contrats collectifs conclus par les unions et enregistrés par le conseil de conciliation. La décision arbitrale, qui ne s'appliquait à l'origine qu'aux unions enregistrées peut être étendue, en vertu des lois de 1901 et 1903, à tous les patrons et ouvriers de la même profession, même en dehors du district[1].

Si l'application du système a pu donner l'impression d'un régime de paix et si on en a conclu qu'elle avait amélioré les rapports du travail en empêchant les grèves et en produisant une détente sur ce point, ce résulat doit être attribué principalement aux satisfactions accordées aux ouvriers, qui font disparaître les causes de conflit de leur part. Mais celles-ci ne sont supprimées qu'en apparence, et c'est ce que constate M. Macgregor dans le *New Zealand Times*, organe du gouvernement, en disant que malgré l'absence de grèves, « les sentiments qui règnent entre patrons et ouvriers sont certainement moins bons que ceux qui existaient avant la loi[2]. » C'est aussi la conclusion à laquelle arrivait M. Backhouse, chargé par le gouvernement de Nouvelle-Galles du Sud de faire une enquête sur le fonctionnement du système, au mois de février 1901 ; après avoir cité des témoignages en faveur de ses bons effets, il donnait des exemples qui sont significatifs[3]. S'il y a plus d'accords collectifs et moins de grèves qu'autrefois, et si l'obligation de soumettre les conflits aux tribunaux de conciliation, bien que dépourvue de sanction, est observée en fait, cela tient uniquement à ce que le système est en général tout à l'avantage des ouvriers, qui ne se font pas faute d'y recourir. Mais la tendance vers la conciliation ne paraît pas faire de progrès ; on en trouve la preuve dans le nombre croissant des appels et des recours directs à la Cour d'arbitrage, autorisés par la loi de 1901. D'autre part,

1. *Bull. Off. Trav.*, 1903, p. 49 et suiv.
2. Pigou, *op. cit.*, p. 201, note,
3. *Bull. Off. Trav.*, 1903, p. 236 ; 1904, p. 1098.

on signale un certain nombre de grèves survenues récemment par suite du refus des ouvriers d'accepter la sentence arbitrale[1].

Du reste, les patrons sont aussi hostiles à l'institution que les ouvriers lui sont favorables. Ils ont parfois refusé de prendre part aux élections, et le gouverment a dû désigner d'office leurs représentants. Ils ont formé des associations dans le seul but de protester contre la loi.[2] Et il ne faut pas voir dans cette attitude la répulsion naturelle qu'éprouve tout chef d'industrie en présence d'une nouvelle charge qui lui est imposée : le contrat collectif était entré dans la pratique courante avant 1890, et les patrons n'étaient nullement opposés à l'action organisée de leurs ouvriers. Il faut donc en conclure que les jugements d'arbitrage constituent pour eux un régime dont ils sentent le caractère arbitraire, et auquel ils se soustrairaient aussitôt en l'absence de la loi, et nous ne trouvons ici rien d'analogue à l'acceptation volontaire qui est la condition normale de tout contrat collectif.

Il faut surtout remarquer que l'avantage de ce système pour les ouvriers et la possibilité de l'imposer doivent être attribués en première ligne à la puissance des unions ouvrières ; de l'aveu général, la plus grande utilité des jugements d'arbitrage a été de généraliser l'application uniforme des mêmes conditions du travail. Mais l'institution est bien éloignée de rendre inutiles les unions ouvrières, et les travailleurs l'ont si bien compris qu'ils ont toujours tenté de renforcer celles-ci, d'en rendre l'adhésion obligatoire et d'obtenir qu'aucun ouvrier ne puisse consentir à des conditions différentes de celles qui ont été établies[3]. Ce n'est pas, comme on le répète souvent, la richesse de ces unions et la possibilité

1. Métin, *loc. cit.* — *Bull. Off. Trav.*, 1904, p. 250, 1098 ; 1908, p. 890. — I. E. Le Rossignol et W. D. Steward, dans le *Qualerley Journ. of. Econ.*, août 1910, p. 660 et suiv.

2. Métin, *loc. cit.*

3. *Bull. Off. Trav.*, 1904, p. 250, 1097 et suiv.

pour elles de supporter d'une façon effective la sanction pénale qui est attachée par la loi à l'inobservation de la sentence,qui donne à celle-ci son efficacité : les amendes ne sont jamais appliquées, par la raison bien simple que les jugements étant favorables aux unions ouvrières, ces dernières n'ont aucun motif de s'y soustraire. Si au contraire les tribunaux d'arbitrage donnaient gain de cause systématiquement aux employeurs, les associations ouvrières, ne pouvant ni user de l'arme de la grève,sous peine de perdre leurs ressources, ni recourir au procédé légal avec des chances de succès, n'auraient plus aucune raison d'être, et il ne leur resterait plus qu'à disparaître. C'est donc à l'organisation ouvrière bien plus qu'à l'institution elle-même que les travailleurs de la Nouvelle-Zélande sont redevables des avantages qu'ils retirent de celle-ci. Mais ces avantages eux-mêmes ne sauraient être considérés comme définitifs ; ils sont imposés aux patrons par la force, et comme toutes les concessions obtenues de l'adversaire par l'une ou l'autre des parties grâce à la seule contrainte, ils sont destinés à être repris aussitôt que les circonstances auront changé et que les employeurs pourront à leur tour dicter leurs conditions. Une telle situation est donc essentiellement instable, et le procédé qui la crée, loin de constituer une solution du problème, ne fait que l'éloigner et rend par suite celui-ci plus aigu et plus difficile à résoudre.

La raison qui nous fait écarter des systèmes comme celui dont nous venons de parler, n'est pas une raison de principe : l'Angleterre, qui a été au XIXe siècle le foyer du libéralisme, nous donne elle-même l'exemple d'une réaction contre les théories trop absolues [1]. C'est l'observation des résultats défectueux de l'intervention de la loi exercée d'une telle façon. C'est aussi la nécessité de fait de cette intervention,

1. Shaw Lefevre, cit. Raffalowich, *Préface* à Fawcett, *Travail et salaires*, p. LXVII.

qui doit nous conduire à l'admettre à l'égard des catégories de travailleurs — les plus nombreuses — qui n'ont pu réaliser encore l'amélioration pacifique de leur sort. Les lois qui tendent à supprimer les abus du sweating, celles qui réduisent la durée du travail, celles qui entourent de garanties le paiement des salaires en empêchant leur retenue sous diverses formes, ont exercé une action indéniable sur la situation générale des travailleurs. Elles contiennent des améliorations que les travailleurs, même les mieux organisés, ne pouvaient généralement pas obtenir par leurs propres moyens. A ce titre elles constituent une contribution utile à la solution du problème.

L'attention du législateur s'est portée principalement, depuis quelques années tout au moins, sur le contrat collectif lui-même : il semble en effet que la gravité des conflits du travail étant parallèle à l'inexistence de rapports normaux entre le capital et le travail, il y serait porté remède par le fait même si l'on pouvait instituer parmi les travailleurs ce régime normal qui repose sur le contrat et non sur la lutte à outrance. C'est à cette idée que répondent les projets de loi déposés par le gouvernement en 1906 et 1910 [1]. Ils reconnaissent l'existence juridique de la convention passée par des collectivités antérieurement aux contrats individuels et pour en déterminer les conditions. Comme sanction de cette existence juridique, chacune des parties contractantes a une action directe contre l'autre partie, tendant à l'allocation de dommages-intérêts pour violation des engagements pris. La durée de la convention est d'un an sauf clause contraire, et ne peut pas être de plus de cinq ans. La rupture du contrat doit être précédée d'un préavis d'une certaine durée. Le règlement d'atelier doit être affiché :

1. Projet déposé par M. Doumergue, le 2 juillet 1906. *Doc. Parl.*, n° 158, p. 176. — Rapport Chambon, 27 décembre 1907, n° 1409, p. 448. — Projet déposé par M. Viviani, le 11 juillet 1910, *Doc. parl.* n° 298, p. 657.

toute modification à y apporter doi être précédée d'une consultation des ouvriers, effectuée dans des conditions déterminées, et constitue une cause de rupture du contrat si ceux-ci ne l'acceptent pas.

L'analyse qui a été faite dans la première partie de ce travail des conditions d'application du contrat collectif nous dispense de nous attarder en ce moment aux critiques auxquelles ces projets ont donné lieu [1]. Il n'y a qu'une remarque générale à faire au sujet de ceux-ci. On ne pourrait que se féliciter de voir introduire dans notre législation des éléments qui lui manquent, si en comblant cette lacune, on n'y ajoutait en même temps des éléments de désorganisation. Quant à espérer qu'une innovation législative en cette matière serait de nature à apporter un changement quelconque dans la situation des rapports du travail, on ne peut sérieusement y songer sans intervertir le rôle de la loi dans la société : ce n'est pas elle qui crée les rapports juridiques, elle les constate et les sanctionne. La reconnaissance du contrat collectif pourrait en faciliter l'emploi par ceux qui veulent s'en servir : elle n'en augmentera par le nombre.

Il importe d'ailleurs d'observer que l'intervention du législateur, quel qu'en soit le degré d'efficacité, ne saurait être comparée sous ce rapport à celle de la convention entre les parties : l'observation de ces lois est confiée aux soins des inspecteurs surchargés d'occupations, à la surveillance de qui beaucoup de contraventions échappent forcément; il en est ainsi surtout en Angleterre, où les règlements sont rarement appliqués dans leur intégralité, mais reçoivent ordinairement des tempéraments dans la pratique [2]. Au contraire lorsque ces conditions existent en vertu d'un contrat collectif conclu par des associations puissantes, ces dernières, repré-

1. Voir notamment le rapport de M. de Ribes-Christofle au Congrès de la Fédération des Industriels français, avril 1907.

2. Webb, *Industr. democr.*, t. II, p. 799 et suiv.

sentant tous les ouvriers, ont à la fois qualité et compétence pour en poursuivre l'exécution au nom de chacun d'eux[1] ; et ce mode de contrôle possède une efficacité en même temps qu'une souplesse d'adaptation aux circonstances que celui des agents du gouvernement ne saurait comporter.

En second lieu, si l'acquisition de ces avantages par l'intervention du législateur est immédiate et générale une fois que l'action de celui-ci s'est traduite par une loi, elle est, par contre, infiniment plus longue et plus difficile à obtenir, car elle suppose d'abord des abus nombreux et constatés depuis longtemps, puis une campagne d'opinion et enfin des débats parlementaires qui mettent un long retard à sa réalisation. Ce défaut d'élasticité est particulièrement sensible de nos jours où les changements industriels sont si rapides. Sur ce point encore le contrat collectif jouit d'une supériorité incontestable.

Il ne faut pas oublier toutefois que ce procédé a précisément pour objet de suppléer à l'insuffisance de l'action collective des travailleurs, et non de se substituer aux résultats que ceux-ci auraient déjà obtenus par eux-mêmes. Si l'on éprouve le besoin de recourir à ce moyen artificiel, c'est en raison de l'impuissance des intéressés à obtenir ces résultats par leurs propres forces. Il n'y a donc rien de surprenant à ce qu'une intervention, provenant de l'extérieur et agissant artificiellement sur les besoins en jeu, soit moins efficace et moins parfaite que l'action qui a sa source dans les intéressés eux-mêmes et qui en constitue le remède naturel. Il faut savoir se contenter de ces résultats imparfaits, en ne les considérant que comme des expédients, destinés seulement à suppléer provisoirement l'action individuelle en attendant un développement suffisant de celle-ci.

1. *Supra*, p. 203 et suiv.

CHAPITRE IX

LA CONCILIATION ET L'ARBITRAGE

I. — Les Conseils de conciliation

Il existe en Angleterre, dans certaines industries, des conseils de conciliation qui tiennent le milieu entre les comités mixtes institués spontanément par les associations patronales et ouvrières, et les conseils organisés par les pouvoirs publics : ce sont les conseils d'industrie qui ont été créés, non par un accord spontané des parties, mais par l'action extérieure de certaines personnalités intéressées ou non à la question. Ces institutions se rattachent aux noms de leurs fondateurs, l'industriel Mundella et le juge Kettle.

Dans les professions où les travailleurs sont mal organisés, les différends tenant à des questions de pratique journalière, telles que l'interprétation des clauses du règlement d'atelier, l'arbitraire des contremaîtres, etc., ont une importance d'autant plus considérable, nous l'avons constaté à plusieurs reprises, que les parties sont moins capables de les résoudre spontanément en raison et en équité, et d'autre part, que les questions capitales, telles que la fixation des salaires, occupent moins de place dans les accords qu'elles peuvent conclure. C'est donc en vue du règlement de ces différends, qui troublent les rapports du travail d'une façon permanente et hors de proportion avec l'importance de ces questions à l'égard de l'industrie, que l'on a songé tout d'abord à établir des conseils de conciliation dans les professions où les associations ouvrières n'avaient pu encore arriver à en constituer. Il en était ainsi dans la bonneterie, à Nottingham, en 1860, lorsque l'un des principaux industriels, Mundella, engagea ses collègues et les ouvriers à abandonner la solution de ces différends à une *Cour of conciliation* mixte et permanente.

Il en fut de même à Wolverhampton, dans l'industrie du bâtiment, où de nombreuses difficultés surgissaient sans cesse, tenant surtout aux questions relatives à l'éloignement des chantiers, au temps consacré pour s'y rendre et à la rémunération de celui-ci. En 1864, sur l'initiative du maire, les patrons et les ouvriers se réunirent, et nommèrent un conseil mixte composé de douze membres ; ces derniers s'accordèrent, pour le choix d'un président désintéressé chargé de les départager, sur le nom d'un juge de la Cour du comté, Rupert Kettle. Ce comité constituait un véritable tribunal chargé de se prononcer sur les litiges, et sa décision était obligatoire pour les parties, qui s'engageaient à l'avance à s'y soumettre [1].

Cependant, ainsi que nous l'avons déjà noté, ces décisions étaient dépourvues de sanction, et n'étaient observées que parce que les parties étaient portées par elles-mêmes à s'y soumettre volontairement. Il s'ensuit que, dans la mesure où ces conseils ont eu une efficacité dans la solution des conflits du travail, ils doivent être rattachés aux exemples de contrats collectifs volontaires, dont ils ne se distinguent que par leur origine. Nous avons vu, en effet, que partout où la conciliation se produisait spontanément entre les repré-

1. Cette obligation étant aussi bien dépourvue de sanction que celle qui se rattache aux décisions des comités de Nottingham, et par ailleurs ces derniers reposant, à leur origine du moins, sur la procédure du vote, il n'y a aucun motif pour établir la distinction qu'on fait souvent entre ces deux systèmes, en disant que le premier se rapporte à l'arbitrage et le second à la conciliation.

sentants des parties, la présence de l'arbitre départiteur devenait inutile et l'on tendait à y renoncer[1]. Au contraire, chaque fois que les parties n'ont pas été disposées à arriver à un accord, les conseils ont été impuissants à la produire, soit qu'elles aient abandonné l'institution à la suite de décisions qui ne les satisfaisaient pas, conme les maçons et les plafonniers[2], soit que celle-ci tombe peu à peu en désuétude, les intéressés négligeant de soumettre leurs différends à une procédure dont les résultats constituent pour eux une perte de temps plutôt qu'une réelle solution. Aussi l'enthousiasme des partisans de ce système n'a-t-il pas eu de lendemain ; celui-ci ne paraît pas s'être développé depuis une vingtaine d'années[3], et les règlements pacifiques des conflits que l'on signale en Angleterre doivent être mis à peu près tous à l'actif des accords collectifs conclus par les trade-unions.

Le Parlement anglais s'est préoccupé de cette question. La loi du 21 juin 1824 autorisait le juge de paix, sur la demande de l'une des parties, à dresser une liste d'arbitres afin de permettre un choix aux adversaires, et à accepter lui-même la mission de les départager le cas échéant. Les décisions de l'arbitre étaient obligatoires. La commission d'enquête de 1856, pensant que le défaut d'application de cette mesure provenait de la défiance à l'égard d'arbitres nommés par le juge, proposa de laisser aux intéressés le choix des arbitres. Une loi de 1867 permet au Secrétaire de l'intérieur de recommander aux parties le recours à des conseils de conciliation, et donne force exécutoire aux décisions rendues par ces conseils, après confirmation par le juge de paix. Cette loi n'a jamais été appliquée, non plus que la précédente[4]. Il en a été de même du *Conciliation act* du 6 août

1. *Supra*, p. 228-229.
2. Off. du Trav., *Concil. et arb.*, p. 34.
3. E. Lœwy, *op. cit.*, p. 27.
4. *Ibid.*, p. 120 et suiv.

1872, qui donne force exécutoire à la convention par laquelle les parties décident de soumettre leur différend à des arbitres. Celle du 7 août 1896 n'a guère reçu plus d'application. Cette loi donne au *Board of Trade* la mission de chercher à règler les différends graves en faisant des enquêtes sur les causes de ces différends, et en faisant des démarches auprès des parties pour les engager à entrer en pourparlers et à organiser des conférences sous la présidence d'une personne choisie d'un commun accord ou nommée par le *Board* ; elle le charge aussi de travailler à la constitution de conseils de conciliation dans les industries qui en sont dépourvues [1]. De 1897 à 1902, sur 5. 612 grèves qui ont eu lieu, 350 seulement, soit 6 0/0 environ ont été réglées par le moyen de ces diverses interventions, parmi lesquelles 71 l'on été par la procédure instituée par la loi de 1896.

Cet insuccès des tentatives législatives visant au développement du contrat collectif était déjà affirmé en 1880 par l'un des plus ardents défenseurs des conseils de conciliation : « Dans mon opinion, écrivait M. Crompton, et parlant seulement de la Grande-Bretagne, la loi est impuissante. Tout ce qu'il fallait demander au Parlement a été obtenu en 1875 par le retrait des dernières lois contre les associations ouvrières. Une complète liberté est tout ce que l'on demande ici. Le système est né, s'est étendu et développé spontanément sans le secours de l'État. Les lois faites pour aider le mouvement sont restées lettre morte. On ne s'en est pas servi une seule fois. Le caractère libre du système fait sa force, en ce qu'il ne dépend que de la volonté des gens. Tout ce qui est nécessaire est seulement une organisation parmi les ouvriers pour que les décisions du Conseil de conciliation et ensuite de l'arbitre puissent être loyalement recon-

1. *Bull. Off. Trav.*, 1896, p. 555.

nues par tous [1]. A l'appui de ces sages réflexions, il faut observer que les professions où l'intervention du législateur rencontre le plus de sympathies, sont celles où l'organisation fait défaut, et que le système préconisé dans ces cas est la comparution obligatoire devant un arbitre bien plus que l'observation obligatoire de ces décisions [2] : ce trait montre bien l'absence, chez les intéressés, d'une volonté spontanée d'arriver à un accord.

Aux États-Unis, les résultats sont identiques. Les lois de plusieurs États donnent des pouvoirs aux juges de paix, sur la demande des parties, ou organisent des conseils d'arbitrages. Elles n'ont reçu partout qu'une application insignifiante. En 1902, le Commissaire du Bureau de Californie écrivait: « Si l'on examine ce qu'a donné la législation sur l'arbitrage pour le règlement pratique des conflits ouvriers et la suppression des grèves et des lock-outs, on ne peut guère dire que les résultats soient brillants actuellement ni prédire qu'ils seront plus féconds dans l'avenir. Dans beaucoup de cas, les lois votées sont restées lettre morte et comme ignorées; dans d'autres, l'essai pratique qu'on en a fait pour le règlement des conflits industriels a été incomplet et inefficace. La loi fédérale ne semble jamais avoir été appliquée d'une façon pratique. A New-York, le conseil d'arbitrage est intervenu, avec des fortunes diverses, dans un certain nombre de conflits. On constate que, dans fort peu de cas, l'une des parties a sollicité l'intervention du conseil pour régler un différend; que cette intervention n'a presque jamais été réclamée par les deux parties de concert; que c'est presque toujours le conseil lui-même qui a offert sa médiation que les parties négligeaient de solliciter. Au Massachusetts, il en a été comme à New-York, ainsi qu'il ressort des rapports du conseil d'arbitrage. Il faut bien reconnaître que les salariés

1. H. Crompton, cit., Off. du Trav., *op. cit.*, p. 121.
2. *Ibid.*, p. 124-125.

aux États-Unis sont presque unanimement hostiles à l'arbitrage obligatoire et généralement tout à fait indifférents à l'arbitrage volontaire[1]. » Le plus souvent, les cas d'application de l'institution concernent des industries, telles que celle de la chaussure, où les ouvriers sont faiblement organisés, et où les transformations de l'outillage imposent de fréquentes modifications dans les tarifs.

En France, il existe depuis de longues années une juridiction chargée de juger les contestations individuelles qui s'élèvent à propos du contrat de travail : ce sont les conseils de prud'hommes. Lors de la discussion de la loi du 25 mai 1864, le rapporteur du Corps législatif, M. Emile Ollivier, proposait d'étendre la juridiction de ces conseils aux conflits collectifs : « Ouvriers et patrons les respectent également. Aucune intervention ne saurait être plus efficace. Le seul danger serait qu'elle voulût le devenir trop, qu'elle tendît à la constitution d'un tribunal des salaires. » Ce fut cette crainte qui fit écarter le projet. Cette considération nous touche beaucoup moins aujourd'hui, où les heureux effets de la fixation des salaires par les conventions collectives nous sont connus, qu'elle ne frappait les esprits à une époque où toute action sur la loi de l'offre et de la demande apparaissait comme une hérésie et un danger social. La véritable raison qui s'oppose à l'extension des attributions de ces conseils aux principales questions qui sont la cause des conflits collectifs, comme les salaires ou la durée du travail, est le défaut d'autorité de ces conseils auquel aucune loi ne peut suppléer. Ce n'est pas l'élection par tous les ouvriers et par tous les patrons de délégués chargés de résoudre ces questions qui peut permettre une décision s'imposant à tous et observée par les parties : tant que l'autorité des délégués ne repose pas sur la force des

1. *Bull. Off. Trav.*, 1903, p. 231. — Cf. *Ibid.*, *passim*. — Levasseur *loc cit.* — Crompton, *op. cit.*, p. 235 et suiv. — Willoughby, *Musée social* 1907, p. 291.

organisations ouvrières et patronales dont ils sont les mandataires, ces derniers, fussent-ils les représentants de l'unanimité des intéressés, ne peuvent faire œuvre utile en cette matière. Quant aux questions de moindre importance, le défaut de compétence technique, chez les membres élus, sera souvent un obstacle à l'exercice de cette fonction de conciliateurs, surtout dans le cas de conflits collectifs.

Cependant la nécessité d'une réforme de la situation actuelle s'impose à tous les esprits. L'exposé des motifs du projet de M. Jules Roche, du 24 novembre 1891, ne faisait qu'exprimer cette évidence, lorsqu'il constatait que « l'initiative privée, abandonnée à elle-même, n'a abouti que bien rarement à la pratique effective de ce moyen d'apaisement ». Le rapport de la commission permanente du Conseil supérieur, en 1892, observant que bien des professions sont encore dépourvues d'organisations syndicales et avaient par suite recours à la grève dans tous leurs différends, et qu'en Angleterre même la pratique du contrat collectif n'empêchait pas toutes les grèves, concluait à la nécessité d'une institution légale de nature à prévenir celles-ci. La difficulté est de trouver une institution capable de procurer de tels résultats.

Le système institué par la loi du 27 décembre 1892 consiste dans la création de conseils spéciaux en vue de chaque affaire déterminée. Avant tout conflit déclaré, la procédure peut être mise en œuvre sur la demande, adressée spécialement au juge de paix, par l'une des parties, quel que soit le nombre des signataires. Une fois la grève déclarée, le juge de paix agit d'office. Son rôle consiste à inviter les parties à nommer des délégués, qui doivent être personnellement intéressés au conflit, et au nombre de cinq au plus, à les réunir en conférence et à diriger la discussion si les parties le désirent. Si les délégués n'arrivent pas à une entente, le juge de paix les invite à choisir soit un arbitre unique, soit un pour chacune d'elles; dans ce dernier cas, les arbitres peuvent en nommer un troisième, s'il est nécessaire, pour les départager. La décision des arbitres est remise au juge de paix qui en délivre des expéditions. La sentence, comme les autres dispositions de la loi, n'a d'autre sanction que l'affichage, par les soins des maires, de la demande de conciliation, du refus ou de l'absence de réponse de l'autre partie, et de la décision du conseil ou de l'arbitre.

L'objet que se proposait le législateur étant de faciliter une entente entre les parties, suppose évidemment que celle-ci est non seulement possible, mais existante déjà en germe, et qu'une simple impulsion extérieure suffit à la réaliser. Le nombre des conflits qui répondent à cette situation étant très restreint, l'efficacité du procédé doit l'être aussi[1]. Ceux qui en attendaient quelque chose de plus réclamaient une chose impossible : la conciliation est nécessairement personnelle aux parties en cause, et ne saurait être imposée. On ne peut donc espérer trouver dans ce système la solution du problème en jeu ; il y a lieu plutôt de se féliciter de la progression qui semble se manifester dans l'emploi du procédé. On ne doit pas chercher à cet insuccès des causes tenant soit à la procédure particulière mise en œuvre, soit à la répugnance des patrons pour l'arbitrage qui leur imposerait un juge dont ils ne reconnaissent pas l'autorité. L'explication est beaucoup plus simple : les parties ne se concilient pas plus avec l'aide de la loi que sans elle, parce qu'elles ne sont pas animées du désir de se concilier, et qu'en l'absence de ce dernier, rien ne peut le faire naître chez elles.

La cause si naturelle de l'insuccès de la loi a échappé à un grand nombre d'esprits, qui cherchent dans une modification de celle-ci, le remède à cette situation[2]. On l'a

1. Depuis l'origine, la proportion des recours à la loi n'a été que de 23 o/o des grèves en moyenne, et celle des cas où la procédure a mis fin au conflit, de 10 o/o. Sur 2.640 recours, l'initiative en a été due 1201 fois aux juges de paix, soit une proportion de 46 o/o.

2. Plusieurs ont considéré qu'il suffirait de rendre la comparution obligatoire devant le conseil, pour supprimer tous les conflits qui pro-

demandé d'abord à des institutions permanentes, existant et s'offrant aux recours des parties indépendamment de toute initiative de la part de celles-ci, et présentant par ailleurs un caractère de représentation des parties aussi complet que possible. Il existait déjà, en Belgique, depuis la loi du 16 avril 1887, des conseils de l'industrie et du travail, institués à la suite des grandes grèves de 1886, avec la mission de résoudre les conflits. L'institution a entièrement échoué relativement à cet objet[1].

Par un décret du 17 septembre 1900, M. Millerand, ministre du Commerce, a créé des conseils du travail permanents destinés, entre autres attributions, à servir de juridiction arbitrale à la volonté des parties. Ces conseils institués par régions, et divisés en sections par industrie ou par groupes d'industries similaires, sont composés en nombre égal de patrons et d'ouvriers élus par les syndicats régulièrement formés par chacune des deux parties, et en outre de délégués des conseils de prud'hommes. Malgré l'opposition du Sénat, qui considérait ces conseils comme créés illégalement, plusieurs conseils ont été formés, notamment à Paris, à Lyon, à Marseille, à Lille, à Douai[2]. Ils se sont heurtés à une indifférence complète de la part des ouvriers; le nombre des votants a été infime et plusieurs industries se sont complètement abstenues[3]. La loi du 17 juillet 1908 qui

viennent seulement d'une répugnance d'amour-propre ou de la crainte, de paraître désirer une prompte issue qui confirmerait l'adversaire dans ses prétentions (Projet Mesureur, 1896, *D. P.*, n° 1746, p. 22. — Propos. Bovier-Lapierre, Sénat, n° 408. — Rapport Fleury, 1899. n° 962, p. 1602. — Propos. Magnien, n° 174, p. 411. — Rapport Magnien, n° 195, p. 424. — Séance du 3 juillet, etc.). En dehors des cas très restreints et presque exceptionnels dont il vient d'être parlé, l'action d'un tel système ne saurait dépasser celle des parties elles-mêmes ni leur inculquer un désir de conciliation qui leur manque.

1. Off. du Trav., *Concil.*, p. 432 et suiv. — Varlez, *Musée social*, mai 1901.

2. Arr. minist. des 17 octobre 1900, 2 et 3 février 1901, *Bull. Off. Trav.*, 1900, p. 1123; 1901, p. 137, 141.

3. *Journ. des Économ.*, 1902, t. I, p. 359.

a sanctionné cette institution ne lui a pas donné plus de vitalité.

Le projet déposé en 1900 par MM. Millerand, ministre du Commerce,et Waldeck-Rousseau, ministre de l'Intérieur [1], tend également à suppléer à l'insuffisante organisation des travailleurs. A cet effet,le projet dispose que dans tout établissement occupant au moins 50 ouvriers ou employés et acceptant la procédure instituée par la loi, les ouvriers élisent chaque année un comité de délégués chargés de les représenter et de transmettre leurs réclamations au chef d'établissement; ce dernier, s'il refuse d'y faire droit, doit désigner des arbitres, qui se réunissent avec ceux des ouvriers. La grève ne peut être déclarée que par un vote des ouvriers réunissant au moins la moitié des suffrages exprimés et le tiers de ceux ayant droit au vote; dans ces conditions, elle devient obligatoire pour tout le personnel. En cas de grève déclarée, l'arbitrage est confié à la section compétente du Conseil du travail, dont la sentence est obligatoire pour six mois sous peine de privation du droit d'électorat et d'éligibilité à l'administration des syndicats, aux fonctions de délégués ouvriers, aux conseils de prud'hommes, aux chambres et aux tribunaux de commerce, etc.

On a élevé contre ce système de nombreuses critiques, venant des points les plus opposés de l'opinion. On a dit que la liberté du travail n'est pas une question pouvant être engagée par un vote, même émanant de la majorité; que la procédure indiquée permettrait que ce vote ne fût émis que par la minorité des intéressés, que les conseils du travail n'ont pas une organisation suffisante pour représenter les parties avec compétence, que les sanctions sont inexistantes [2]. « Il est bien à craindre, dit la Chambre de

1. Projet Millerand, 15 novembre 1900, *D. P.*, n° 1937, p. 58. — 14 octobre 1902, n° 323, p. 75. — 12 juin 1906, n° 14, p. 464. — Rapport Colliard, 27 décembre 1907, n° 1418.

2. Yves Guyot, *op. cit.*, p. 171 et suiv.

commerce de Rouen, que les délégués, nommés en conformité des dispositions du projet, ne deviennent une puissance contre laquelle l'autorité du patron ne pourra pas prévaloir. Ce sera, pour lui, l'impossibilité de gouverner l'établissement, et d'y maintenir une discipline sans laquelle nulle entreprise industrielle ne pourrait vivre. C'est l'introduction du parlementarisme dans l'usine. Toute résistance de la part du patron risquera d'aboutir à la grève, et c'est bien, sans doute, la pensée même des promoteurs du projet, on pourrait dire leur principal objectif. La grève, en effet, y est organisée avec toutes les précautions nécessaires, pour qu'elle résulte, presque infailliblement, d'un conflit quelque peu grave [1]. »

Chose étrange au premier abord, les critiques ne sont pas moins vives de l'autre côté de l'opinion. On reproche d'abord au projet d'être une œuvre de réaction, tendant à restreindre le nombre des grèves : « S'il y a en lui quelque chose d'obligatoire, on peut dire que ce n'est pas la grève elle-même, mais la fin de la grève. Toutes les dispositions sont prises pour la rendre impossible à l'avenir. C'est une loi d'assurance contre la grève [2]. » Cette loi est encore réactionnaire en ce qu'elle tend à enrayer l'organisation syndicale en diminuant son influence : « Dès que la loi serait en vigueur, l'industriel refuserait, avec raison, d'entrer en relations avec les délégués du syndicat et objecterait que son personnel a nommé des délégués spéciaux dont la mission formelle est de s'aboucher avec lui. Les travailleurs eux-mêmes ne seraient plus tentés d'avoir recours au syndicat, dont l'action deviendrait dérisoire, en tant que groupement, et dont les militants ne pourraient, même indirectement, intervenir dans un conflit [3]. » Le résultat sera donc un retour à l'action inorganisée des coalitions en révolte

1. *Ann. du Musée soc.*, 1902, p. 10 et suiv.
2. *La Lanterne*, 27 novembre 1901.
3. E. Pouget, dans *la Voix du Peuple*, cit., *Ann. du Musée soc.*, p. 55.

contre leurs employeurs et les pouvoirs publics : « On n'empêchera pas les grèves, on engendrera seulement d'interminables difficultés, des troubles perpétuels, une inextricable et profonde confusion. Vouloir réglementer et restreindre, c'est vouloir donner plus d'acuité aux luttes, les concréter en de quotidiennes et violentes escarmouches. Une action directe de tous les instants s'imposera, action directe dans le sens le plus étroit et le plus matériel du mot. La lutte de classes deviendra une guerilla de classes. La grève, obligatoirement sera illégale. C'est le régime d'avant 1864[1]. »

Tout n'est pas faux ni exagéré dans ces griefs. Il n'est pas douteux que la grève ne s'organise pas suivant une procédure et à un moment fixés par la loi, et que ce n'est pas en la déclarant illégale, même sous une sanction platonique, qu'on la rendra moins fréquente ni surtout moins dangereuse. D'autre part, il est non moins certain qu'en substituant une organisation nouvelle à celle des syndicats qui est la représentation naturelle des travailleurs, on diminue d'autant l'influence de ces derniers et on retarde le mouvement vers l'organisation pacifique de la classe ouvrière. Il faut noter, en effet, que la contradiction entre les deux ordres de reproches que nous venons de reproduire n'est qu'apparente : les premiers, lorsqu'ils redoutent l'oppression des majorités par les syndicats, se réfèrent aux dispositions relatives à l'arbitrage, dont l'organe est le Conseil du travail, émanation des syndicats[2]. Les autres songent à la limitation de l'action syndicale qui résulte de l'institution des délégués d'ateliers ; il est assez vraisemblable que la faculté d'adopter le système étant laissée au chef d'entreprise, celui-ci en usera surtout lorsqu'il aurait à craindre une action énergique des associations ouvrières.

1. *Mouvement socialite*, 1905, t. I, p. 396-397.
2. D'Eichtal, *Rev. polit. et parlem.*, t. XXVII, p. 521.

Le système revient donc, pour une part, à entraver le développement de l'action syndicale, et pour l'autre, à instituer l'arbitrage obligatoire. Au surplus, on doit lui appliquer l'observation qui a été déjà faite au sujet des systèmes antérieurs : on ne voit pas comment, mieux que les autres, il suffirait à inculquer aux intéressés les sentiments nécessaires pour arriver à un accord. Les relations ainsi établies entre les délégués ouvriers et leurs employeurs ne diminuent en rien cette difficulté : l'organisation ouvrière, le contrat collectif et la conciliation sont soumis aux mêmes conditions, dont les principales sont la volonté de les réaliser et les qualités personnelles nécessaires chez les intéressés pour y arriver.

Les défauts communs à toutes ces institutions [1], qui entraînent leur impuissance à remédier à la situation, ne proviennent pas d'un vice inhérent à l'organisation du système : elles sont toutes copiées sur un même modèle, dont elles ne diffèrent que sur des points de détail, ce qui montre bien qu'on ne saurait en imaginer un qui les surpasse en perfection ou en efficacité. Indépendamment de la difficulté tenant au défaut de compétence technique des juges, et à laquelle il est relativement facile de remédier, l'absence de résultats pratiques ne tient pas à la partialité des conseils : les garanties qu'ils présentent sont suffisantes pour l'éviter, puisque ce sont les délégués des parties qui sont investis des fonctions de juges. La cause de ce défaut d'adaptation entre le remède et son objet tient uniquement à l'absence, chez les intéressés, des conditions qui permettraient cette adaptation [2].

1. V. pour les conseils analogues qui existent en Allemagne, en Autriche, en Suisse, en Italie, Off. du Trav., *op. cit.*, p. 473, 487. — *Bull. Off. Trav.*, 1897, p. 404 ; 1902, p. 551.— V. Racca, *Musée social*, 1903, p. 249 et suivant.

2. Tout en affirmant qu'il considère le « système de la conciliation » comme une « panacée » ayant une « application universelle », Henry Crompton ajoute que ce système n'est qu'un moyen d'atteindre le but,

II. — L'Arbitrage

Les diverses institutions organisées en vue du règlement des conflits collectifs prévoient l'arbitrage à la suite de la procédure de conciliation, comme une sorte de recours au second degré. On peut donc se demander si celui-ci ne jouerait pas un rôle décisif dans les cas où la conciliation est inefficace ou impraticable, et nous devons examiner maintenant quelle est la valeur de cet autre procédé.

Il importe tout d'abord d'indiquer un domaine où l'application de l'arbitrage est possible et a été souvent réalisée avec succès : c'est celui qui comprend les différends pouvant surgir de l'interprétation d'une convention collective déjà existante. C'est aussi celui où nous avons reconnu l'efficacité relative de l'action des tribunaux industriels. Il s'agit alors, en effet, de contestations dont l'objet repose sur des éléments qui ne dépendent pas de la volonté des parties, mais qui existent en dehors d'elles : déclarer quelle a été l'intention des parties relativement à tel cas particulier qui se présente dans la pratique, est une opération analogue à celle du juge qui dit quel est celui des deux adversaires dont la prétention est conforme à la loi. Il est donc possible de déférer à un arbitre, comme on le ferait à l'égard d'un tribunal, les différends qui surgissent au sujet de l'application d'une convention.

Cependant même alors, le procédé employé par les travailleurs les mieux organisés ne peut guère être considéré comme un arbitrage proprement dit. Nous avons vu que les fileurs anglais possèdent des experts techniques nommés et

mais n'est pas « en lui-même, la solution du problème. Cette solution ne peut être que morale ; par conséquent, elle ne sera due qu'à l'accroissement de la moralité des maîtres et des ouvriers. » (*Op. cit.*, p. 9).

appointés par les unions ouvrières et chargés de régler d'un commun accord avec les agents des patrons les questions de ce genre. Il en est de même dans les mines [1]. Nous avons vu de même que dans les industries où des conseils de conciliation avaient été institués avec un président muni de la voix prépondérante, à mesure que les rapports tendaient à devenir plus stables et plus pacifiques, on en arrivait, soit à renoncer au système du vote, soit à laisser de côté l'institution pour la convention directe entre les représentants des parties [2].

Du reste, les cas dont il s'agit doivent de moins en moins se rencontrer parmi les causes des conflits du travail; à mesure que la pratique des contrats collectifs, qui déterminent avec plus de précision toutes les conditions du travail, se généralise en même temps que les parties s'élèvent à un degré de moralité suffisant pour respecter loyalement les engagements pris, les différends tenant à des questions individuelles et de pratique courante de la profession doivent devenir de plus en plus rares, plaçant au premier plan des causes de conflits la détermination des conditions du travail. Si les questions telles que l'application des amendes, la répartition du travail, le calcul du salaire journalier, etc., jouent un rôle très important dans les professions où les travailleurs, entièrement inorganisés, donnent prise au vexa tions et à la cupidité de certains industriels et surtout de leurs agents, d'autant plus important même que le niveau inférieur de ces travailleurs les empêche de considérer la possibilité d'une amélioration permanente et progressive de leur situation, il en est autrement partout où une organisation sérieuse a pu imposer des relations d'honnêteté réciproque.

Lorsqu'il s'agit de fixer les conditions du contrat, le rôle

1. Off. du Trav., *op. cit.*. p. 70-71.
2. Crompton, *op. cit.*, p. 120.

d'un arbitre se conçoit difficilement. Un premier obstacle extrêmement sérieux consiste dans l'accord entre les parties sur le choix d'un arbitre qui soit de nature à les satisfaire l'une et l'autre *a priori* et à la décision de qui elles puissent acquiescer d'avance. Ce n'est pas, ainsi qu'on l'a souvent répété, la répugnance des patrons à admettre l'immixtion d'un tiers dans leurs affaires et la crainte d'une indiscrétion au sujet des éléments de leur situation, qui constituent le principal motif de cette difficulté. Celle-ci vient surtout de la contradiction qui existe entre les deux qualités que requiert le rôle de l'arbitre : il doit être à la fois compétent et impartial. Or s'il est aisé de rencontrer des hommes du métier qui soient suffisamment désintéressés dans les questions qu'ils ont à juger lorsque ces questions concernent des cas d'application individuelle et de faible importance, il serait exceptionnel, lorsqu'il s'agit de la conclusion d'un contrat collectif, de rencontrer le désintéressement chez un membre de la profession. D'autre part, la compétence ne se trouve guère en dehors de celle-ci.

Le défaut de bases sur lesquelles l'arbitre désintéressé puisse établir sa décision, telle est la seconde difficulté que présente le système. « C'est l'affaire de l'avocat du patron, disait le juge Ellison choisi comme arbitre dans le conflit des mineurs du Yorkshire en 1879, de représenter les salaires aussi élevés qu'il peut ; celle de l'avocat des ouvriers de les montrer aussi bas que possible. Et quand vous avez fait cela, c'est à moi de m'arranger avec la question comme je le pourrai ; mais à quel principe ai-je affaire, je n'en ai pas la moindre idée. Il n'y a pas là le principe d'une loi, ni celui de l'économie politique. Patrons et ouvriers discutent et insistent sur ce qui est entièrement de leur droit. Le patron n'est pas obligé de donner du travail à un autre prix que celui qu'il veut payer. L'ouvrier n'est pas obligé de travailler pour un salaire qui ne lui suffit pas, pour lui et pour sa famille. Vous êtes donc, les uns et les autres, dans votre droit, et il n'est pas facile de trancher la question[1]. » En pareil cas, l'arbitre sera aisément influencé par sa propre conception du salaire, et se trouve ainsi exposé presque nécessairement à porter préjudice à l'une des parties[2]. Le plus souvent, en fait, l'arbitre partage la différence qui sépare les deux adversaires et établit une transaction mathématique entre leurs prétentions respectives. Il y a bien des chances pour que cette nouvelle méthode soit encore plus injuste que les précédentes : car si les circonstances comportaient la prétention des ouvriers, il n'y a généralement aucun motif pour n'en accorder qu'une partie ; et si elles la repoussent, on les élimine arbitrairement en faisant droit néanmoins aux ouvriers.

Cette difficulté provient de ce que le système repose tout entier sur un principe qui est faux. Il ne s'agit pas de savoir qui a raison ou qui a tort, mais de conclure un contrat ; or, sur un pareil terrain, nul ne peut se substituer aux parties elles-mêmes ou à leurs représentants directs. Ainsi que l'observe avec juste raison M. Yves Guyot[3], on ne conçoit pas que deux commerçants qui concluent un marché s'en remettent à un tiers du soin de les départager et de décider à leur place des termes de ce marché. Aussi le résultat de l'arbitrage, même volontaire, ne saurait être assimilé à une convention librement acceptée ; il constitue, pour celui qui estimait ne devoir traiter qu'à certaines conditions et qui n'obtient pas celles-ci, une oppression et une restriction de son droit, à laquelle il ne se soumet que parce qu'il y est contraint. Dès lors, l'effet de cette solution, au lieu d'être un facteur de paix dans les rapports entre les parties, est plutôt de nature à engendrer de nouveaux conflits.

Il y a pourtant des cas où l'arbitrage se présente comme

1. Cit. Webb, *Industr. democr.*, t. I, p. 229.
2. *Ibid.*, p. 230. — Pigou, *op. cit.*, p. 41 et suiv.
3. *Op. cit.*, p. 156 et suiv.

un mode de solution, sinon normal, du moins efficace, des conflits. C'est d'abord celui où les forces en présence sont tellement dépourvues d'organisation qu'aucune conciliation ne pourrait être espérée, et où la cause de l'une des parties semble revêtir aux yeux de l'opinion tous les caractères d'une légitimité évidente : tel était le cas des dockers de Londres en 1889, où la pression de personnalités éminentes et de l'opinion publique toute entière agissait à la façon d'un véritable arbitrage. Ou bien, au contraire, l'attitude des ouvriers peut être tellement outrageante pour les patrons, ou leurs prétentions tellement exorbitantes que toute discussion avec eux soit moralement impossible : en pareil cas, l'intervention d'un arbitre peut souvent épargner la dignité comme l'amour-propre des deux parties, et les amener, par la simple nécessité d'exposer leurs arguments en termes précis, à laisser de côté tout ce qui s'opposait à la conciliation des deux points de vue.

Il y a encore le cas, qui parait être le plus fréquent, où l'une des parties, se rendant compte que ses prétentions sont inacceptables, ne veut pas le reconnaître spontanément, par crainte qu'une concession n'en entraine d'autres et n'affaiblisse sa situation vis-à-vis de l'adversaire. Dans ce cas, en effet, on n'a rien à perdre puisque le résultat serait le même en l'absence de l'arbitrage, et l'on a des chances d'obtenir quelque chose. Et surtout, si l'on est battu, le procédé de l'arbitrage en évite l'aveu; la défaite est dissimulée par le compromis qui vise un résultat dont on n'est pas responsable, et la situation de chacun reste intacte.

De là vient que les différends soumis à un arbitrage sont le plus souvent ceux où celle des deux parties qui propose cette solution est à peu près sûre de perdre son procès par la convention directe [1]. Au contraire, quand les ouvriers ont confiance dans leur propre cause, ils recourent rarement à

1. L. de Seilhac, *Les Grèves*, p. 40. — Off. du Trav., *op. cit.*, p. 47, 48 et suiv., 62 et suiv., 70, etc.

l'arbitrage, parce que ce procédé leur donne le sentiment que leurs droits sont méconnus. Aussi arrive-t-il naturellement en pareil cas que les ouvriers, s'estimant lésés, refusent d'accepter la sentence. A la suite de la grève des mineurs de 1893, les délégués ouvriers déclarèrent que l'arbitre s'était montré incapable de remplir son rôle, et le comité mixte devint un foyer de dissentions [1].

L'arbitrage ne saurait donc être considéré comme un mode de règlement des conflits du travail ayant sa nature et ses effets propres. « Il n'y a aucun remède magique contre les grèves ou les lock-outs dans le *fiat* d'un arbitre. Si les deux parties préfèrent se battre que de faire la moindre concession à son adversaire, il ne peut y avoir recours à l'arbitre. Si les deux parties désirent s'entendre, et sont assez bien organisées et ont une formation suffisante pour arriver à un accord, aucune intervention étrangère n'est nécessaire [2]. » Dans les différends qui se produisent en Angleterre dans les industries les mieux organisées, comme les textiles, les mines, la chaussure, la mécanique, le recours à l'arbitrage devient de moins en moins fréquent. Quand les parties n'ont pu arriver à s'entendre, et qu'elles sont obligées de recourir à la grève ou au lock-out, ce n'est pas par un arbitrage que se terminent ceux-ci, mais par une nouvelle convention [3]. L'arbitrage n'intervient que dans les cas où l'organisation des parties et leur capacité d'arriver à un accord sont insuffisantes, et où celle qui doit céder éprouve le besoin de masquer sa défaite, ce qui n'est pas non plus l'indice d'une forte organisation. Dans ce cas, il ne se produit pas avant la déclaration du conflit, de façon à pouvoir le prévenir, mais ordinairement à la suite d'une grève et pour la terminer; il ne constitue donc pas la solution cher-

1. Yves Guyot, *op. cit.*, p. 132. — V. aussi Waterlot, *op. cit.*, p. 136 et suiv.

2. Webb, *Ind. democr.*, t. I, p. 239.

3. *Ibid.*, p. 225.

chée par ceux qui désirent trouver un moyen d'empêcher les conflits du travail. « Loin d'être le couronnement de l'organisation industrielle, le recours à l'arbitrage est une marque de son imperfection. L'arbitrage est l'expédient temporaire d'une industrie incomplètement organisée, destiné à être laissé de côté dès qu'un plus haut développement est atteint, comme dans le cas des ouvriers du coton ou des fabriques de chaudières [1]. »

1. *Ibid.*, p. 243.

CHAPITRE X

CONCLUSIONS

Les conclusions qui découlent de la deuxième partie de notre étude paraîtront sans doute peu encourageantes à ceux de nos lecteurs qui y cherchaient un moyen de remédier aux conflits du travail. L'analyse des faits ne permet d'attribuer qu'une portée très restreinte aux diverses mesures d'ordre législatif qui tendent à améliorer les rapports entre patrons et ouvriers, et notamment aux institutions de conciliation et d'arbitrage, qui comptent sans contredit parmi celles de ces mesures dont l'efficacité est la plus limitée. Quant aux autres procédés plus ou moins artificiels qu'on a parfois proposés, l'examen de leur nature et de leurs conditions d'application nous a conduits à les rejeter comme présentant une antinomie fondamentale avec le problème en cause.

Un tel résultat, au fond, n'a rien qui doive surprendre, ni qui soit de nature à décourager les esprits généreux qui poursuivent l'établissement de la paix sociale et de l'harmonie dans tous les rouages qui composent la société. Le seul remède général et réellement efficace qui apparaisse dans l'analyse, que nous avons cherché à faire aussi complète que possible, de tous les éléments du problème, est celui qui, en fait, a produit les résultats poursuivis partout où l'on a recouru à lui : c'est le développement chez tous les intéressés des qualités personnelles qui amènent comme une conséquence nécessaire l'ordre et l'harmonie entre leurs groupements. C'est d'abord le sentiment de la vie sociale, qui conduit à chercher la solution dans l'ordre et la paix, et non dans la violence et la lutte ; dans le respect d'autrui et non dans la haine ; dans l'amélioration progressive du présent et non dans sa suppression révolutionnaire ; dans la réalité et non dans l'utopie. C'est le sens pratique et modéré qui trouve plus d'avantages réels dans un progrès peu important, mais accepté volontairement par l'adversaire, que dans une conquête rapide mais éphémère, et qui tient compte des besoins de l'autre partie au lieu de chercher à lui imposer des prétentions que les circonstances ne comportent pas. C'est l'esprit de prévoyance qui rend capable de s'imposer des sacrifices, parfois lourds, en vue d'un résultat très éloigné et dont celui qui les fait ne profitera peut-être pas[1]. C'est l'acceptation volontaire d'une discipline étroite qui conduit à sacrifier son intérêt personnel immédiat à l'intérêt collectif, qui ne se distingue pas au fond de l'intérêt individuel réel, sinon apparent. C'est la reconnaissance chez l'adversaire du droit de se servir des mêmes moyens dont on use soi-même et l'acceptation d'une situation où les parties se trouveront sur un pied d'égalité aussi parfaite que possible. Et ces qualités, on l'a vu, doivent se rencontrer aussi bien d'un côté que de l'autre : ce n'est que lorsque patrons et ouvriers auront acquis, les uns et les autres, une notion claire de la nécessité de ces conditions, et lutteront d'émulation pour les réaliser chacun en ce qui le concerne, que le problème pourra être considéré comme résolu.

Pour y arriver, il est vain de compter sur une institution quelle qu'elle soit, qui permette de se passer de ces condi-

1. Si l'on observe l'histoire du mouvement syndical, on voit que ceux qui en ont fondé les assises en ont supporté presque tous les frais, proscriptions, condamnations judiciaires, etc., et que le bénéfice de tant de peines a été surtout recueilli par les générations suivantes.

tions et de suppléer à l'absence ou à la dépravation de la volonté des individus intéressés. Aucune institution ne peut rendre les gens vertueux malgré eux ou en dépit de leur insouciance. Aucune non plus ne peut produire les effets sociaux qui sont la conséquence des vertus de l'homme.

On comprend dès lors pourquoi nous n'avons pas rencontré de système capable de donner des résultats satisfaisants en dehors de ces dispositions personnelles aux intéressés. Ceux qu'on propose pour y suppléer sont, non seulement inefficaces, mais parfois même dangereux en tant qu'ils auraient pour effets de détourner les individus de la poursuite des qualités requises. Les organisations artificielles ont souvent cet effet, bien éloigné de la pensée de leurs fondateurs, de retarder la solution des problèmes sociaux en poussant à négliger le développement des forces sociales exigées par ceux-ci. En ce qui concerne les conflits du travail, le seul moyen d'instaurer un régime tel que ces conflits soient aussi rares que possible et ne constituent jamais une cause de trouble pour l'ordre public, est de travailler à développer chez les individus les qualités dont nous avons parlé. Cette action peut être lente. Mais nous ne croyons pas que la société puisse se transformer par d'autres procédés que par la transformation des individus : la marche de l'humanité vers son idéal et la suppression des maux sociaux qui l'affligent sont à ce prix.

Il importe d'observer que telle est précisément l'influence sociale de l'action collective des travailleurs, de nos jours. D'une part, en effet, en négligeant les moyens qui permettent à certains d'entre eux d'améliorer leur situation et de résoudre la question des conflits du travail, les ouvriers qui recourent aux procédés inverses ne se nuisent pas seulement à eux-mêmes, mais aussi aux autres : la concurrence des travailleurs désorganisés a souvent été la seule cause qui a empêché les organisations existantes de produire leurs effets normaux ; en présence de la main-d'œuvre à bas prix et acceptant toute condition offerte, l'union ouvrière la plus puissante est désarmée. Le développement du syndicalisme chez ces catégories inférieures, est donc une nécessité vitale pour les uns comme pour les autres. D'un autre côté, l'influence exercée par les hausses de salaires sur ceux des autres catégories est favorable à ces derniers, en répandant précisément les idées de hauts salaires et d'existence confortable dans l'opinion en général, et par suite dans ces classes sociales, et en outre,en luttant contre la tendance de la concurrence à déprimer les salaires.

Dans le domaine du travail, le développement de la solidarité se manifeste encore sur un autre point, qui est la nécessité pour tout travailleur d'appartenir à un groupement. Désormais, la liberté de l'ouvrier isolé ne peut plus exister qu'à la condition de la placer sous la sauvegarde de ses semblables et d'incorporer sa personnalité dans la collectivité des autres travailleurs de la même profession. Il n'y a du reste dans ce fait aucune tendance vers le collectivisme, et c'est à tort, à notre avis, qu'on a assimilé ce régime à celui qui dériverait de l'obligation légale et de la toute-puissance de l'État[1]. C'est une notion trop étroite de la liberté de l'individu qui conduit à la confondre avec l'isolement de celui-ci : l'individualisme, nous l'avons constaté, conduit de nos jours à l'oppression de cette liberté, et celle-ci n'étant plus qu'un droit abstrait dépourvu d'application pratique, est en fait comme si elle n'existait plus. La nécessité pour l'homme de s'associer avec ses semblables pour donner une pleine valeur à sa personnalité, ne contient donc nulle contradiction avec sa liberté et en est au contraire le meilleur garant. Elle n'est, du reste, pas spéciale au domaine du travail et s'affirme de plus en plus dans tous les domaines, manifestant la compénétration progressive des intérêts de tous les membres de la société à mesure que

1. Willoughby, *Musée social*, 1905, p. 285.

ceux-ci se rapprochent davantage, grâce au développement constant de tous les moyens de communication entre les hommes.

En ce qui concerne les travailleurs dont la formation intellectuelle et morale n'a pas atteint un degré suffisant pour pouvoir user avec fruit des moyens propres à améliorer leur situation, la loi joue un rôle en vue de suppléer à cette lacune. Il semblerait que le développement croissant du mouvement syndical et de la capacité des travailleurs, dont nous avons parlé il y a un instant, doive restreindre de plus en plus le champ d'application de cette intervention de l'État. Cependant une influence se fait sentir en sens inverse qui aboutit à l'élargissement progressif de celui-ci : car les besoins des individus et de la société, leur aspiration vers le bien-être se développent encore plus vite que leur capacité à en conquérir la satisfaction par leurs propres forces. Il ne faut pas voir dans la restriction des droits des particuliers, dans un but de protection de la liberté d'autrui, un empiètement sur le domaine privé, mais plutôt un développement de celui-ci, au profit d'un autre titulaire : ce n'est, en effet, qu'en vertu d'une notion peu humaine et en tout cas inexacte de la liberté individuelle que l'on considère parfois le droit de l'individu comme si ce dernier était isolé, et abstraction faite de ses répercussions sur les autres individus. C'est pour combler les lacunes que présentent sur ce point les règles de notre droit civil, empruntées à une civilisation très différente de celle de nos jours, que le législateur moderne a été obligé d'intervenir pour établir des rapports de droit plus conformes aux conceptions sociales modernes. Mais cette intervention n'est pas arbitraire : elle correspond à une évolution dans les rapports sociaux, dans les aspirations qui les traduisent et dans les besoins nouveaux qui en sont la conséquence.

L'un des points où cette évolution se manifeste le plus nettement est la délimitation des domaines respectifs du capital et de la main-d'œuvre dans la conclusion du contrat de travail. Il y a un siècle, la notion du droit absolu du patron dans l'établissement qu'il dirige n'était pas contesté : il est chez lui et peut organiser son entreprise comme bon lui semble ; les ouvriers sont libres d'accepter ses conditions ou d'aller travailler ailleurs si celles-ci leur déplaisent. Il est nécessaire, lit-on dans un projet de loi sur les manufactures élaboré sous le Consulat, « que celui qui dirige le travail soit exactement obéi dans tout ce qui y est relatif ... L'ouvrier ayant toujours le pouvoir de faire des conventions particulières, et n'étant soumis à ces règlements intérieurs qu'autant qu'il lui plaît d'accepter du travail dans l'établissement, il ne peut raisonnablement se plaindre qu'une telle autorité ait été donnée aux chefs de manufactures ; l'abus qu'ils en pourraient faire a sa limitation dans leur intérêt même ; celui d'entre eux qui prescrirait à ses ouvriers des règles offensives, n'en trouverait pas qui voulussent travailler pour lui, et serait obligé d'abandonner sa manufacture. » Le chef d'industrie avait le droit par conséquent de faire des règlements qui devenaient obligatoires pour tous ses ouvriers par le fait même que ces derniers acceptaient de travailler dans l'établissement[1].

Tout le monde sait combien cette théorie a été démentie par les faits : pendant longtemps et encore aujourd'hui pour un grand nombre de travailleurs, cette liberté du contrat n'existait pas et n'a été qu'une cause de dépression progressive de la situation de la classe ouvrière. Aussi a-t-on été conduit à envisager la nécessité de protéger celle-ci et d'introduire dans le contrat de travail des clauses dans l'intérêt de l'ouvrier que celui-ci n'aurait pu exiger par le seul effet de la convention libre. Les lois qui limitent progressivement la durée du travail ou prescrivent des mesures

1. Cit. M. Sauzet, *Rev. d'Econ. polit.*, 1892, p. 1209.

de plus en plus minutieuses dans l'intérêt de la santé et de la sécurité du personnel, constituaient autant de restrictions de ce droit absolu du patron, et ont été accueillies en fait comme des empiètements sur les droits des particuliers. Le projet de loi sur le contrat collectif qui a été examiné plus haut montre tout le chemin parcouru en cette matière[1].

L'intervention du législateur dans ce domaine, qu'on le remarque bien, a été précédée par celle des intéressés eux-mêmes, et son seul objectif est de procurer à ceux qui n'ont pas pu obtenir les mêmes avantages une situation analogue. Quelle que soit l'opinion générale que l'on professe à l'égard de l'action de l'État, il ne faut pas perdre de vue que l'évolution est déjà accomplie dans le domaine du fait, si elle ne l'est pas dans celui du droit. Qu'en théorie le patron ait le droit de choisir ses ouvriers et de ne pas admettre ceux qui se coalisent contre lui, exactement comme le commerçant est libre d'acheter telle denrée qu'il lui plaît et à qui bon lui semble[2], il est de fait qu'une telle doctrine est entièrement rejetée dans la pratique et est contredite tant par les conventions expresses conclues entre les associations patronales et ouvrières[3] que par les lois sauvegardant le droit des ouvriers de se syndiquer. Cette limitation du droit des patrons n'est plus discutée aujourd'hui dans les professions qui ont atteint l'adaptation la plus parfaite aux conditions de l'industrie moderne : « Dans une filature de coton du Lancashire, il n'y a point de litige possible sur le degré de liberté dont jouit le patron dans

1. *Supra*, p. 345 et suiv. — M. G. Michel, (*l'Écon. franç.*, 2 juin 1894), constate, non sans regret et mélancolie, l'évolution subie en cette matière.

2. Yves Guyot, *op. cit.*, p. 108 et suiv.

3. Il est clair que si, en pareil cas, le patron conservait le droit de renvoyer les ouvriers faisant partie de l'association en cette seule qualité, toute convention collective serait inutile et sans effet.

l'administration de son industrie. Les ouvriers lui reconnaissent sans la moindre réserve le droit de choisir les matières premières, les modes de fabrication, les machines, l'allure du travail. Le patron de son côté ne s'aviserait pas de modifier d'autorité les conditions de travail qui sont, il le sait, matière d'accord contractuel. Les termes essentiels de cet accord sont fixés après une étude attentive par des commissions mixtes dont les décisions lient également patrons et ouvriers[1]. » En d'autres termes, les conditions du travail, dans chaque établissement, ne sont plus déterminées par le seul patron, laissant seulement aux ouvriers qui ne les acceptent pas la faculté d'aller chercher du travail ailleurs : le régime normal de l'industrie est au contraire de plus en plus celui où ces conditions sont déterminées d'un commun accord par les deux parties limitant la fonction patronale à la partie technique et commerciale de l'entreprise[2].

Au surplus, cette évolution n'obéit à aucun principe abstrait, et les théories qui ont pu être formulées relativement à l'aboutissement éventuel de cette évolution, soit dans la suppression du patronat, soit dans son association avec le salarié, sont de pures conceptions logiques, dépassant visiblement l'appui que leur prêtent les faits ; comme tous les systèmes abstraits, elles manquent de fondement scientifique. L'évolution dont il s'agit n'est qu'une question de fait, uniquement contingente, et obéissant à des nécessités actuelles. Elle ne vise aucunement à remplacer les organismes sociaux, mais seulement à en rendre le fonctionnement plus normal et plus favorable à la prospérité générale de la société : les résultats auxquels elle aboutit effectivement sont l'harmonie entre les divers facteurs de la production et

1. Webb, *Revue de Paris*, 15 décembre 1897.

2. Au point de vue du progrès industriel, cette limitation, loin de constituer une entrave, doit être plutôt considérée comme une application de la loi de la division du travail (Willoughby, *loc. cit.*).

une meilleure utilisation, par chacun d'eux, des forces qui lui permettent de travailler à son développement propre et à l'accroissement du bien-être général.

Les défectuosités mêmes que l'observation rencontre dans cette voie ne doivent pas l'arrêter : ce sont les crises qui soumettent cet organisme à l'épreuve salutaire d'où il sort plus sain et plus vigoureux. L'humanité étant composée surtout d'éléments très imparfaits, on ne peut espérer qu'elle atteigne la stabilité et le progrès sans à-coups : elle s'y achemine par des montées et des descentes successives qui sont les étapes de tout progrès humain. « En matière sociale, les progrès et les conquêtes, les triomphes sont le résultat et la conséquence d'innombrables défaites. Mais ces défaites ont été fécondes et ceux qui les ont subies ont bien mérité de ceux qui viennent après eux, puisqu'ils ont préparé l'avènement de temps meilleurs[1]. » Ce que l'observation scientifique nous montre dans l'analyse des faits sociaux, ce sont donc des forces et des organisations contingentes, variables suivant les époques et les circonstances, et un progrès continu de la société d'autant plus rapide et normal qu'elles seront mieux adaptées aux tendances et aux besoins du moment. Cette adaptation se reconnaît aux résultats obtenus, et ceux-ci ne doivent pas être jugés d'une façon absolue et indépendamment des conditions dans lesquelles ils se produisent : la coalition, exercée par des éléments incapables ou d'une formation morale défectueuse, aboutit à la désorganisation et à la lutte de classes ; ce fait ne contrebalancera jamais l'harmonie et la paix qui sont la conséquence des coalitions mises en œuvre par les travailleurs progressifs et capables.

L'analyse des faits sociaux, ainsi dirigée, aboutit à distinguer parmi les phénomènes divers et en apparence contradictoires, ceux qui sont conformes à l'évolution normale de

1. G. Maze-Cencier, *Les Vies nécessaires*, p. 64.

la société et qui sont favorables à son progrès, de ceux qui peuvent l'entraver; de plus, n'étant arrêtée par aucune conception *a priori* pouvant être en désaccord avec la réalité, elle permet de reconnaître les premiers avec sûreté et de s'en remettre à eux avec confiance du progrès de l'humanité.

TABLE DES MATIÈRES

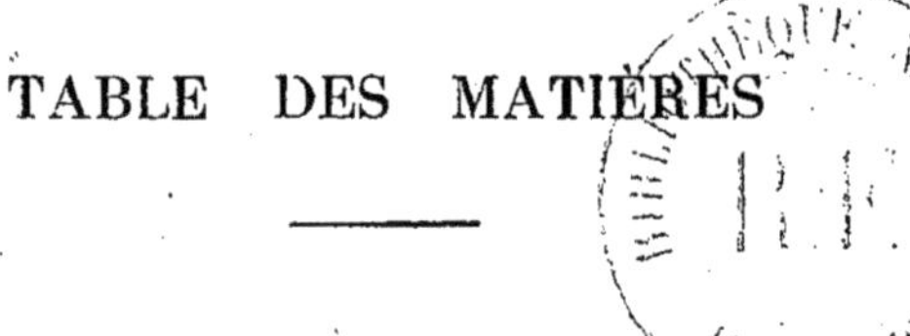

DEUXIÈME PARTIE

Les Solutions artificielles

Imp. de la Librairie V. GIARD et E. BRIÈRE, 16, rue Soufflot, Paris

www.ingramcontent.com/pod-product-compliance
Ingram Content Group UK Ltd.
Pitfield, Milton Keynes, MK11 3LW, UK
UKHW012150240726
13966UKWH00001B/231

9 782011 953384